U0145715

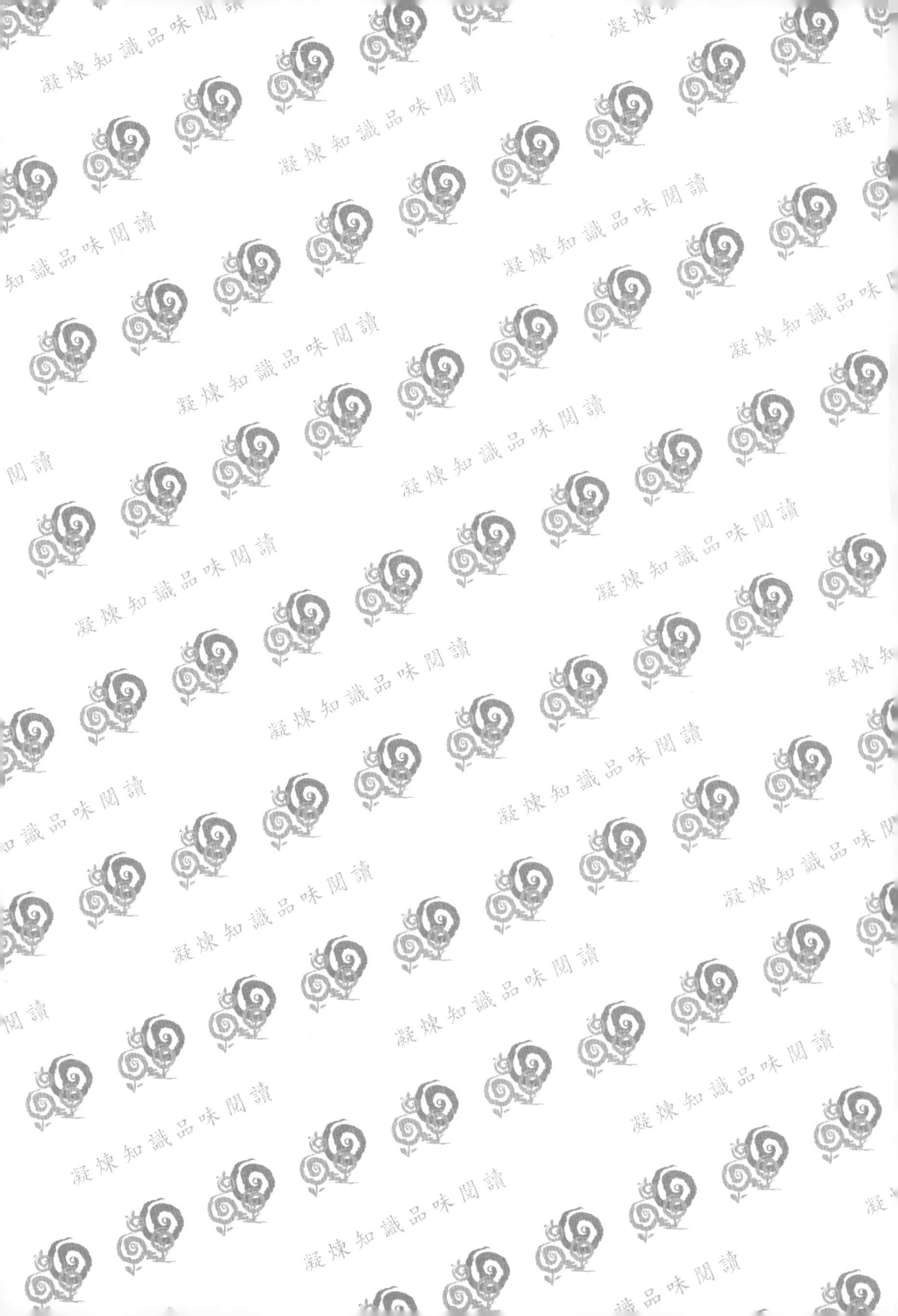

凝煉知識品味閱讀

特殊需求學童之課程與教學

融合教育、多元文化特殊教育

洪清一　著

五南圖書出版公司 印行

序

緣於教育部於103年頒布之十二年國民基本教育課程綱要總綱之核心理念，乃以成就每一個孩子，適性揚才，兼顧個別特殊需求、尊重多元文化與族群差異，以開展生命主體；透過適性教育，激發學生生命的喜悅與生活的自信，提升學生學習的渴望與創新的勇氣，使之成爲具有社會適應力與應變力的終身學習者，進而期使個體成爲社會的造福者與國家良好公民。尤其，十二年國民基本教育的課程目標之一爲尊重多元文化與族群差異，追求社會正義，積極致力於文化發展。由此顯示，十二年國民基本教育之關鍵理念乃爲多元文化、特殊需求、適性課程、有效教學及多元評量，終使每位學童達到自我實現之境地，此乃致使並觸動著者開展撰述本書的職志。

本書主要包括四部分，第一部分爲理論篇，共六章，包括導論——多元文化教育與多元文化特殊教育、融合教育的理論觀點、特殊需求、多元文化特殊學習需求學生之學習特性、影響特殊需求學生學業之因素、高危險學生。第二部分爲課程理論篇，共三章，包括課程與課程調整、特殊需求學生之課程模式、文化－本位課程模式。第三部分爲教學方法篇，共十六章，包括直接教學、差異化教學、合作學習、提示法、活動—本位介入法、多層次教學、回應性教學、文化回應教學、行爲管理、意義化教學、自我—指導學習、交互學習法、角色扮演、錯誤分析法、適應體育教學、藝術教學法。第四部分爲評量與親子教育篇，共二章，包括特殊需求學生之評量、原住民特殊需求學童家庭及社區支持服務模式。

本書乃爲統整著者多年主要講授「身心障礙學生教材教法」、「原住民身心障礙專題研究」、「適應體育」和「特殊教育課程調整與教學設計」以及「特殊族群資優教育」等科目之相關文獻與資料，限於著者才疏學淺，難免諸多舛誤，敬請讀者、先進包涵指正，以匡不逮。撰寫期間，承蒙內人陳信好老師之鼓勵與校稿，以及本系所有教授們之鼎力支持與指導，助益良多，際茲付梓之時，格外感激，謹此致意。

洪清一 謹識
國立東華大學特殊教育系
2019. 03.01

目　錄

CONTENTS

第一部分　理論篇

第二部分　課程理論篇

第三部分　教學方法篇

第四部分　評量與親子教育篇

第一部分

理論篇

第一章　導論——多元文化教育與多元文化特殊教育

多元文化教育是為所有學生提供均等的教育機會，而多元文化特殊教育乃是協助全體特殊需求學童發展與設計適性課程及教學，使之所有特殊需求學童獲得良好的學習成效。至於，有關多元文化教育與多元文化特殊教育之意涵、理念與目標，分節陳述如下。

第一節　多元文化教育

一、多元文化教育的性質與意涵

多元文化教育（multicultural education）的重要性質如下（Banks & McGee Banks, 2016）：

（一）理念或概念（idea or concept）

所有的學生，不論性別、性別取向（sexual orientation）、社會階層、種族、族群，或文化特徵，在學校均應擁有均等的機會來學習。尤為重要的理念是，有些學生在他（她）們自己當前的社會結構之學習比隸屬於其他團體或具文化差異特徵之學生為佳。

（二）教育改革運動（educational reform movement）

多元文化教育是一種革新運動，是嘗試改變學校和其他的教育組織，致使來自所有社會階層、性別、族群、語言、文化團體等其有均等的機會來學習；同時，改變所有學校或教育環境，而且，不限制課程的改變。

（三）過程

教育均等，自由與正義是對人類志業之理念，惟難以充分達成，因此，須持續地戮力以赴，俾期擴增所有學生之均等教育。多元文化教育視爲一種持續性過程，而非僅限於做了某些事，尚須解決問題始可。

由多元文化教育的性質可知，多元文化教育主要意旨爲學校須提供學生各種機會，讓學生瞭解各種不同族群文化內涵，培養學生欣賞其族群文化的積極態度，避免種族的衝突與對立的一種教育。多元文化教育是一種教育改革運動，透過持續不斷的課程改革和其他的教育改革途徑，除了教導學生熟悉並認同自身的文化，使其能夠自尊、自信，亦培養學生瞭解與欣賞其他微型文化、國家文化及世界文化的豐富性與多樣性，養成積極對待其他文化的態度，消除性別、種族、宗教、階級等偏見與歧視。其面向包括知識建構、減低偏見、平等教育、內容統整、增能的學校文化（國家教育研究院辭書，1994；https://pedia.cloud.edu.tw/）。

進而言之，Grant 與 Ladson-Billings（1997）指出，多元文化教育是哲學概念和教育過程（educational process），即強調自由、正義、均等、公平和人類尊嚴；同時，冀望藉由學校及其他教育機構、非正式學科和其他課程上，提供學生不同文化團體的歷史、文化及貢獻等方面的知識，使學生瞭解與認同自己的文化，發展積極的自我概念、發現自我，並能欣賞及尊重他人的文化。多元文化教育所面對的社會議題，包括種族、族群、社會經濟階層、性別、性別取向和特殊需求等。教學時，須在學生熟悉的情境實施；根據學生不同思考方式進行施教，鼓勵學生探索全國和國際性事件。同時，教導學生批判性思考技能、民主決策、社會行動和增能技能等（劉美慧，2010；譚光鼎、劉美慧、游美惠，2001；Mitchell & Salsbury, 2000）。

由上述之多元文化教育性質與意涵可知，廣義的多元文化教育乃是希望透過學校的改革，促進社會正義與公平的一種教育方式；狹義的多元文化教育就是尊重差異的一種泛文化學習的教育。因此，多元文化教育之重要意義如下（譚光鼎等人，2001；Collnic & Chinn, 1998; Grant & Sleeter, 2011）：

（一）強調差異性微觀文化，如個體隸屬感、不同種族、族群、階級及性別成員間之互動。

（二）肯定文化多樣性的價值，提供公平教育與機會均等，學生擁有無歧視教材（bias-free material）之權利。

（三）尊重文化多樣性下的人權，消除種族和性別歧視。

（四）增加人民選擇生活方式的可能性。

（五）促進社會正義與公平機會的實現。

二、多元文化教育的基本理念

（一）反種族主義

「種族主義」（racism）是多元文化的阻撓者，因爲它妨害了多元文化的共同存在。多元文化教育是與反種族政策結件而行的（Arora & Duncan, 1986）。

（二）平等待遇

多元文化教育的目標是朝向平等邁進，也就是在教育方面，無分性別、年齡、種族、語言、宗教、社經地位等，一律可以接受相同的教育或相同的教育機會。多元文化教育的價值就在於對那些存在的差異性，利用有效的教學策略去爲學生的發展而工作（Gollnick & Chinn, 1983）。

（三）瞭解文化背景

多元文化教育有助於學生瞭解文化背景的複雜性。在多元文化教育中，教師常要幫助學生檢視社會的條件和文化的條件對於教育的影響。因此，對多元文化教育的研究，採取較廣闊的觀念，即仍要以文化爲基礎，去瞭解多元文化教育（中國教育學會，1993）。

三、多元文化教育的目的

多元文化教育的目的包括文化化與社會化，其要義如下（中國教育學會，1993）：

（一）文化化

「文化化」（encultration）又稱爲「文化涵化」、「文化濡化」等，在多元文化教育中是要達到的教育目的之一。所謂「文化化」，從學習經驗的觀點來看，即是後來的生活在文化中有所成就。這種成就包括對社會生活的適應、個人的表現與社會團體發生關聯等。而且文化是與社會型態互相配合的，所以「文化化」也可用「社會化」（sozialisation）來加以把握。

（二）社會化

「社會化」有助於適應多元化社會的生活，而多元社會是一種開放的社會，具有複雜的社會現象，常使人們不容易適應其生活。爲了使人們能適應複雜的社會現象的生活，「社會化」具有重要的功能。

（三）文化化與社會化互為作用後產生的功能

文化不但是人的生活形式，而且在促進個人與社會本質的改變；同時，它不但可以安排個人行動，促進人與人之間的互動，而且團體、階層、社會組織等，皆經過文化的陶鑄，也就是文化的洗鍊。

四、多元文化教育的向度

多元文化教育的主要向度（如圖 1-1），包括內容統整、知識建構過程、減少偏見、公平性教育、增能學校文化和社會結構，其內容分別說明如下（劉美慧，2010；Banks & McGee Banks, 2004, 2010, 2016）：

（一）內容統整（content integration）

教師運用來自於不同文化和團體的範例和內容，進行內容統整。

（二）知識建構過程（the knowledge construction process）

教師須協助學生瞭解、探索及判決隱性文化學說、參照架構觀點，以及存於學科影響之行爲，此舉即是建構知識。

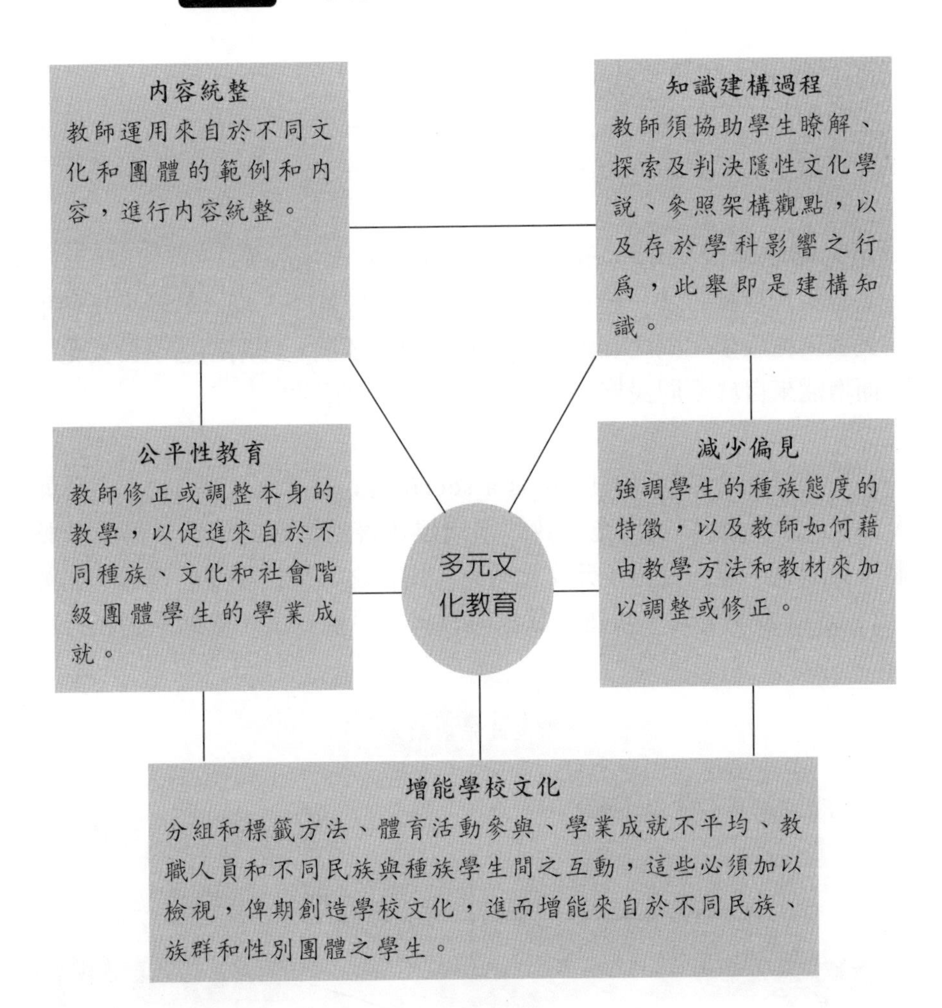

圖1-1　多元文化教育向度

資料來源：*Handbook of research on multicultural education* (p. 5), by J. A. Banks & C. A. McGee Banks, 2004, New York: John Wily & Sons, Inc.
Multicultural education: Issues and perspectives (p.18), by J. A. Banks & C. A. McGee Banks, 2016, New York: John Wily & Sons, Inc.

（三）減少偏見（prejudice reduction）

強調學生的種族態度的特徵，以及教師如何藉由教學方法和教材來加以調整或修正。

（四）公平性教育（equity pedagogy）

教師修正或調整本身的教學，以促進來自於不同種族、文化和社會階級團體學生的學業成就。

（五）增能學校文化（empowering school culture）

分組和標籤方法、體育活動參與、學業成就不平均、教職人員和不同民族與種族學生間之互動，這些必須加以檢視，俾期創造學校文化，進而增能來自於不同民族、族群和性別團體之學生。

學校是社會系統（school as a social system）（如圖 1-2），爲使多元文化教育能有效實施，教師須構建並啓動改變的策略，即改革整體學校環境，俾利實施多元文化教育；換言之，學校主要的變數（如圖 1-2）必須加以變革，如建構課程與教材、評量方法、協助教師和行政

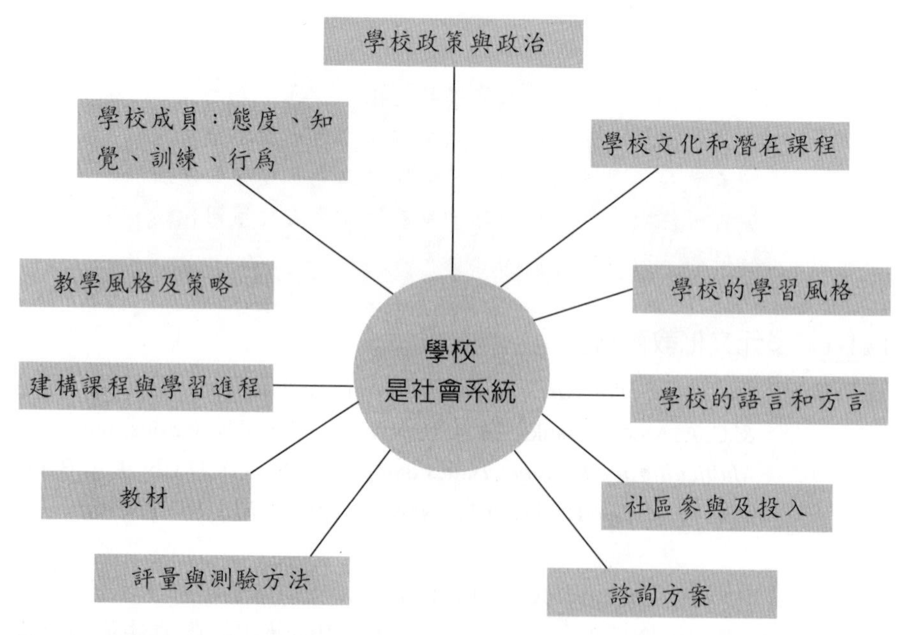

圖1-2 學校是社會系統

資料來源：*Multicultural education: Issues and perspectives* (p.19), by J. A. Banks & C. A. McGee Banks, 2016, New York: John Wily & Sons, Inc.

人員瞭解不同族群的文化、民主態度和價值觀；同時，轉型和重構學校的組織規範、社會結構、信念、價值觀和目標（Banks & McGee Banks, 2016）。

五、多元文化教育的目標與課程設計模式

Banks（1989）指出，多元文化教育的主要目標（如圖 1-3）包括改變學校，使所有學生在學校擁有公平的學習機會、增進全體學生之學業成就；協助所有學生對不同文化種族、族群及宗教團體發展的積極態度；協助增能學生和發展自信；協助學生發展觀點取替技能（perspective-taking skill）及考慮不同團體的觀點。

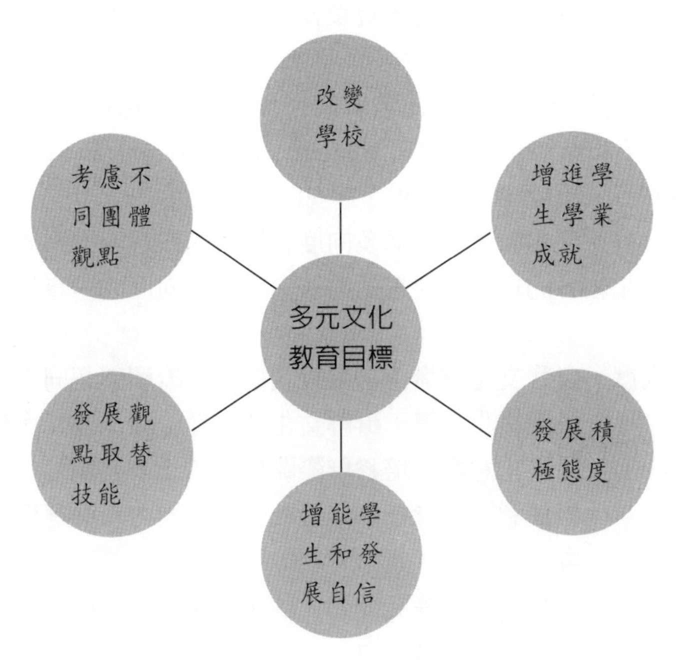

圖1-3　多元文化教育的目標

因此，統整有關多元文化教育的目標有下列幾點（曾忠斌，2013；譚光鼎等人，2001；Banks, 1993, 2006; Banks & McGee Banks, 2016）：

（一）改變學校的組織結構，使來自不同文化背景的學生獲得公平教育，以及具有均等的學習機會完成學業。

（二）改變學校環境，以促進學生公平的教育。

（三）增進所有學生之自我概念，協助所有學生對不同文化團體發展出正向且積極的態度。

（四）協助不同團體學生建立自信，增進不同團體政治及社會效能感。

（五）協助學生發展角色取替的能力，並能考慮不同族群的觀點。

（六）協助學生發展民主態度、價值與行為及社會改革使命等公民教育。

（七）培養批判思考能力，質疑社會上之不正義。

進而言之，有關多元文化教育的目標與內涵歸納如下（譚光鼎等人，2001；Banks, 1993, 2016; Bennett, 1995; Grant & Sleeter, 1996; Nieto, 1996 ; Tiedt & Tiedt, 1995），如表 1-1 所示。

另之，多元文化教育是一個多向度和複雜的概念。從不同的角度而言，多元文化教育的目標主要包括兩個向度，其向度的內容如下（劉美慧，2010）：

第一向度：自我文化意識：培養自我概念、瞭解與認同本身文化
多元文化意識：瞭解文化多樣性、減低偏見與刻板印象
跨文化意識：培養群際關係、培養多元觀點
公民意識和責任：培養社會行動能力、適應現代民主社會

第二向度：充實知識、探究能力、解決問題能力、培養學生價值判斷、批判思考能力

至於，在設計和組織課程時，可採用螺旋式課程（spiral curriculum）組織型態，亦即，先由強調基本之課程內容與概念，然後，再以順序性和持續性的加深加廣，其結構關係如圖 1-4。

表1-1 多元文化教育的目標與內涵

目標	重要內涵
1. 擁護教育機會均等	• 維護國民受教育機會一律平等的精神 • 保障不同背景學童的入學機會 • 所有學生在學校必須受到平等的對待 • 得到適性教育的機會
2. 提升不同團體學童的學業成就	• 瞭解並掌握不同族群學童學業成就低落的原因 • 採取有效的補救措施，增進不同族群學生之適應能力 • 提升學習成就
3. 瞭解與支持文化多樣性	• 學習異文化 • 瞭解不同族群的生活方式 • 支持文化多樣性 • 容忍、接受、尊重並肯定多元文化之美
4. 培養群際關係	• 提供學生與不同族群學生合作的機會 • 促進不同文化背景學生相處的能力
5. 培養增能與社會行動能力	• 培養學生關心族群議題，做理性決定 • 解決族群衝突等問題的能力 • 培養學生關心不同族群的態度 • 願意與不同族群共享資源與權力
6. 瞭解並參與民主過程	• 肯定人性的價值及尊重人權 • 培養公民責任感 • 建立開闊的世界觀

簡言之，多元文化教育的關鍵性目標是增進學生之自我一瞭解，瞭解和欣賞其他國內外周遭的人，對所有的學生提供公平的學習機會；同時在所有發展的階段，強調尊重、同理和公平（Tiedt & Tiedt, 1999），如圖 1-5。

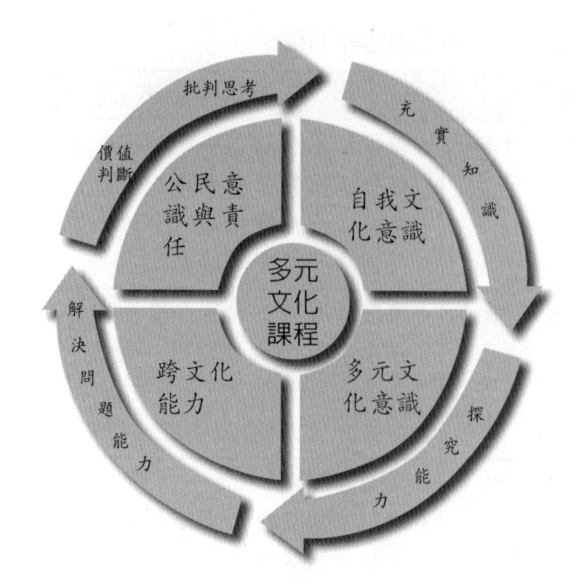

圖1-4 多元文化課程目標與課程組織

資料來源：修改自譚光鼎等人（2001）。**多元文化教育**（頁207）。新北市：國立空中大學。

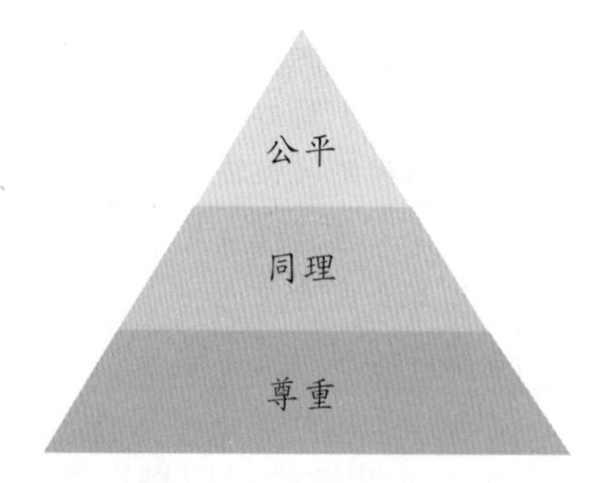

圖1-5 多元文化教育關鍵

資料來源：*Multicultural teaching: A handbook of activities, information, and resources* (p. 29), by P. L. Tiedt & I. M. Tiedt, 1999. Boston: Allyn and Bacon.

除此之外，江雪齡（2000）認為多元文化教育課程設計之中心目標（如圖 1-6），包括對世界社區負責任、保護地球、接受及欣賞文化

圖1-6　多元文化教育課程設計模式

資料來源：江雪齡（2000）。**多元文化教育**（頁78）。臺北市：師大。

歧異、尊重人類尊嚴及基本人權。主要目標尚包括發展多重歷史看法；加強文化的意識；克服因種族、性別及其他各種不同所造成的歧視及偏見；增加對宇宙及地球動力的瞭解；發展社會化行動的能力，其設計模式如下：

（一）目標一：發展多重歷史看法

同一個事件對每一個族群，或某一個地區的人，有不同的影響和判斷。

（二）目標二：加強文化的意識

幫助學生瞭解其個人本身，和他的文化背景的特色。幫助學生自我尊重，讓學生做客觀的批評和比較，以發現人我的相同和相異處。

（三）目標三：加強文化間的親和能力

訓練學生溝通的技巧、觀察的能力和解決衝突的方法，以便與其他族群相處。

（四）目標四：克服因種族、性別及其他各種不同所造成的歧視及偏見

提供學生社會演進的知識，剖析人類偏見的發展和形成，以便學生做評判思考，並且有意識地檢視自己的行爲，避免無謂的歧視。

（五）目標五：增加對宇宙及地球動力的瞭解

多元文化教育的終極目標爲訓練學生成爲世界的公民，瞭解人類的依存性，所以必須對我們居住的地球，以及在地球上的人有所瞭解。

（六）目標六：發展社會化行動的能力

辨識問題，謀求解決問題之道，並且積極地以行動去改變現況，解決問題。

第二節　多元文化特殊教育

一、多元文化特殊教育的意涵

特殊教育的本質在於提供無法於一般教育之學習環境下，獲得有效地服務之特殊兒童。由於特殊兒童具有個別內在差異（intraindividual difference）與個別間差異（interindividual difference），因此，特殊教育課程與一般教育課程有所差異。鑑於此，特殊教育教師就必須針對每一位特殊兒童的障礙類別、障礙的嚴重程度、身心特性、認知能力等，設計個別化教育方案（Individualized Education Programs, IEP），編製

符合任何學生需求之課程，設計與運用各種不同的教學策略，以及無歧視性之多元多向度之評量（Winzer & Mazurek, 1998）。

然而，特殊教育不再僅單純關注障礙情況之性質，以及針對特殊的障礙設計適當之輔導策略。更重要的是，擴展到來自不同文化背景的學生，包括雙語家庭、經濟不利家庭、特殊服務需求，以及文化和語言差異。因此，就目前和未來而言，學校必須爲來自不同文化與語言背景的特殊需求之學習者，發展課程、教學方法和各種資源，教導不同的學習者，以及改善所提供的教育服務（Winzer & Mazurek, 1998）。由此可知，一般教師、特殊教育教師，以及多元文化和雙語教師共同的任務是協助所有的學習者，俾期充分發揮每一位學生的潛能。換言之，多元文化特殊教育包含所有教育方案，協助來自不同族群、文化和語言差異之所有的學習者，防止遭受不當的鑑定、不當的評量、錯誤的分類、錯誤的安置和不當教學等之風險（Obiakor, 2007）。

換言之，爲了使特殊需求兒童獲得適性的教育，學校有以下重要的工作（Kirk, Gallagher, Anastasiow, & Coleman, 2006）：

（一）找出或發現學生特殊協助之需求。

（二）評量學生的優點與弱點。

（三）設計個別化教育方案，以滿足學生和家庭的需求。

（四）隨時檢視與瞭解個別教育方案在學校執行情形。

（五）定期評量學生進步情形，俾利決定與調整的依據。

尤其，面對來自於少數族群或原住民特殊需求兒童時，學校與教師應根據不同族群與語言學生之背景、特性與特殊需求，提供機會均等、公平正義之教育，適性評量，多元且無歧視性之評量；換言之，教師除了應瞭解學生問題外，更應處理學生的問題，並滿足學生的需求。因此，學校教師應扮演及變成改變社會的功能與角色；換言之，教師本身是文化的仲裁者和社會改變的動因（見圖 1-7）。

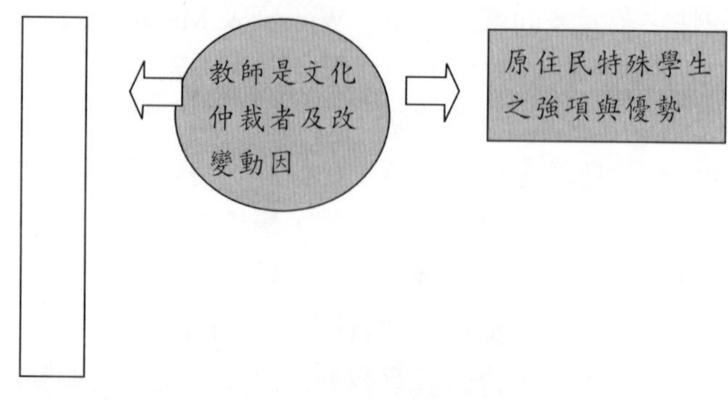

圖1-7　教師是文化仲裁者及社會改變的動因

資料來源：*Race, culture, and education* (p.102), by J. A. Banks, 2006. New York: Routledge.

二、提供全方位教學與無歧視評量

其次，在實施教學時，特殊教育教師須隨時進行自我評估，檢視自己是否有文化歧視現象；尋找與充分瞭解學生的學習特性及學生的需求；調整課程、教學、鑑定與評量，如圖 1-8。

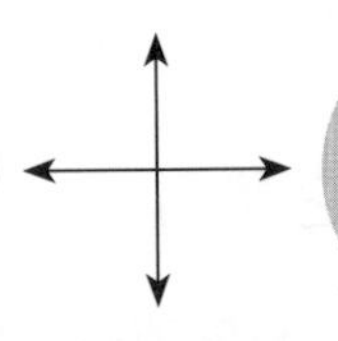
教師
瞭解自我、檢視理念、歧視、刻板印象；教導不同文化學生之理念
課程
融合的課程：透過教材、理念、目標和目的統整多元文化
教學
設計教學；調整教學風格；協助學生調整學習風格
學生
瞭解學生；傾聽學生；認識並接納差異（學習風格、優缺點、文化背景）

圖1-8　多元文化特殊教育

資料來源：*Multicultural gifted education* (p. 4), by D. Y. Ford & J. J. Harris, 2003, New York: Teachers College Press.

原住民族之間的文化雖有相似處或共同性，但是，仍有差異性與獨特性。相較於主流文化，文化殊異性更爲明顯。因此，原住民學童及原住民特殊學童接受標準化的測驗，向來是不利的。進而被誤判爲智能障礙或學習障礙，此者，非資賦優異。主要的原因在於標準化測驗的內容係以主流社會的經驗與興趣，以及評量者或施測者並無多元文化和雙語能力，進而產生不公平的評量，因此，重視無歧視測驗（nondiscrimination testig），實爲當前重要的課題。例如：可以運用眞實（authentic）和檔案（portfolio）評定，並結合彈性和具文化敏感性的鑑定系統施測；同時，鑑定的過程可融入多元的資源，如父母、家庭成員、社區或部落原鄉的領導者，或意見領袖，以及其他服務社團人士。簡言之，爲減少與避免誤判的現象，具體之建議如下：

（一）提供早期轉介前介入（early pre-referral intervention）。

（二）發展評定檔案。

（三）運用學生的優勢語言實施評定。

（四）必要時，聘請精熟學童的族語並熟悉特殊語言系統和評定過程的翻譯人員。

（五）聘請具有資格的人員，並瞭解其熟稔學生的語言和學生的文化。

三、多元文化特殊教育之準則

針對多元文化的學習者，教師須有下列的認知（Obiakor, 2007）：

（一）強調所有的學生應受實質的公平對待。

（二）尊重學生的語言差異，並激勵學生學習第二語言。

（三）學習語言差異並非語言缺陷。

（四）教導班級所有學生社會正義和相互尊重。

（五）在班級妥善規劃合作學習。

（六）賦權學生父母，成為學校的夥伴者。

（七）消除學生負面的經驗。

（八）使用雙語教學。

其次，從事特殊教育時，教師須確保多元文化學習者或學生之權益（Obiakor, 2007）：

（一）所有的學生須接受適合其需求之免費教育。

（二）避免鑑定錯誤，即所有學生的鑑定與轉介不受任何偏見。

（三）不受歧視，即所有學生的評量須不受歧視。

（四）提供程序的保護，保障所有學生之公民權。

（五）賦權學生父母，學校須密切與學生父母或監護人聯繫。

（六）保密學生資料，對所有學生的資料須加以保密，不可公開討論。

（七）在最少限制環境下接受教育。

四、實施文化回應教學

Obiakor（2007）指出，身爲多元文化特殊需求學童之教師，須扮演文化回應的教學者，實際教學時須注意下列要項：

（一）瞭解學生之成長環境、人口變遷、社會發展和典範的轉變。

（二）教導多元文化學習者之前，須瞭解自我並評估自己的知識基礎。

（三）以合理性和正當性的理由來評量。

（四）布置教室環境時，亦考量文化之敏感度。

（五）運用無歧視之鑑定、評量、分類、安置，以及適性之教學。

（六）儘管因種族、文化、語言和社經背景之差異，須看見和發現學生的優點和強項。

（七）持續學習俾期開展教育的動能，鼓舞多元文化學習者。

（八）體認人類的差異性，並重視個體的殊異性。

（九）教導多元文化學習者時，結合情緒智力、學習風格和文化背景。

（十）倡導多元文化學習者積極地協力合作，並適時諮詢學生、家庭、學校、社區和政府。

實施文化回應教學之具體且有效教學模式，如表 1-2（Banks & McGee Banks, 2010）。

五、優質的融合教育

Harry（2008）指出，開創多元文化的學校環境，改變或取代隔離式之單一文化學校，俾適應所有學生之需求，實爲當前重要的課題。因此，融合教育須重視任何的學習者。基本上，融合教育須將學生導致教育失敗轉變成分析或探求阻礙學生參與學習致而阻擋學生機會之原因（Ainscow, 2007）；亦即其目標在於改變主流教育，增進所有學習者之能力。進而言之，在融合教育情境中，特殊教育乃是重構（reframed）其他的服務和支持系統，以強化教學，而非障礙學生不同的課程。在融合班級裡，差異性視爲一種自然的和期望的，而且，教育的目的不是消除差異性，而是回應多樣性（diversity），如此，方可促進所有學生的成長與發展（Banks & McGee Banks, 2010）。至於，其他的相關服務是指從特殊教育需要協助學童獲益之支持性服務，通常由科際團隊來協助評估孩童需求、規劃學童之需求，並執行服務需求以支持學童（Kirk et al., 2012）。至於，相關服務之項目與內涵如表 1-3。

表1-2 文化回應教學之有效教學模式

教學模式	要義	教學行為
1. 視學生爲文化在地之個體	瞭解學生的文化認同，尊重學生的語言和文化	• 用學生的第一語言表達重要名詞 • 正確的唸出學生的姓名 • 涉及文化結構和社區活動
2. 關注學生的表現	對學生的學習和參與班級活動抱著高期望	• 提供增強 • 提供積極和正確的回饋 • 鼓勵學生建立目標並讚美有效的學習行爲
3. 管理班級，促進學習	具有班級經營和課程彈性的技能	• 開展不同的學習社群 • 善用開導和溫暖之方式，處理學生不當行爲 • 積極參與學生個別和團體的活動
4. 討論並共構知識	鼓勵對話與討論，分享知識、解決問題和高層次思考	• 採用合作學習 • 促進學生解決問題 • 誘導學生在地故事、社區經驗和發展知識
5. 運用多元的教學策略和學習活動	教師運用各種不同的教學策略	• 促發學生提問 • 運用概念圖、合作學習、角色扮演

資料來源：*Multicultural education: Issue and perspective* (p. 355), by J. A. Banks & C. A. McGee Banks, 2010, New York: John Wiley & Sons, Inc.

表1-3 相關服務項目與內涵

服務項目	要義
1. 聽力	聽力喪失的鑑定、等級、性質和程度，聽力喪失的處遇和預防之方案。
2. 諮商服務	由社會工作師、心理師、輔導諮商師提供服務。
3. 早期鑑定與評量	早期鑑定、早期介入、早期療育。
4. 醫療服務	由醫師服務。
5. 職能治療	包括改善、發展和矯治。
6. 父母的輔導與訓練	協助父母瞭解孩童的特殊需求及孩童發展的相關訊息。
7. 物理治療	由物理治療師提供服務。
8. 心理輔導	包括心理與教育方面的施測、評量的方法、評量結果的解釋，以及有關孩童在行爲、學習和課程等方面的服務。
9. 休閒	包括娛樂功能的評量、休閒治療服務、休閒方案和休閒教育。
10.復健諮商服務	強調特殊的生涯發展、職業準備、獨立及特殊需求者之職場和社區之整合。
11.學校健康服務	由學校護理人員及相關人員提供服務。
12.校內社會工作服務	包括學童社會和發展史的準備、孩童和家庭之團體和個別諮商、處理孩童日常生活情境中之問題。
13.說話症狀	包括鑑定、診斷、說話或語言障礙之評估、說話和語言服務的提供，父母、孩童和教師等之諮商與輔導。
14.交通	包括從學校和學校間之運輸、學校附近之旅遊、特殊設施。
15.輔具與服務	包括相關的設施。

資料來源：*Exceptional children: An introduction to special education* (p. 28), by W. I. Heward, 1996, New York: Merrill.

具體而言，優質的融合教育須建構於文化能力之融合教育（culturally proficient inclusive education），其要項包括近用性（access）、文化能力的學習與引導、文化能力的融合教育環境、公平、融合教育、多階層的支持系統（multi-tiered system of supports）、專業學習（professional learning）和學生成功與成就（Lindsey, Jew, Thousand, & Piowlski, 2018），其主要內涵如表 1-4。

表1-4　文化能力之融合教育

要項	要義
1. 近用性	• 在學校，學生具有完全參與並自優質的課程、教學與評量獲益的機會。
2. 文化能力的學習與引導	• 個體須學習自己設想的事物、信念。 • 重視不同的族群和文化。
3. 文化能力的融合教育環境	• 如同近用性之要義。
4. 公平	• 在評量上公正、公平。 • 提供學生學業和社會需求。
5. 融合教育	• 接受、重視和增能融合教育的願景和實踐。 • 支持不同的學業、社會、情緒語言。 • 所有學生在不同的環境和經驗學習。
6. 多階層的支持系統	• 階層一中，在普通班實施優質的教學，並隨時監核學生進步情形。 • 階層二中，著重補救教學、介入輔導。 • 階層三中，提供密集性教學。
7. 專業學習	• 教師和行政人員主動參與學習。 • 爲滿足所有學生的需求，教師須充實知能並實踐。
8. 學生成功與成就	• 符合形成性和總結性表現評量。 • 確保成功的達成。

第二章　融合教育的理論觀點

融合教育是一種發展性方法，以尋求滿足那些被邊緣化與摒棄之所有兒童、青少年及成人之學習需求；是協助特殊兒童到一般學校學習及提供特殊教育支持之過程；融合教育是所有學童之權利，以及自我實現和社會統合之方法。本文旨在以文獻探討和內容分析法，整理出如下不同的理論觀點：生物學觀（biological perspective）強調情境脈絡與特殊需求；社會學觀（sociological perspective）視融合教育爲人權；哲學觀（philosophical perspective）主張是教育體制的轉變，教育的改變是理解融合意義之樞紐；政治學觀（political perspective）強調價值的公平性、教育機會均等、社會公義及主體性；醫學模式（The medical model）除強調個體在一個程度的改正外，應提供個別化教育計畫。本章綜理不同學理的觀點，期望激發及開展創意性和永續性之方案。

第一節　融合教育的界定

融合（inclusive）始於 1970 年，主要受到統合（integration）或回歸主流（mainstreaming）之鼓吹倡導。於 1980 年後期與 1990 年間，在社會正義和公平性之政治影響下，受到更廣大的支持與響應。其次，影響融合理念甚鉅之另一因素是薩拉曼卡宣言與組織（The Salamanca Statement and Framework）對特殊需求教育的行動方針（UNESCO, 1994），這份文件強烈的認爲特殊教育需求的學生應在一般教育體制裡受教育。於是，在 2004 年聯合國教育科學文化組織（United Nations Educational, Scientific and Cultural Organization, UNESCO）界定融合教育之意義，明確界定融合教育是一種發展性方法，俾尋求滿足那些被邊緣化與摒棄之所有兒童、青少年及成人之學習需求（UNESCO, 2004; Westwood, 2007）。

自此，融合教育（inclusion education）是一個令人振奮的宣示，是一種公共性和政治性的聲明，以及差異性的主張，是需要持續主動積極來進行，進而促進融合教育文化（Carrington & Elkins, 2005）。Kirk 等人（2012）認爲，融合是協助特殊兒童到一般學校學習及提供特殊教育支持之過程。融合是接納（acceptance）的哲學，即所有的學生是價值的和應予尊重對待的。雖然融合常與回歸主流（mainstreaming）的概念有關，但是，融合是強調教育經驗的品質，而不是教育的場所（location）；換言之，融合並非是你在那裡的事情，而是你覺得那個地方是屬於或適合你。有許多的兒童被鑑定爲具有特殊教育需求，惟他（她）們未曾覺得適合在回歸主流的學校（Glazzard, Stokoe, Hughes, Netherwood, & Neve, 2015）。

融合教育有不同的概念，在意識形態和修辭學程度上，融合教育體制是融合的子集合（subset），即在一個社會中各種不同人的認知、接納和價值觀，以及個體和少數團體不受邊緣化（Westwood, 2013）。換言之，融合品質教育之最終目標在於終結所有歧視性的形式和孕育社會的團結力和凝聚力（UNESCO, 2011）。甚至，融合教育是一個多面向的措施，處理價值觀和信念系統，從家庭背景、社會階級、性別、語言、社會經濟背景、文化起源或能力、人權和社會正義產生的多元性及差異性等（Agbenyega & Deku, 2011）。因此，融合是一個爲了所有教育工作的主張或觀念，需要考慮在教育方案具有特殊需求的學習者之融合視爲他們的權利，以及視爲自我實現和社會統合之方法（Westwood, 2013; UNESCO, 2000）。

鑑於此，本文主要目的和問題在以文獻探討和內容分析法，分別探討融合教育之基本意涵、融合教育之各種理論觀點，以及融合教育的益處和困難等。

一、狹義意義

就狹義而言，融合教育教導障礙學童和一般學童在一般教室情境，而不是隔離在特殊班級（Giffen, 2011）。這種定義強調障礙和特殊需求並反映一個事實，即 1990 年融合教育運動在學校發展乃始於 1970 年至 1980 年將特殊需求學生統合或回歸主流（Winzer & Mazurek,

2011），而統合一詞在美國的全體障礙兒童教育法案（Education for All Handicapped Children Act）中有明文規定，主張特殊需求學生應在最少限制環境（the least restrictive environment, LRE）接受教育（Westwood, 2013），而這種主張由於受到早期證實，即輕度到中度學習困難的學生留在普通班的進步情形優於安置在隔離式的特殊班或特殊學校（Dunn, 1968; Semmel, Gottlieb, & Robinson, 1979），隨之，統合亦受到人權認知之成長和提供所有學童機會品質需求之刺激，旋即，正常化的概念在改變對障礙者安置的態度扮演重要角色（Wolfensberger, 1972），認爲將學習困難或肢體障礙學童從一般學校予以隔離，此舉對少數團體是不正義的（Westwood, 2013）。

二、廣義意義

就廣義而言，融合教育是所有學校所應追求之志事，俾利調適殊異性或多元性的問題。融合教育是一種方法，探究如何轉變教育體制，使能回應學習者的殊異性（Gafoor, 2010）。進而言之，融合教育是一種途徑，探求滿足所有學生的學習需求，運用適當的支持性服務網絡，所有的學習者可以在一起學習。其次，唯有在一個彈性的教育體制下方有可能理解不同學習者多元性的需求，進而調整來滿足學生需求。融合教育的目的在於所有參與者在這個體制或系統（學習者、父母、社區、教師、行政人員及政策制定者）與殊異性學生相處的舒適，並視其爲一種挑戰而非問題（Government of India, 2005; Westwood, 2013）。

至於，融合教育要素包括異質性團體、團體的隸屬感、透過個別化結果分享活動、運用一般學生常去的環境、平衡教育的經驗（如圖2-1）說明如下（Heward, 1996）：

（一）異質性團體

所有的學生應在一起接受教育。學生的生理、社會、情緒和智能的表現，在正常化的環境中表現得最好。

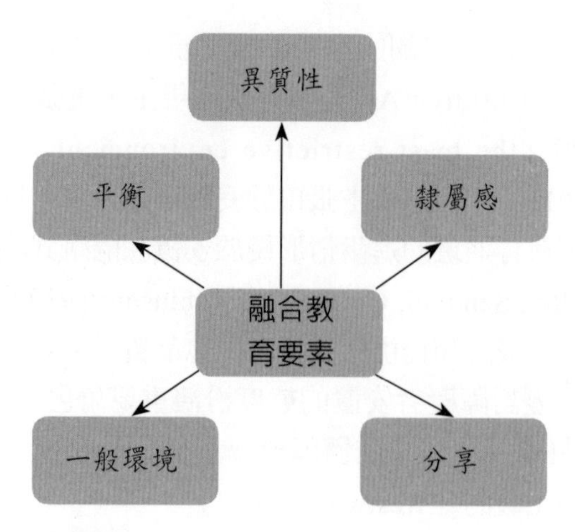

圖2-1　融合教育之要素

（二）團體的隸屬感

所有的學生應被視爲班級的成員，而不是造訪者、客人或者局外人。

（三）透過個別化結果分享活動

讓學生同時分享教育的經驗，在一個分享活動中，雖然學生參與相同的活動，但學習目標是個別化的，仍有所不同。

（四）運用一般學生常去的環境

分享教育的經驗時，可於一般學生常在一起的教室裡舉行。

（五）平衡教育的經驗

融合教育是在學業／功能和社會／個人之間尋求個別化的平衡。

由此可知，融合教育是將障礙學童和一般學童在相同的學習環境裡一起學習與成長，提供正常化的學習空間，不應隔離，隔離是非正義之舉。進而言之，融合教育是一種策略或途徑，探求滿足所有學生的學習需求，運用適當的支持性服務網絡，讓所有的學習者一起學習。

第二節 融合教育的理論觀點

一、生物學觀（biological perspective）

特殊教育已長期受制於醫學名詞之使用，如症候群（syndrome）、徵兆（symptom）、障礙，已包含並放置於生理有障礙的搜尋資源網絡中。而生物學觀對特殊教育採取寬廣的脈絡（如達到高品質教學），惟該角色在造成學習困難中常被忽略。在生物學派典中，由於生物性因素致使個體造成損傷（impaired），因此被視爲問題的原因（Glazzard et al., 2015）。

Thomas 與 Loxley（2001, 2007）認爲生物學觀將損傷和障礙並未強調產生學習的環境，而醫學模式是採取治療過程，因爲，生物性問題是由提供適當處遇（treatment）的醫療專業人員來鑑定和治療。特殊教育的資產與價值在於教師的信念提供給值得信任的專家學者和特殊教育學者來評量學童，他們的專業知識廣受尊崇，有些學生需要特殊教育教師之教導。生物學模式特別強調科學和心理學的訓練。Thomas 與 Loxley（2001, 2007）指出，重視特殊教育促使一般教師瞭解特殊兒童需要特殊教育教師和特殊課程，尤其在眞實的教育現場中，學生需要有熱心、耐心和用心的老師來教導。

簡言之，生物學觀將昔日慣用的且負面之名詞，置於文化脈絡框架中觀察；同時，開始以問題或需求爲主要原因，進而認爲個體的障礙係因未重視其周遭的學習環境，故而倡導特殊教育之價值與信念，教師應爲特殊需求學生提供適性課程及教育愛之情操，歸結如表 2-1。

表2-1 生物學觀重要觀點

學理	主要特性
生物學觀（biological perspective）	• 強調情境脈絡 • 以問題或需求爲主要原因 • 個體的障礙係因未重視其周遭的學習環境 • 倡導特殊教育之價值與信念 • 提供適性課程 • 強調愛的教育

二、社會學觀（sociological perspective）

Avrandis 與 Norwich（2012）指出，在二十世紀後半期，社會學的理論開始直接挑戰科學的派典。尤其障礙理論的成長，起初就認爲障礙是不公平的或受到壓抑的，以及被社會排除的結果，並非起因於生物損傷（biological impairment）。同時，社會學模式（sociological model）否認缺損具有障礙的任何含意（Avrandis & Norwich, 2012）；同時，社會學觀強調障礙係由物理、社會、文化、政治和經濟等因素所產生的，因此，障礙運動開始重視障礙者的權利（Glazzard et al., 2015）。

在高度一脈絡文化（high-context cultures）裡，損傷（impairment）的意義必須依據宇宙觀、價值觀以及社會生活的目的去理解（Whyte & Ingstad, 1995）。高度－脈絡文化在不變的科學定律中，亦缺乏抽象的程度和信念，進而對障礙有替代性的觀點，如社會系統觀和社區模式（Edwards, 1997; Mercer, 1973）。在這種文化脈絡裡，障礙並非先天的意義，而是人的角色藉由社區的理解來予以界定，以及程度是個體能夠達成成員的工作來決定個體生理能力或障礙程度（Edwards, 1997; Talle, 1995）。

其次，每個家庭的價值觀之不同，對障礙亦有不同的觀點。有些父母不認爲自己的孩子有障礙，因爲孩子在家的功能與表現良好，且能協助家人處理家務。至於，有關社會系統觀對障礙的認知，有下列幾點（Kalyanpur & Harry, 1999）：

障礙的出現或存在，會影響家庭的形成、教育和職業發展與結果。因此，與障礙者（如肢體障礙）生活，是一種個人與社會的過程（Ruowaleit, 2007）。不同的文化脈絡會有不同的障礙知覺，例如：在印度文化脈絡裡，障礙的研究論述是不適當的工具（Shilpaa, 2009）。障礙是自然的（natural），不僅是社會結構，亦是不同的價值觀（Christopher, 2011）。研究發現障礙兒童之母親反對專家學者對有關障礙家庭的主張與論述，同時，亦反對障礙者父母有負面經驗的觀點，他們認爲生活與家庭一切正常，反對那些描述他們孩子相異的概念（Priya, 2009），認爲障礙不僅位於孩童裡，亦在環境中。

針對融合之觀點，社會學觀強調平等（equality）、尊重（respect）、參與決策（participation in decision making）、權利（right）、民主（democracy）、社會正義（social justice），以及集體隸屬感（collective belonging）。社會學有一套原則可區別於生物學模式所強調之需求、診斷、處遇和治療；換言之，社會學觀的融合是從學習困難跳脫到權利的主張。而這些觀念包括如下（Glazzard et al., 2015）：

（一）接受優質教育權利
（二）接納的權利
（三）尊重的權利
（四）平等、差異的權利
（五）表達個人觀點、傾聽的權利
（六）參與的權利
（七）保護的權利
（八）資訊的權利
（九）隱私的權利
（十）思想自由的權利
（十一）求生的權利

換言之，融合具有前瞻性觀點，它鼓動教育情境加以調整及適應，進而滿足不同學習者之需求。融合的目的在於提供所有的學習者具有均等的教育機會，以及藉由公平的法律確保權利，促使賦予學校和其他教育環境法律之責，作合理的調整，俾以破除參與達成目標之障礙（Glazzard, 2014; Hodkinson, 2016）。

其次，社會學觀強調產生學習困難的外在因素，而非是生理內的生物缺陷，這些外在因素（Glazzard et al., 2015）包括：

（一）語言
（二）家庭教養
（三）文化
（四）性別
（五）種族
（六）學校的社會環境

（七）學校的物理環境

由此顯示，社會學觀強調的障礙主要係社會因素，包括物理、社會、文化、政治和經濟，以及外在因素如家庭環境、學校環境及社會文化等因素所產生的；同時，將融合置於更崇高的價值觀，視融合爲人格權、受教權、參與權、生活權、生存權及資訊權等。總之，社會學觀將障礙、排除、邊緣化和壓制等之產生，歸於社會的責任；其重要的價值觀在於創造一個更好、更公平和更正義的社會，其重要觀點如表 2-2。

表2-2　社會學觀重要觀點

學理	主要特性
社會學觀（sociological perspective）	• 障礙主要係由社會因素所造成 • 融合的目的在於提供均等的教育機會 • 視融合爲人格權、受教權、參與權、生活權、生存權及資訊權 • 將障礙、隔離、邊緣化之產生，歸於社會的責任 • 創造一個更好、更公平和更正義的社會

三、哲學觀（philosophical perspective）

哲學觀視融合爲一種哲學的概念，諸如：

可以融合每一位學生嗎？

可以限制融合嗎？

在起點上，融合有邏輯概念嗎？

Hodkinson（2012）提及融合能否共存（co-exist）於新自由主義市場化和競爭性之教育系統？另外，從本益論而言，融合要有限制，因爲社區或機構組織爲了確保自身的存在，需要排除個人（Hansen, 2012; Wilson, 1999）。其次，就哲學框架理論而言，在分析特殊需求學童於回歸主流之經驗上，哲學觀已用來分析權力、目標、概念和監督之角色（Foucault, 1977; Allan, 1996, 2008）。

就詮釋學而言，融合並非是個簡單、清楚的概念（Lindsay,

2003）；融合是一個模糊不清的概念，有不同的詮釋、應用和界定（Avramidis, Bayliss, & Burden, 2002; Hodkinson, 2016），是難以理解和空洞的名詞；對於融合的理解並不是分成於兩者之間、在內和跨個體、小組和集體（Sikes, Lawson, & Parker, 2007）。因此，融合可以詮釋爲在一個單一的學校和學校之間、文化和社會之內有各種不同的人，因此，融合既不可能也不適合把融合定義爲一個單一的實體（Glazzard et al., 2015）。

另之，在文學上將融合被隱喻地反射視爲旅程（journey）（Ainscow, 2000; Allan, 2000; Azzopardi, 2010; Nind, 2005），或者生成（becoming）的狀態（Nutbrown, Clough, & Atherton, 2013），是非最終的教育（inconclusive education）（Allan, 2000），亦即融合係指始終在過程和從未完成；進而言之，融合乃爲藉由激勵學校及發展社會的正義教育的持續發展能力，配合學生本身的學習方式，協助殊異性的學習者（Ainscow, 2000; Corbett, 2001）。因此，融合意指對學校的一部分和其他教育機構爲了接納殊異性之積極反應（Azzopardi, 2009）。簡言之，融合教育是提供學習者之參與的過程，從文化、課程和學習的社區中心減少他們的排除性（Booth, 2000）。

此外，融合的程度高低和深淺也有不同。從表面上程度不同到深度至價值系統、儀式、常規，以及學校和其他機構的文化（Corbett & Slee, 2000）。因此，融合與個人和機構組織的價值系統有深層的複雜度（Glazzard et al., 2015; Thomas & Loxley, 2001; Roaf, 1988），這些包括：

（一）民主和言論自由

（二）社會正義

（三）接納、尊重和機會均等

（四）合作和參與

（五）程序的權利

（六）反歧視

其次，融合的主張或概念是教育體制的轉變，而教育的轉型是瞭解融合意義之關鍵（Glazzard et al., 2015）；同時，融合是基本的工作，也是一種心理的態度（Nutbrown et al., 2013）。然而，改變學校和教育體制是難解的問題，因爲，沒有完美的體制在這個架子等著我們；同時，改變人的價值亦非易事，直到融合從政府官員之新自由主義價值解脫爲止，教師才能在學校和班級發展社會的正義教育。因此，融合教育必須從特殊教育需求脫離，俾利聲明其獨特價值，以及從傳統標籤化派典脫離（Graham & Harwood, 2011; Nind, Rix, & Simmons, 2003; Slee, 2011）。

因此，教師應摒棄形式的學校教育，甚至，學校爲了融合之承諾，超越一個爲了特殊教育需求之保證。因此，融合需要學校的部分之保證，融合教育具政治上的正確，兼具用來陳述和政策制定者消除所有的困難（Azzopardi, 2009, 2010; Giroux, 2003; Glazzard et al., 2015）。總之，融合教育的目的在於協助所有學生在普通班學習，不論是障礙者、無障礙者、資賦優異和特殊才能者，學習在一起，發展每一位學生所有的潛能（Korkmaz, 2011; Perles, 2011; Westwood, 2013）。

由上述可知，哲學觀將融合視爲適合性、合理性、共生共存等之概念；另外，詮釋學在融合上有不同的概念性闡釋，將融合詮釋爲在一個單一的學校和學校之間、文化和社會之內有各種不同的人，由於融合個人和組織價值系統的複雜度，因此，融合的程度高低和深淺也有不同。其次，哲學觀對融合的主張是教育體制的轉變，而教育的改變是理解融合意義之樞紐。總之，融合不僅政治正確，融合最終目的在發展每一位學生所有的潛能，其主要特性如表 2-3。

表2-3　哲學觀之重要觀點

學理	主要特性
哲學觀（philosophical perspective）	• 融合爲適合性、合理性、共生共存等之概念 • 融合存有不同的概念性闡釋 • 融合的程度高低和深淺也有不同 • 融合的主張是教育體制的轉變 • 教育的改變是理解融合意義之樞紐 • 融合具政治正確 • 融合最終目的在發展每一位學生所有的潛能

四、政治學觀（political perspective）

爲了確認或界定當前和近來政府對融合此一名詞之意涵，在融合上，哲學觀對當前的政治性議題則需要提出關鍵性質問。同時，開始致力關注融合的論述，並且倡導對特殊需求學童應予尊重與接納（Corbett, 1992）。就政治學觀言之，融合教育蘊涵著肯認的政治，以及關注被融合者和被排除在教育與社會的重要問題（Hodkinson, 2016）。並且，在政策文本中強調提出特殊需求學生的標準，終結特殊需求學生和一般學生間之成就差距（DfE, 2010, 2011, 2014）。換言之，在政策文本上特別強調融合的論述，堅持自由主義的原則，期望學生具有可能性、生產性、技能、獨立和進取心。同時，學校應重視融合的多元性，因爲，融合意指不同的情事、不同的團體和興趣不同的個體。據此，政治家則需要擘劃出具博學和有技能的勞動力之教育體系（Glazzard et al., 2015）。

公平的價值是所有政策和實行的基礎，同時，亦是回歸主流（mainstreaming）或融合（inclusion）重要理念之基礎，因此，基於這樣的體認，生活的最好品質係指生活的型式幾乎與一般人相似稱之（Turnbull & Turnbull, 1998）。進而言之，教育機會均等（equality of educational opportunity）與教育公平（educational equity）理想的實現，是所有自由民主社會所共同追求的鵠的，只可惜，隨著M型社會的不斷加劇，「優勢階段」與「弱勢階段」之間所能享有的教育資源與教育機會的差距也愈顯擴大。原本具有促進社會階層代間流動角色的學校教育，也在一波波全球化、市場化、績效責任的主流教育論述下，喪失了在教育改革中爲弱勢教育發聲的發言權，淪爲近十年來新自由主義思潮下教育市場化的附庸與代言人（鄭勝耀，2014）。Mickelson（2008）指出，機會結構會反映在青少年的同儕文化、態度、意向和學校行爲，同時，經濟、社會、政治、個人機會影響他們同儕文化、學校參與以及表現。因此，爲提高與增進少數族群學業成就上的落差，應建構文化—生態模式（cultural-ecological model），在多元化的社會中，將少數族群的歷史、經濟、社會、文化和語言加以考慮（Ogbu, 2003）。在此社會情勢下，對特殊學童之教育，更應從社會公義（social equity）的觀點特別考量，以減少特殊教育機會落差。秉持無歧視的評量、最大的發展機會、最少限制的環境、帶好每位學生或不讓任何孩子落後，均能給予適性的教育，充分發展其潛能（吳武典、張蓓莉、陳清溪，2014）。

就主體性（subjectivity）而言，強調每一個人有自由、意志，個體有自己的獨立自由性；而且，著重能動性、創造性、個別性及特殊性的地位或作用（洪清一、陳秋惠，2014；陳金美，1998）。因此，在教學過程中，每一個學生都是發展的主體，尤其在融合教育課堂中，教師將每一位學生看成是一個有尊嚴、有動機的相對主體，且不斷變化發展的人；教師須爲他們創造各種能帶來新感受的環境，從而幫助他們從各種感受中獲取知識（河南特殊教育網，2012）。

由此顯示，政治學觀（如表 2-4）強調融合的論述，堅持自由主義的原則，並期望學生具生產性和獨立性，同時，主張學校應重視融合的多元性。其次，政治學觀亦強調價值的公平性、教育機會均等、社會公義，提供適性的教育，充分發展每位學童的潛能。尤其強調主體性的重要性，視每位學童爲獨立自主和發展的主體。

表2-4　政治學觀之重要觀點

學理	主要特性
政治學觀（political perspective）	• 政治的肯認 • 強調融合的論述 • 堅持自由主義的原則 • 學生具生產性和獨立性 • 重視融合的多元性 • 強調價值的公平性、教育機會均等、社會公義 • 提供適性的教育，充分發展每位學童的潛能 • 主體性

五、醫學模式（The medical model）

特殊教育傳統上已置於心理—醫學派典（psycho-medical paradigm）中，或者醫學模式將損傷歸於個體內，將個體／損傷視爲須由醫學或其他專業治療（Avramidis & Norwich, 2012）。此模式是生物學取向，因為，損傷在於個體的生物所造成，此論點有別於社會模式視障礙係由於社會無法調適損傷者之需求之結果（Avramidis & Norwich, 2012）。因此，主要責任在於完善和正常化，俾便消除損傷而非關注個體的獨特性。另外，此模式並不主張在社會上有關的阻礙之重要問題，反之，此模式著重個體的治療，致使個體在一般社會裡能工作或活動（Glazzard et al., 2015）。

就醫學的歸因而言，障礙是個人本身的問題，而不是家庭的問題，除非有具體明確的基因病源。Monks 與 Frankenberg（1995）指出，在西方工業化的社會，於個人意識中，強調理性、責任，以及自我的發展，且社會文化環境和身體的改變是獨立存在的。在美國主流文化，障礙的醫學解釋視為減緩汙名，因為，這種情況視為自然的事故，且此種事件超過了我們的控制，無人能加以指責。這種信念在藥物濫用、教育情境和過動（hyperactivity），有明顯增加的現象（Conrad, 1976）。

換言之，就醫學觀點（如表 2-5）而言，孩童在校失敗係歸因於個體內差異，就如同 Artiles（1998）所稱，差異與異常或汙名有關，相同的象徵，相同性（sameness）是與相等（equality）為同義字；這種現象稱之為差異之兩刀論法（dilemma of difference），而差異是一種比較性名詞，惟當所有的學生跟高加索人（Caucasian）文化的常模相比較時，學生會有不同認知和語言技能，他（她）們獨特的背景往往視為有缺陷（deficit）（Artiles, 1998; Roseberry-Mokibbin, 1995）。尤其，往往有許多學生被分類或標記為說話與語言障礙，因為英語較不精通或由於語言型式有差異，以致被視為缺陷（Wolfram, 1992）。其次，智力測驗和標準化測驗的問題是忽視孩童在多元領域中之優勢與強項，如動覺（kinesthetic）和人際技能（interpersonal skills），而學生的學習過程卻深受學童本身的環境影響，並且在文化性特殊方式表現他（她）所習得的技能（Berube, 1996; Gardner, 1993; Serpell, 1994; Trawick-Smith, 1997）。

由此可知，醫學模式將職責在於為個體在一個程度的改正，因此，有社會、情緒和行為障礙的學童則有賴於個別化教育計畫，擬定目標並要求負責達成，其主要目的在正常化、改正和完善個體的缺陷。在這過程中，孩童的地位視爲權力的目標，並具主張和諮詢，惟這目的在於同質性和異質性，同時，這種方法是一種正義和慈悲地回應需求（DfE, 2014; Graham, 2006; Skidmore, 2004）。

表2-5 醫學模式之重要觀點

學理	主要特性
醫學模式 （The medical model）	• 將職責在於爲個體在一個程度的改正 • 提供個別化教育計畫 • 主張正常化和同質性 • 方法是一種正義和滿足需求

第三節 融合的益處、促使成功融合之重要因素及融合的障礙

一、融合的益處

融合對障礙兒童和弱勢團體兒童之益處（Westwood, 2013）如下：

（一）增進個別差異的欣賞與接納

（二）認知、理解、尊重和接納差異性

（三）增加社會統合的機會和友誼之形成

（四）增進社區技能的發展

（五）增進獨立能力

（六）爲同儕提供適當行爲和社會技能之良好模範

（七）獲得一般課程之學習

（八）朝向高標準的學業成就

（九）對行爲和學校作業有較高的期待

（十）對成人生活有更多的準備

其次，當進入一個融合的文化時，融合將有下列的結果（Westwood, 2013）：

（一）促使學校人員協作與團隊合作

（二）特殊教育人員的工作與班級教師更緊密

（三）增進父母之溝通和參與

（四）更能有效的運用教材和人力資源

（五）更能獲得校外服務

（六）成功地滿足所有學生的需求

二、促使成功融合之重要因素

影響融合教育正面方向之具體指標（Westwood, 2013）如下：

（一）學校校長和行政主管之承諾與領導

（二）整體學校邁向創造和支持融合文化，所有的教師具有積極的態度與意願

（三）支持學校政策，學校人員清楚地瞭解自己的角色和責任

（四）教師能相互合作，視自己爲團隊成員，並能跟支持人員合作工作

（五）協調並持續與特殊教育教師及一般教師之間的溝通

（六）適時與教師開會、規劃和評估

（七）必要時，教師以適當的技能和策略調整課程與教學方法

（八）適當地運用合作學習，同儕教學法及研究一本位教學

（九）適時提供支持相關人員

（十）獲得任何重要的外在服務，如語言治療師、行爲改變團隊和志工協助者

（十一）父母參與及支持

（十二）爲每一位在學習和行爲上有明顯問題的學生，提供個別化教育計畫

（十三）學生覺得在這個團體有隸屬感和價值感

爲了融合沒有單一方法將適合所有學校，學校能夠並著手採取彈性的方式變得較爲融合，尤其，要調度適當和有效的支持人員與資源，同時，統整團體俾利教學（Ellis, Tod, & Graham-Matheson, 2008; Wha, 2010）。另外，提供融合教育服務準則如下（Garner, 2009）：

（一）大部分特殊需求學童可以融合在一般學校學習，提供教育人員接受適當的訓練、策略和支持。

（二）融合教育的服務應提供優質教育和選擇，以及提供父母意見和兒童瞭解的機會。

（三）學校和地方政府主動的尋求消除在學習上和參與上的障礙。

（四）回歸主流教育始終無法適合每一位學生。

三、融合的障礙

教師的態度、教師專業、教學方法、標準和責任績效之要項及需要提供其他支持性教學，在所有國家中皆爲實施有效的融合之潛在性障礙（Glazzard, 2011）。此外，尚有其他的障礙（Westwood, 2013），諸如：

（一）大班級規模

（二）無適當的資金

（三）缺乏分化性教材

（四）獲得外在支持性服務不足或不可靠

（五）教師之間難以充分協同和團隊合作

（六）學生之間存有負面的團體態度

（七）跟父母缺乏積極的溝通和合作

（八）對身體行動問題學生之建築障礙

至於，融合教育的融合益處、促使成功融合之重要因素及融合的障礙，歸結如表 2-6。

有關融合的定義，就狹義而言，融合教育是將障礙學童和一般學童在相同的學習環境裡一起學習與成長，提供正常化的學習空間。就廣義而言，融合教育是一種策略或途徑，探求滿足所有學生的學習需求，運用適當的支持性服務網絡，讓所有的學習者一起學習。然而，不同的理論各有其不同的觀點和獨特性。總而言之，融合教育是當前全球性潮流與趨勢，對學童、家庭、學校和社會之助益甚多，惟須在家庭、學校和政府通力合作下，方可順利推動和運作。

表2-6 融合教育益處、成功融合的重要因素及融合的障礙

融合教育益處	• 增進理解、尊重及個別差異的欣賞與接納 • 增加社會統合的機會和友誼之形成 • 增進社區技能的發展及增進獨立能力 • 爲同儕提供適當社會技能之良好模範 • 有機會學習一般課程 • 朝向高期待和高標準的學業成就及行爲 • 對成人生活有更多的準備 • 促使學校團隊合作 • 增進父母之溝通和參與 • 更能有效的運用教材和人力資源 • 更能獲得校外服務 • 成功地滿足所有學生的需求
校長承諾與領導	• 所有的教師具有積極的態度與意願 • 整體學校支持融合文化 • 支持學校政策
促使成功融合之重要因素	• 學校能清楚地瞭解自己的角色和責任 • 教師能相互合作 • 特殊教育教師與一般教師之間的溝通與協調 • 適時與教師開會、規劃和評估 • 調整課程和改變教學方法
大班級規模	• 無適當的資金 • 缺乏分化性教材
融合教育的障礙	• 獲得外在支持性服務不足 • 教師之間難以充分協同和團隊合作 • 父母缺乏積極的溝通和合作 • 無障礙環境不佳

第三章　特殊需求

不論是特殊兒童或普通兒童並不一定有或沒有特殊需求，而是有時會有特殊需求，有時卻沒有。換言之，在某種場合可能沒有特殊需求，但在另一場合可能會有特殊需求。本章主要包括特殊需求之意涵、特殊需求的目標、美國特殊需求出現率情形、我國原住民特殊需求出現率之情形、文化差異與文化不利資優教育。

第一節　特殊需求之意涵

一、有特殊需求就有特殊教育

特殊教育之所以需要，乃因個別差異之事實，實爲有特殊教育需求之學生可能每一所學校都有，因材施教、適性教育，成效才能普及，犧牲某些人，成效雖臻完滿，讓智障者「拚命」也趕不上進度，讓資優者重複學習，教育成效將因浪費他們的生命而大打折扣。因此，學校應主動出擊，透過觀察及適當之鑑定程序，發覺有特殊需求之學生，即應施予特殊之教育，改變過去消極的以特殊班決定學校是否具有特殊教育之學生，以及採招生名額決定特殊教育學生多寡的作法，我國的特殊教育將能由點而至全面發展（蔡典謨，1996）。

二、特殊需求

特殊教育的對象是特殊兒童（exceptional children）。對於特殊兒童的定義，最早是從病原學（etiology）或心理學的觀點出發，強調損傷（impairment）、殘障（disability or handicap），採絕對論的看法，凡是有病原學或心理學症狀者均可稱爲特殊兒童。但現今多從教育學或生態學（ecology）的觀點出發，採相對論的看法，強調教育需求和生態涵義。因此，逐漸採「特殊需要兒童」（children with special needs）以取代殘障兒童或特殊兒童。此種新觀點擴充了特殊兒童的概念，也擴展了特殊教育的服務範圍。因爲有特殊需要的兒童不一定是特殊兒童或殘障兒童，許多特殊兒童有特殊的需要，也有些許特殊兒童不一定有特殊需求（惟大多數特殊兒童有特殊需求）。由此理念出發，特殊教育係以特殊需求之兒童爲對象，則多數特殊兒童需要特殊教育，有些特殊兒童卻不必。反之，大多數普通兒童也許不需要特殊教育，但少部分的普通兒童有接受特殊教育協助的需要。隨著特殊兒童理念的改變，因而也就改變了特殊教育的理念，普通兒童也能受到特殊教育的服務（毛連塭，1994）。

三、社會團體之差異

Frederickson 與 Cline（2002）指出，倘若學童的社會團體之環境及背景與一般學童有所差異時，則該學童則具特殊需求。特殊需求涉及不論任何孩童、任何時間及學童學校生涯期間等。假使學童具情緒和肢體之障礙而並無同儕的正常經驗時，則具特殊需求；又如孩童具身體被虐待的經驗或歷史，或者，孩童爲某一宗教或文化團體的成員，則孩童具特殊需求。因此，特殊需求並非必然的證實有礙於學習（Hodkinson, 2016）。

第二節　特殊需求學童——高發生率障礙

高發生率（high-incidence）障礙特殊需求者，包括學習障礙、說話和語言障礙、注意力缺陷過動症、智能與發展性障礙、情緒或行爲障礙等。

一、學習障礙

根據 2004 年美國障礙兒童教育法案（Individuals with Disabilities Education Act, IDEA）的定義，特殊學習障礙係指在基本心理歷程有一種或多種的障礙，包括理解、或使用語言、說話或書寫，致使聽、思考、說話、閱讀、拼字有障礙，或數學計算有障礙出現，此種障礙包括知覺異常、腦傷、輕微腦功能失常、閱讀障礙、發展性失語症（developmental aphasia）。特殊學習障礙並不包括視覺、聽覺、或動作障礙所致之學習問題、智能障礙、情緒困擾、或環境、文化、經濟不利（Bryant, Bryant, & Smith, 2017）。

學習障礙學童在學業上、社會上和行爲風格上之特徵，如表 3-1（Bryant et al., 2017）。

表3-1 學習障礙學童之特徵

學業	社會	行為風格
• 低成就	• 不成熟	• 注意力不集中
• 抵制處遇	• 表現社會無法接受的行爲	• 注意力渙散
• 難以教導	• 誤解社會性和非語言的暗示	• 過動
• 無法解決問題	• 作決定的技能較差	• 衝動
• 學業能力不穩	• 易受騙	• 協調能力差
• 基本語言技能差	• 無法遵守社會規範	• 無動機
• 在朗讀、流利度和理解之閱讀技能較差	• 不理會	• 依賴
• 在拼字、文法和寫作較差	• 幼稚	• 無統整能力
• 在認數、計算、數學推理和問題解決等之數學技能較差	• 羞怯、退縮、缺乏自信	
• 後設認知與認知能力異常	• 無法預知社會結果	
• 記憶力缺陷		
• 無法類化		

資料來源：*Teaching students with special needs in inclusive classrooms* (p. 56), by Bryant et al., 2017, New York: Sage.

進而言之，學習障礙主要的問題在於會影響個體知覺、處理、分析或儲存訊息的能力，進而有下列一般共同的特徵，彙整如表 3-2（Ko & Hughes, 2019; Mouzakitis, 2019）。

表3-2 學習障礙之共同特徵

層面	同特徵
閱讀技能（reading skills）	• 解碼技能不佳 • 閱讀流暢度不佳 • 閱讀速度緩慢 • 缺乏自我—監控之閱讀技能 • 閱讀理解和保留能力較差 • 確認文章重要概念有困難 • 建構概念和意象非常困難 • 識字技能薄弱 • 文字和片語之理解非常困難 • 難以辨識常出現的文字 • 口語理解比閱讀理解之問題嚴重 • 難以將注意力集中在課文上 • 跨頁或翻頁有困難
拼字技能（spelling skills）	• 語音知覺比拼字能力明顯 • 常拼字錯誤 • 在同音異字或一般拼字常有困難 • 無法瞭解口述與寫作間的關係 • 無法瞭解一般拼字的規則
寫作技能（written expression skills）	• 寫作能力較弱 • 無法寫一篇通順的文章 • 撰寫草稿的能力較弱 • 在寫作上之起、承、轉、合，明顯薄弱 • 無法作摘要或重點 • 口語表達之問題比寫作嚴重 • 校正之技能非常薄弱
口語技能（oral language skills）	• 無法聽辨發音相近的音素，如ㄥ、ㄣ、ㄅ、ㄆ、ㄍ、ㄎ、ㄕ、ㄙ • 難以具體表達自己的想法 • 發音困難 • 無法拼音 • 傾聽能力較差

層面	同特徵
	• 回憶事實或細節時無法統整 • 計算能力較差 • 難以記憶較複雜的表格 • 難以瞭解四則運算 • 基本計算技能較差 • 難以理解應用題 • 理解數學之概念較差 • 難以統整無關的訊息 • 視知覺和視覺—空間能力較差 • 無法將基本數學概念轉換到解決一般日常生活上的問題 • 無法運用基本的事實處理較複雜的計算
記憶技能（memory skills）	• 儲存和提取能力薄弱 • 取得即時使用的訊息能力非常薄弱
推理技能（reasoning skills）	• 解決問題的能力明顯低弱 • 難以辨認、轉換

資料來源：Language Disabilities: Myths and Misconceptions vs. Reality, by G. S. Mouzakitis, 2019, In J. Fischer, *Learning Disabilities: Identification, Assessment, and Instruction* (pp. 266-285). New York: Magnum Pubishing.

簡言之，學習障礙學生在學業上之問題包括常曠課、成績低落、課業成就不佳、常表現不適當行爲。而在不同領域上，亦有一般基本知識、文本結構知識、字彙知識、閱讀流暢度、學習意志力等之問題存在。

二、說話或語言障礙

說話（speech）或語言障礙（language impairment）係指溝通障礙，如口吃、構音異常、語言障礙或聲音異常，這些障礙對學童的教育表現有不利的影響（Bryant et al., 2017）。具體而言，說話障礙是指個體的說話異於常人，而達到引人注目、厭煩或不易被他人理解的地步，不但妨礙個體與他人的溝通，並造成自己的不適應。語言障礙是指個體所表現的語法與被期待的標準不相稱，亦即兒童的語言較其生理年齡的發展遲緩。至於，溝通障礙（communication disorders）是指構音、語言、聲音或說話流暢性方面的缺陷稱之（林寶貴，1994）。

溝通乃是藉由口語或非口語語言使用，交換知識、理念、意見和感覺的過程。語言是根據理解、手勢和符號溝通的基本規則方法，說話是指語言的聲音產出。

一般而言，說話障礙包括下列類型（Bryant et al., 2017）：

（一）構音問題

產生說話聲音的歷程有缺陷，以致說話聲音不正確，例如：省略（omission）、替代（subsitution）、扭曲（distortion）、添加（addition）等。

（二）語暢問題

說話的流暢性不順或重複中斷。口吃是語暢問題的一種類型。

（三）聲音問題

是指音調或音量與個體的年齡和性別異常。

（四）語言遲緩（language delays）

習得語言的順序跟同儕相同，但是，發展得較遲緩，然而，他（她）們並沒有障礙，且能跟得上同儕，只是習得緩慢，無法完成習得複雜的語言結構。

因此，家長或教師培養兒童說話時須注意如下方法（林寶貴，1994a）：

（一）耐心地對兒童說話
（二）話題要與兒童的程度和經驗相結合
（三）常唸書或故事給兒童聽
（四）玩發聲遊戲

（五）玩視覺記憶遊戲

（六）每天固定練習說話

（七）擴大生活範圍與經驗

（八）注意傾聽兒童說話

（九）儘量少用手勢或表情

三、注意力缺陷過動症

注意力缺陷過動症（attention-deficit/hyperactivity disorder, ADHD）主要指無法專注（inattention）、衝動（impulsivity）和活動過多（hyperactivity），導致在學校情境面臨許多的困難。尤其，由於這些學生在學習時有維持注意之問題，無法安靜地完成課業。上課時，亦無法專心傾聽或聽講，以致考試表現較差。其次，這些學生缺乏學習技能，作業、書桌與習作表現雜亂無章，無法專注於老師之上課或團體討論（Bryant et al., 2017; DuPual & Stoner, 2003）。亦即閱讀缺陷症是一種特殊的學習問題，會明顯地影響個體的閱讀，導致拼音不佳，它是一種語言一本位障礙（language-based disability），導致解碼能力（decoding ability）不佳，進而在知覺、認知、組織、儲存，以及訊息之提取和再現，均表現不佳。換言之，在習得與處理語言上有學習困難，即在閱讀、拼字和書寫上明顯地缺乏精熟，因此，閱讀缺陷症稱之爲閱讀、拼字和書寫障礙（Adubasim & Nganji, 2019）。

注意力缺陷過動症主要問題在於缺乏行爲抑制力（behavior inhibition），進而影響四種重要的執行功能（executive function），包括（Rodriguez, González-Castro, Cerezo, & Álvarez, 2019）：

（一）工作記憶（working memory）

（二）情感、動機和活動的自我調理（self-regulation）

（三）語言內化（language internalization）

（四）重組（reconstitution）

這四種功能會影響個體力度或活力（force）、語暢（fluence）和語法（syntax）等行爲之控制。

因此，在小學階段，注意力缺陷過動症通常產生的問題如下

（Pierangelo & Giuliani, 2008a）：

（一）離座

（二）無法完成作業或忘了攜帶作業

（三）無法統整

（四）工作草率，書寫零亂

（五）無法遵從指示

（六）學業表現不穩定

（七）干擾行爲，作白日夢

（八）社會互動困難

換言之，注意力缺陷過動症主要問題在於無法專注和過動—衝動。由於這兩個向度的行爲導致對環境的反應、自我—控制發展、工作的持續性等方面，具有遲緩及困難現象（DuPaul & Stoner, 2003）。根據美國精神醫學會（American Psychiatric Association）之診斷和統計手冊（Diagnostic and Statistical Manual, DSM-IV）之標準，注意力缺陷過動症的行爲徵候如表 3-3（孟瑛如、陳志平，2016；洪儷瑜、張郁雯、丘彥南、蔡明富，2001；Bryant et al., 2017; DuPaul & Stoner, 2003）。

表3-3　注意力缺陷過動症的行為徵候

（一）不專注：出現下列不專注的症狀至少六項，且持續6個月以上，此問題造成個體的不適應，且和他（她）的發展成熟度不一致：
1. 經常無法注意細節，或在學校功課、工作的活動上經常因粗心而犯錯。
2. 經常無法在功課、一件事或遊戲上專注太久。
3. 經常表現出好像不注意聽別人對他說話的樣子。
4. 經常在非故意反抗或聽不懂指示的情況下，仍無法完成學校功課或其他指定的工作。
5. 經常無法把事情或活動做得有條理。
6. 經常會逃避或討厭需要持續花心力的活動。
7. 經常遺失（或忘掉）一些重要的東西（如作業、鉛筆、書本、文具或活動所需要的玩具）。
8. 經常容易爲外界的刺激所干擾而分心。
9. 經常忘記自己要做的事。

（二）過動—衝動：出現下列過動—衝動的症狀至少六項，且持續6個月以上，此問題造成個體的不適應，且和他（她）的發展成熟度不一致：

〔過動〕1. 經常手或腳動個不停，或在椅子上身體蠕動不停。
2. 在教室或其他被要求坐在椅子上的時候，仍會離開座椅。
3. 經常在不允許亂跑的情況下，仍會亂跑亂跳。（對青少年或成人而言，可能的表現是主觀的感覺，自己靜不下來）
4. 經常無法安靜的參與一項遊戲或休閒活動。
5. 經常話很多。
6. 經常表現出像裝了馬達驅動似的，無法靜下來。

〔衝動〕7. 經常在問題還未被說完時，就把答案脱口而出。
8. 經常無法排隊等待，或無法在一項活動或遊戲和人輪流等機會。
9. 經常干擾或打斷別人的談話或活動。

資料來源：孟瑛如、陳志平（2016）。情緒行為障礙。載於孟瑛如（主編），**特殊教育概論：現況與趨勢**（頁381-382）。臺北市：心理。

洪儷瑜等人（2001）。**注意力缺陷過動症學生學校輔導手冊**（頁3）。臺北市：教育部特教組。

DuPaul, G. J. & Stoner, G. (2003). *ADHD in the schools* (p. 25). New York: Guiford Press.

另外，注意力缺陷過動症的特徵如下（Bryant et al., 2017; Pierangelo & Giuliani, 2008b）：

（一）工作記憶（working memory）異常

（二）提取（retrieval）異常

（三）缺乏時間管理

（四）無法安排工作

（五）閱讀理解異常

（六）作筆記有困難

（七）缺乏學習技能

（八）無法完成多階段工作（multistep task）

（九）煩躁

（十）無法安靜地坐著

（十一）在陌生的情境，會跑來跑去

（十二）在休閒活動中難以遊戲或安靜地參與

（十三）呈現馬不停蹄的狀態

（十四）多話

四、智能和發展性障礙

根據2004年美國障礙兒童教育法案（Individuals with Disabilities Education Act, IDEA）的定義，智能障礙（mental retardation）係指一般智力功能顯著低下，並伴隨著適應行爲缺陷及顯現在發展期間，進而對孩童的教育表現有不利的影響（Bryant et al., 2017）。

其次，根據美國智能和發展障礙協會（American Association on Intellectual and Developmental Disabilities, AAIDD）的定義，智力與發展障礙是指障礙的特徵在於智力功能和表現在概念、社會和實用性適應技能之適應行爲兩者有顯著的障礙，此種障礙是在18歲以前發生的（Bryant et al., 2017）。

根據障礙的程度，可分爲輕度、中度、重度及極重度等四種智能與發展障礙，而每一類的學童表現亦不相同，其主要特徵彙整如表3-4（Bryant et al., 2017）。

另外，對智能和發展性障礙學童而言，支持系統是增進獨立自主的方法，補齊學校期望與當前功能程度之間的落差。因此，支持係爲一種資源和策略，目的在於促進個體之發展、教育、興趣、個人幸福，以及增進個體功能（Schalock et al., 2010）。因此，就學齡學童而言，有下列重要的支持需求領域（Thompson, Wehmeyer, Hughes, Copeland, & Tasse, 2008）：

（一）家庭生活活動（home life activities）：於個體本身的照護。

（二）社會和鄰居活動（community and neighborhood activities）：參與社會活動。

（三）學校參與活動（school participation activities）：爲班級和學校活動之參與。

（四）學校學習活動（school learning activities）：學校學習活動

表3-4 智能與發展性障礙程度及表現

障礙程度	表現結果
輕度	• 學習困難 • 可以工作 • 維持良好的社會關係 • 貢獻社會
中度	• 在幼兒期，有明顯的發展遲緩 • 在自理上，有些依賴的程度 • 適當的溝通和學業技能 • 在生活上和社會工作上，需要不同的支持程度
重度	• 持續需要支持
極重度	• 在自理、自制、溝通和行動上，有嚴重的障礙 • 持續需要支持

和作業表現良好。

（五）健康和安全活動（health and safety activities）：維持健康習慣和維護自身安全。

（六）社會活動（social activities）：包括在各種不同情境中，與他人活動有關之技能。

（七）維護和倡導活動（protection and advocacy activities）：著重自我一倡導。

其次，支持亦有不同強度之提供，包括間歇性（intermittent）、有限性（limited）、全面性（extensive）、普遍性（pervasive），不同的類型彙整如表 3-5（Chadsey & Beyer, 2001; Kennedy Horn, 2004）。

表3-5 支持的強度

強度	內容
自然支持（natural support）	• 個體本身的資源、家庭、朋友、鄰居 • 工作的同事 • 學校同學
無薪支持（nonpaid support）	• 鄰居、社會團體 • 社團、休閒聯盟 • 私人組織、企業
一般支持（generic support）	• 公共運輸、公共服務系統 • 相關機構和服務
特殊支持（specialized support）	• 障礙—特殊服務 • 如特殊教育、特殊早期介入服務 • 職業復健

五、情緒或行為障礙

（一）情緒或行為障礙之定義與特徵

根據美國2004年障礙者教育法案（Individuals with Disabilities Education Act, IDEA）之界定，情緒困擾（emotional disturbance）係指長期且明顯表現下列一種或多種特徵，進而對兒童的教育表現有不利的影響（Bryant et al., 2017; Kauffman & Landrum, 2013; Webber & Plotts, 2008）：

1. 無法學習，惟不能以智力、感覺或健康因素加以解釋。
2. 無法與同儕和教師建立及維持滿意的人際關係。
3. 在正常的情況下，有不適當的行爲或情感類型。
4. 通常充滿不快樂和沮喪的心情。
5. 具衍生出與個人或學校問題有關的生理症候和恐懼的傾向。

情緒困擾包括精神分裂症（schizophrenia），但不包含社會適應不良的兒童，除非確定他們是情緒困擾。

情緒和行爲障礙主要可分爲內化型（internalizing）和外化型

（externalizing），主要的問題如下（Bryant et al., 2017; Mather, Goldstein, & Eklund, 2015）：

1. 內化型行為問題

(1) 憂鬱：自責、內疚、放棄、冷漠、低自尊、負面的自我形象

(2) 退縮

(3) 焦慮：注意力渙散、過度擔憂和害怕

(4) 孤獨

(5) 厭食（anorexia）

(6) 貪食症（bulimia）

2. 外化型行為問題

(1) 侵犯他人的權利

(2) 發脾氣和震怒

(3) 敵對、對抗、爭吵

(4) 忽視教師的指責和懲戒

(5) 傷害他人或動物

(6) 恐嚇、威脅

(7) 違反社會規範

(8) 偷竊

(9) 使用不雅的動作

(10) 身體攻擊

(11) 表現強迫性的行爲

(12) 過動

（二）焦慮

焦慮（anxiety）是人格心理學頗受重視的一個重要概念。焦慮是由壓力、緊張、不安、焦急、憂慮、恐懼等感受，交織而成的複雜情緒狀態（張春興，1992；黃德祥，1994；Kauffman & Landrum, 2013）。焦慮是個人煩惱、苦悶的主觀經驗，是一種不愉快的情緒感覺；焦慮是一種複雜的神經生理反應，與自律神經系統、生物化學系統及腦波反應等有密切的關係。焦慮可以說是個人應付環境無把握，又對不可知的未來感到威脅時的一種恐懼、憂慮交織而成的迷惘感受，

進而需要專家的關注（洪清一，1997；Kauffman & Landrum, 2013; Webber & Plotts, 2008）。焦慮的類型包括廣泛性焦慮症（generalized anxiety disorder）、恐懼症（phobia）、強迫症（obsessive-compulsive disorder）。所謂廣泛性焦慮症，是指任何時間與任何事情，都會引起患者焦慮反應。廣泛性焦慮症患者，對生活中細枝末節特別敏感，總是覺得不幸的事故，隨時都會發生。因爲廣泛性焦慮症患者所焦慮的事物並不固定，故而又稱此種情形爲游離性焦慮（free floating anxiety）。廣泛性焦慮症患者的一般症狀爲情緒緊張、心情紊亂、注意力不能集中、身心疲倦、頭昏目眩、心悸、失眠。此外，伴隨心跳加速、呼吸急促、四肢顫抖、頭暈、噁心、盜汗等。廣泛性焦慮症中出現的此種現象，即稱爲恐慌症（panic disorder）（張春興，1992；Coleman, 1996; Kauffman & Landrum, 2013; Webber & Plotts, 2008）。

至於，Rice（1978）指出焦慮情緒的產生有三大根源：第一，生理剝奪：當缺乏食物、舒適、休息、身體保護時，會有焦慮產生。第二，情緒剝奪：缺乏愛、接納與讚賞。第三，環境的緊張與衝突：重複的緊張、不斷地衝突、神經的過度刺激等都會讓人產生焦慮。根據 Sims 與 Snaith（1988）的觀點，造成焦慮的原因十分複雜，主要因素如下：

1. 心理和社會的因素

(1) 早期的撫育和兒童教養（early upbringing and child rearing）：根據心理分析論的觀點，焦慮的根源是來自於內在的和潛意識裡。因爲焦慮來自潛意識裡，因此，個體並不瞭解他爲什麼或感覺憂慮（Atkinson, Atkinson, Smith, Bem, & Hilgard, 1990）。另外，根據 Beck, Laude 與 Bohnert（1974）研究發現，焦慮思想主要有五大類別：

- 害怕身體受傷、疾病或死亡
- 害怕心理疾病
- 害怕失去控制
- 害怕失敗
- 害怕拒絕、支配和貶損

(2) 依戀理論（attachment theory）：一般而言，幼兒在 9 個月至 3 歲之間，是對母親依戀最強的時期。如果在這個時期破壞或斷絕了對母親的依戀，如父親逃家、母親或孩子因病長期住院，幼兒就會發展出焦慮的現象。甚至，由於在母親一幼兒關係之重要時期，失去了依戀，往往會導致永久擔心母子關係破裂和深怕失去喜愛的東西，並產生泛焦慮症（all-pervasive anxiety）。

(3) 學習理論：Coleman（1996）認為，根據操作制約原理，焦慮和恐懼行為亦是受正向環境反應（positive environmental response）塑造和維持，例如：如果孩童有明顯的恐懼和收到過多的同情，或者，能夠避免不愉快的事件，則該行為將會被強化。Bandura（1977）指出，社會制約之恐懼，是孩童在制約情境中觀察到同儕或成人，以及間接地習得了恐懼。

(4) 認知觀點（cognitive aspects）：依認知理論的觀點，感到憂心、不安，以及與生理變化有關之無助感，是焦慮的特徵。當焦慮是病理因素時，即使沒有具體的外在危險，憂心、不安和無助的感覺，仍然會發生，避免感到焦慮的行為亦會常常發生。這與恐懼症相反，它必須具有產生焦慮的特殊物體或情境，而廣泛性焦慮症，憂心是游離性的（free-floating）（Beck, 1976）。

Beck（1976）指出，病態性的焦慮是由於對危險的認知有不切實際所產生的，甚至，有認知錯誤和不符合現實的知覺。一般而言，這種現象有下列：

- 高估恐懼事件的可能性
- 高估恐懼事件的嚴重性
- 低估個體處理資源
- 低估他人可以協助處理
- 人格和個體的異常（personality and personal disorder）

2. 社會決定（social determinants）

(1) 工作（work）：通常，焦慮與不同生活情境的問題有關，例如：工作壓力。難以負荷的威脅和失業的結果，與焦慮有密切的關係。失業之前，會引起個體焦慮的反應，有時對未來失業感到恐懼；過量的工作使工作者感到壓力並導致焦慮。有時失業的威脅，會引起焦慮的狀態。如果真的失去了工作，尤其是長期失業，會導致神經性憂鬱（neurotic depression）。

(2) 婚姻和性（marriage and sex）：婚姻不和諧與性功能不良

（sexual dysfunction）會導致且造成焦慮。所有類型的精神官能症（neurosis）皆與婚姻不和諧、分居和離婚有關。

(3) 心理的創傷（psychological trauma）：在人類生活的情境，不論是短期或長期的，處理了許多焦慮狀態的發展。因此，經濟變動的次數和高失業率，被視爲刺激原因。同理，戰爭和其他重大的災害亦是。雖然這些情況不會增加神經分裂的人口數，但是，神經錯亂的內涵，反映了這些情況的背景。

(4) 傳染性焦慮（communicated anxiety）：傳染性、感染性或集體性精神官能症，會流傳到社會大衆，尤其是在密集的社區裡。在這種情況，精神官能症可能在心理感覺感染；也就是說，跟已患有症狀的人親密接觸，會造成傳染給之前未受感染者身上。焦慮的症兆，如換氣過度（hyperventilation）、發昏（faining）或生理徵兆，特別可能以這樣的方式傳染。

(5) 文化：基本上，有許多環境的情況會影響每一個體的期望，透過各種不同的文化情況、規範、禁忌和模式，將價值觀和行爲標準傳遞至個體。有些特殊的文化會迅速地影響個體的心理，如由大衆媒體渲染報導之暴力行爲、脅迫威嚇、誘騙行詐、藥物濫用、性開放或性氾濫，以及以宗教誘惑行騙、核電汙染與武嚇或戰爭等之情事（Hawton, 1986; Goldstein, 1983; Rogoff & Morelli, 1989; Hallahan & Kauffman, 1994）。

(6) 酒精和藥物誤用：基本上，焦慮和酒精與藥物誤用之關係複雜。一般而言，酒精是焦慮的主要原因。誤用的共同方式是，每當有壓力時，用少量的精酒來減低不安的現象，改進社會表現；或者，當壓力有任何程度的減低時，個案體認到他的表現，因由於焦慮而受阻或不佳。當去除習慣—形成的焦慮藥物（如酒精）時，會增加並持續產生焦慮。減少藥物的食用時，或許會回到焦慮的狀態。因此，有時候，焦慮被視爲是自我—毒殺（self-poisoning）或自傷（self-harm）的原因。

焦慮本身的範圍和種類繁多且複雜，因此，對個體的焦慮應加以明確界定與評量，方能有效處理。焦慮之處遇或輔導必須根據個體、個案情況、苦惱或症狀、個案力求改變的動機，以及處理態度等現象，作詳細的評量。為了使個案能夠把心中的苦惱原因或理由提供出來，則應根據一種架構來晤談，引導個案從一個領域到另一個領域，期使在晤談結束時，充分瞭解個案；同時，對個案的背景和苦惱，有完全的瞭解。其次，有時跟個案熟悉的人晤談，也是一種有效的方式，我們可以從這些資料提供者身上，獲得許多的資料。因此，為了充分瞭解個案，須獲得以下有關資料（洪清一，1997）：

1. 疾病或症狀，持續時間和發生過程：因焦慮的顯現而設計有關疾病或症狀方面之評量，是根據焦慮精神病之瞭解，以及目前和過去，疾病和壓力間關係。其次，證實這個疾病如何開始，亦是很重要的工作。該疾病是否突發的或逐漸的、是否在某種疾病或精神異常時發生，以及是否在情緒緊張的時候或關於某種特殊的心理創傷事件。

2. 人格、背景和目前的生活型態：重要的人格特質包括：焦慮傾向、嚴謹、依賴、敏感和完美主義（perfectionism）。至於個人的背景，有必要瞭解個人的變遷之經驗，是否超過了一般的情況，如果有的話，個案是如何處理？結果如何？目前生活情況方面，不僅包括目前壓力的原因，還應包括與其他旳關係。個案會把自己的問題告訴別人，或跟別人討論他的疾病嗎？如果有的話，別人的態度是有用的或反面的效果？當然，要瞭解個案目前的生活型態，是利用晤談的方法，瞭解個案平常的生活情形。

3. 生理和心理健康：有關個案過去和目前的生理和心理健康情形，必須詳加調查瞭解。有些焦慮本位症狀（anxiety-based symptoms），可以從生理疾病的類型之起源來瞭解。有時，憂心健康會導致個人一直處在焦慮的狀態；有時，生理疾病的焦慮，尤其是恐懼，與生理症狀一樣，患者直到接受適當的身體檢查之後，才相信這是心因性所引起。然而，當經內科醫師的檢查而並無生理上的症狀時，該患者就應被轉介，接受進一步的檢查和調查。

4. 對病症的態度和改變的動機：當發現個案所表現的煩惱或症狀是焦慮的結果時，就應向個案解釋有關過去和目前造成煩惱的因素。這時，提供充裕的時間讓個案回應（reflection），過了某一個時期後，就請個案說出他的任何觀點。焦慮的處理，直到這個煩惱的根本焦慮被接受之後，不論是再保證（reassurance）或處理計畫（treatment plan）才有效。

在處理的過程中，也要考慮改變的動機。尤其，如果同時結合且持續應用心理輔導方案，而治療的效果必須仰賴個案協助自己來克服焦慮方可達成。通常，適當的提供一份簡單的書面治療模式，鼓勵個案自己做決定，將改變的責任擔負起來。當個案改變的動機強烈並願意承擔時，則可預期治療效果良好。綜合 Coleman（1996）、Webber 和 Plotts（2008）、Kauffman 和 Landrum（2013）、Strauss（1987）等學者的觀點，有關焦慮的處遇如下：

1. 系統遞減敏感法（systematic desensitization）：系統遞減敏感法主要的原理是運用反制約（counterconditioning），來減輕恐懼和焦慮。依據 Wolpe（1958）的觀點，個體處在焦慮、緊張和恐懼的壓力情境下，由於自主神經系統上的作用，導致生理上產生若干反應，如心跳加速、情緒亢奮、肌肉緊張，這些不愉快的經驗、焦慮和恐懼，可以藉由反制約來減輕。系統遞減敏感法有三個步驟：

(1) 建立誘發恐懼刺激階層表：依據個體對生活情境的焦慮刺激，按強弱程度編列一個焦慮階層表。安排的策略是從最輕的害怕，逐次向上至個體眞正感到恐懼的情境。

(2) 學習深度一肌肉放鬆訓練：教導個體完全的肌肉放鬆，引導個體消除其身體各部分的緊張，其步驟是由雙手最先開始，而後手臂，接下來是身體各部位肌肉，直到最後雙腿與兩腳。

(3) 將放鬆的狀態和每一種刺激配對：在深度放鬆狀態下，要求個體想像在最小恐懼刺激下進行，逐漸至高恐懼階層實施，直到個體不會產生焦慮，即大功告成。

2. 示範（modeling）：示範法是根據社會學習原理，認為恐懼藉由間接經驗習得和消除。示範法主要包括象徵性示範（如錄影帶）、現場示範和參與示範。

3. 操作制約法（operant conditioning techniques）：此種方法主要目標是強化所要處理的行為，減少恐懼的反映。正增強原理和消弱法，常被用來達成渠等目標。

4. 認知法（cognitive techniques）：認知法運用在焦慮學童上是

近來之方法。其中，自我一描述（self-statement）和內隱示範（covert model）爲較常用之。自我一描述主要目標是減低與焦慮有關的恐懼或情境，而內隱示範主要是讓孩童使用想像示範，而不是現場或影片示範。

（三）精神分裂症

1. 精神分裂症的定義

所謂精神分裂症，乃指一種精神病（psychosis），其主要症狀包括思考、知覺、情感等多方面之廣泛障礙，其精神活動與現實有明顯之脫節，且呈現人格崩潰之狀態（楊聰財、譚宏斌，2004）。精神分裂症患者是依據 1994 年發行的「精神疾患診斷與統計手冊第四版（Diagnostic and Statistical Manual of Mental Disorders, DSM-IV）」之精神分裂症的診斷要點（曾文星、徐靜，1994；Kauffman & Landrum, 2013）：

(1) 特徵性症狀：下列症狀當中，至少呈現兩種症狀 1 個月的時間：

① 妄想（特別是奇異內容的妄想）。

② 幻覺（特別是批評性或對談性的聽幻覺）。

③ 錯亂言語（語無倫次、脫離現實的語言等）。

④ 錯亂行爲或僵直行動。

⑤ 情感平淡、思考或語言貧乏、生活退縮。

(2) 社會生活障礙：在一般社會生活、工作及人際關係有明顯且長期性的變化，社會生活程度降低。

(3) 患病期間：至少 6 個月以上。

(4) 上述病情並非由情緒障礙、物質濫用或其他軀體疾患所引起的。

2. 精神分裂症的分類

精神分裂症以兩種型式症狀爲特徵：正向和負向症狀。有四組主要的正向症狀：妄想（不眞實的信念）、幻覺（不眞實的知覺）、思考障礙（沒有組織的思考）與緊張性的症狀（運動及肌肉張力的異常）。而主要的負向症狀，包括淡漠（apathy）：是指一個人失去對人或其他事件的興趣；動機缺乏（avolition）：是指病患無法開始工作或完成任務，造成病患會避免參與活動，並消耗長時間無所事事；貧語症（alogia）：是指言語貧乏，病人自發性說話不多，對問題也都是簡短的回答；情感淡漠（blunting of affect）：是指情緒的表現明顯地不適合當時的情境，病患時常表現傻傻的或奇怪的（楊聰財、譚宏斌，2004）。精神分裂症是一個寬廣的診斷，並包含一個廣泛的臨床表現，其分類整理如表 3-6。

表3-6 精神分裂症分類

類型	臨床表現	評論
妄想型	妄想、幻覺	最常見的類型
青春型	• 思考障礙 • 感情淡漠或不調和	• 通常存在於成人早期 • 負向症狀很早顯現
僵直型	• 木僵或緘默 • 刻板形式或激動的 • 肌肉張力或姿勢不正常	在已開發國家少有
殘餘型	臨床表現以負向症狀爲主（之前的正向症狀已不顯著）	• 發生在病程的晚期 • 其他類型也許會發展成殘餘型精神分裂症
簡單型	負向症狀，沒有正向症狀的病史	和不正常人格很難鑑別診斷
未分化型	以上混合的特徵	

資料來源：楊聰財、譚宏斌（2004）。彩色圖解精神醫學（頁27）。臺北市：合記。

3. 精神分裂症的特徵

有關精神分裂症的主要特徵，臚列如下（Coleman, 1996; Kauffman & Landrum, 2013）：

(1) 不適當的情感（inappropriate affect）：情感和情緒之表達未能符合當時的情境，而且，在無明顯的理由情況下，卻變得很快。有時表現得沒有情感，或者高度焦慮或暴躁。

(2) 對周遭環境缺乏興趣且生活功能退化：無心自我照顧，而且，亦無興趣與他人互動。有時會停止吃東西、不洗澡、不修邊幅，日常生活能力退化。

(3) 不適當的言語（inappropriate speech）：雖然口語高水準和正常的語言發展，但是，言語變得前後不一致或怪異。聲調或音調變得激烈或呈現重複（echolalia）現象。有時會自言自語，但不知所云，毫無章法。

(4) 變異的行爲（variable behavior）：不適當的行爲或徵兆相繼衍生，亦即怪異行爲常表現在日常生活中，如奇特的語言和不適當的情感已明顯地呈現出來。

(5) 妄想（delusion）或幻覺（hallucinations）：妄想係指不合理且不眞的信念，如妄想自己是偉人（誇大妄想）、妄想別人謀害（迫害妄想）等。幻覺是一種缺乏適當的外在刺激的情境下，所產生的知覺經驗；亦即以想像的知覺經驗，代替了事實的知覺經驗，以及一種知覺反常現象，主要有聽幻覺和視幻覺（張春興，1989）。

第三節　特殊需求學童——低發生率障礙

一、其他身體病弱

其他身體病弱（other health impairments）或稱特殊健康照護需求（special health care needs），係指在強度、體力和靈敏度上有障礙，包括是否有足夠的體力面對環境的刺激；由於慢性或急性健康問題，致使對教育環境的警覺有障礙，對兒童教育表現產生不利影響。慢性健康問題，如氣喘、注意力缺陷症、注音力缺陷過動症、糖尿病、癲癇、心臟病、血友病（hemophilia）、鉛重毒、白血病（leukemia）、腎炎（nephritis）、風濕病（rheumatic）、妥瑞氏症（Tourette Syndrome）、鐮狀細胞血症（Sickle cell anemia）（Bryant et al., 2017）。

（一）氣喘（asthma）

氣喘是一種慢性疾病，具有超度敏感的呼吸道及反覆性支氣管痙攣。主要病因有過敏、感染、內分泌、遺傳、心理和生理因素。誘發因素如暴露於過敏原、上呼吸道感染、情緒不穩、刺激性化學品、油煙、汽油、溫度、濕度、氣壓等。其分類如下（高信安，1990）：

1. 過敏型：由家塵、黴菌、花粉、動物皮毛等，產生抗原體的過敏反應。

2. 非過敏型：由刺激性空氣、氣候或情緒變化、運動或呼吸道病毒感染等引起的氣喘。

3. 混合型：過敏與非過敏因素，均會引起的氣喘。

對於氣喘的兒童之治療，儘量避免或減少過敏原、非過敏原的接觸，並適時給予減敏治療和藥物治療，定時服藥。若仍無改善，則立即尋求醫療服務。當學童遭受疾病的特殊危害時，須保持鎮定，對學童不可溺愛，允許他（她）們參與活動，如此將不會使他（她）們的病情惡化，如游泳是最好的方式之一。適時告知學童有關他（她）們本身的疾病；隨時注意他人對他（她）們的嘲諷，要和學童一起發展處理受到欺侮的策略（Bates, 2017）。

（二）糖尿病

糖尿病是因胰島素分泌不足或作用失常，而導致醣類、脂肪與蛋白質代謝障礙之症候群。換言之，胰島素的作用若發生障礙，會使好不容易到達血液的營養，不能為細胞所應用（高信安，1990；林田健男、田野原重明、林上勝美，1985）。糖尿病體質有遺傳性，具有糖尿病體質的人，若長時間過著會妨礙胰島素作用的生活，亦即其每日所攝取的熱量，都超過正常需要量以上，或是長期缺乏運動，以及罹患了影響全身的疾病，或是受到外傷、遭受精神上之重大打擊，這些原因都會妨礙到胰島素的作用，因此，其發病的機率也會相對的提高（林田健男等人，1985）。糖尿病大致可分為兩型（高信安，1990）：

1. 第一型糖尿病

即胰島素依賴性糖尿病（insulin dependent diabetes mellitus, IDDM），典型的病狀，包括三多（尿多、喝多、吃多）、體重減輕。病患因缺乏胰島素，必須注射胰島素來維持正常的代謝，但容易發生酮酸中毒。

2. 第二型糖尿病

即非胰島素依賴性糖尿病（non-insulin dependent diabetes mellitus,

NIDDM）。病患雖亦有三多，但較不顯著；多數肥胖，可口服降血糖藥物治療，較不易發生酮酸中毒。

至於，有關糖尿病學童支持性策略如下（Bates, 2017）：

1. 就學期間，如果學童要就醫，鼓勵他（她）們選擇適當的時間，並學習就醫的程序。

2. 若就醫後仍無法改善，則立即尋求醫療服務。

3. 倘若學童遭遇疾病的特殊危害，則須保持冷靜。

4. 適時告訴學童本身的疾病，並準備相關的問題，俾利回答。

5. 一起和學童來協助他（她）們發展處理受欺侮之策略。

二、癲癇

癲癇（epilepsy）是由於許多先天或後天因素所引起之慢性腦疾病，主要特徵是由於腦細胞之過度放電所引起的反覆性發作，伴隨著各種不同的陣發性症狀。

（一）癲癇的主要特性

癲癇的主要特性如下（沈淵瑤，1993）：

1. 是由於腦障礙而引發之慢性疾病過程。

2. 症狀包括間歇性（intermittent）、陣發性（paroxysmal）、短暫性（transient）、反覆性（repetitive）、複發性（recurrent）。

3. 症狀繁雜，造成因素多種，推測以腦細胞異常放電之位置和擴散情形為最重要因素。

癲癇的種類與特徵，彙整如表 3-7（沈淵瑤，1993；徐享良，1997）。

（二）癲癇的支持性策略

對於癲癇學童之支持性策略如下（Bates, 2017）：

1. 確保不讓學童喪失任何的社會性或課外之活動，或任何課程的部分。

表3-7 癲癇的種類及特徵

分類	類型	症狀
臨床症狀學	1. 大發作 2. 小發作 3. 精神性運動性發作	• 無運動及肌肉動力異常 • 意識障礙 • 行爲及精神異常
解剖生理學	1. 局部性發作（partial seizure） 2. 泛發性發作（generalized seizure） 3. 次級性泛發性發作（secondary generalized seizures） 4. 全面性發展（diffuse dysrhythmia）	• 由於局部大腦皮質所發出之異常過量放電，而引起該部位之功能障礙 • 源自深部之中心腦部系統，包括間腦、中腦及腦幹所產生 • 首先爲局部性發作，之後激發中心腦部而發生全身性泛發性發作 • 腦部有嚴重而廣泛的病變
病因學	1. 原發性癲癇（idiopathic epilepsy） 2. 症候性癲癇（symptomatic epilepsy）	• 原因不明 • 頭部外傷 • 先天性疾病 • 感染 • 遺傳 • 器質性病變 • 生物化學異常、情緒異常、知覺上之刺激變化

2. 如果覺得混淆、驚恐，則設法加以安撫，使其安然度過間歇發生的情況。

3. 倘若出現頭昏和迷失現象，則立即扶住學童手臂，並告知他（她）冷靜，小心地引導學童回到舒適的地方休息。

4. 倘若學童發生痙攣現象時，不要抓或大叫；同時，切勿鉛筆插在學童嘴巴，以防止咬到他（她）們的舌頭。

5. 如果學童抗拒協助，在安心冷靜之前，他（她）不會有任何的危險。

6. 若事後仍覺得混亂不清，則協助再予引導。

7. 如果倒地或發生痙攣，則協助將其身體朝上，檢查傷勢；若無大礙，則讓學生安心地坐著，直到完全復原。

三、心臟病

心臟病（heart disease）是一種心血管疾病，亦即心臟或血管之疾病。先天性異常的嬰兒常併有特殊的先天性心臟疾病，如心內膜墊缺損症（endocardial cushion defect）、心房中隔缺損（atrial septal defect）、心室中隔缺損（ventricular septal defect）、主動脈窄縮（coarctation of aorta）、主動脈擴張和主動脈瓣閉鎖不全（aortic insufficiency）、單心房（single atrium）等（Bates, 2017；宋增鈴，1993）。

至於，心臟病的類型以下（Bates, 2017）：

（一）先天性心臟病（congenital heart disease, CHD）

此類型的心臟病，即嬰兒生下時即患有先天性心臟病，患有較多的缺損及心臟與血管異常（宋增鈴，1993）。大多數的先天性心臟病孩童可以生存，而且，只要透過適當的處遇，孩童仍能維持正常或一般的生活（Bates, 2017）。

（二）後天性心臟病（acquired heart disease, AHD）

係指後天因素所造成的疾病，如感染、發燒，但大部分因素是肥胖、風濕性心臟病（rheumatic heart disease）、查加斯氏病（Chagas disease）、川崎氏病（Kawasaki disease）（Bates, 2017）。

（三）心臟病的支持性策略

1. 讓學童充分瞭解他（她）的狀況，並要孩童對自己的健康和幸福負責。

2. 鼓勵孩童參與適當體育活動。

3. 提醒孩童肥胖對生命的危險。

4. 鼓勵父母，並建議父母限制孩童食用高鹽、高膽固醇之食物，多吃穀類食物、水果、蔬菜。

四、血友病

血友病是一種因血液無法凝固而易出血之疾病；換言之，是由於缺乏血液凝固因子所導致的出血性疾病。血友病是一種遺傳性疾病，大多在男子身上發病。血友病的特徵，是在關節和皮下較深的部位會產生血腫。除了缺乏血液凝固素（VIII）、斯條爾特（IX）因子、黑琪瑪（XI）因子外，在先天性缺乏不穩定（V）因子、抗血友病（VIL）因子、路琪泰爾（X）因子的情況下，亦可能發生類似的症狀（林田健男等人，1985）。

其次，由於一旦受到外傷，便出血不止；膝蓋或手肘關節一旦出血過後，關節部位便腫脹難堪，且手腳不能靈活運用；乳牙掉落時，出血不易停止；關節出血一再地發生，致使關節硬化，產生運動障礙（林田健男等人，1985）。

（一）血友病的主要特徵

簡言之，血友病的主要特徵如下（Bates, 2017）：

1. 出血時間較長
2. 屬遺傳性，且大多為男性
3. 腫脹、關節疼痛
4. 肌肉軟弱無力
5. 失去意識、警覺和記憶
6. 易流血且不易停止

（二）血友病的支持性策略

鑑於此，有關血友病學童之支持性策略如下（Bates, 2017）：

1. 視他（她）們如一般人一樣，只是多加留意及注意任何流血的徵兆。

2. 倘若並無明確的理由而有不樂悅，則須加以留意，並檢查流血的徵候。

3. 如果擔心學童的狀況，則立即打電話給學童父母作瞭解，此有助於學童之醫療支持。

4. 倘若學童無法上課，則允許學童在家完成作業。

5. 鼓勵學童定期運動，以發展他們的肌肉和關節。

6. 定期與父母溝通及討論有關學童進步情形，以及任何有關學童健康狀況。

五、自閉症光譜

（一）自閉症的定義

自閉症是嚴重的長期功能失調之發展性障礙。通常，在 3 歲時呈現出來，是由於神經心理異常所造成的，會影響大腦功能，男生比率高於女生，約爲 4 倍。會發生在所有種族、民族和社會背景。在心理環境上造成自閉症的原因不明，自閉症在行爲上被界定爲徵候群（Coleman, 1996; Farrell, 2008）。近來，有關自閉症的定義，由單一的障礙，變成由五個相關的情況所組成的障礙光譜，猶如雨傘狀而稱之自閉症光譜（autism spectrum disorders, ASD）。換言之，運用過去對自閉症概念的架構命名爲不同的情況或徵候，並分有類同自閉症（autistic-like）的徵兆和特徵。因此，自閉症光譜有五個特性的障礙型式，以概括的類型示之，此五個障礙型式包括（Bates, 2017）：

1. 自閉症（autism）

2. 幼兒崩解障礙（childhood disintegrative disorder, CDD）

3. 亞斯伯格症候群（Asperger's syndrome）

4. 雷氏症候群（Reye's syndrome）

5. 廣泛性發展障礙（pervasive developmental disorder）

（二）自閉症光譜主要特徵

至於，自閉症光譜主要特徵如下（Bates, 2017; Bryant et al., 2017）：

1. 社會溝通和社會互動之固著異常。

2. 行爲、興趣和活動之侷限、重複性。

3. 無法或很慢地回答他（她）們的名字，以及其他口語試圖引起他們的注意。

4. 無法或很慢地發展適當的姿勢，如指出、向別人顯示事物。

5. 發展語言的步調遲緩。

6. 運用手勢或個人本身的手語學習溝通。

7. 僅說單字或一再重複某些片語，無法將字彙結合成有意義的句子。

8. 仿說現象（echolalia）。

9. 使用怪異、不適當的字彙。

10. 偏執與固著，難以處理事務之改變。

11. 過於敏感（susceptibility），易受外在的聲音、人群或其他事件而煩躁不安。

12. 對特殊的物件之依戀（attachments）。

13. 有生理活動過多或過低的現象。

14. 疲勞。

15. 肌肉無力。

16. 身體協調力不佳。

17. 注意力難以持久。

（三）自閉症主要徵兆

自閉症主要徵兆包括（Autism Society of America, 1944; Coleman, 1996; Farrell, 2008）：

1. 在生理、社會和語言技能有異常出現。

2. 感覺反應異常，會有以下一種或二種以上的感覺或反應：視覺、聽覺、觸覺、嗅覺、味覺、痛覺反應，以及抓握身體的方式等。

3. 說話和語言缺乏或遲緩，有時，特殊的思考能力會呈現出來。

4. 對人、事、物之方式異常。

（四）自閉症學習特徵（Coleman, 1996）

1. 刺激過度選擇（stimulus overselectivity）

係指將注意力侷限在某一事物上。自閉症兒童不注意別人，但卻強迫地注意感官刺激和物體。例如：有時，對別人聲音或眼神大多不願意反應，但他們卻往往花很長的時間注視閃爍的燈或旋轉的東西。他們會對痛、碰、氣溫的改變或燈光過度反應或反應冷漠，因爲他們只對他們有效的一些刺激產生反應而已，他們所看到的、聽到的和感覺的，與一般兒童有很大的差異。

2. 動機不強

大多數兒童爲了滿足他們的需求，有強烈的動機來探索新的環境和嘗試新的行爲。然而，自閉症兒童在這方面，則毫無動機可言。例如：一位自閉症孩童餓了，會顯得躁動不安，但是，不會指著食物及尋找食物，或甚至抓取食物來吃。因此，自閉症學童之學習動機不強，並無強烈的行爲來學習。

3. 自我一刺激行為（self-stimulatory behaviors）

身體前後擺動、旋轉東西、拍手和喉音等行爲均是無意義的，而且，會干擾有效行爲之學習。自閉症兒童花很多的時間，在自我一刺激行爲上，俾以置之身外。

4. 對增強的反應

增強物是促進學習動機重要的媒介，然而，對自閉症兒童卻是難事一樁。因爲，自閉症兒童並不喜歡周遭環境中有效的增強物，如讚美、代幣、玩具、球類活動等；反之，喜歡從事自我一刺激行爲。

5. 其他特徵

(1) 抗拒改變

(2) 有說話和語言缺陷

(3) 智力低於平均數

(4) 重複性語言（echolalia）

(5) 代名詞反轉

（五）自閉症的支持性策略

因此，提供自閉症學童有效的支持性策略如下（Bates, 2017）：

1. 培養學童的耐心和毅力，共同和學生摒除激動和攻擊的行爲。
2. 使用簡單的語言、簡易的字和簡短的句子與學童溝通。
3. 教導日常活動的常規。
4. 運用熟悉的事物爲學習輔具。
5. 允許學童利用電腦來學習，或其他輔具表現，以協助學童減低學習過程上之挫折感與困擾。

6. 運用視覺結構化活動，來增強學童學習。

六、多重障礙

多重障礙（multiple disabilities）是指伴隨兩種或兩種以上的障礙，如智能障礙與視覺障礙、智能障礙與肢體障礙，導致嚴重的教育需求，他（她）無法安置在只為單一障礙的特殊教育方案，多重障礙並不包括聾一盲（Bates, 2017）。主要特徵如下：

1. 說話或溝通障礙
2. 基本身體行動之障礙
3. 類化技能之障礙
4. 在主要生活活動中需要支持
5. 因不使用，具忘記技能之傾向

其次，多重與重度障礙之學童所遭遇的問題，包括醫療問題，如癲癇症、視覺和聽覺問題、心臟病、腦性麻痺等，另外，獲得獨立和參與社會亦是重度障礙學童共同面對的挑戰。幸好，科技的發達，使得科技是其中支持與協助障礙者與家庭之重要資源。因為，科技可協助個體的作用如下（Bates, 2017; Bryant et al., 2017）：

1. 溝通使有效
2. 增加獨立的程度
3. 控制環境
4. 更大的行動力
5. 獲取訊息

七、肢體障礙

肢體傷殘（orthopedic impairments）亦稱肢體障礙（physical disabilities），或稱之身體傷殘（physical impairment），它是一種嚴重的肢體傷殘，對兒童的教育表現有不利的影響。由於先天性異常所造成的傷殘，如畸形足（clubfoot）；疾病引起的傷殘，如小兒麻痺症（poliomyelitis）、骨骼結核病（bone tuberculosis）；其他因素引起的傷殘，如腦性麻痺（cerebral palsy）、截肢（amputations）、骨折或燒傷，進而攣縮（Bates, 2017）。

至於，肢體障礙的類型如表 3-8（王亦榮，2000；徐享良，1997；Bates, 2017; Bryant et al., 2017）。

表3-8 肢體障礙的類型及特徵

類型	主要特徵
腦性麻痺	• 行動困難，走路與平衡能力不佳 • 在學習或生活上發生困難 • 伴隨著感官缺陷、語言障礙、認知功能、知覺、行爲及社會情緒問題
多發性硬化症	• 是一種神經系統疾病，影響個體之大腦與脊髓 • 主要徵兆包括視覺異常、肌肉無力、手眼協調與平衡異常 • 思考與記憶異常 • 感覺異常
小兒麻痺	• 是由於濾過性病毒所引起的傳染疾病 • 無法有效地控制肌肉的收縮，致使肢體運動能力有障礙 • 肌肉萎縮、懸而無力、攣縮或畸形 • 伴隨脊柱側彎，行動時有賴支架或輪椅協助
脊髓異常	主要問題包括： • 腫瘤 • 病毒感染，如髓膜炎 • 發炎 • 自身免疫疾病 • 退化性疾病，如肌萎縮側索硬化症
兒童風濕性關節炎	• 是一種在關節及其周邊組織慢性發炎引起疼痛的疾病 • 發作時，除疼痛外，局部有灼熱感、情緒激動、呆滯等反應 • 常發生在16歲兒童或較年幼者
肢體殘缺或喪失	個體喪失雙手、雙腳或部分手或腳的主要原因包括： • 血液循環異常 • 受傷、車禍 • 癌症 • 先天性缺陷

1. 神經動作傷殘（neuromotor impairments）：腦性麻痺、多發性硬化症（multiple sclerosis）、肌肉萎縮症（muscular dystrophy）、小兒麻痺症、癲癇、脊髓異常（spinal cord disorders）。

2. 肌肉／骨骼：兒童關節炎（juvenile arthritis）、肢體殘缺（limb deficiency）、骨骼異常（skeletal disorders）。

對於肢體障礙學童的支持性策略，如表 3-9（Bates, 2017）。

表3-9 肢體障礙的支持性策略

類型	支持策略
肢體障礙	• 支持學童獨立，以及跟同儕溝通與人際關係。 • 倘若學童使用輪椅，跟孩童交談時，須與學童的眼視等高。 • 鼓勵學童參與體育活動，並以適應體育的觀點實施。 • 考慮輔具之運用，如翻頁機、特殊桌椅，以提高學童學習的機會。 • 隨時留意學習環境中的任何危險和障礙。
多發性硬化症	• 與學童父母祈福，並鼓勵他（她）們談論他（她）們的感覺。 • 充分瞭解他（她）們的強項和弱項。 • 協助學童認知他（她）們的限制，對於困難的活動不必害怕，可請求協助。 • 引導學童正向思考他（她）們的生活，界定或確認學童的抱負和現實的目標。 • 留意學童感到疲勞之時段，俾以提供休息之時間。 • 與相關人士或專業人員共同處理學童有關的疾病。 • 當學童之舊病復發時，須調整學童學習的常規。
兒童風濕性關節炎	• 向學童解釋此種疾病的性質，並向他（她）們說明這種疾病不是他（她）們的錯。 • 隨時記錄學童進展情形。 • 鼓勵學童定期運動，過程若覺得勞累或疼痛，仍要告訴學童須強化個人的肌肉。 • 鼓勵學童保持健康和均衡的飲食。 • 倘若情況嚴重而無法處理時，則須尋求專家諮商輔導。

八、聽覺障礙

聽覺障礙（hearing impairment）亦稱聾（deafness）、聽力喪失（hearing loss）、聽力困難（hard of hearing）；換言之，聽覺障礙是部分或完全喪失聽力。至於，聾（deaf）是一種重度的聽力喪失，會嚴重的影響處理說話或聽覺訊息之能力；簡言之，學童的教育表現、與他人之人際互動、社會參與，均受聽力問題之影響（江源泉，2016；胡永崇，2000；Bryant et al., 2017）。

（一）聽覺障礙的類型

聽覺障礙的類型主要有三種（Bates, 2017）：

1. 感音性（sensorineural）

主要是由於先天、疾病，或內耳或聽覺神經受損所產生，雖然也許是一種永久性情況，但是，可以藉由助聽器（hearing aids）協助之。

2. 傳音性（conductive）

係由於外耳因耳垢或液體堵塞所產生的結果，是一種暫時性之情況，可藉由醫藥矯治之。亦即，外耳、中耳的傳音系統發生障礙，但內耳是正常時，只要配戴助聽器，即可減輕聽力的問題（林寶貴，1994b）。

3. 混合型（mixed）

是傳音性和感音性之混合，主要是在氣導、骨導的聽力檢查上均有缺陷的現象（林寶貴，1994b）。

（二）聽力喪失的嚴重程度

聽力喪失的嚴重程度依據分貝（decibels）之檢查，而有下列不同的程度（林寶貴，1994b；Bates, 2017）：

1. 輕度（mild）：20-40dB
2. 中度（moderate）：41-54dB
3. 中重度（moderately severe）：55-70dB
4. 重度（severe）：71-90dB
5. 極重度（profound）：91dB 以上

6. 全聾（total deafness）：完全喪失聽力

（三）聽覺障礙學童的主要特徵

至於，有關聽覺障礙學童的主要特徵如下（Bates, 2017）：

1. 僅能獲知談話內容之部分
2. 逃避參與會談和社會互動
3. 需要將電視或音樂音量增大
4. 對問題會有不適當的反應，或花較長時間回應
5. 定位音源有困難
6. 常抱怨耳疼
7. 裝置無聲門鈴和聽筒

（四）聽覺障礙學童之支持性策略

對於聽覺障礙學童之支持性策略如下（Bates, 2017）：

1. 瞭解學童有利且有效的溝通方式
2. 當與學童溝通時，須留意引起他（她）們的注意力
3. 說話要清楚和自然
4. 適時視覺提示
5. 避免在吵雜的情境說話或交談
6. 將學習手語融入於班級活動

尤其，對聽覺障礙兒童說話時，說話者須注意下列要項（林寶貴，1994a）：

1. 養成兒童看說話者的習慣
2. 說話時，手和頭部不要亂動
3. 經常面對光亮的地方說話
4. 以自然的口氣說話
5. 說話聲音要自然
6. 兒童不會讀話時，同樣的話再重複幾遍
7. 經常說完整的句子
8. 多利用教具，要使學生快樂的學習讀話
9. 訓練時間一次不要太長，隨時給予增強

九、視覺障礙

視覺障礙（vision impairment）可分爲盲（blindness）和視力喪失（vision loss），是視力部分或完全喪失。

（一）視覺障礙的類型

視覺障礙可分爲下列類型（Bates, 2017）：

1. 20/20：視力正常
2. 20/30-20/60：輕度視覺障礙
3. 20/70-20/160：中度視覺障礙或中度低視力
4. 20/200-20/400：重度視覺障礙或重度低視力
5. 20/500-20/1000：極重度視覺障礙或極重度低視力
6. 20/1000- 以上：全盲

（二）導致視覺障礙的主因

導致視覺障礙的主要原因，包括（杞昭安，2000；萬明美，1993；Bates, 2017）：

1. 屈光不正（refractive errors）：如近視、遠視、老花眼（presbyopia）、散光（astigmatism）。
2. 白內障（cataracts）：因水晶體混濁不清，進而影響視力。
3. 弱視（amblyopia）：亦稱懶惰眼（lazy eye），單眼的焦距優於另一隻眼睛。
4. 疾病：如青光眼（glaucoma）、糖尿病及沙眼所引起的視覺障礙。

（三）視覺障礙學童面臨的挑戰或問題

由於視力不佳，因而視覺障礙學童在學習和生活上所面臨的特殊挑戰或問題，如下（Bates, 2017）：

1. 瞭解周邊不熟悉環境之途徑
2. 處理廣泛的障礙物
3. 無法參與同儕的活動

4. 低自尊心
5. 特殊輔具之需求和調整，俾便學習

（四）視覺障礙學童的支持性策略

有關視覺障礙學童的支持性策略，如下（Bates, 2017）：

1. 若要引起學童的注意力，可叫他（她）們的名字
2. 適當安排學童的座位，避免受到若干的障礙
3. 妥善安排學童的書桌，俾便學習用品易於取得
4. 提供引導時，要具體明確
5. 確定學童視覺障礙的程度，俾利提供符合其需求之學習輔具
6. 若學童有導盲犬，不可隨時觸摸，對學童恐致危險
7. 正常地與學童說話
8. 引導極重度和全盲的學童時，學童須手握手臂並正常談話，俾利學童安全地通過任何危險的環境
9. 鼓勵學童參與他（她）們喜歡的活動
10. 對學童仍保持高度的期望
11. 當言及物體時，須多加描述，如形狀、大小、結構、顏色
12. 教導時，須多加耐心、愛心和信心

教導視障兒童時，應考慮重要因素如表 3-10。

表3-10 教導視障兒童時應考慮重要因素

因素	內容
位置	• 座位的設計應注意桌椅高度的搭配 • 使用有斜面的桌子，可提供較舒適的工作位置 • 攜帶型的書架是較便利的方式 • 須有足夠的工作空間 • 採光程度應依學童的個別需求而定 • 全盲和弱視兒童均須依靠聆聽接受資訊

因素	內容
呈現	• 使用不同的輔助器或擴視機 • 黑板宜採黑、綠色乾淨的底面，以白色或黃色等對比顏色書寫 • 以書寫方式呈現教材時，應同時輔以口語資訊補充教材 • 呈現觸覺形式之教材時，須提供個別指導
期望	• 採相同的期望標準 • 切莫過度保護 • 注意生活教育 • 加強責任感
提供訊息	• 提供正確的資源 • 運用放鬆和自然的語調 • 藉由說話速度、音量、語調的變化，增加課程的趣味性 • 使用具體明確的語彙
速度	• 速度應適宜 • 發展有效的學習策略，並能妥善安排時間 • 鼓勵學童使用多元科技產品，以提高學習效率

資料來源：萬明美（1996）。視覺障礙教育（頁522-526）。臺北市：五南。

十、資賦優異或特殊才能

資賦優異（gifted），係指個體在一種或多種學科能力程度顯著地高於同儕；特殊才能（talented）是指在體育、音樂、藝術具有特殊的能力。進而言之，在智力、創造力、領導能力、特殊學科領域上，具有傑出成就能力，以及需要服務或活動，俾使充分發展稱之（Bates, 2017; Bryant et al., 2017）。共同特徵彙整如表 3-11。

至於，有關資賦優異和特殊才能學童之支持性策略如下（Bates, 2017; Davis, Rimm, & Siegle, 2011）：

1. 分析個人的問題
2. 欣賞人們的普同性和差異性

表3-11 資賦優異和特殊才能之共同特徵

領域	特徵	
創造性思考	• 獨立思考者 • 在口語和書寫表達上，展現較新穎性思考 • 具有多種解決問題能力 • 具有幽默感	• 具創造和發明能力 • 挑戰創造性工作 • 即興創作 • 並不在乎與眾不同
一般智能	• 形成概念 • 處理複雜的訊息 • 敏銳 • 喜好新的理念 • 自我啓動者	• 喜歡假設 • 快速學習 • 使用大量字彙 • 好問
特殊的學業能力	• 優異的記憶力 • 高層次理解力 • 快速習得基本技能知識 • 熱忱追求特別有趣事物	• 廣泛的閱讀特別感興趣的領域 • 在特別喜好的領域，具有傑出的學業成就
領導能力	• 負責任 • 對自我和他人抱持高度期望 • 自我表達流暢、簡明 • 能預見結果和啓示	• 統整 • 善於判斷作決定 • 善於組織 • 受同儕喜歡 • 自信
心理動作	• 挑戰高難度的體育活動 • 表現精準的動作 • 喜歡參與多項的體育時機 • 高強的體能	• 動作技能優異 • 良好的協調力 • 優良的操作技能
視覺和表演藝術	• 傑出的空間感 • 藉由舞蹈、戲劇和音樂表達自我、情感，具有優異的能力	• 良好的動作協調能力 • 展演創意性表現 • 喜好原創性 • 敏銳

資料來源：*Teaching students with special needs in inclusive classrooms* (p. 162), by Bryant et al., 2017, New York: Sage.

3. 接納，並瞭解他們的弱點和獨特性
4. 讓學童瞭解並尊重他（她）們
5. 接受失敗，若遭遇失敗，切勿斥責，鼓勵學童從中學習
6. 開創一個讓學童自主學習的環境
7. 適時提供富有挑戰性的教材，並鼓勵他（她）們創作、生產
8. 發展開創和問題解決的技能
9. 發展對學習、學校和社會的良好態度
10. 培養接納本身和他人的幽默感

其次，有關資優生的教育問題時，對家長有下列重要的建議（楊維哲，1988）：

1. 讓孩子接受磨鍊，給予失敗的經驗。失敗是孩子的權利，從未有失敗經驗是很危險的。

2. 每個孩子都是優秀的，不必計較年齡，名次無多大用處，成就才是最重要的。

3. 不要讓孩子受到干擾，更不要揠苗助長。要常和孩子溝通，瞭解他的需求。

4. 智力測驗只是測個大概，不必太在意。

5. 學校與家庭若干涉孩子的做法，皆在令孩子變笨。

6. 對孩子的心理建設是最重要的。

第四節　其他特殊需求

一、運動失調症

運動失調症（ataxia）是一種神經異常的類型，會造成身體協調上，如走路、平衡、說話及呑嚥等方面不同程度之問題。運動失調症往往是由於大腦部分和神經系統受損所引起的；同時，亦是遺傳所產生，致使身體受損或進行性疾病，如腦性麻痺、多發性硬化症（multiple sclerosis）（Bates, 2017）。

（一）運動失調症的徵兆

運動失調症的徵兆如下：

1. 手腳失去知覺或無力
2. 手腳失去感覺
3. 拖地式或光足式的步伐
4. 說話含糊不清和吞嚥困難
5. 眼睛移動異常
6. 膀胱和內臟有問題
7. 失去記憶
8. 免疫系統不良

（二）運動失調症依病程的分類

運動失調症依病程分爲急性型（acute ataxia）、慢性進行型（chronic progressive ataxia）、停滯型（stationary ataxia），分述如下（沈淵瑤，1993）：

1. 急性型

主要與病毒、中毒、過敏反應、小腦腫瘤、脊髓腫瘤、頭部外傷、神經液遞等因素有關，其特徵包括平衡異常、姿勢和肌肉張力之障礙、步伐不穩，且有震顫、斜視、肢體和軀幹的運動失調。

2. 慢性進行型

發作時多爲緩慢性，病程是進行性且有多種神經學上的障礙。主要特徵包括震顫、運動失調、肌肉陣攣、協調失常、動作笨拙、步伐運動失調、肌肉張力減少等。

3. 停滯型

主要因腦後窩淺、小腦發育缺損，其特徵爲坐立困難、走路及協調等動作不佳。

（三）運動失調症學童面臨的挑戰

其次，運動失調症的學童，常面臨下列的挑戰（Bates, 2017; Heward, 2013; Kirk et al., 2012）：

1. 平衡和手眼協調的問題
2. 面對疾病惡化之焦慮與憂心
3. 粗大動作和精細動作技能之障礙
4. 因穿著防護衣和頭具，而感到困窘爲難
5. 與他人溝通之障礙
6. 由於受傷導致跌倒或感染，進而失學

（四）運動失調症學童的支持性策略

因此，面對運動失調症的學童，所提供的支持性策略如下（Bates, 2017）：

1. 接納他（她）們在學習上的困難，特別是書寫方面。
2. 若學童使用輪椅，跟學童交談時，要和學童的眼睛等高。
3. 要隨時留意使用適性的輔具，如翻頁器、詞彙表、特殊的桌椅，以增進他（她）們的閱讀和書寫能力。
4. 隨時注意學童跌倒或受傷的危險因素，因爲，要使身體復元需要較長的時間，將影響學童的教育。
5. 須認知疲憊的潛在因子，活動時，適時提供休息的時間。
6. 安排學習的夥伴和使用電腦輔助學習。
7. 對於他（她）的表現，予以高度期待，賦予挑戰但要實際。
8. 提供充裕的時間來完成工作。
9. 倘若學童跌倒了或有吞嚥困難，切勿驚慌。若情況嚴重，則立即尋求醫療支援。

二、運用障礙

運用障礙（dyspraxia）是一種神經異常之現象，有時，稱之爲發展協調障礙（developmental coordination disorder, DCD）、知覺動作失調、注意力缺陷、動作控制異常等，造成的原因不明，亦可能是大腦神經發展不良所產生的現象（Bates, 2017），致使個體在走、爬、坐、綁鞋帶、扣扣子、拉拉鍊的表現笨拙及遲緩，同時，在組合併圖、堆積木、玩球、繪畫、寫字等運動或學習活動上有困難（孔繁鐘，2004）。

（一）運用障礙學童在行為上的特徵

運用障礙學童的智能正常，甚至比一般學童高，然而，在行爲上較不成熟，常有下列特徵（Bates, 2017）：

1. 動作笨拙、平衡力不佳、抓握能力異常
2. 左、右空間知覺異常
3. 對聲音敏感度很低
4. 有睡眠障礙，以及具有白日夢的傾向
5. 短期記憶功能及說話、語言之障礙
6. 行爲怪異和組織異常
7. 社會技能不佳

（二）運用障礙學童的支持性策略

對於運用障礙學童之支持性策略如下（Bates, 2017）：

1. 確保座位舒適，好讓學童的雙腳平放在地板上，能得以休息。至於，桌子要等高於學童的手肘，俾使在閱讀和寫字的時候，能讓他（她）們能夠維持身體直立的姿態。

2. 必要時減少抄寫的量，鼓勵學童用畫的或寫信的方式進行。

3. 運用工作分析方法將學習教材細分成若干部分，終而可達成目標。分配學習活動時，重複地提供口語教導，強化視覺提示；提供充分的時間來完成學習活動，同時，針對學童的努力和成就給予讚賞和正增強。

4. 探求替代性的表現方法，如心智圖、互動式白板。

三、威廉氏症候群

威廉氏症候群（Williams-Beuren syndrome, WBS）亦稱幼兒高血鈣症（infantile hypercalcemia），是由於染色體異常所產生的現象。主要特徵在於面相非常獨特，似精靈相（elfin-like），以及奇特的人格特質，如極度同情和焦慮。

（一）威廉氏症候群在生理上的特徵

在生理上的主要特徵，包括如下（Bates, 2017）：

1. 眼睛四周浮腫
2. 鼻短且鼻尖寬
3. 嘴寬唇厚
4. 臉頰厚、下巴小
5. 長脖子
6. 肩膀傾斜
7. 關節運動有障礙
8. 脊柱彎曲
9. 認知發展遲緩及學習困難
10. 聽覺障礙
11. 心臟異常
12. 胃與腸異常，長期腹痛

（二）威廉氏症候群面臨的問題

至於，威廉氏症候群學童常面臨的問題如下：

1. 動作技能發展遲緩，精熟日常生活技能，如繪畫、寫字、語言能力
2. 當無預期的事件發生時，恐慌症就發作
3. 當一般常規有改變時，就覺得焦慮
4. 缺乏社會抑制力，致使在某些社會情境中產生不適當的行爲
5. 專注力異常
6. 具有固著於特殊主題之傾向

（三）威廉氏症候群的支持性策略

有關威廉氏症候群學童的支持性策略如下（Bates, 2017）：

1. 在學童的生活中減少無預期的改變
2. 善用學童的興趣和優點、強項
3. 運用視覺化教材，如圖解、照片、影片
4. 安排在小組學習的機會
5. 妥善運用角色扮演或故事講述，作爲協助學童克服焦慮之方法
6. 若有精細動作技能之問題，則減少使用筆的機會

7. 不要用命令式或陳述的方式，此種方法無法使學童清楚地瞭解
8. 跟學童討論對於陌生人過於友善時之危險性

四、妥瑞症

妥瑞症（Tourette syndrome）是一種心因性疾病，主要特徵是不由自主的發出聲音和動作，這種現象稱爲抽動症（tics）。所發出的聲音，如咕嚕聲、咳聲、呼喊聲；所產生的動作，如搖頭晃腦、聳肩等。

（一）妥瑞症學童共同的問題

妥瑞症學童共同的問題包含如下（Bates, 2017）：

1. 覺得困窘、自尊心低
2. 易怒、生氣
3. 持續搖頭搖晃或其他自然性之痛苦
4. 衝動、不當的行爲
5. 孤僻、不願意參與團體活動
6. 強迫、妄想行爲
7. 注意力異常、固著

（二）妥瑞症學童的支持性策略

有關妥瑞症學童的支持性策略如下（Bates, 2017）：

1. 以積極的態度面對他（她）們
2. 密切的與父母聯繫，俾以隨時瞭解任何的變化
3. 協助他（她）們的夥伴瞭解發生抽動的現象
4. 留意學童本身和對別人不適當的行爲，但須以易於理解的方式處理之
5. 允許學童在個人的學習室做重要的測驗，以致精力與動能耗盡在抑制抽動上
6. 鼓勵學童不以負面或消極的心情來面對他（她）們的情況，而抑制了他（她）們的抱負
7. 在進行重要的活動期間，允許他（她）們擁有屬於自己的時間，以杜絕緊張之情形產生

（三）妥瑞症常見的行為

常見的行爲包括（林寶華，2016；洪蘭，2010）眨眼、皺額、咬脣、露齒、縮鼻、搖頭、點頭、聳肩、反覆、咳聲、清噪聲、晃頭、手抖、腳抖、足軟走路如欲傾倒、挺腹、吸氣、扭腹。

（四）妥瑞症類型（林寶華，2016）

1. 暫時性抽動障礙（transient tic disorder），又稱侷限性抽動症或兒童習慣性痙攣。

2. 兼具發聲和多種動作抽動障礙（combined vocal and multiple motor tic disorder）。

3. 慢性動作或發聲抽動障礙。

五、亞斯伯格症

亞斯伯格症（Asperger syndrome, AS），亦稱高功能自閉症，智能高但社會技能低，係因生物性腦功能失調所引起，始於幼兒期，醫治不明。

（一）亞斯伯格症學童常面臨的問題

亞斯伯格症學童常面臨的問題如下（Bates, 2017; Kauffman & Landrum, 2013; Kirk et al., 2012）：

1. 難與他人互動，無法參與社會的互動，常困窘於社會情境中。

2. 語言獨特，如言語過於貧乏無味，說話單調。

3. 無法完全瞭解他（她）們所使用的字，雖然詞彙很高深。

4. 具有重複性、固著性和非功能性儀式行爲。

5. 緊張、強迫行爲，以及單一興趣、嗜好。

6. 處理非語言溝通問題，如無法與他人眼神接觸、毫無面部的表情。

7. 發展不平衡，在某一領域上具有特殊才能，智力平均或優異。

8. 強迫地堅持於某種規則，拒絕妥協。

（二）亞斯伯格症主要症狀

其主要症狀統整如表 3-12（何善欣，2015；Kauffman & Landrum, 2013; Kirk et al., 2012）：

1. 沒有同理心
2. 天眞、不恰當的行爲、單向的反應
3. 欠缺交友能力、社會發展比一般學童緩慢
4. 重複、學究式的言詞
5. 與語言能力無關的溝通障礙
6. 對特定事物強烈的興趣
7. 感覺統合不協調、動作技能和行動笨拙、姿勢怪異

（三）亞斯伯格症學童的支持性策略

對於亞斯伯格症學童之支持性策略如下（吳清山，2000；Bates, 2017）：

1. 接納，當教師或父母介紹新的教材和事物或改變教導的規則時，他（她）們需要較多的時間統整。
2. 在座位的安排或時程，避免太多的改變。
3. 所使用的語言要簡單、精簡，避免使用具雙重意義或含有譏諷的專有名詞。
4. 時時提供回饋，保證他們能正確的完成工作並給予讚美。
5. 時常與學童父母談論孩子進步的情形，以及所遭遇的任何困難。
6. 安排朋友或同儕夥伴，保護他（她）們避免受欺侮。
7. 接受他（她）們無可避免的生氣或失控行爲，並有良策處理。
8. 鑑定他（她）們擁有的特殊才能，發展教材，協助發展學童獨特之才能。
9. 教學活動結構化。
10. 善用視覺提示。
11. 給予必要的提示與限制。

表3-12 亞斯伯格症的行為特徵

層面	特　徵
社會行爲	• 沒有和同儕互動的能力 • 缺乏和同儕互動的欲望 • 無法分辨社會性的探索 • 在社會和情緒方面不適當的行爲 • 手勢非常少 • 身體語言笨拙 • 少有臉部表情 • 不恰當的表情 • 注視人的眼光僵硬而奇特
語言表達	• 發展遲緩 • 超理智、完美的表情 • 正式、學究式的言詞 • 奇怪、特別的腔調 • 理解困擾，對言下之意或表面涵義的誤解
動作協調	• 學習走路時間比一般孩童慢 • 不太會接球 • 鞋帶綁不好 • 走路或跑步姿勢怪怪的 • 字寫得不好 • 不自主的抽動、不斷地眨眼睛
認知	• 很難理解別人的想法和感覺 • 智商平均，在字義、常識、算術和圖形設計表現良好 • 記憶力佳 • 閱讀、拼字和數字方面能力佳

六、閱讀障礙

閱讀障礙（dyslexia）係指個體在閱讀和拼字上有困難，進而影響個體閱讀和拼字能力。造成閱讀障礙的眞正原因不明（Bates, 2017）。閱讀障礙可分爲視覺性閱讀障礙（visual dyslexia）和聽覺性閱讀障礙（auditory dyslexia），視覺性閱讀障礙係由於視覺管道之神經系統的困擾，致使孩童可以看得見，但在看了字形之後，卻不能區別字形、認知字義，或記住看過的字。至於，聽覺性閱讀障礙是指孩童的聽覺作用異常或受到干擾，無法分辨字音之異同，難以認知某字形要有某字音，以及不容易把音素拼成爲一個字音，或把字音分解爲若干音符，此爲構成學習認字時的一大阻礙，此種字形與字音之難以聯合以致閱讀困難、認字困難的能力缺陷，即爲聽覺性閱讀障礙（許天威，1987）。

（一）閱讀障礙學童常見的問題

閱讀障礙學童常見的問題如下（Bates, 2017; Miles, 1993; Thomson, 1990）：

1. 智力、閱讀、書寫均低於同年齡組，時常無法作筆試
2. 唸連音有困難
3. 發音和拼音有困難
4. 唸韻詞或兒化韻有困難
5. 會將相似的字替代，如「我」換「找」、「本」換成「木」等
6. 朗讀速度慢
7. 閱讀困難、書寫障礙

（二）閱讀障礙者主要的徵兆

其次，閱讀障礙者主要的徵兆如下（許天威，1987）：

1. 一般記憶能力損傷
2. 編序記憶力損傷
3. 左右兩側難分
4. 身體形象之認知困難
5. 圖形識辨困難
6. 動作協調作用失常

（三）閱讀障礙的類型

閱讀障礙的類型包括創傷性閱讀障礙（traumatic dyslexia）、次級性或發展性閱讀障礙（secondary or developmental dyslexia）、原始性閱讀障礙（primary dyslexia）（Rodrigue et al., 2019）：

1. 創傷性閱讀障礙

是一種後天性閱讀缺陷症，主要是關聯閱讀和書寫有關的大腦部分受損後導致的一種現象。例如：傳染病和疾病。

2. 原始性閱讀障礙

主要肇因是控制閱讀和拼字之大腦左側功能失常所致，通常是一種先天性、遺傳所產生的現象，男性比率高於女性。

3. 次級性或發展性閱讀障礙

此類現象係在胎兒發展期間所產生，即胎兒大腦的發展異常，導致識字和拼字能力異常；換言之，主要是由於中樞神經系統發展異常所引起的現象。

（四）閱讀障礙學童的支持性策略

因此，對於閱讀障礙學童的支持性策略如下（Bates, 2017）：

1. 多瞭解學童此情況背後的意義和重要性。

2. 讓他（她）們線上測驗，以鑑定是否爲閱讀障礙，此種方式可以協助他（她）們解決問題。

3. 檢核何種字型和顏色符碼對他（她）們學習最好。

4. 讓學生運用心智圖或視覺化呈現來組織他（她）的學習。

5. 鼓勵他（她）們擁有生活常規，如此，可協助發展自主獨立。

6. 運動或舞蹈之協調能力較差（Everatt, 1999）。

7. 在靜態和動態平衡、球類技能、手部靈活度、粗大動作和精細動作之控制及動作產生等方面均有困難。

8. 情緒問題、反社會行爲（Edwards, 1997; Osmond, 1993）。

七、恐懼症與恐慌症

恐懼症（phobia）係指對某種具傷害性事物的不合理的恐懼反應，亦即當事人明知不會受到傷害，但仍然無法控制自己的恐懼情緒。恐懼症之所以被視爲焦慮症之一，原因是當事人每次遇到引起他恐懼反應的情境時，就會產生焦慮反應。對某種物體，如物件、動物、昆蟲、活動或環境，過度的感到恐懼、害怕的現象，所表現出來的懼怕感覺較比一般喜歡某種物體爲大，而且，對有關事物之危險性有誇大或不切實際之現象。倘若恐懼症變得嚴重的，會導致個體感到困擾、精神衰弱、危及生命。

（一）恐懼症的類型

通常，恐懼症之類型如下（張春興，1992；張華葆，2002；曾文星、徐靜，2003；Bates, 2017; Coleman, 1996; Webber & Plotts, 2008）：

1. 單一型恐懼症（simple phobia）：亦稱簡單恐懼症，只對某特殊事物或情境產生不合理的恐懼反應，對特殊的物體會產生不佳的反應，除此之外一切正常。
2. 社交恐懼症（social phobia）：不敢在眾人面前講話，不敢與人接近，因而逃避參與社交活動。
3. 懼空曠症（agoraphobia）：亦稱公共場所迴避症，對空曠的地方與人多的地方產生不合理的恐懼感，因而逃避外出，更不敢參與旅遊之類的活動。
4. 學校恐懼症（school phobia）：係指拒絕到學校，尤其，當到了學校的時候，就變得非常焦慮和不安。同時，會產生生理性病痛現象，如頭痛、胃痛、頭昏、噁心、腹瀉、腹痛等。

另之，依恐懼的對象或情況之不同，可分為下列名稱（曾文星、徐靜，2003）：

1. 高處恐懼（acrophobia）：特別怕高的地方。
2. 幽閉恐懼（claustrophobia）：怕被關閉在窄狹場所。
3. 赤顏恐懼（erythrophobia）：怕在別人面前臉紅而害羞。
4. 懼病症（nosophobia）：害怕感染疾病。

（二）恐懼症的徵狀

有關恐懼症的徵狀如下（張華葆，2002；Bates, 2017; Webber & Plotts, 2008）：

1. 頭暈、缺乏平衡力
2. 頭疼、反胃

3. 心跳增加
4. 呼吸急促
5. 發抖、冒汗
6. 抽搐
7. 焦慮或恐懼
8. 產生人格解體（depersonalization）的現象
9. 自我失去功能、喪失意識和理性邏輯

（三）恐慌症

其次，恐慌症（panic disorder, PD）係指在短時間內，週期性或持續性的發作，且當並無眞正的危險存在或發生時，就感到非常的害怕或不舒服的現象；同時，會出現心悸、呼吸急促、冒汗、胸痛、害怕、恍惚失神等徵候（Kendall, Hedtke, & Aschenbrand, 2006）。換言之，恐慌症是反覆性和無法預期的恐慌發生，也不是當時情境中可辨識的因素所刺激和誘發（游恆山，2001）。主要原因包括遺傳因素，即恐慌症的發生與家族遺傳有濃厚傾向；在生物學因素方面，主要是腦幹神經元和乳酸的新陳代謝異常；另外，心理因素，如家人去世或遭遇可怕事件等之內在心理狀況（曾文星、徐靜，2003）。

（四）恐慌症主要的特徵

恐慌症主要的特徵如下（曾文星、徐靜，2003；Kendall et al., 2006）：

1. 無預期或出乎意料的發作
2. 會出現心臟病發作、失去控制、發狂
3. 行爲怪異、逃避某種情境
4. 不參與運動和不看較爲刺激的電影

（五）恐懼症學童的支持性策略

至於，對恐懼症學童的支持性策略如下（Bates, 2017）：

1. 多瞭解與學習有關恐懼症的性質，並具體闡明焦慮的產生。
2. 尊重學童、切勿輕蔑或取笑。

3. 期望學童能正視恐懼症，並能有效處理。

4. 除非提出建議予以處理，不可強迫學童面對他（她）們的恐懼症。

5. 可藉由玩玩具或繪畫有趣的圖畫，協助學童遞減他（她）們的恐懼症。

6. 強調恐懼症並非表明個人，它只是一種生活之情況。

7. 若學童由於恐懼症而呈現不適當行爲，嘗試抑制那些負增強。

8. 如果學童表現焦慮或恐懼症，則須撤除產生苦惱的原因，一起與學童放鬆。

9. 倘若恐懼症開始妨礙到學童的日常活動，則須尋求專家協助。

八、選擇性緘默症

選擇性緘默症（selective mutism）是一種複雜的焦慮症和罕見的障礙，亦稱說話拘禁、逃避說話、說話恐慌症和功能性緘默症。主要的特徵是在特殊的社會情境，無法說話和有效的溝通，在學校不願和老師及同儕說話；尤其，對某些人或群體說話時，特別感到害怕。其原因包括遺傳和環境因素，如生長在過度受到保護或父母管教風格相互衝突。選擇性緘默症與說話及語言障礙不同，選擇性緘默症在他（她）們感覺舒適與具安全感的情況中，他（她）們能夠說話或溝通，在家裡他（她）們能和父母或兄弟姐妹溝通。

（一）選擇性緘默症的類型

至於，選擇性緘默症可分爲下列類型（Bates, 2017; Kauffan & Landrum, 2013）：

1. 共生型緘默症（symbiotic mutism）：主要特徵是個體運用緘默來控制他人。

2. 言語恐慌緘默症（speech phobia mutism）：個體對自己的聲音感到懼怕。

3. 反應型緘默症（reactive mutism）：主要是個體曾經歷創傷或受虐所產生的現象。

4. 被動一攻擊型緘默症（passive-aggressive mutism）：係指個體運用緘默防衛他人之一種形式。

（二）選擇性緘默症的主要特徵

其主要特徵有下列幾點（Bates, 2017; Mather et al., 2015）：

1. 面部表情呆滯
2. 肢體語言不自然、笨拙
3. 拒絕眼神接觸
4. 過於膽怯、害羞
5. 無法在社會性交談中談話
6. 無法在特定的社會情境說話
7. 在需要說話之情境中會表現反抗行為

（三）選擇性緘默症的支持性策略

有關選擇性緘默症學童的支持性策略如下（Bates, 2017; Kauffan & Landrum, 2013）：

1. 多學習有關選擇性緘默症的相關知識，並教導其他的人
2. 不要勉強學童在不舒適的情境中說話，用替代性要求和情境，期望孩童說話
3. 要感同身受和理解學童之心理與處境
4. 多鼓勵和增強學童嘗試說話
5. 善用社會學習法則、遞減敏感法和逐步漸進法輔導孩童說話
6. 當學童無法順利說話時，須體諒和理解他們的難處
7. 設法撤除有礙於學童試圖說話和溝通之干擾因素
8. 隨時與學童父母討論進步情形
9. 結合專家學者和說話－語言治療師及家長，協同處理

第五節　特殊需求的目標

基本上，特殊需求的目標，第一是，擴增學生的智識、經驗、想像力和理解能力，以及提高學生道德價值感和休閒娛樂之能力；第二是，促使學生完成學校教育之後，在社會環境中，除能夠主動積極參與社會活種，並能為社會貢獻心力，終而成為獨立自主的個體（Brenman, 1998）。

根據 Polloway 與 Patton（1993）觀點，特殊教育教師最重要的職責和教學目標，在於促使特殊需求學童具有增能的（empowerment）個體。欲達成此目標，教師須審慎評估學生如何發展良好作選擇的能力、能為自己效命、能控制自己的生活，進而達到自我決定的境界。增能（empowerment）是一種多向度的概念，包含自我控制、自我效能、樂觀、自尊、歸屬感等概念，如圖 3-1。

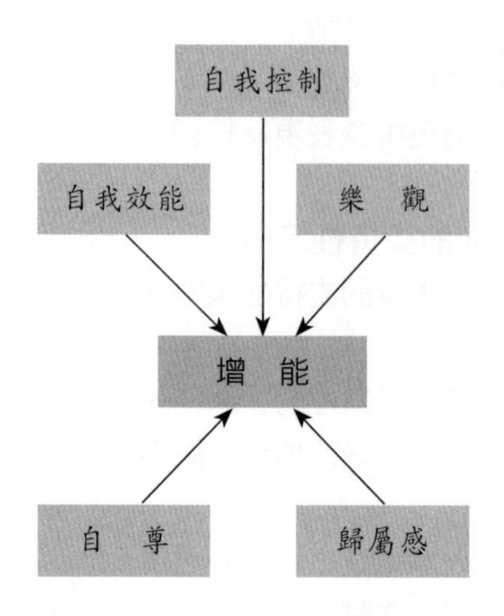

圖3-1　增能的模式

資料來源：*Strategies for teaching learning with special needs* (p. 33), by E. A. Polloway & J. R. Patton, 1993, New Jersey: Prentice-Hall, Inc.

就多元文化特殊教育（multicultural special education）而言，多元文化特殊教育強調視改變為普通教育的整體之一部分，保證尊重多元文化教育、一般教育、特殊教育和雙語教育。另外，在教學—學習過程中，多元文化特殊教育強調，重要的教育、非教育的和社會變項之間之積極關係，正如 Winzer 與 Mazurek（1998）指出，特殊教育不再只關注障礙情況的性質，以及針對特別障礙設計之適當的教學策略。由學齡人口的組成轉變到包含來自不同文化背景、雙語家庭、經濟不利家庭、需要特殊服務等之學生；而且，特殊教育教師必須考慮更多元的特徵，包括文化、語言差異。有鑑於此，學校必須發展方案、教學方法和資源，俾利教導不同的學生或個體，以及針對來自不同的文化和語言背景之特殊學習者，改進特殊教育服務的提供。

由此可知，不論是一般教師和特殊教育教師、多元文化和雙語教師共同的任務是協助所有的學習者，使他（她）們的潛能充分發揮。換言之，多元文化特殊教育包含教育方案，協助所有的學習者，也就是那些由於種族、文化和語言差異，遭受不適當的鑑定、不適當的評量、不適當的分類和不適當的安置等之處於危險中的學習者（Obiakor, 2007）。因此，處理多元文化的學習者，教師必須尋求新的知識來協助學生，教師須採用下列新的教育和準備（Obiakor, 2007）：

（一）公平地對待所有的學生
（二）尊重學生的語言差異
（三）瞭解語言差異並不意味著語言缺陷
（四）對班級所有的學生教導社會正義和相互尊重之精神
（五）提供合作學習之機會
（六）鼓勵父母參與
（七）實施雙語教學
（八）所有的學習者接受免費的教育，並符合學生的需求
（九）免受歧視和不當鑑定
（十）公民權利受到保障
（十一）隱私權之保護
（十二）在最少限制環境受教學習
（十三）以專業團隊設計與擬定個別教育計畫
（十四）學校必須承擔所有學生教育的責任

由上述可知，特殊需求的目標是在於增進學生之認知、情意和動作等方面之能力，進而促進學生社會適應能力和具有增能的個體。然而，由於個別差異存在，因此，每位學生所達成或實現的目標，自然各有所不同了。例如：重度學習障礙學生，藉由個別化教學及評量和善用增強原理，或許只達成第一個目標。然而，對極重度的智能障礙和肢體障礙學生而言，雖然無法在複雜的社會中表現良好的社會適應力，但是，他們仍然在有限的社會環境，能夠跟照顧他們的人員和機構裡其他人員，相互來往。因為，在民主社會裡，人人平等，每一個人都有人權；換言

之，在人類社會中，不論族群、宗教、文化背景之差異，個體的人權不可被剝奪，每一個孩童之特殊需求應受到尊重與接納，進而保障任何特殊需求學童之學習權與受教權。

第六節　美國特殊需求出現率情形

有關美國 6-21 歲障礙者，於 1990-1991 年及 1999-2000 年不同時期，各種障礙出現率差異與改變情形（Mertens & McLaughlin, 2004），如表 3-13。

表3-13　不同時期6-21歲不同障礙類別改變情形

障礙類別	1990-1991	1999-2000	差異	改變（%）
特殊學習障礙	2,144,017	2,871,966	727,949	34.0
說話或語言障礙	987,778	1,089,964	102,186	10.3
智能障礙	551,457	614,433	62,976	11.4
情緒障礙	390,764	470,111	79,347	20.3
多重障礙	97,629	112,993	15,364	15.7
聽覺障礙	59,211	71,671	12,460	21.0
肢體障礙	49,340	71,422	22,082	44.8
身體障礙	56,349	254,110	197,761	351.0
視覺障礙	23,682	26,590	2,908	12.3
自閉症		65,424		
聾啞	1,524	1,845	321	21.1
腦傷		13,874		
發展遲緩		19,304		
合計	4,361,751	5,683,707	1,321,956	30.3

資料來源：*Research and evaluation methods in special education* (p. 131), by D. M. Mertens & J. A. McLaughlin, 2004, California: Corwin Press, Inc.

由表 3-13 顯示，特殊學習障礙是出現率最多的障礙類別，其比率占全體障礙之 50.5%（2,871,966）；其次爲說話或語言障礙，人數爲 1,089,964，占 19.2%；智能障礙人數 614,433，占 10.8%；情緒障礙人數 470,111，占 8.3%（Mertens & McLaughlin, 2004）。

由表 3-14 可知，不同族群的各障礙類別情形，值得注意的是，黑人學童被分類爲智能障礙和情緒或行爲障礙有高估的現象（U. S. Department of Education, 2002; Smith, 2007）。

表3-14　6-21歲不同族群障礙類別情形

障礙類別	印地安 阿拉斯加	亞洲	黑人	西班牙	白人
特殊學習障礙	1.7	1.7	19.3	20.1	57.2
說話或語言障礙	1.3	2.9	15.3	16.3	63.9
智能障礙	1.2	1.9	34.2	13.9	48.4
情緒障礙	1.5	1.2	28.6	10.2	58.6
多重障礙	1.4	2.5	20.3	14.1	61.8
聽覺障礙	1.3	4.9	16.3	21.0	56.5
肢體障礙	0.9	3.2	17.9	18.0	63.4
身體障礙	1.1	1.5	16.1	9.2	72.1
視覺障礙	1.2	3.9	17.7	17.8	59.4
自閉症	0.7	5.0	15.7	10.4	68.1
聾啞	2.3	4.6	13.8	20.7	58.6
腦傷	1.4	2.5	17.3	11.9	67.0
發展遲緩	3.5	2.7	22.1	8.7	63.0
合計	1.5	2.1	20.5	16.7	59.4

資料來源：*Introduction to special education* (p. 91), by D. D. Smith, 2007, New York: Pearson Education, Inc.

根據 Smith（2007）研究發現，亞班牙裔（Hispanic）和亞洲（Asian）、太平洋群島（Pacific Islanders）學童很少被安置在特殊班，有被低估（underrepresented）的現象。然而，就區域範圍而言，大多數資料顯示少數族群學童有接受特殊教育方案，亦即，少數族群學童有被高估（overrepresentation）的現象。

在 2003 年，夏威夷（Hawaiian）學童占全體學童人數爲 26%，但是，有 37% 的學童接受特殊教育。由圖 3-2 顯示，夏威夷（Hawaiian）和薩摩亞（Samoan）學童有被高估接受特殊教育的現象，但是，日本和菲律賓（Filipino）學童有被低估的現象，即少部分學童被分類爲特殊教育的對象（Harry, 1994; Smith, 2007）。

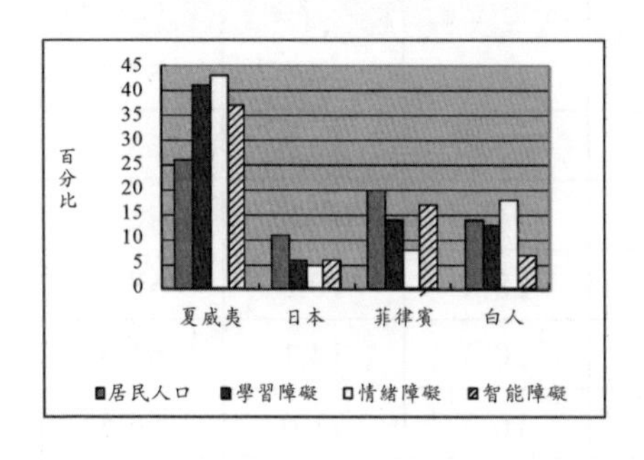

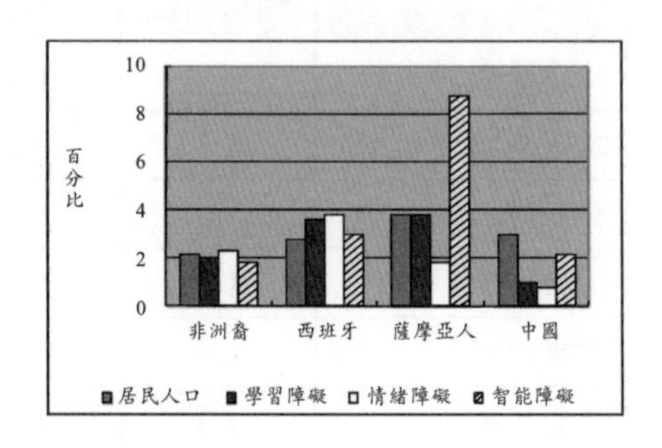

圖3-2　就讀於夏威夷公立學校之少數族群障礙學生

資料來源：*Introduction to special education* (p. 91), by D. D. Smith, 2007, New York: Pearson Education, Inc.

就智能障礙類別而言，黑人學童在所有的類別中有高估的現象。而且，在各州黑人學童被高估的很高（+86.68%），換言之；黑人學童在美國各州均被高估，最高爲 +94.24% 佛羅里達州（Florida），最低爲 +31.5%（伊利諾州）（Illinois）。於亞洲或太平洋群島之學童，不論在全國性或在 10 個州中，他們被鑑定爲輕度智能障礙（-63.71%）有低估的現象，印地安學童在全國（+13.46%）和 4-10 個州，發現有被高估的現象，而西班牙學童亦有被低估（-35.09%）的現象，亦即，西班牙學童在 8 個州有被低估的現象，在 2 個州中有被高估爲智能障礙的現象。其次，新澤西島（New Jersey）亦有被高估（+62.25%）；反之，白人學童有低估（-12.04%）之現象（Kirk et al., 2012）。

由上圖可知，關於學習障礙部分，整體而言，研究發現美洲印第安人、西班牙人，以及黑人學生有被高估的現象，但是，比智能障礙類別爲低。但是，加利福尼亞州，黑人有被高估（+50.71%）的現象；而在伊利諾州，他們卻是被低估（-32.33%）了。美洲印第安人在10個州中的6個州有被高估的現象，亞洲／太平洋群島學童在全部的10個州有低估的現象，黑人學童則在6個州被高估了，西班牙學童則在4個州有被低估，而白人學童在8個州中有被高估的現象。

對某些文化和語言殊異性的學生而言，被安置或轉介到特殊教育有高估的現象；同時，接受特殊教育方案之特殊種族或民族背景的學童，往往有高危險性的比率出現。如圖3-3可知，在美國，黑人學童被鑑定爲智能與發展障礙的比率高於白人學童之2倍。同樣的，亞裔和黑人學童有三分之一接受學習障礙方案；西班牙裔和白人學童有一半的機率被鑑定爲情緒障礙（Kirk, Gallagher, Coleman, & Anastasiow, 2012）。

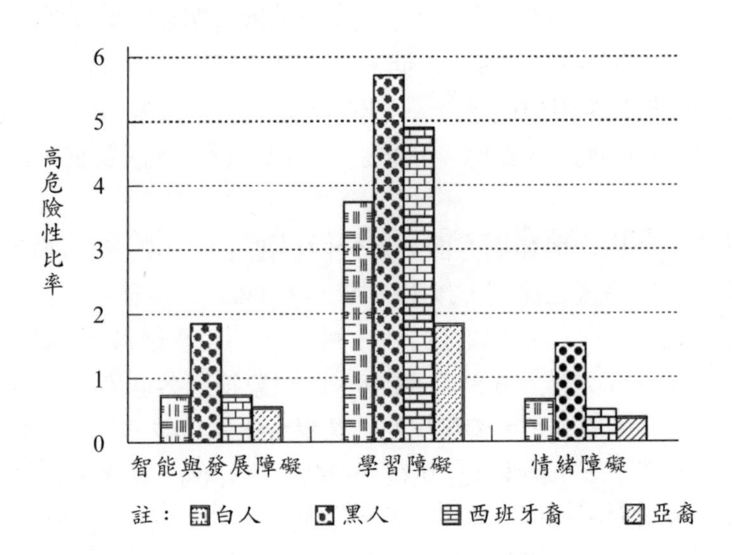

圖3-3 不同種族特殊兒童之比率

資料來源：*Educating Exceptional Children* (p.15), by Kirk et al., 2012, New York: Wadsworth.

第七節　臺灣原住民特殊需求出現率之情形

根據張英鵬（2000）「原住民特殊教育學童之調查研究」發現，各類原住民特殊學童出現率從表 3-15 可知，從原住民特殊學童本身比較，其出現率以學習障礙（32.98%）、智能障礙（26.70%）、資賦優異（13.51%）最高。學障比例最高，可能與文化、語言等環境有關，智障與資優偏高表示了兩個極端現象：對智障的教育及資優潛能的開發，刻不容緩。以自閉症（0.32%）、聽覺障礙（1.38%）、情緒障礙（2.77%）最低。

在非原住民特殊學童方面，以智障（28.46%）、學障（25.60%）、資優（18.90%）最高，學障不似智障高，更說明了文化因素對非原住民影響較原住民來得小，但三類別高比例的情形仍值得吾人關心。出現率較低者爲自閉症（1.87%）、視覺障礙（2.02%）、情緒障礙（2.53%）。原住民特殊學童在全體特殊學童中，以學障（16.76%）、智障（13.57%）、資優（6.87%）最高，以自閉症（0.16%）、聽障（0.70%）、情障（1.40%）最低。至於原住民特殊學童在全體學生之百分比率，仍以學障（0.53%）、智障（0.43%）、資優（0.22%）最高。以自閉症（0.005%）、聽障（0.02%）、情障（0.04%）最低（張英鵬，2000）。

其次，在族別與類別方面，學校內已鑑定原住民各族別特殊學童占全體原住民學童之比例，以阿美族（46.4%）、泰雅族（18.1%）、排灣族（10.0%）、布農族（9.7%）較高。而以魯凱族（0%）、賽夏族（0.2%）、平埔族（0.5%）較少，此現象符合各族別人口的多寡。因此，人口多的族別，所篩選出的特殊學童比例也較高。在類別方面，以智障（35.7%）、資優（21.9%）、學障（11.8%）較多，而以自閉症（0%）、情障（0.5%）、病弱（0.7%）較少，並有部分過動、斜視（鬥雞眼）、精神病、心臟病、癲癇、脣顎裂及美術資優、體育資優等情形。教養機構內已鑑定特殊學童之族別比例，以布農族（23.9%）、排灣族（21.7%）、泰雅族（17.4%）較高，賽夏族、達悟族、平埔族則爲 0%。至於障礙類別以多重障礙（52.2%）、智能障礙（23.9%）較多（張英鵬，2000）。

表3-15 各類原住民與非原住民特殊學童出現率情形

障礙類別	學生數			出現率				合計
	原住民	非原住民	總數	原住民	非原住民	占特兒	占母群	
智障	251	259	510	26.70	28.46	13.57	0.43	0.876(0.883)
學障	310	233	543	32.98	25.60	16.76	0.53	0.932(0.436)
視障	36	19	55	3.83	2.02	1.95	0.06	0.094(0.054)
聽障	13	39	52	1.38	4.29	0.70	0.02	0.089(0.081)
語障	30	33	63	3.20	3.62	1.62	0.05	0.108(0.082)
肢障	49	32	81	5.21	3.52	2.64	0.08	0.139(0.097)
病弱	35	24	59	3.72	2.64	1.89	0.06	0.101(0.059)
情障	26	23	49	2.77	2.53	1.40	0.04	0.084(0.199)
多障	60	59	119	6.38	6.48	3.24	0.10	0.204(0.205)
自閉	3	17	20	0.32	1.87	0.16	0.005	0.034(0.79)
資優	127	172	299	13.51	18.90	6.87	0.22	0.513（缺）
合計	970	910	1850	100	100	50.81	1.61	3.176
2.663（原住民）；2.121（非原住民）								

資料來源：張英鵬（2000）。*原住民特殊教育學童調查研究*（頁44）。屏東市：國立屏東教育大學。

近來，自98學年度至101學年度花蓮地區之原住民族特殊兒童的比率高於一般特殊兒童，尤其在智能障礙比率高於一般特殊兒童。自98學年度至101學年度，原住民族被鑑定爲智能障礙學童計232名，一般生計158名；被鑑定爲學習障礙者，原住民族計243名，一般生計258名（如表3-16）。

原住民族之間的文化雖有相似處或共同性，但是，仍有差異性與獨特性。相較於主流文化，文化特異性更爲明顯。因此，原住民學童及原住民特殊學童接受標準化的測驗，向來是不利的。改而被誤判爲智能

表3-16　花蓮縣歷年原住民族與非原住民族特殊兒童鑑定統計表

學年／學期	智能障礙					學習障礙					合計
	原住民族	百分比	非原住民族	百分比	小計	原住民族	百分比	非原住民族	百分比	小計	
101-1	10	55.56	8	44.44	18	10	27.78	26	72.22	36	54
101-2	17	54.84	14	45.16	31	17	53.13	15	46.88	32	63
101（合計）	27	55.10	22	44.90	49	27	39.71	41	60.29	68	117
100-1	9	25.71	26	74.29	35	14	41.18	20	58.82	34	69
100-2	25	86.21	4	13.79	29	36	52.17	33	47.83	69	98
100	34	53.13	30	46.88	64	50	48.54	53	51.46	103	167
99	50	69.44	22	30.56	72	52	55.91	41	44.09	93	165
98	60	65.22	32	34.78	92	37	56.06	29	43.94	66	158

資料來源：花蓮縣政府（2013）。**花蓮縣歷年原住民族與非原住民族特殊兒童鑑定統計**。花蓮市：花蓮縣政府。

障礙或學習障礙，此者，非資賦優異。主要的原因在於標準化測驗的內容係以主流社會的經驗與興趣，以及評量者或施測者並無多元文化和雙語能力，致使產生不公平的評量，因此，重視編製與運用無歧視測驗（nondiscrimination testig），實為當前重要的課題。例如：可以運用眞實（authentic）和檔案（portfolio）評定，並結合彈性和敏感的鑑定系統施測；同時，鑑定的過程可融入多元的資源，如父母、家庭成員、社區，或部落原鄉的領導者，或意見領袖，以及其他服務社團人士。簡而言之，為減少與避免誤判的現象，具體之建議如下：

1. 提供早期轉介前的介入（early pre-referral intervention）

2. 發展評定檔案

3. 運用學生的優勢語言實施評定

4. 必要時，聘請精熟學童的族語，並熟悉特殊語言系統和評定過程的翻譯人員

5. 聘請具有資格的人員，並瞭解其熟稔學生的語言和學生的文化

另外，做好「資源不利地區」特殊教育的推展與落實，具體化解之道有四項，說明如下（林坤燦，2009）：

1. 建立個別化支援服務系統

因「資源不利地區」特殊教育資源缺少，無法整合成周全的特殊教育支援服務系統。若能回歸特教個案的特殊需求，可朝向「個別化支援服務系統」的建立。

2. 形成「村（部）落式特殊教育學習型組織」

幫助社區營造特教資源的整合，讓社區自力更生而形成「村（部）落式特殊教育學習型組織」，以協助村（部）落社區內的特殊教育學生，不僅滿足智障者本身的個別需求，也達到「特殊教育社區化」的重要目標。

3. 建立特殊教育轉介制度

在資源不利地區，經由個案的「自然支持服務」後仍有不足，再尋求及加入「服務為主」的支援服務，以滿足特教個案的特殊需求。惟「服務為主」的支援服務，多數須經轉介過程才能得到遠處外圍的特殊教育資源或相關服務，建立周全完善的特殊教育轉介制度。

4. 革新資源不利地區特教教師培訓

資源不利地區特教教師培育與訓練的觀念與具體做法，包括不分類、大領域特殊教育教師及人才的培育，能涉獵、處理各種障礙類別學生學習與生活問題，兼具個案管理員的職責與能力，要有轉介適當遠處外圍特殊教育資源的能力等。

第八節　文化差異與文化不利資優教育

一、文化歧視的測驗

資優兒童是國家的資產，如何予以發掘、教育，不但是個人、家庭的問題，也是國家的問題。誠然，資賦優異學生是民族發展的命脈、國家富強的瑰寶，他們不僅富有創造力、具有特殊性向及視動、心理能力，更具有卓越的領導能力。一個國家若能重視並致力發展資賦優異教育、開發這些優異的潛在資源，這對其國家、社會而言，將有莫大的貢獻。故長久以來，各國均致力於資賦優異學生的教育發展（林聰池，1997）。

遺憾的是，對少數族群之資賦優異學生而言，首先要面對的困難是標準化測驗之文化歧視（cultural bias）。由於篩選的方法過於依賴測驗分數，致使許多文化差異的學童未能接受或進入資優教育方案之比率偏高（Bernal, 2003）。因此，具有文化—敏感度（culture-sensitive）的教育家開始挑戰或質疑以下的觀點（Smutny, 2003）：

（一）認為只有主流文化所界定的智力是有效的。

（二）認為少數族群學生接受資優方案比率少的原因，是由於在少數族群中資優的出現率偏低。

（三）認為測驗能確實評量個體所有的智能（mental ability），文化歧視是可以被評量工具排除，評量工具可以精確地評量學生先天的智力。

於是乎，自此之後，Smutny（2003）認為在其他文化鑑定資賦優異時，將特殊才能與能力之定義須考慮文化因素。同時，人類的潛能不應過於簡化，智力測驗僅可提供量化能力（quantify ability）的方法，進而設法補救文化偏差之因素，如語言差異、種族中心主義、不適當的常模抽樣及施測時之相關問題，甚至發展文化一公平性的評量，如多元文化、多元評量方法（the System of Multicultural Pluralistic Assessment, SOMPA），該評量是運用吉爾福模式（Guilford's model）呈現學生智力歷程之剖面圖，強調圖像而不是語文能力；其次，評量的重點亦隨之改變，如從預測性測驗到處方性測驗、從鑑定文化與經濟的弱點到優點、從瞭解少數族群學生的缺陷到差異的認知（Smutny, 2003）。

二、影響文化差異與文化不利資優教育的因素

Colangelo 和 Davis（2003）指出，不當的措施會影響各種的教育實施，而且，會限制或阻礙不同的學生進入資優教育的環境。尤其，偏差不當的想法與文化誤解，影響甚大。影響的因素如下：

（一）過度依賴測驗（extensive reliance on test）

測驗的分數在鑑定與安置決定中，扮演重要角色。約有 90% 之學校用智力或成就測驗之分數來決定安置（Davis & Rimm, 1998）。教師常認爲運用測驗是客觀的。事實上，測驗變成一種協助教師客觀化之託辭與煙幕，而協助決策者免付結果之責任（Colangelo & Davis, 2003）。

Sattler（1992）指出，少數族群學生在傳統的標準化測驗與成就測驗之分數低於美國白人學童。尤其在兒童魏氏智力測驗上，黑人學童的平均分數爲 86.4，西班牙裔學童之平均分數爲 91.9，而白人學童的平均分數爲 102.3（Mercer, 1979）。至於，在考夫曼兒童綜合測驗（The Kaufman Assessment Battery for Children, K-ABC）上，黑人學童的平均分數爲 95.0，西班牙裔學童的平均分數爲 95.8，白人學童的平均分數爲 102.0（Kaufman & Kaufman, 1983）。

至於，在學術性向測驗（Scholastic Assessment Test, SAT）上，少數族群的分數均低於白人學童，黑人學童在教學分量表之分數爲 123，在語文分量表的分數爲 95；西班牙裔學童在數學分量表的分數爲 89，在語文分量表的分數爲 70（Colangelo & Davis, 2003）。

因此，基於公平性原則，單一的評量工具，不足爲作決定之依

據。如此，往往造成誤用或盜用測驗，以及失去測驗過程之統整性。有鑑於此，在鑑定與安置資賦優異學生時，教師或施測者應使用各種不同的測驗，尤其，在鑑定、評量、安置與施測方法上，應追求公平性（Colangelo & Davis, 2003）。

（二）智力一本位論（IQ-based definitions and theories）

基本上，智力測驗往往忽略了不同文化、不同語言、生活窮困，以及不善於測驗之優點，處在這些環境的學生或許具有良好的能力，但由於缺乏重要的經驗，致使在學校的表現不佳。事實上，文化風格（cultural styles）會影響測驗的表現。例如：體覺型的學習者對文靜並維持較久的注意力測驗較有困難（Colangelo & Davis, 2003; Helms, 1992）。

（三）成就一本位論（achievement-based definition and theories）

高成就是界定資優的第一指標，惟此論點往往忽略了造成資優生低成就的眞正現象。造成低成就的原因包括缺乏動機，或許由於成就需求與親情需求產生衝突，以及人格問題，致使阻礙了他（她）們的思考與興趣；其次，社會適應不良，如受到歧視、刻板印象及負面的同儕壓力，亦是造成低成就的原因。

基本上，成就測驗上的表現會受到學生在家庭及學校生活經驗的品質。如果對不同文化學生的期望與標準低，則課程與教學的品質亦受到影響。

（四）不適當的政策與措施（inadequate polices and practices）

實施程序與政策之問題，亦是使不同文化學生接受資優教育的原因。例如：進入資優教育，先由教師之轉介與篩選，惟因教師之主觀，有些教師並篩選或轉介不同文化學生接受資優教育（Ford, 1996; Saccuzzo, Johnson, & Guertin, 1994）

（五）改進之道

1. 調整目前的定義與理論（adapt contemporary definition and theories）

將資賦優異的概念加以擴充，強調潛能與特殊才能之發展，進而言之，資賦優異是一種社會建構（social construct）與一種相關的、相對的結構（relative construct）。因此，教師必須根據相同的經驗與背景來作比較。基本上，智力是多層面的、複雜的，惟目前的測驗對這種結構無法適當的、公平的去實施。

2. 採用具文化敏感性的工具（adopt culturally sensitive instruments）

目前，最能評量不同文化學生優點的工具是非語文智力測驗（nonverbal test of intelligence）。此類型的測驗，較能夠評量不同文化學生之認知優勢。換言之，非語文智力測驗比傳統智力測驗能評量到不同文化學生的眞正潛能（Saccuzzo et al., 1994）

然而，使用具文化敏感性的評量工具時，尚須考慮以下三項（Colangelo & Davis, 2003）：

(1) 採用次團體常模

(2) 分析整個測驗分級的趨勢（trends）

(3) 分析測驗之差異

其次，另類評量（alternative assessment）之選擇亦爲重要的，就低社經和文化差異之資賦優異學生而言，在鑑定與教育時，須注意以下觀點（Baldwin, 2003）：

(1) 在某一個領域表現的資賦優異，正如在另一方面表現的資賦優異一樣的重要。

(2) 在任何領域中之資賦優異是在其他領域存在，或表現資優潛能的線索。

(3) 整體能力的側面圖對資優孩童的計畫和教育方案，是非常重要的。

(4) 所有資優兒童所表現的行爲是資優的徵候。

3. 針對於低成就者與低社經地位學生加以滿足並提供服務

低成就是習得而來的，孩童並非天生即爲低成就。若能根據學生的需求與特性，妥善規劃方案，並適時提供支持（supportive），誘發學生內在機能（intrinsic），進而提供補救（remedial）策略，必能發揮低成就學生的潛能。其策略分述如下（Colangelo & Davis, 2003）：

(1) 支持性策略（supportive strategies）

① 提供師生討論的機會。

② 強調自我－知覺（self-perception）和自我－效率（self-efficacy）等問題。

③ 透露學習風格與教學型式。

④ 使用精熟學習（mastery learning）。

⑤ 減少競爭性和常模－參照學習環境（norm-referenced learning environment）。

⑥ 運用合作學習（cooperative learning）和團體工作（group work）。

⑦ 運用積極性增強和讚賞。

⑧ 培養情感與學生－中心教室（affective and student-centered classrooms）。

⑨ 高期望。

⑩ 運用多元文化教育（multicultural education）和諮商方法與策略。

⑪ 結合良師和角色示範。

⑫ 父母參與。

(2) 發展與誘發學生內在機能之策略

① 提供結構性和一致性的回饋。基本上，回饋能使學生從行爲的改變學習到能改進學業。

② 依學生的興趣提供選擇。

③ 提供主動（active）和經驗性學習（experiential learning），如角色扮演、模仿、個案研究、計畫、領導等。

④ 運用閱讀治療（bibliotherapy）和傳記來誘發和激勵學生。

⑤ 運用良師和角色扮演。

⑥ 運用多元文化教育，提供洞察和自我瞭解的教育，以及適性的和有意義的、有價值的教育。

(3) 提供補救策略

① 實施學業輔導：如個別指導、學習技能和考試技能（test-taking skills）。

② 時間管理的指導。

③ 運用個別與小組教學。

④ 運用學習契約（learning contracts）。

第四章　多元文化特殊需求學童之學習特性

來自不同文化背景之特殊需求學童會有不同的學習風格或型態，為獲得良好的學習效果，教師須充分瞭解每位學童之學習偏好，否則，教學效果將事倍功半。本章主要分別探討文化與學習、學習風格，以及學習風格的運用等，分述如後。

第一節　文化與學習

文化的形成從製造工具開始，利用工具謀生，並與其他人進行溝通，發展了語言，形成了社會組織，共同解決面臨的問題，在累積的過程中，形成共同享有的生活經驗，也增加文化發展的潛力與影響力，在一代傳授或轉移文化模式給予下一代，世世代代地傳遞著，文化發展也益形複雜與成熟，形成一種生活方式與方法。由此可知文化係指一個社會或團體為求生存，而發展出來的生活方式，是該社會與團體的象徵。將文化視為是一種生活方式（culture way of life），或許較能令人瞭解到文化的意義。既然文化是一種生活方式，社會中的個人必須學習其文化，來持續個人與社會的生命，並且來維繫社會的關係。因此，不同的文化自然有不同的生活方式與行為模式（宋鎮照，2002）。

就文化特性而言，有所謂工具的特性與提供思考及學習的方式。首先，工具的特性，是指文化為生活的一種工具與手段，或是一種方式，獲取文化就是獲取一種生存之道。須知文化被創造出來，主要就是為求生存，用來解決問題，讓人類繼續生活，並生活的更舒適，這是文化的重心。因此，文化就像是個人生活的錦囊祕方，裡面裝著的是生活的工具。其次，不同文化提供不同的思維（thinking）方式，文化不僅反應人們的思想，指導我們對世界的解釋與瞭解，更是提供一種學習（learning）知識或外在環境的方式。以比較學術與方法論的名詞來比喻，可以用典範（paradigm，就是以文化或社會現象之既存架構或是整體的表徵，加以簡化或是概念化，來理解外在的某一現象），或是熟知的思考模型（model）來說明。例如：英語思維方式是直線的，每件事都有開始、中段和結尾，而且對於時間的概念相當重視。又如，中國人的家族倫理關係，也直接影響到個人對家庭與親戚關係的認識與想法（宋鎮照，2002）。

根據郭玉婷、譚光鼎（2001）之「泰雅族青少年學習式態之質的研究」，發現泰雅族青少年學習偏好包括：

（一）具體性的教材常可引起學生的學習動機，以及天馬行空式的討論。

（二）偏好以操作的方式來學習。

（三）在表現之前，會先私下衡量自己的能力，待其確定能回答時，才會參與討論。

（四）中上學業程度的泰雅族學生，「求取成功」的需求較強，會爲了累積「申請入學」分數而在意考試；中下程度者，則因爲飽受挫折而產生「避免失敗」的消極心態。

（五）無論程度好壞與否，大部分的泰雅族青少年都屬於「教師依賴導向」的學習型態。

（六）泰雅族青少年受到傳統文化和民族特性的影響，偏好在「輕鬆、幽默、無競爭、無壓力」的氣氛下學習，並因此提高學習動機。

（七）喜好變化，不耐於單調沉悶的課程與教學；不適應狹小的教室空間等因素，進而出現漫不經心、注意力不集中的學習現象。

具體而言，根據郭玉婷、譚光鼎（2001）的研究發現，泰雅族青少年學生在理化科與英語科之學習偏好之特性如表 4-1。

表4-1 在理化科與英語科之學習偏好之特性

理化科	英語科
• 偏好實驗操作與具體性的學習	• 偏好生活化、具體性的學習材料
• 喜好生活化實例教學	• 教材符合生活經驗，學生樂於表達
• 依賴老師從旁指導	• 偏好在輕鬆自在的氣氛下學習
• 偏好同質分組	• 依賴老師的標準答案
• 重視試題範圍內的教材	• 在意考試範圍內的教材
• 難以將口授訴諸文字	• 需求回饋與避免失敗
• 輕忽小考，重視大考	• 暗自較勁與嘻笑如常
• 喜歡在玩鬧中的學習	• 不喜歡文字型作業

資料來源：郭玉婷、譚光鼎（2001）。泰雅族青少年學習式態之質的研究。載於國立新竹教育大學主編，**九十年度原住民族教育學術論文發表暨研討會論文集**（頁421-428）。新竹市：國立新竹教育大學。

第二節 學習風格

一、學習風格的意涵

學習風格亦稱學習式態或學習偏好，係指個體所採取之具有一致性與穩定性的學習行爲、學習策略與學習偏好，因此，學習式態亦稱學習偏好或學習風格。在探討少數族群時必須注意到，各族群之間因爲認知模式、生態環境與社會化歷程的不同，會產生相異於主流團體的學習式態。首先，以認知的觀點視之，在不同的文化脈絡之下，個體會產生不同的認知模式。其次，以生態的角度剖析，個體的生活環境，小自家庭、學校、社區，大到宗教、社會、文化，均深深影響學習式態的形成。再者，以社會化經驗觀之，少數族群的生存技巧大多來自於家庭、社區、部落等非正式的學習場域，其中又蘊涵著深厚的族群文化價值，潛移默化地影響著原住民的學習方式（Gardiner, Mutter, & Kosmitzki, 1998a, 1998b, 1998c; Phelan, Davidson, & Yu, 1998a, 1998b; Rhodes, 1998; Rice, 1996; Ryan, 1992; Swisher, 1991; Swisher & Deyhle, 1987, 1989; Tim, 1996）。

雖然少數族群有其獨特的學習式態，然而學校內的課程與教學，卻一味地依循主流文化下的語言、文字而設計，並沒有正視少數族群和主流團體因為文化所造成的差異，致使少數族群在缺乏文化資本的因素之下，產生學習困難的現象（劉錫麒、紀惠英，1999；譚光鼎，1998；引自 Cuff, Sharrock, & Francis, 1998; Irvine & York, 1995; Ryan, 1992; Lomawaima, 1995）。因此，瞭解原住民的學習式態，實為解決原住民學生諸多學習問題的起點。

原住民學生由於社會文化背景及經濟情況的影響，與一般學生相比，確實存在學習式態的差異。臺灣原住民學生的學習多與生活經驗相結合，著重用觀察模仿與實際操作的方式去學習，比較不會在課堂上發問，而且喜歡用既有的經驗為基礎進行學習。其次，原住民學生比較喜歡在非正式、低競爭性的情境中去學習，而且喜歡與同伴合作，分享成果，一起進行小團體學習，不喜歡競爭的學習式態。再者，原住民學生偏好運用感官去幫助學習，尤其喜歡視覺性的學習，並且喜歡運用肢體去親身操作物件，以獲致學習經驗（浦忠成，2004）。

Curry（1990）和 Mayer（1987）指出，教育上為不同認知風格的學生提供不同的學習方案，現在還不是時候，教師要注意的是並非所有學生均以同樣的方式學習。Curry 指出，學生學習發生困難，通常並非單純由於認知風格所致，因此建議：

1. 不要隨便把學生歸類為某種認知風格；
2. 教育的目的，應是培養學生擴展自己的認知風格，以適應不同的學習環境，而非讓其一成不變地固守著某種風格；
3. 教師與其專為配合學生的某種認知風格而設計特別的教學，不如改善常規的課程設計，例如：注重課業的清晰度、提供學習回饋和給予學生補救機會，這些常規設計會比因應風格而作的特殊設計更有實效。

二、學習風格的類型

由於文化差異，產生了不同的學習式態（Boykin, 2000; Gay, 2000; Hale, 2001; Heath, 1983）。學習式態主要有兩種：第一，場地—獨立型（field-independent）；第二，場地—敏銳型（field-sensitive）。研究發現：墨西哥裔美國學生比英國學生喜歡場地—敏銳型之學習式態，可是學校卻常用場地—獨立型之教學風格，致使墨西哥裔美國學生的學業成就低於英國學生（Ramirez & Castaneda, 1974）。

Banks（1998）指出，學習式態是變異的，它與階級和種族有關。Hale-Benson（1987）研究發現，非洲裔學童較傾向重情意，會透過豐富的肢體語言表達，且追求人物—導向（people-oriented），而英裔學童較傾向於物體—導向（object-oriented）（Damico, 1985）。

學習風格是指學習者從事學習時所喜歡的方式。根據Dunn和Dunn（1978）的觀點，學習風格可分爲四大類，共包括十八個元素，彙整如表4-2（韓孝述，2002）。

表4-2 學習風格類型

類型	因素
環境類	1. 聲音 2. 光線 3. 溫度 4. 座位
情意類	1. 自發性 2. 堅持力 3. 責任感 4. 時間觀念
社會類	1. 喜好團體學習 2. 喜好獨自學習 3. 喜好小組合作學習 4. 喜好成人支持學習 5. 喜好變換對象學習
生理類	1. 喜用知覺 2. 喜在學習時進食 3. 偏好的學習時間 4. 偏好靜坐學習或走動學習

譚頂良（1995）指出，學習風格有穩定性，但並非不可改變，對學習風格的研究，要特別注意其可塑性。爲因應學習風格採取的教學策

略，可以分爲「匹配」和「有意識的失配」兩類。匹配策略投學生所好，學生直接得利，但未有彌補學習風格上的欠缺，由於學習情境千變萬化，在某些情境中，學習者憑其固有的學習風格，會無法駕馭某些學習內容。有意識的失配策略，要求學生用自身薄弱的風格來學習，對學生的學習會有所增強（黃顯華、朱嘉穎，2002）。

第三節　學習風格的運用

張春興（1994）指出，研究學習風格有兩個目的，一是瞭解學生的讀書習慣，二是瞭解學生讀書習慣與其外在環境和內在身心需求的關係。當調查得知學生的學習風格，就可以爲學生安排學習環境，或指導學生配合本身風格，進行有效學習。不同的學習風格型式如下（黃顯華、朱嘉穎，2002；譚頂良，1995）：

一、視覺型

（一）在班級或教室，運用視覺呈現，如海報、公告。

（二）介紹心智圖（mind mapping），或蜘蛛網式網狀圖：教師可以鼓勵學生以合作方式，利用圖畫表現。

（三）利用或鼓勵學生使用顏色表示：用筆、鉛筆、有色白板筆，或其他顏色來編碼圖像，或者用不同的顏色來區分不同的主題。

（四）利用圖畫、圖表、符號，或白板呈現。

（五）運用視聽媒體演示，亦可鼓勵學生利用影像或照片來記錄學習成果。

（六）提供學生利用視覺來呈現概念。

（七）鼓勵學生將訊息予以視覺化，俾利記憶。

二、聽覺型

（一）提供口語解釋。

（二）增強併用視覺與口語呈現訊息。

（三）利用討論法，不論是小組討論，或班級討論。

（四）鼓勵學生爲其他同學解釋，將他的思想口語化，有助於記憶。

（五）利用詩歌、音樂和話劇爲媒介。

（六）運用錄音帶。如此，學生以傾聽方式學習。

三、體覺型或動覺型

（一）盡可能地運用實際的活動。

（二）允許學生實際表演，而非口語瞭解。

（三）允許學生運用活動來表演，如示範、製作海報、手工作品。

（四）運用三度空間示範和鼓勵探索。

（五）利用觸覺教材來協助記憶。

（六）利用舞蹈和動作。

（七）允許學生以遊戲方式表達。

（八）允許學生適時的在教室走動：就體覺型學習者而言，靜態的學習活動對其較爲困難。

（九）在團體學習時，可讓體覺型學習者擔任書寫團體的研究結果、意見和理念之工作。

（十）運用各種遊戲：體覺型學習者比較喜歡創造性遊戲。

第五章　影響特殊需求學生學業之因素

不論是普通班教師，或是特殊教育教師都會遇到甚至輔導過特殊需求的學生，其中，學業的表現是最爲關注的課題。因此，瞭解影響特殊需求學生課業表現之各種因素，進而提升與增進學生的課業表現，顯然是非常重要的。事實上，每一位學生每天都有各種不同的問題，甚至，也會面對不同程度的壓力，致使渠等問題與壓力會影響學生的學業表現。職是之故，教師們應深入探知其眞正的原因，進而調整課程，協助學生成功，此乃是本章之要旨。

第一節　環境因素

學生大部分的生活是在校外，然而，校外的生活卻充滿著混亂、險惡與失序現象，暴露在這些因素裡，會消耗學生的精力，致使難以集中注意力，甚至，無法上學，進而中輟現象。有些學童曾有被家暴的經歷，因此，放學後擔心回家。在此所指的環境因素包括家庭、社區，這些環境對學生在校的表現均有深遠的衝擊，這些因素如表 5-1（Pierangelo & Giuliani, 2008）。

第二節　心理因素

緊張（tension）是多數學童普遍的現象，然而，愈是緊張，愈會影響學習的能力。基本上，當一緊張時，就會影響學童的注意力、專注力、記憶和儲存訊息能力、參與力、思考力和忍受力或容忍度。換言之，當產生緊張時，就會分心（distractibility）、衝動（impulsivity）

表5-1 環境對學生在校的表現因素

家庭因素	社區因素
酗酒	與鄰居相處不良
藥物濫用	不良的居住環境
經濟困窘	家處偏隅
家人罹患生理疾病	與網咖、色情場所爲鄰
家庭中有心理疾病	
父母失業	
移居、遷徙	
父母虐待	
父母不和睦、暴力相向	
分居	
兄弟或姐妹間有嚴重的競爭現象	

和逃避（avoidance）。有關心理因素，包括情緒、智力、語言、知覺等，玆臚列如下（Pierangelo & Giuliani, 2008）：

一、情緒因素

（一）焦慮（anxiety）：包括恐懼、緊張或不安，渠等焦慮的來源大多爲不明或未知。

（二）情境性困擾或適應反應（brief situational disturbances or adjustment reaction）：指情緒或行爲症候群，發展出不明的壓力。

（三）行爲障礙（conduct disorders）：指重複並持續的施暴他人，或者，其行爲與該年齡之社會常模或規範不符。

（四）憂鬱（depression）：如心理或生理異常之徵兆。

（五）飲食異常（eating disorders）：指飲食行爲有明顯的障礙。

（六）強迫症（obsessive-compulsive disorders）：指持續且無法控制的重複某一種行爲及儀式性動作。

（七）違抗性（oppositional defiant disorders）：指長期性不良行爲之徵兆，如叫、暴躁、違抗。

（八）人格異常（personality disorders）：指長期性的認知、情緒及行爲等方面適應不良之型式。

（九）精神分裂症（schizophrenia）：指功能性的精神病，如冷漠、退縮、狂想（delusion）、幻覺（hallucination）。

（十）分離性焦慮（separation anxiety）：指約 6-10 月大孩童離開母親時，所產生的恐懼、不安。

二、學業因素

（一）發展性數學障礙（developmental math disorders）：如運算能力障礙（dyscalculia）。

（二）發展性閱讀障礙（developmental reading disorders）：如閱讀缺陷症（dyslexia）。

（三）發展性拼音異常（developmental spelling disorders）。

（四）發展性書寫障礙（developmental writing disorders）：如書寫症（dysgraphia）。

（五）缺乏基本技能，以致一直處在表徵期程度（representational level），而非自動水準（automatic level）。

（六）缺乏增強，孩童並無任何鼓勵學生的重要他人（significant others）。

（七）缺乏適當的教學，亦即孩童處在教學或學校品質不佳環境。

三、語言因素

（一）失語症（aphasia）：係指由於腦傷所造成的語言問題，主要特徵為缺乏理解、說話、閱讀或書寫的能力。

（二）構音異常（articulation disorder）：即無法說出清晰的聲音，並難以正確的唸出字的音。

（三）表達性語言異常（expressive language disorder）：即言語表達有問題。

（四）接收性語言異常（receptive language disorder）：即在語言理解上有問題。

（五）語用語言（pragmantic language）：指針對特定目的所使用或運用的語言而言，如請求協助。

（六）語意—語用異常（sematic-pragmatic disorder）：即能夠造句，卻難以適當的運用。

四、醫學因素

（一）注意力缺陷
（二）協調能力異常
（三）聽覺障礙
（四）肌肉異常
（五）神經異常
（六）視覺障礙

第三節　社會因素

社會因素會造成孩童緊張，進而干擾學習。有時，社會地位是發展過程中重要的因素，尤其，邁入青少年期是重要的因素。其次，社會的壓力和同儕的影響也會影響孩童的功能。由於處理渠等社會環境或世界，或者社會衝突需要許多的精力，以致損耗了孩童在學習上之精力。因此，社會因素會降低活力，導致學業不良。不良的社會因素，如低社經地位、同儕競爭、同儕妒忌、犧牲者、社會控制、社會隔離、社會恐嚇、社會受害者、社會氾濫（Pierangelo & Giuliani, 2008）。具體而言，造成低成就的主要因素歸納如下（洪清一，1990）：

一、早期環境（initiating situation）

低成就的類型大部分均始於早年的生活。例如：施予均由父母決定、不適當的管教、老師教學不當、父母去世、離婚、環境變遷等現象，均會造成低成就的現象。

二、精力過剩（excessive power）

精力過剩是所有的成就者的特徵。他們擁有過多的精力，但是，他們覺得似乎微不足道。他們為了逃避責任，於是將精力集中於處理個人本身上，而不朝著實際之成就上。

三、矛盾和對立（inconsistency and opposition）

在低成就者之早期生活中，父母總是相互矛盾和對立的。對於孩子的管教之意見、原則、方法，兩者相互不一。尤其，家庭成員複雜的環境中，每一個人對孩子教養的觀念均有差異，不僅不相一致，而且相互對立。

四、不適當的教室環境（inappropriate classroom environment）

（一）老師無法確認低成就的徵候，誤認爲不成熟，由於父母的壓力、學習障礙和情緒所困擾。

（二）以消極、敵對的態度對待。

（三）不適當、不一致和有偏差的教學。

五、社會變遷（social changes）

（一）家庭

父母親整日上班，孩子送至托兒所，孩子由保母或親戚照顧、父母管教態度不一致、婚外關係、離婚，與非親非故的人住在一起等等。

（二）教育

學校規模和教師的工作不斷擴張；教育行政人員和教師之職責錯綜繁雜；老師教學過於簡單或太難。

（三）競爭（competition）

未能善加指導學生處理競爭的環境，往往會造成學生低成就的現象。在一個輸贏截然劃分的競爭環境裡，學生難以學習健全的競爭態度。於是乎，他們認爲無理由盡其能力，因爲，反正沒有成功的可能，甚至，從競爭的機會中退縮。再者，對那些未學習處理失敗的勝利者而言，當他們不幸失敗時，則自認無能，甚至，從此喪失信心與毅力。

（四）道德標準（moral standards）

道德標準之不一致，常導致學習者之觀念偏差現象。若過於強調外在物質之享樂與追求，似乎是在暗示學生自教育情境中逃出，如此，無非是增加激勵學生學習之困難。

（五）競爭壓力（competition pressure）

人口之不斷增加，職業要求更高的教育程度、工作職責之分化、貿易與機構之繁雜、道德規範之式微等現象，僅僅是社會的一些變遷，然而此等變化卻增加我們社會中之競爭壓力。當然，兒童無法從成人競爭壓力之衝擊下逃避。在耳濡目染之情境下，兒童無形中學會競爭，競爭的結果，壓力不斷增加。

（六）大衆媒體（mass media）

由於大衆傳播媒體如電視和電視影片，刻意播出在我們生活空間之生活風格和金錢的報酬，此種無形中孕育著追求物質享受之欲望。又如過於渲染體育和音樂之英雄人物之薪津，而不強調他們的辛勞與才能。類似此種之報導，均影響學習之態度。

另外，家庭的價值觀和溝通的形式對學童學業表現高低或良窳具有密切關係；換言之，高成就者和低成就者在成功—結果產出型（success-producing pattern）家庭之比較，如表 5-2（Clark, 1983）。

總之，對於低成就學童之輔導，首重爲有效培養學習自信心。低成就學生是長期的失敗者，他們都有多次失敗的經驗，因此避免失敗的動機比求取成功的動機更爲強烈。凡事未經嘗試，就先期待失敗的態度。因此，欲解決低成就學生的學習困難，建立其學習自信心，實不容忽視。而培養自信心的最佳方式，則莫過於給予成功的機會。使其從成功的經驗中，獲得滿足與成就感，此不僅有助於自信心的提高，而且，進而建立其成就動機。

其次，加強親職教育，導正不適當的父母管教態度。同時，父母應提供良好的學習模範，平時多與孩子溝通，提供溫馨、祥和的家庭環境，並避免給予過高的壓力，使其在愉快的環境中學習。另外，培養教

表5-2 高一低成就者在成功一產出型家庭之比較

高成就者	低成就者
• 父母常主動與學校接觸	• 父母不常主動與學校接觸
• 激勵孩童，支持學校教師	• 未能激勵孩童和支持教師
• 父母與孩童和平相處	• 父母與孩童相處不佳
• 學生與父母和平相處	• 學生與父母無法和平相處
• 父母期望孩童在學校扮演重要角色	• 父母對孩童在學校的期望較低
• 父母期望在學校扮演重要角色	• 父母期望在學校的角色較低
• 父母顯示成就—中心法則	• 父母未顯示成就—中心法則
• 學生能長期的接受規範	• 學生無法長期接受規範
• 父母訂定清楚和明確的角色界限	• 父母所訂定的角色界限較爲模糊
• 兄弟姊妹之間互動良好、長幼有序	• 兄弟姐妹之間互動較薄弱
• 家庭成員間之衝突很少	• 家庭成員間之衝突常發生
• 父母常參與學習訓練活動	• 父母不常參與學習訓練活動
• 父母嚴格及持續監核孩童學習狀況，並適時增強	• 父母的標準不一致，並未監核孩童的學習情形
• 父母提供自由開放的教養方式，並給予支持	• 父母並未提供開放自由和支持
• 父母順應孩童的知能	• 父母未能順應孩童的知能

資料來源：*Family life and school achievement: Why poor black children succeed or fail* (p. 200), by R. M. Clark, 1983, Chicago: The University of Chicago Press.

育愛的工作態度，加強師生之間的雙向溝通，以便增進教學效果，多用獎勵、少用懲罰、責罵之原則指導學生。

第六章　高危險學生

在普通班裡，有些學生雖然並不是特殊教育服務的對象，或者，並無明顯的問題而足以予以障礙類別，但是，有些學生在發展性學業和行爲問題是高危險（at risk）的，致使限制他（她）們在學校成功的機會及未來的發展。

高危險學童係指導致學業、個人及行爲問題之處境，進而限制他（她）們在學校和未來生活的表現與成就。一般而言，高危險學童在學習基本學業技能有困難，會表現出無法接受的社會行爲，以及無法與同儕相處之現象，是與衆不同和異質性的團體（Davis, 1995; Pierce, 1994）。

第一節　高危險學生之因素

造成高危險的相關因素（Frymier & Gansneder, 1989; Smith, Polloway, Patton, Downdy, 2008）：有許多因素是導致學生具有學校問題之高危險，包括貧窮、無家可歸、單親家庭、重要他人去世、受虐、藥物濫用、少女懷孕、性別認同、青少年犯罪、不明的障礙等。歸納如下：

- 曾經企圖自殺
- 吸毒或藥物濫用
- 自尊心低
- 被退學
- 常喝酒
- 因從事非法活動而被逮捕
- 父母對教育持負面的態度
- 兄弟或姊妹有中輟
- 家庭成員中有使用藥物
- 換三個學校就讀
- 在校成績不良，排名殿後
- 智力低於 90
- 父母離異或分居
- 父母親失業
- 父親或母親去世
- 被鑑定爲需要特殊教育

- 性虐待或生理虐待
- 多種科目不及格
- 休學
- 常缺課
- 父母酗酒
- 留級
- 父親或母親企圖自殺
- 成績低於百分等級 20
- 年齡比班上同學大
- 母親教育程度低
- 父親失去工作
- 從體育隊中退出
- 曾有嚴重的疾病或意外

因此可知，造成高危險的因素繁多，但是，要注意的是，並不是每一位具有這些因素的學生是具有學校問題之高危險性；同時，應避免將家境貧窮或單親的學生標籤爲高危險學生，因此，鑑定與區別某種因素與學校問題間是否有眞正的相關，尙待研究（如圖 6-1）（Smith et al., 2008）。

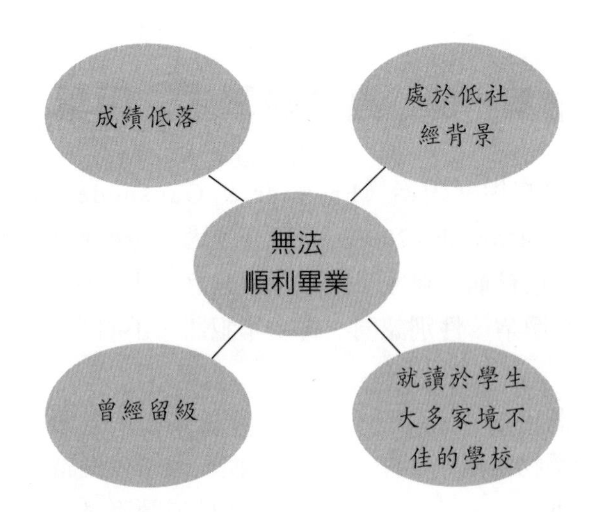

圖6-1 影響學校表現的相關因素

資料來源：*Teaching students with special needs in inclusive settings* (p. 427), by Smith et al., 2008, New York: Pearson Education, Inc.

第二節　高危險學生之輔導

一、輔導高危險學生之策略（Smith et al., 2008）

（一）生長在貧窮家庭的學生

1. 瞭解貧窮對學生的衝擊與影響

2. 讓班上全體學生感覺重要

3. 建立堅強和信任之關係

4. 建立和協調社會工作者，提供社會服務

5. 尋求相關社會福利機構、慈善團體、基金會提供資源，協助貧窮學生就讀與學習

（二）無家可歸的學生

無家可歸（homelessness）對家庭而言是一個傷痛的經驗，它實質地瓦解了家庭生活的每個層面，損害家庭成員的生理與情緒的健康，阻礙學童的教育與發展，並常致使家庭成員分離。一般而言，無家可歸的徵兆如下（Smith et al., 2008）：

1. 無法持續上學

(1) 常換不同學校就讀

(2) 缺乏註冊的紀錄

(3) 技能發展落後

2. 健康情形與營養不良

(1) 缺乏免疫系統或免疫紀錄

(2) 長期飢餓

(3) 疲勞

(4) 精神不濟

3. 交通工具和上學問題

(1) 上學情形不穩定或常常遲到

(2) 無法與父母接觸

(3) 常缺課、缺席

(4) 逃避校外教學或活動

4. 衛生不佳

(1) 穿同樣衣服好幾天

(2) 缺乏衛浴設備或清潔用品來保持清潔

5. 缺乏先備能力

(1) 缺乏基本的學習能力

(2) 擔心隸屬感的安全

(3) 無法完成作業

6. 社會和行為線索

(1) 行爲改變

(2) 防衛父母

(3) 短期注意力廣度差

(4) 低自尊

(5) 交友困難或逃避

(6) 難以信任他人

(7) 需要立即滿足

因此，對於無家可歸的學習輔導，須注意以下原則（Smith et al., 2008）：

1. 瞭解大部分的無家可歸的學生是無法上學的。

2. 注意並敏銳的察覺可能是無家可歸的學生。

3. 洞察在學校的行爲和進步情形，特別注意學生的身體、健康、情緒和社會表現。

4. 作業規定要有個別差異，依其能力規定與要求。

5. 要變成學生和父母安全的資源。

6. 請父母到校或到父母工作地方相互會面與溝通。

7. 協助從良好的社會服務機構，幫助家庭成員安全的服務。

8. 不可要求家庭無法應付之學校用品。

（三）單親學生

單親的種類可分爲下列五種（藍三印，1996）：

1. 喪偶型：其中一人病故而亡者。

2. 離異型：二人不合而離婚者。

3. 分居型：配偶分居，兒女歸其中一人者。

4. 分離型：配偶分住兩地或兩國者。

5. 未婚型：未婚生子之未婚媽媽型。

至於，有關單親教養之問題如下（藍三印，1996）：

1. 缺乏認同的對象：單親家庭只有單一認同的對象，往往會對失去的一方，沒有辦法產生認同，或是產生認同偏頗的現象。

2. 缺少生活上的照顧。

3. 心理發展不健全，潛意識壓抑，大都由於環境的影響。

4. 母親無力養育，往往從事不正當的工作。

5. 父兼母職者，工作忙碌，無法顧及子女教育。

6. 父親或母親往往以金錢補償本身的虧欠，造成子女亂花錢和偷竊等不良習慣。

7. 代理監護者無法善盡教育的責任。

8. 缺乏獨立精神，容易誤交損友，形成各種行爲的問題。

9. 有些父親或母親無法充分提供生活費用，形成子女偷竊等不良行爲。

基於上述單親教養之問題，單親家庭子女人格特質如下（林萬億，1996）：

1. 正面特質

(1) 獨立性格：單親家庭子女之獨立性格常高於雙親家庭子女，因其必須面對許多困難，處理各種危機，且必須學習保護父親或母親，以及照料自己的生活，於此情況下，養成獨立性格之機會較大。

(2) 早熟：單親家庭子女由於極早面對人生的困境與分離，刺激其思考人生百態，故早熟經驗多。單親家庭子女因此極早面臨複雜的人際關係。

2. 負面特質

(1) 孤僻：因單親本身之自卑與挫折，使其自原社會中撤退，同時也連帶禁止子女與人交往，或鼓勵子女也從原社會中撤退，此情況則易造成子女孤僻性格。

(2) 攻擊性：單親子女因要保護自己，故易養成攻擊性以保護自己。

(3) 對兩性關係較開放：單親子女由於對性關係、人際關係、婚姻關係種種事情的扭曲與擴散，較易接受兩性關係，故性格傾向較開放。

(4) 向上流動意願低：單親子女因自身環境不佳，不被期待，再加上父母要求自社會網中撤退，幫助家庭經濟，而引起低成就或自卑感，自暴自棄。

(5) 就業年限較短，失學率較高。

因此，有關單親學生之輔導原則如下（林萬億，1996；藍三印，1996；蕭文，2000；Austin, 1992）：

1. 讓學生覺得學校是一個安全和平安的地方。

2. 單親學生在處理上比較困難，因此，教師必須多用愛心、信心、耐心、毅力和耐力。

3. 由於教師會影響單親學生之自尊心，因此，教師扮演著重要的角色。

4. 同學和教師要予以信任。

5. 教育人員需要更敏銳的察覺學生經濟的問題。

6. 鼓勵學生藉由日記來探索個人感覺，創造一個富有意義之討論機會。

7. 成立組織，鼓勵其他父母參與，整合資源，共同協助學生。

8. 記錄志工人員之訊息。

9. 辦理父母座談會或工作坊，發展監護人與志工之協同成長團體。

針對單親學童之輔導，可以做與不可以做的事之原則如下（Smith et al., 2008）：

1. 可以做的事

(1) 蒐集有關學生家庭的資料。

(2) 分析資源，俾使決定特殊需求。

(3) 發展方案和策略，滿足學生的特殊需求。

(4) 統整課程，協助學生獲得成功。

(5) 提供非學業性方案，如孩童照顧和家庭諮商。

(6) 結合父母並賦予在學校和家庭之適當角色。

(7) 建立與父母溝通之橋梁。

(8) 列舉支持父母之項目。

(9) 在校期間提供一個穩定和一致的環境。

2. 不可以做的事

(1) 不可對單親父母之處理與其他父母有所差異。

(2) 不可要求孩童只跟一方父母居住。

(3) 限制活動。

(4) 不可分為父親的房間或母親的房間。

(5) 不可忽視單親家庭的限制，如家庭作業的協助。

（四）受虐兒和被忽視學童（abused and neglected）

受虐包括情緒虐待（emotional abuse）、身體虐待（physical abuse）、性虐待（sexual abuse）；忽視包括身體忽視（physical neglect）、教育忽視（educational neglect）、情緒忽視（emotional neglect）和醫療忽視（medical neglect）等。

有關情緒受虐學童之行為，會表現出下列特徵（Solomon & Serres, 1999; Smith et al., 2008）：

1. 缺乏積極的自我形象。
2. 行為極端。
3. 憂鬱。
4. 身心性抱怨。
5. 企圖自殺。
6. 衝動、違抗、反社會行為。
7. 與年齡不符之行為。
8. 不良的習慣和抽搐。
9. 排尿異常。
10. 智力與情緒發展不佳。
11. 建立和維持同儕關係困難。
12. 非常恐懼、警戒。

13. 睡眠和飲食異常。
14. 有自傷傾向。
15. 衝動性行為。

至於，性虐待在身體和行為的特徵如下（Smith et al., 2008）：
1. 在生殖器地方有生理受傷。
2. 性傳染疾病。
3. 排尿困難。
4. 懷孕。
5. 攻擊。
6. 性自戀。
7. 雜交。
8. 逃跑、偷竊、吸毒。
9. 以學校為避難所，早到、不想回家。

因此，對受虐學童學校應處理的原則如下（Smith et al., 2008）：

1. 與地方政府機關共同建立受虐兒和被忽視學童在社區視為重要的課題與意識。

2. 建置一個熱線或專線服務，讓他（她）們在家面臨危急時，父母或其他照顧者可打電話請求服務。

3. 提供父母教育方案，著重父母技能、行為管理方法、教養方式，以及溝通策略。

4. 辦理有關受虐兒主題的研討會。

5. 安排公部門醫院之醫護人員協助家庭。

6. 提供短期的喘息服務。

7. 鼓勵個案負起孝敬和養家之責任。

8. 組織「父母一協助方案」（parent-aide program），即由父母志工提供支持，協助單親家庭。

9. 建構團體治療，協助受虐者。

（五）藥物濫用

食用禁用藥品或物品之學習特質如下（Smith et al., 2008）：

1. 無法專心。
2. 長期缺席（課）。
3. 成績不佳，或忘記作業。
4. 在標準化測驗分數不佳或學習有障礙。
5. 不合作和吵架行爲。
6. 行爲突然改變。
7. 害羞和退縮行爲。
8. 衝動行爲。
9. 長期健康問題。
10. 低自尊。
11. 生氣、焦慮和憂鬱。
12. 處理技能不佳。
13. 不明的害怕。
14. 適應困難。

第三節 高危險學生課程與教學

處理高危險學生的方法，包括預防方案（prevention program）、補救教育（compensatory education）、介入方案（intervention program）、轉銜方案（transition programs）等，渠等向度如圖 6-2。

一、預防方案

預防方案強調發展適當的技能和行爲，俾使個體成功。預防課程亦企圖防止那些對學生有負面因素之事項。例如：設計、防止、藥物、拒抽香菸和性教育方案，是協助學生建立負責任的行爲和防止學生發展問題行爲（Smith et al., 2008）。

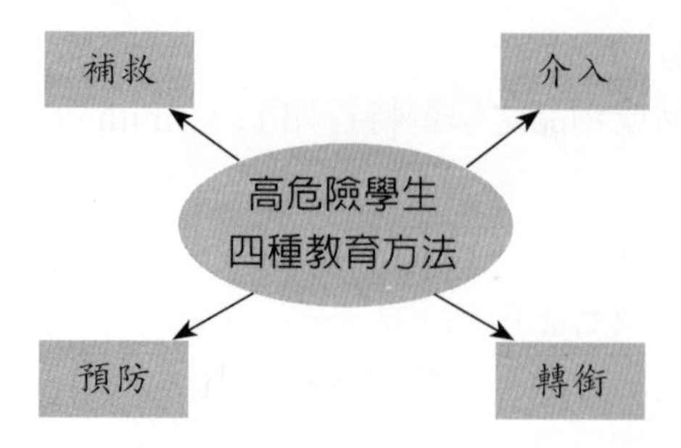

圖6-2 高危險學生之教育方法

資料來源：*Teaching students with special needs in inclusive settings* (p. 447), by Smith et al., 2008, New York: Pearson Education, Inc.

二、補償教育

補償教育主要的目的，在於補償現存的或過去的危險因素對學生生活之影響，以避免嚴重落後現象，減少差距，致使問題行爲不再發生。

三、介入方案

介入方案著重危險因素之去除，其策略包括教導少年如何成爲好父母、對高危險學前兒童實施早期介入方案（early intervention program）（Sexton et al., 1996）。

四、轉銜方案

主要目的在於協助學生認清與瞭解在學校所學的與將來在現實環境運用之間之關係，因此，學生生涯方案是協助學生從學校轉換到工作職場有效的轉銜方案。

第二部分

課程理論篇

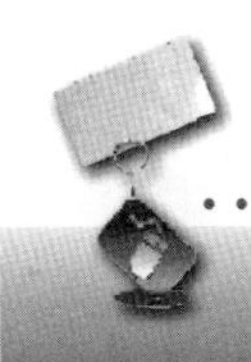

第七章　課程與課程調整

課程是學校的關鍵性元素，是不可或缺的要項，對學校和學習者之影響，至深且遠。課程本身有不同的意涵、類型和概念，為了滿足特殊需求學童之學習需求，須實施課程調整。本章主要分別就課程和課程調整，分節陳述如後。

第一節　課程的意涵

一、課程的意義

課程是目的、計畫和在學校發生的概念，以及在學校現存情事之狀態稱之。換言之，課程是學校之規劃和意圖，以及學校實際發生之事務（Ishemo, Kira, & Komba, 2012）。

狹義而言，課程是學生所涵蓋之學科內容，即有關學校的組織、教學方法和課外活動。進而言之，狹義的課程係指「科目」或「學程」的總和，或稱為教學內容或教材；換言之，課程是擬定教學科目、編定教材內容、安排教學時間等（吳清山，2005）。

廣義而言，學校課程不僅包括學科內容，而且，亦是含括個人之人際關係、道德態度、社會習俗等之潛在課程（hidden curriculum）（Njabili, 1999）。廣義的課程認為，課程是學生在教師指導下所獲得經驗的總和。換言之，課程不只限於科目或教材，其他學生所從事的活動，例如：參觀、競賽、討論、報告等方面，只要是在教師指導下進行的，均是課程的一部分。簡言之，課程不只限於科目或教師指導下的學習活動，它擴大到同儕交際、班級氣勢或學校文化，以及許多沒有意圖的或沒有計畫的知識均是課程（吳清山，2005）。

二、課程類型

至於，課程表現的類型如下（王文科、王智弘，2014）：

（一）意向課程（intended curriculum）

正式、書面的，法定一公認和規定的課程，包括宗旨、目標和學生應學習的目的。具體而言，即課程文件、文本、影片和教材。因此，顯性課程通常是由行政人員、課程領導和教師正式指定的和檢閱之書面協議和目標。

（二）理想課程（ideal curriculum）

係指表現課程設計者之想法稱之，有些特殊的利益團體組成委員會來檢視課程，並提出改進之建言，這些委員會所提出的課程建言視爲學科、科學多元文化課程、資賦優異課程、幼兒課程、電腦知識等，像這種概念課程的倡議者在社會中是競爭的動力，然而，概念課程的影響則有賴於是否採納建言和實現（McNeil, 1996）。

（三）實施課程（implemented curriculum）

實施課程包括運作課程（operational curriculum）、知覺課程（perceived curriculum），其意涵如下：

1. 運作課程意指課程在行動（in-action）中，亦即課程本身如何在教室顯示出來，或指教師要的是什麼？而且，如何傳達給學生？

2. 知覺課程意指教師對課程之解釋而言，亦即教師對課程之知覺。

教師詮釋正式的課程有不同的方式，然而，正式採用課程與教師對課程意義的知覺或在實施教學之意義之間的關係甚少（McNeil, 1996）。

（四）經驗課程（experienced curriculum）

經驗課程意指由學生知覺的學習經驗，係由學生從運作課程獲得的和記起的所構成，而每一位學生經驗背景和教室活動之間有交互作用，並從一般的教學促成獨特的意義。

（五）習得課程（learned curriculum）

係指學生習得了什麼？學習者就學習之結果而言，包括學生實際得自課堂的事物，以及真實習得和記憶的概念和內容。

三、其他課程概念

至於，其他課程概念，包括潛在課程（hidden curriculum）、課外課程（extra-curriculum）、核心課程（core curriculum）、幻影課程（phantom curriculum）、附課程（concomitant curriculum）、內在課程（internal curriculum）、電子課程（the electronic curriculum）、空無課程（null curriculum）等，茲分述如下（Ishemo et al., 2012）：

（一）潛在課程（hidden curriculum）

係指學生學習在學校文件中並未特定的所有事物，如非官方之課程或非官方之教學影響，會根據地區、人民、年齡、學校任務、課程指導方針及文化等而改變。換言之，潛在課程是學生從學校的文化和氛圍學習的非預期的課程。這些要素包含時間的運用、空間的配置、方案和活動的資金、政治與現實之落差等。進而言之，潛在課程是學生從學校的獨特性質和組織設計或目的衍生出的學習本質。

（二）課外課程（extra-curriculum）

係指在特定的教育時段之外的計畫性經驗，這種課程的組織比正式課程（formal curriculum）寬鬆些，如運動、學科社群、參加辯論等。

（三）核心課程（core curriculum）

係指所有的學生必須學習的基礎知識。核心課程是學生每天花相當多時間學習的，它是要打破學科界限的課程組織型態；核心課程的組織中心是生活領域、民主社會、青年共同問題和社會需要；它是提供普遍教育的課程方案，是所有學生共通的學習經驗，也是必修的（黃政傑，2014）。

其次，核心課程是爲了提供學生學習共同的社會取向，進而促進社會統整。所以，核心課程不受學科界限所限制，它是有系統地學習社會活動和社會問題，而不是有系統地學習學科知識。核心課程透過問題解決的方法，引導學生學習。學生在解決問題的過程中，可以反覆練習，有助於未來面對實際的問題情境；同時可滿足學生的特殊需要和興趣（劉玉玲，2005）。

（四）幻影課程（phantom curriculum）

係指訊息普遍性置入，並透過任何媒體型式曝光。這些要素在濡化（enculturation）學生成優勢的超文化（meta-culture），或者在涵化（acculturation）學生成一般的次級文化時扮演重要的部分。

（五）附課程（concomitant curriculum）

係指在家所教的或強調的和經歷的，均爲家庭經驗的部分，或者家庭認可的經驗而言。

（六）內在課程（internal curriculum）

將歷程、內容、知識結合學習者的經驗和現實，創造新的知識稱之。雖然，教師應瞭解此種課程，但是，由於每一位學生具獨特性，因此，教師較無法控制內在課程。

（七）電子課程（the electronic curriculum）

是指爲了獲取資訊，乃透過搜尋網路來學習課程，或者，藉用電子形式溝通。這種課程的型式不是正式，就是非正式；課程也許是顯性的，或潛在的、好的或壞的、正確或不正確的，端賴個體的看法，學生已被所有的媒體和訊息的型式所轟炸。有些資訊確實是正確、非正式的，娛樂性或勵志的，但也有的資訊是不正確的、過時的，或者甚至是人爲操作的。因此，在顯性課程須有一個課程，例如：如何成爲聰明的資訊消費者、如何嚴謹的評估電子資訊的正確性，以及電子資源的信度。

（八）空無課程（null curriculum）

係指沒有教過的，有意的或無意的未包含被排除在官方課程而言，本身無法顯而易見。簡言之，空無課程是學校並沒有教的內容。王文科與王智弘（2014）指出，空無課程是指經審慎考慮後加以排除的內容；即在某些時候，決定傳授某些內容，其他的內容經由審慎考慮後，則不予傳授。因此，應用時應注意的要點如下（黃政傑，2014）：

1. 空無課程所啓示的，在於整個課程領域中，已包含了什麼，未包含什麼，即重要的不是缺乏的東西，而是缺乏但屬重要的東西。

2. 課程設計者應瞭解空無課程是相對性的概念，而不是絕對性的概念，其內涵端賴實有課程包含的內容而定。

3. 空無課程的出現，有屬故意設計者，有屬疏忽而未納入正式課程者，更有屬因時代和社會變遷課程改革無法因應者。

4. 對於空無課程的處理，不是將缺乏而重要的內容納入課程範圍而已，而是先要將實有課程中的某些內容予以排除，留出可以容納的位置。

5. 課程設計者在運用空無課程概念時，必須從正、反兩面來思考問題，不但要去想「需要什麼」，也要去想「不需要什麼」，不但要問「有了什麼」，還要問「缺少了什麼」。這樣的思考型態，才能看到問題的全面，課程設計才易趨向於明智。

第二節　課程調整模式

一、課程調整的模式

有關障礙學童課程之選擇與調整，主要包括四種（Bigge & Stump, 1999）：

第一，不修改一般教育課程；

第二，修改一般教育課程；

第三，生活技能課程；

第四，課程在溝通和表現的方法上做調整，渠等之選擇與調整如圖7-1。

選擇一

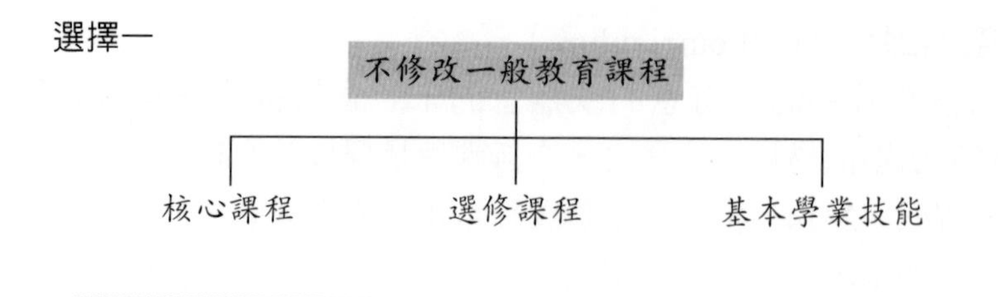
不修改一般教育課程
核心課程
選修課程
基本學業技能

選擇二

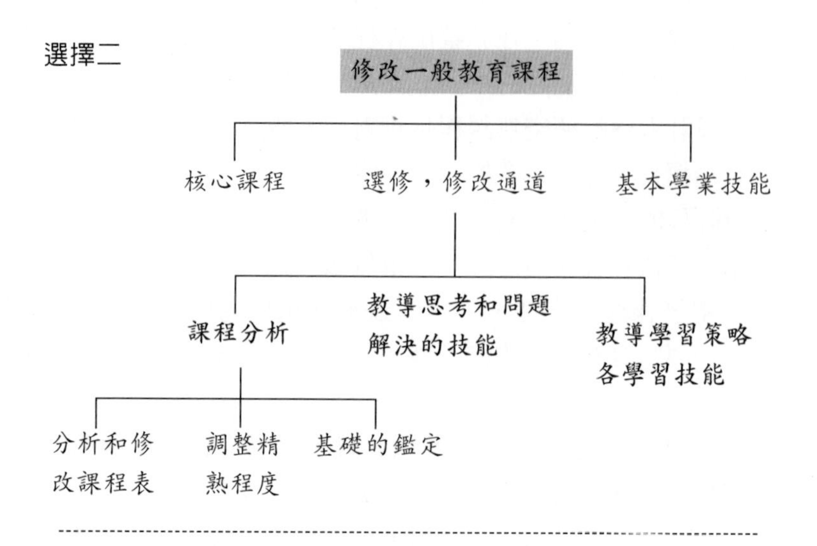
修改一般教育課程
核心課程
選修，修改通道
基本學業技能
課程分析
教導思考和問題解決的技能
教導學習策略各學習技能
分析和修改課程表
調整精熟程度
基礎的鑑定

選擇三

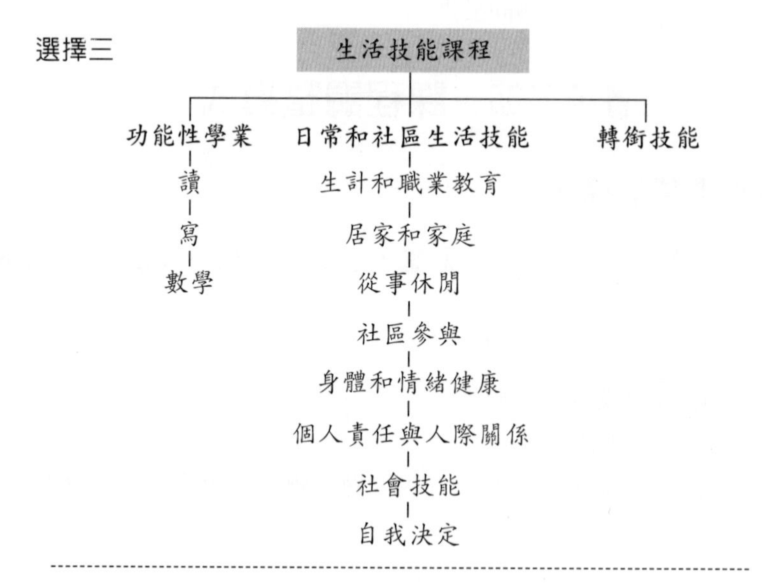
生活技能課程
功能性學業
日常和社區生活技能
轉銜技能
讀
寫
數學
生計和職業教育
居家和家庭
從事休閒
社區參與
身體和情緒健康
個人責任與人際關係
社會技能
自我決定

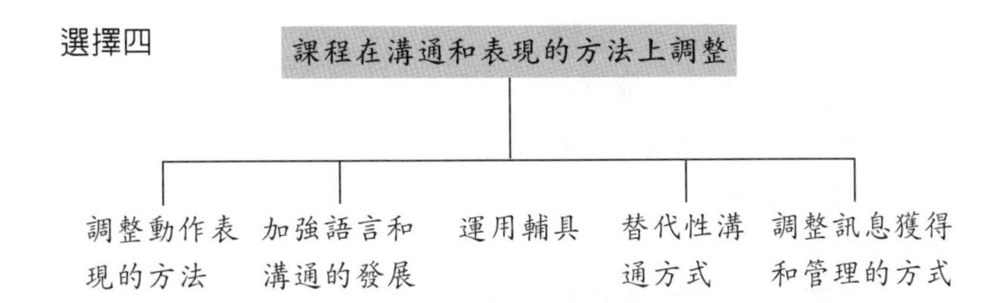

圖7-1 課程的選擇

資料來源：鈕文英（2002）。*啓智教育課程與教學設計*（頁110）。高雄市：國立高雄師範大學特教中心。

Curriculum, assessment, and instruction (p. 58), by Bigge & Stump, 1999, New York: Wadsworth.

二、課程調整之選擇

有關課程的選擇如下（Bigge & Stump, 1999）：

（一）選擇一：不修改一般教育課程

不修改一般教育課程是提供給具有特殊教育需求學生與一般學生，以及是在學校提供基本的課程。此種課程包括核心課程、選修課程、基本學業技能、跨學科之課程。

（二）選擇二：修改一般教育課程

修改一般教育課程是將課程加以調整或修改，使得某些障礙學生和具特殊教育需求者獲得知識、技能和理解。課程調整或修改之影響包括：

1. 工作的複雜性
2. 要求工作的類型
3. 支持學生參與精熟工作的策略

這些修改對一般學生亦有助益，然而，對一些具有特殊需求的學生則有其必要性，致使在一般教育課程獲得良好的學習結果。

（三）選擇三：生活技能課程

毋庸置疑地，生活技能課程著重於技能，是一般學生和一些障礙學生共同學習的課程。生活技能課程包括：功能性學業技能、日常和社區生活技能與轉銜技能。

（四）選擇四：課程在溝通和表現的方法上調整

選擇四之課程乃源於爲加強學生準備溝通和表現之需求，俾使學生能參與其他課程的選擇。這些技能包括輔具之運用、調整表現工作的方法等。

簡言之，決定和設計障礙學生的課程是複雜的工作，然而，當計畫課程時，瞭解課程和學生可以支持教師和團隊成員來決定對障礙學生最重要的課程，以及協助教師以有意義和可行之方式組織課程。

第三節　課程之調整

課程調整之項目繁多，主要包括班級組織、課程、教材、教學、評量及反應型式等，茲分述如下。

一、課程調整之策略

爲使特殊需求學生均有接受適性教育之權利，充分發展身心潛能，須將課程加以調整，俾期符合特殊需求學生之身心特性、學習興趣及學習風格。至於課程調整之策略如下（教育部，2011；于曉平、張靖卿；2010；鈕文英，2002、2003；蔣名珊，2006；Pierangelo & Giuliani, 2008；Westwood, 2013）：

（一）加深（depth）：是指加深能力指標的難度。

（二）加廣（extend）與補充（supplementary）：是指增加能力指標的廣度及多元性。

（三）簡化（simplifying）：指降低能力指標的難度，亦即刪除部分不符合學生需求之詞彙、句子與內容，使之簡短易懂。

（四）減量（reducing）：指減少能力指標的部分內容。

（五）省略（omitting）：指複雜的內容統整爲重要的概念和技能。

（六）分解（sub-task）：將能力指標分解爲幾個小目標，在不同的階段或同一個階段分開學習。

（七）替代或改換（alternative）：係指當使用與其他同學相同的教材或課程時，改變對學生期望表現或目標，即提供對學生更具功能性的教材。

（八）修正（modifying）：係指在原有的課程內容下，修正其型式、結構、活動步驟或規則。

（九）重整：係將該階段或跨階段的能力指標重新詮釋，或轉化成生活化或功能化的目標。

二、教材之調整

（一）學習教材

1. 將作業細分成若干小單元。
2. 家庭作業簡單化。
3. 常提供教師回饋與引導。
4. 提供在資源教室完成作業的時間。
5. 運用學習夥伴系統，來提醒學童專注學習。

（二）教材的呈現

1. 提供學生具體、明確、系統性和組織性的概念。
2. 演示或示範新的概念。
3. 將教學分成若干步驟與階段。
4. 視覺化，如書寫、板書、演示、圖畫、模型、表演、圖示、實物、視訊、地圖、視聽等。
5. 提供必要的提示（prompts）與暗示（cues）。
6. 提供教導與練習的機會。

（三）調整教材

1. 包含部分的習作。
2. 標示重點。

3. 利用線條或顏色來表示重點。
4. 提供較大的空白，以利塡寫答案。
5. 將書頁上的訊息予以減化。
6. 運用高對比的顏色。
7. 利用放大印刷的習作單。
8. 利用圖片或情境圖作爲媒介，俾利學習。

三、教學之調整

針對不同的特殊需求學生，須調整教學的方式，俾以滿足學童的個別需求時，亦須調整提供和反應的因素。在學習環境與評量上的調整之策略如下（Pierangelo & Giuliani, 2008）：

（一）環境的調整

1. 將教室規劃成不同的學習區。例如：團體學習區、個別學習區、閱讀學習角、休閒學習區等。
2. 改變學生的座位。
3. 規劃合作學習的學習空間。

（二）活動的步調（pace of activities）

1. 允許學生擁有較充裕的時間來完成作業。
2. 提供較爲簡短但次數酌增的作業。

（三）反應和學習結果之替代方法（alternate methods）

1. 示範。
2. 張貼。
3. 畫圖。
4. 放大／縮小教材。
5. 口述。
6. 使用計算機。
7. 使用電腦。
8. 操作表演。

9. 使用錄音機。

（四）協助學童

1. 運用同儕或志工，協助特殊需求學童。
2. 運用特殊需求學生協助年紀較小的學童。
3. 運用老師協助處理小組的學生，以及被鑑定爲特殊需求的學生。
4. 提供諮商與支持，並協助發展教學策略。

（五）評量學生進步情形與作業之分配

1. 允許學生運用各種不同的方式，來演示所瞭解的概念。例如：表演、展示、示範、放影片。
2. 調整評量的工具。例如：口試（oral test）、開放式（open-book tests）、不限制考試的時間。
3. 使用電腦以提供練習的機會及記錄結果。
4. 提供密集及練習的機會。
5. 適度工作量之提供。
6. 問題予以簡單化，配合學生瞭解的程度
   (1) 允許充裕的時間。
   (2) 改變活動。
   (3) 提示重點。
   (4) 將學習與眞實情境相連結。
   (5) 改變難度。
   (6) 改變問題的型式。
   (7) 提供選擇。
   (8) 簡短。

（六）家庭作業

1. 提供充裕的時間。
2. 個別化。
3. 提供較多的協助。

四、調整測驗和考試的方式

爲能瞭解學生眞正的學習表現，教師必須調整測驗和考試的方式，其調整的策略如下（王淑惠，2010；胡永崇，2005；鈕文英，2008；Elliott, Kratochwill, & Schulte, 1998; Friend & Bursuck, 2002; Goh, 2004; Polloway, Epstein, & Bursuck, 2003; Pierangelo & Giuliani, 2008; Smith et al., 2008; Thurlow, Elliott, & Ysseldyke, 1998; Westwood, 2013）：

（一）測驗與考試之準備

1. 提供複習的時間，加強重點的學習。
2. 提供學生考試內容與形式之例題。
3. 提供考試之學習輔導。
4. 教導準備測驗或考試的策略。
5. 指導學生如何讀題，尋找測驗問題。
6. 在考試或測驗之前，運用各種不同的方法充分複習，例如：模擬考、小組複習、問答、同儕學習等。

（二）編寫試題

1. 避免扣題或倒扣題。
2. 題目要具體、明確。
3. 試題不宜過多或過長。
4. 給予較充分的時間作答。
5. 給予讀題以確保瞭解問題。
6. 變化考試的方式，例如：紙筆、口試、簡答題、申論題、選擇題、配合題、是非題、操作或實作、開放式、團體合作考試等。
7. 提供明確、具體的引導。

（三）施測與評分

1. 可允許學生自行評分或等第，再由老師打總分。
2. 允許學生重考，並嘉許學生的進步。

3. 允許學生小組討論，學生可以運用小組的答案或個人的答案。
4. 允許學生用錄音機回答。
5. 學生使用圖示或計算機。
6. 立即批改並給予指導。
7. 設計彈性化的計分方式，例如：不通過或通過、滿意或不滿意。
8. 鼓勵學生將進步情形圖示化。
9. 鼓勵學生在繳交之前，對自己的作品給予評判的機會。
10. 除了考試分數之外，亦對個人的努力和能力給予等第。
11. 提供學生回饋。
12. 提供學生讀題的機會。
13. 將作答的方式或應注意事項，大聲的唸給每一位學生。
14. 錄音考試，運用助理、導師、父母志工。

（四）提供替代性考試

1. 提供學生實施的選擇守則如下：
   (1) 允許學生規劃或設計他（她）們自己的計畫或方案。
   (2) 訪談與學習單元有關的人。
   (3) 設計地圖、圖表、圖形。
   (4) 設計和表演相同的遊戲活動。
   (5) 設計剪貼、海報、故事板。
   (6) 編製與實施調查。
   (7) 尋找演說者。
   (8) 寫日誌。
   (9) 參與討論。
   (10) 指出圖案的暗示系統。
   (11) 提供能使學生完成單元的一套活動。
2. 提供有關標準的報告書之訊息。
3. 變化計分系統。
4. 提供額外的榮譽活動。
5. 善用計分契約。
6. 允許考試夥伴

(1) 提供使用考試夥伴之選擇。

(2) 每一位學生擁有自己的筆記和試題的印本。

(3) 允許學生的夥伴唸問題和討論問題，然後，每一位學生寫出自己的答案。

(4) 每位學生有自己的試卷，倘若有不同意的地方，學生可以寫出自己的答案。

五、學習環境之調整

（一）教室布置

1. 允許改變，俾利調適感官問題。
2. 減少轉換。
3. 提供一致性的日常規範。
4. 提供一個可預期的和安全的環境。

（二）與學生溝通

1. 避免使用模稜兩可的字眼，例如：「稍後」、「差不多」、「也許」、「隨便」等。
2. 要具體、肯定、明確。
3. 將學習教材細目化，分成若干部分。
4. 提供有關期望的訊息。
5. 提供有關改變的警訊。
6. 將學習步調放慢（space），允許學生有較多的時間處理訊息。
7. 運用肢體動作、示範、演示。

（三）鼓勵學生溝通

1. 鼓勵輸入與選擇。
2. 示範正確的方式。
3. 暫停（pause）、傾聽（listen）、等待。
4. 給予正向反應。
5. 專注與傾聽。

（四）社會支持（social supports）

1. 創造合作學習的情境。

2. 發展社會故事。

3. 建立友伴系統。

4. 重視社會歷程而不強調結果的產生。

5. 透過自然的活動，練習特殊的技能。

6. 當班級對同學表現良好時，則給予讚美與表揚；反之，若嘲弄同學，則不予鼓勵。

7. 建構互動型式之活動與角色。

8. 適時提供教導、試演、練習、示範。

（五）自我一管理（self-management）

1. 避免對孩童本身障礙的部分之行爲，有訓斥或責備的行動。

2. 避免負面的評估，使用正面的和自然的結果。

3. 決定行爲爲何發生，並發展行爲計畫。

4. 表現良好時，鼓勵選擇。

5. 將學生的強項和興趣融合於日常活動中。

6. 提供個別化、立即和具體的增強。

7. 教導視覺化之作息表，暗示和計時器之使用。

六、調整反應的型式

Pierangelo & Giuliani（2008）指出，每一位學童可以用各種不同的方式來表現他（她）們的知識。在處理特殊需求學童時，有個重要的課題是須提供選擇，亦即必須考慮學生的學習風格（learning style）、學習模式優勢、年齡、動作技能，以及注意廣度等。另外，調整課程的重要因素是在針對學習障礙學童時，須考慮使用反應模式的變通性。換言之，提供各種不同的選擇可以增進學生成功的機會，教師主要的職責在於盡可能協助學生成功與成就感。

第三節 結論

總而言之，由於每一位特殊需求學生具獨特性和特異性，因此，爲能適當且有效的教導特殊需求學生，須瞭解與運用各種不同的課程模式，包括社區一本位的課程模式、功能性課程模式、發展性課程模式、發展一認知課程模式、行爲課程模式、活動一本位課程模式、工作分析課程模式等，而每一種課程模式均有其意義性、價值性和功能性。因此，在設計與編製課程時，須端賴每一位特殊需求學生的身心特性與需要，而採用一種或多種模式施行。更爲重要的是，不論特殊需求學生的程度或社經背景如何，課程調整須包括教材、班級組織、教學、評量及反應型式等之調整，其目的在於不僅依據特殊需求學生的需要提供適性課程、適性教學與適性評量外，同時，更爲重要的目的乃在設法成就所有特殊需求學生，促使每一位特殊需求學生之潛能充分發揮，以臻自我實現之境地。

第八章　特殊需求學生之課程模式

針對特殊需求學童的特性來設計適性的課程，促使特殊需求學童之學習需求得到滿足，實為教師重要的工作。本章主要分節陳述有關特殊需求學生不同的課程模式，俾利教師發展與設計利於特殊需求學童之課程。

第一節　社區—本位課程

一、學校是一個社區

如果學校要推展融合教育，那麼，每一所學校應為當地社區的樞紐。職是，學校校長和教師則須瞭解學校之責任在於成為社區內之社區，即學校的全體成員融入當地社區的人員，並反映社區的信念和價值，透過行為、行為和師生的態度來傳遞（Gibson & Blandford, 2005）。

基本上，社區包含多向度之要素（Gibson & Blandford, 2005）：

- 區域（location）：係指環境的影響和控制的系統。
- 結構（structure）：係指行政的要素和輔導。
- 歷程（process）：係指居民的管理和分享信念與價值理解之發展。

其次，學校的所有成員應鼓勵分擔發展學校社區化的使命。具體而言，學校須組織結構、目標和輔導規則，而且，平時學校學生、教師、父母和行政主管應扮演主動和積極的角色，並支持相關機構之間的相互連結，瞭解宗旨和目標，以臻深具效能學校之境地。至於，學校社區化之元素包含社區、學校文化、風氣、環境、社區經營，其重要意涵如下（Gibson & Blandford, 2005）：

（一）社區

社區供給（community provision）的原則，乃是基於下列實踐融合的理念：

1. 教育是社會供給（social provision）的一部分，教育並非僅因學業的本質而存在。

2. 社會供給乃由大多數的社會和社會的經濟結構所決定。

3. 在所有文明歷史中，社會供給的程度在分配不均之狀態下乃支撐著社會。

4. 社會和教育的供給須加以控管。

5. 提供社區類型活動乃受社區所引導。

6. 強調參與，促使教師解放（emancipation）。

在社區的脈絡裡，教育須促進社區成員的終身經驗，包括特殊教育需求者。家庭、社區和鄰里須全力促進每位學生的教育經驗，換言之，教育體系須與當地社區相互對話，並瞭解社區會影響學校。由此可知，學校會影響當地社區居民的生活和心理；同樣地，社區鄰里、家庭和居民的文化亦會影響著學校，在教育歷程中所關注的經驗，會影響每一個人。而地理空間和管理體系緊繫在社會與文化的框架中，社區的組織結構會形塑社區的信念和價值。總之，學校和社區應共同教育每一個人，俾使成爲自主自律的個體，並能積極參與社區（Gibson & Blandford, 2005）。

（二）學校文化

學校在社區裡的重要功能在於發展個體的認同感，使個體瞭解自己的社區，進而喜歡和維護自己的社區，終而積極參與社區之各種社區活動。每一個學校的文化係由個體和集體的信念和價值觀所決定，學校是由於不同文化之個體所聚集。有關學校文化有下列形式之表現：

1. 實踐（practice）：儀式、祭儀、祭典。

2. 溝通和傳播（communication）：故事、傳說、符號、標語。

3. 物理形式（physical forms）：學校、建築物的位置、風格和狀態。

4. 共同性語言（common language）：如慣用語、流行語。

（三）風氣（ethos）

由於組織和社會結構不同，會使學校之間有所差異，自然的會發展不同的學校風氣，即信念和價值觀。風氣係由多向度（multidimensional）概念，在學校社區中孕育產生，學校可透過價值觀和行爲發展學校的風氣。一般的風氣，氣氛和學校的哲學觀，具有強而有力的效果和作用，是不可忽視之課題（Gibson & Blandford, 2005; Hargreaves, 1984）。

（四）環境

學校和當地的環境之間所發展出來的氣氛具有密切的關係，換言之，學校和周遭環境是相互依存，合爲一體之關係。有良好的學校，甚至，具有效能的學校，自然會孕育出健全安康的社區。尤其當今面臨少子化的現象，致使有些社區的學校被當局併校、廢校，結果促使社區隨之沒落、蕭條之現象。因此，學校社區的成員應齊力合作、團結一致，戮力合作發展良好的環境，具體的策略如下（Gibson & Blandford, 2005）：

1. 展現優異的辦學績效
2. 明亮和開放性的空間
3. 整潔清新的校舍
4. 具完善的學習空間
5. 建置不同的專門（業）教室
6. 發展在地與特色課程
7. 創想另類學校或非典型學校

（五）社區經營

欲使學校社區化之目標，實有賴學校有效的展開社區經營之策略，說明如下（簡明建，2013）：

1. 社區接觸：讓特殊需求學童能和社區有所接觸，即讓學童和附近的社區環境有良好的接觸。

2. 社區接受：讓學生和社區環境相互接受。此可藉由使用社區的任何資源，讓學生和社區環境彼此互相接受。

3. 社區接納：即社區能考量學生的需求，接納特殊需求學童爲服務對象，進而朝無障礙環境、通用設計或社區復健之方向與理念努力。

二、社區一本位課程之意涵

社區係指一定地理區域內的人及社會性活動與現象的總稱。這種社區的概念至少包括三個要素：第一，一群人；第二，一定的地理範圍；第三，人的社會性，包括其社會意識、關係及活動的總稱。進而言之，社區是社會實體的一個種類，這種社會實體與其他類型的社會實體之間有密切的關聯，但性質上卻不甚相同。社區一詞是不能與團體、結社或社會等視爲同義的，而應當把它視爲社會之下、團體及結社之上的社會組織或社會實體（蔡宏進，2005）。

就社會性質而言，社區是指包括人口、地域及社會關係的社會實體，是一具體的社會單位；是一種社會組織單位，是一個內部各部門之間互有密切關係的結合體；同時，是一社會體系，包括有關係及有秩序的社會成員、角色地位、架構、界限、規範、互動結構以及平衡概念；其次，社區是一個心理文化單位，由於共同的地域、人口特性，以及長久過著密切的社會生活的關係等因素，遂使社區成爲具有共同心理及文化特性的結合體，人們之間通常有共同的信仰態度、價值觀念、歸屬感、理想目標、生活方式及風俗習慣等（蔡宏進，2005）。簡言之，社區係指居住於某一特定地區的一群人或這些人所生活的地區，指共有、共享、相同、認同或共同參與等情況，且是一群具有共同經濟利益或共同文化傳統的人群（徐震，1980）。

三、社區一本位課程之理念

基於此，社區一本位課程（community-referenced curriculum），係將社區內之人文、社會性生活、信仰、價值觀、生活方式、祭典和風俗習慣等，均作爲編選課程之依據；同時，利用社區資源，實施就地教學和脈絡情境教學。至於，有關社區一本位課程之重要理念如下（引自洪清一，2015）：

（一）每一位學生，不論是重度障礙學生，都有能力在社區裡生活、工作，以及休閒。

（二）學校應該爲學生日常生活的活動作準備，甚至，將有關社區生活的各項活動，直接作爲教學之內容，俾利學生培養主動參與活動之能力。

（三）社會統合是適性教育重要的要素，要成爲學校生活一部分，社區生活是重要之步驟。

（四）家庭、學校之合作是促成教育方案成功之要素。

（五）實施個別化教學，教學必須顧及學生之學習特性、生理年齡、學生的起點行爲和父母之教育程度。

（六）教育目標是互助合作與部分參與，不應將學生從活動中予以排除，因爲學生無法獨自完成任何活動。

（七）在各種不同情境中建構學習，意義化的教學不限於社會情境中。

四、社區—本位課程

學校和社區間之關係並非爲靜態的，而是持續性和動態性的，且互爲一體，甚至是生命共同體。尤其，面對特殊教育需求（special education needs, SEN）的學童，社區、父母和學校更須齊力合作，建立良好的夥伴關係，相互支援與協作，共同爲學童的發展而努力。爲使每位特殊需求的學生除了能充分瞭解自己社區內之人、事、物之外，希望在自己的社區獨立生活，進而造福社區，尚有賴建構完整的課程。有關社區—本位課程內容，統整如表 8-1（洪清一，2006）。

表8-1 社區—本位課程理念與項目

領域	項目
自我管理和家庭生活	• 飲食準備 • 理容和著衣 • 衛生和如廁 • 安全和健康 • 協助和照料他人 • 理財和生計 • 處理家務 • 户外生活

領域	項目
職業	• 處理教室和學校的工作及社區工作經驗 • 在附近工作 • 在社區工作 • 娛樂和休閒 • 學校和課外活動 • 在家裡或在家附近從事娛樂和休閒 • 在社區進行娛樂和休閒 • 體適能活動
一般社區生活	• 旅遊 • 社區安全 • 購物 • 外食 • 善用服務設施

五、社區一本位課程之發展順序

至於，社區一本位課程之主要領域包括自我管理與居家生活（self-management home living）、職業（vocational）、娛樂與休閒（recreation leisure）和一般社區功能（general community functioning）。課程之順序涵蓋5歲至21歲，包含學前、國小、中學、高中、大學。各領域的課綱，如圖8-1（Ford et al., 1989；洪清一，2015）。

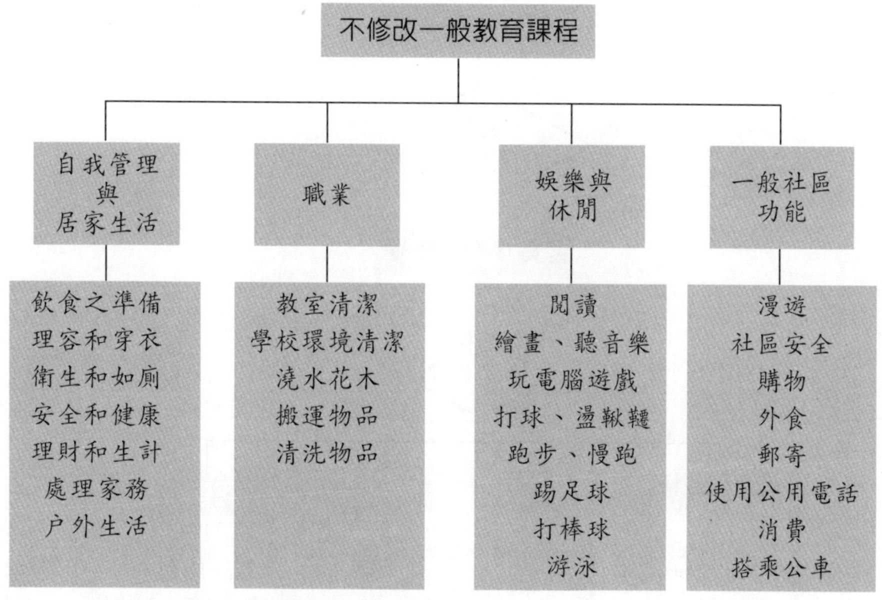

圖8-1 社區一本位課程之發展順序

其次，社區一本位課程之決定乃從學習者開始；換言之，任何課程之決定流程須從瞭解學習者開始，然後，依序進行所決定的順序（如圖8-2）。在教學過程中，教師須瞭解並掌握學習的原理原則、評量的方法，以及工作分析之方法，俾利教學達到預期目標與效果，進而促使中度和重度障礙學童在融合教育環境獲得良好的效果。

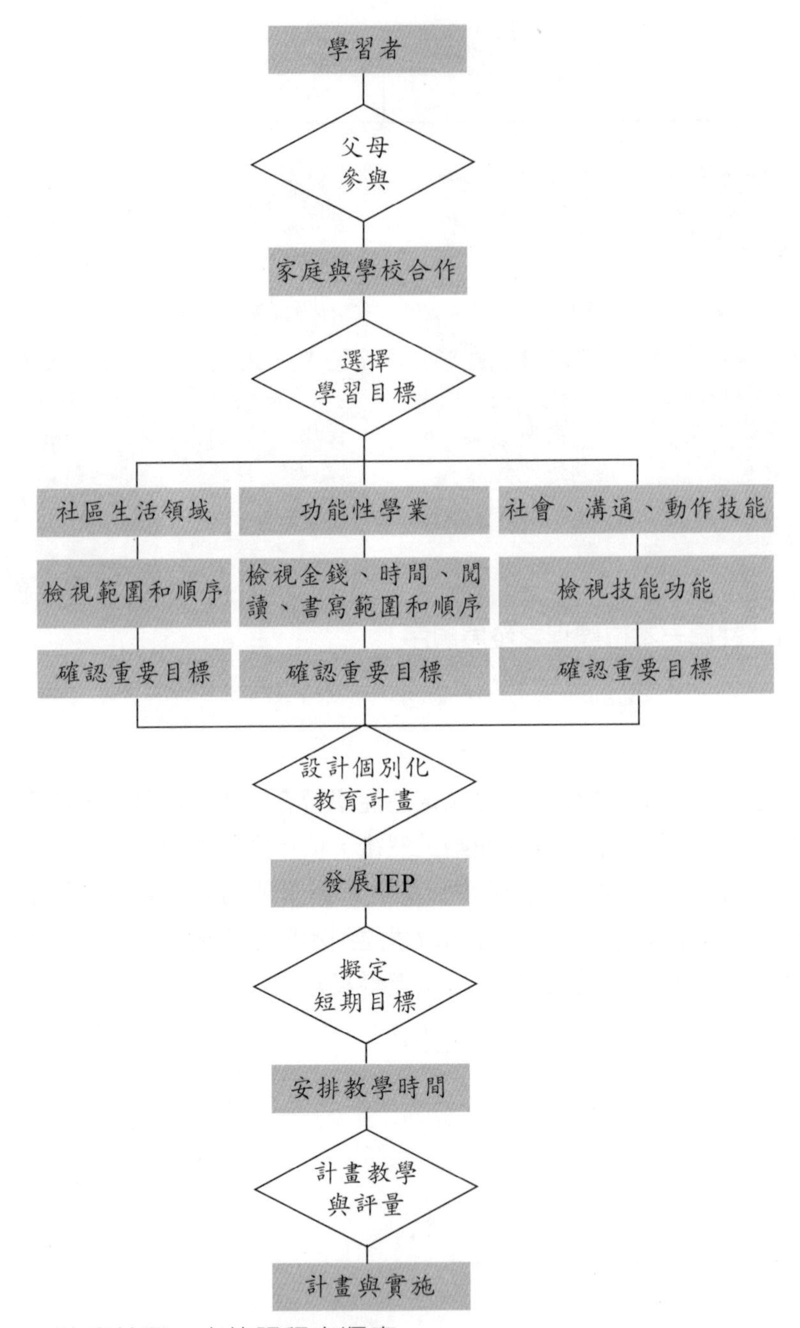

圖8-2　決定社區一本位課程之順序

資料來源：*The Syracuse community-referenced curriculum guide for students with moderate and severe disabilities* (p.11), by Ford et al., 1989, Baltimore: Paul H. Brookes Publishing Co.

第二節　發展性課程模式

一、發展性課程模式意涵

發展性課程模式（developmental curriculum model）為早先用於幼兒和青少年障礙之早期介入方法，源自於 1960 年代生活在貧窮環境之兒童所提供的補償性方案（compensatory programs）。因此，發展性課程亦稱為充實制模式（enrichment model），因為，補償性方案主要是設法藉由提供生活在經濟較好的同齡學童之經驗，來提升或充實生活在貧窮環境之兒童的經驗（Noonan & McCormick, 2014）。至於，早期介入之重要項目與內涵統整如表 8-2（蔣明珊、沈慶盈，2013）。

表8-2　早期介入之重要項目與內涵

項目	內涵
1. 性質	• 是一種整合性服務
2. 服務對象	• 兒童（發展遲緩、身心障礙或有危機的兒童） • 家庭
3. 服務提供時間	• 強調愈早提供愈好
4. 服務內容	• 醫療服務（早期發現與診斷、評估鑑定、一般治療、物理治療、職能治療、行為治療、語言治療、營養治療、心理治療） • 教育服務（認知、動作、溝通表達、情緒、社會、遊戲、生活自理） • 家庭服務（經濟支持、家庭功能重建、社會支持網絡） • 社會福利服務（連絡、服務輸送）
5. 提供服務形式	• 專業整合
6. 服務目的	• 提供早期介入計畫 • 增進兒童的適應能力和學習準備度 • 發揮潛能 • 減少社會成本

二、發展性課程之內容

發展性課程模式的目標在於透過兒童發展的關鍵期或順序，來輔導幼兒和青少年。此模式強調內容模式（content model），主要內容包括（Noonan & McCormick, 2014）：

（一）生理發展：粗大動作、精細動作。

（二）適應發展：自理能力、日常生活技能、家庭適應、社區適應。

（三）社會發展：家庭成員間的關係、師生和同儕間之互動關係。

（四）溝通發展：包括接受性和表達性語言之發展，以及人際間之溝通。

至於，教學策略乃模仿一般學童和青少年參與的活動，而活動主要是提供演示或展演關鍵性目標之機會。

第三節　發展—認知模式

一、發展—認知課程之意涵與領域

發展—認知模式（developmental-cognitive model）乃是根據皮亞傑（Jean Piaget）之研究，所產生的理論—導向模式（theory-driven model）。皮亞傑認爲認知發展乃是生理發展和兒童之環境交互作用之結果產生的，因此，課程模式乃由內容與教學方法兩者交互作用而成，內容與發展性模式相同，並特別強調感覺動作期智能發展（0-2歲）之技能順序（Noonan & McCormick, 2014）。有關皮亞傑認知發展階段與重要內容，統整如表 8-3（王欣宜、王淑娟，2013；游恆山，1991）。

表8-3　皮亞傑認知發展特徵

發展階段	主要特徵
感覺動作期（0-2歲）	• 反射性行爲 • 先天性知覺能力 • 意向性行爲

發展階段	主要特徵
前運作期（2-7歲）	• 以行爲爲基礎 • 思維爲單向和不可逆性 • 注意力窄化 • 自我中心 • 知覺集中 • 具體
具體運作期（7-11歲）	• 有秩序性的思維 • 去窄化或去集中化 • 可逆性 • 保留概念 • 具備分類和包含能力
形式運作期（11歲～）	• 假設、演繹 • 歸納、推理 • 抽象思考和系統性思考

二、發展—認知課程之領域

認知技能順序包括下列領域之智能發展（Noonan & McCormick, 2014）：

（一）物體恆存性（object permanence）

1. 瞭解物體存在，即便不在視線內。
2. 獲得環境目標之方法。
3. 運用物體作爲工具來達成目標。

（二）因果關係（causality）

運用人或物體來構成事情的發生。

（三）模仿（imitation）

仿效語言和姿勢行爲。

（四）基模（schemes）

個體認知周遭環境之機制。

至於，發展—認知模式的教學方法反映了皮亞傑的交互作用論，即提供具挑戰性（如圖 8-3）的教材或學習活動給孩童，可以發展或激發認知失調（cognitive disequilibrium）的狀態。而當孩童企圖解決具挑戰性的學習活動時，他（她）必須理智地組織新的訊息，並且根據新的訊息來調整昔日習得的訊息。這種組織認知歷程和調整，稱爲平衡（equilibration）（Noonan & McCormick, 2014）。

其次，發展—認知模式包含自然因素的環境控制，當孩童的行爲對他們的社會和物理環境具有少預期的影響或作用時，孩童習得了環境控制。環境控制是非常重要的，因爲，它可以減少孩童對成人的依賴，進而能確認和滿足他們的需求。至於，教導環境控制的技能時，注意孩童

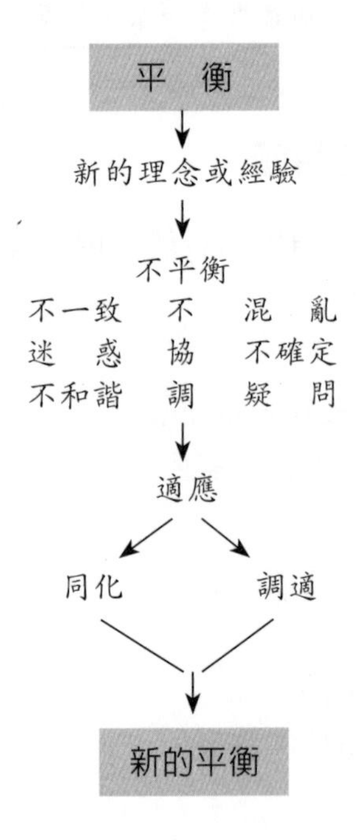

圖8-3 挑戰自己

資料來源：*Developing person through the life span* (p. 212), by K. S. Berger, 2014, New York: Worth Publishers.

回應環境刺激的有利方式並增強行爲。

第四節 行為模式

一、行為課程模式之意涵

行爲模式（behavioral model）是一種教學技術模式，乃依據行爲心理學的原理所產生，其中以史金納（B. E. Skinner）爲主要代表人物，認爲人類的發展和學習是由於環境交互作用所產生，即個體經驗之關係存於刺激、行爲和行爲的結果之中。因此，課程的發展，輔導人員或教師就要將刺激對孩童改變，顯得更重要或更有意義，協助孩童能正確反應，進而能經歷到其結果；或者，提供個別化或有效的增強來強化結果。這些教學方法包括直接教學（direct instruction）、提示（prompting）、塑造（shaping）及增強。實施直接教學時，強調精確和一致性，透過平時資料的蒐集，監核學生學習的情形；同時，根據資料的評估修正教學（Noonan & McCormick, 2014）。

二、行為課程模式之要素

在行爲課程模式中，自然的因素包括目標的選擇和教學的方法。目標的選擇是參照環境的需求或期望，而決定環境需求的方法是詢問父母、照顧者和其他家庭成員，描述他們的日常生活，孩童在日常生活中參與情形，以及希望孩童學習什麼？

至於，在行爲課程模式中之教學技術已由教師－焦點直接教學法（teacher-focused direct instruction techniques）轉變到自然法（naturalistic procedures），其方法包括教導順序的技能、自然刺激和結果之運用、提示獨立、兒童一起行爲。因此，自然法所關注的是將所教的技能能加以類化，亦即將一般方法藉由具體明確的技能促進類化，以及在不同的情境提供教學（Noonan & McCormick, 2014）。

三、規劃及發展自然課程之程序

至於，規劃及發展自然課程之程序如下（Noonan & McCormick,

2014）：

（一）根據有關評量在眞實環境下之評量資料。

（二）在熟悉的脈絡情境下評量孩童。

（三）評估當前技能之精熟度及類化程度。

（四）運用不同的情境和自然發生的活動，作爲教學和學習的脈絡。

（五）在自然的學習環境提供服務。

（六）培養積極的人際關係，如同儕—同儕、父—子關係。

（七）在不同活動中，嵌入和分配特殊的方法。

第五節　功能性課程

一、功能性課程之信念

功能性課程（functional curriculum）的主要信念，包括：個別化（individualized）、功能性和實用性（functional and practical）、調整（adoptive）和生態導向（ecologically oriented），茲分別概述如下（Wehman & Kregel, 2012）：

（一）個別化

每一位孩童是獨特的，教學目標需要特殊的設計來符合孩童的需求。教師須以個人—中心計畫（person-centered planning）之概念來促進個別化服務計畫；環境、服務和支持要適合學生的願望和需求（Mountm , 2000; Schall, 2009）。同時，爲了達成目標和獨立的境地，個人—中心計畫非常重視正式和非正式的支持，尤其，特別強調自然支持（natural supports）和個別化長期課程，供特殊需求學生教育方案（Held, Thoma, & Thomas, 2004; Schall, 2009）。簡言之，個人—中心計畫是主動的有所作爲的工作機制，企圖改變當前學校和支持服務，進而設計重視個別化服務和促進完整的社區參與之新計畫。

（二）功能性和實用性

設計課程的目標必須兼具功能性和實用性（Wehman, 2006）。具體而言，功能性技能可協助學生參與當前和未來的環境（Turnbull et al., 2003; Wehmeyer & Palmer, 2003）。因此，須教導學生參與一般生活情境的課程，如職業、教育、居家、娛樂和社區環境等（Brown et al., 1979）。

至於，界定功能性活動的策略如下（Wehman & Kregel, 2012）：

1. 選擇廣泛的課程領域（如娛樂、社區、職業、居家）。
2. 確定在家裡、學校和社區情境等環境之項目。
3. 確定另外的環境。
4. 觀察確定的環境，並列舉在每一個環境重要的能力之技能。
5. 與專家學者和父母一起證實所列舉的技能。
6. 重複此歷程。
7. 檢視和修正。

（三）調整（adoptive）

除了個別化、功能性和實用性之外，課程設計須適合特殊的目標和學生的能力。因此，爲了提供個別化和功能性課程，調整是必然的，尤其，對認知問題解決和學業有些複雜的學生而言，調整是非常重要的，即資源班教師爲了改善學生閱讀技能則必須變通改變目標，避免學生遭受挫敗。其次，調整課程教學對具有明顯障礙學生而言，是有效的方式，即運用調整策略來協助學生學習課程目標，達到學生之最高潛能。當學生在習得技能過程一直有問題時，教師必須思考調整，根據學生個別的和獨特的需求加以調整和再設計（Wehman & Kregel, 2012）。

（四）生態導向（ecologically oriented）

Wehman 與 Kregel（2012）指出，生態導向方案需要學生、教師和家庭一起會商，並討論學生每一個主要的生活環境中最優先的活動。共同討論的相關問題包括如下：

1. 在家裡和在社區鄰近，學生的主要活動是什麼？
2. 學生在社區裡進行的或想要表現之主要活動是什麼？

3. 學生感興趣的主要娛樂活動是什麼？

根據上列之這些活動，作爲課程目標的基礎。

二、功能性課程之意涵

功能性課程（functional curriculum）亦稱生活技能（life skills）、獨立生活技能（independent living skills）、適應技能（adaptive skills）、日常生活技能（daily living skills）。換言之，功能性技能係指爲了獨立生活所需要的技能，如烹飪、購物、管理金錢、使用公共交通工具、社區生活安全知識。功能性技能對目前和未來環境均爲有用，而且，功能性亦運用於自然環境，著重職業、教育、居家、家庭、休閒、社區參與、身體與情緒健康、個人責任和人際所需要的技能（Wehman & Kregel, 2012）。

功能性技能是由每一位學生和自己家庭來界定。因此，功能性就因人而異了。職是，爲了決定某種技能對某些特殊學生是否具功能性，教師應先審視以下問題（Wehman & Kregel, 2012）：

（一）教學內容能滿足學生個人與社會、日常生活，以及職業適應的需求嗎？

（二）知識的內容和技能可有效的在家庭、學校和社區獨立嗎？

（三）教學內容之範圍和順序能滿足未來的需求嗎？

（四）學生家長所理解的內容，對目前和未來的需求重要嗎？

（五）教學內容就學生的年齡，目前他的認知、學業和行爲表現程度適當嗎？

（六）在目前的教育安置環境，不學習這個內容或技能，後果會如何？

三、功能性課程發展階段

功能性課程發展模式有四個階段（如圖 8-4），先以學生希望達成的結果，由上而下來發展課程，再由下到上來實施教導學生。至於，功能性課程模式之發展包括：

（一）界定學生成爲成人的領域和次領域，包括職業和教育、居家

1. 成人領域 ↓ （次領域） ↓ 2. 主要的生活領域 ↓ 3. 特殊的生活技能 ↓ 4. 組織教學	需要最低程度的能力和獨立的成人生活機能之範圍。 成人領域中有用的次要範疇，俾瞭解各成年期生活面向。 日常生活中，一般成人所面臨的事件或活動。 需要完成主要生活要求的社區之特殊能力。 教學生活技能之課程、教學情境的功能。

圖8-4 功能性課程發展階段

資料來源：*Functional curriculum for elementary and secondary students with special needs* (p. 163), by P. Wehman & J. Kregel, 2012, New York: Pro-Ed.

和家庭、休閒、社區參與、生理和情緒健康、個人人格和人際關係。

（二）界定成人所要面臨的主要生活要求或情境。

（三）界定特殊生活所需要的技能，以滿足每一個生活的要求，並用來作爲每一位學生之個別化教育計畫或轉銜計畫教學目標之依據。

（四）組織教學，並藉由決定教學內容和如何做之際，教導功能性技能。

至於，有關功能性課程與非功能性教學之對照表，如表 8-4 所示。

表8-4 功能性課程與非功能性教學對照表

功能性課程	非功能性教學（孤立的技能）	非功能性教學（使用人工生活情境、不完整的活動）	功能性教學（與生活情境配合、完成完整的活動）
精細動作協調	使用剪刀	開瓶蓋	打開熱水瓶倒水
粗大動作協調	走平衡板	穿越教室走廊	走進餐廳或雜貨店

功能性課程	非功能性教學（孤立的技能）	非功能性教學（使用人工生活情境、不完整的活動）	功能性教學（與生活情境配合、完成完整的活動）
溝通能力	指出食物名稱	要求協助，發出訊號	到速食店點東西
自理能力	指出名稱	穿脫衣褲	上體育課前換體育服裝
社會技巧	從圖片中指出男孩、女孩	指出照片中的家庭成員	與朋友玩遊戲

資料來源：邱上真（1996）。功能性課程教學方案。載於國立嘉義特殊教育學校主編，啓智教育研習專集（頁23-39）。嘉義市：國立嘉義特殊教育學校。

四、功能性學科（functional academic curriculum）

功能性課程包含不同的領域範圍，如閱讀、寫字、數學、社會、歷史、科學等（如表 8-5），這些功能性學習內容對障礙學生均爲適合，因爲，功能性學科可以包含任何的課程技能，而且，即使學生無法精熟參與活動時所需要的技能，我們可以藉由調整來教導。

五、功能性學業技能的評量

評量（assessment）是意義化教育方案的重要特徵，教師藉由評量學生來獲得相關資料，作爲篩選、安置、課程發展和評估學生之鵠的（Salvia, Ysseldyke, & Bolt, 2010）。對特殊需求學童而言，在標準化一本位評量（standards-based assessment）會比年級程度學科內容增加學習期望。然而，特殊需求學童之評量著重於參與式的評量，即任何學童均有機會參與，讓所有的學生可從去除表現的阻礙或關卡，在評量上獲得最好的表現，進而在自然環境中表現得更好，此有賴於功能性評量（functional assessment）策略（Brolin, 1995; Browder et al., 2004）。

至於，功能性評量策略，包含評量表和調整（rating scales

表8-5 傳統的學科和功能性活動示例

學科	功能性活動
閱讀	• 閱讀新聞的文章 • 看食譜 • 看懂房間門口的標誌或符號 • 瞭解電動遊戲的說明 • 瞭解應徵內容或項目 • 看懂學校課表
數學	• 計算日常支出的金額 • 能用計算機算出雜貨的總額 • 能比較電影票價和租片金額之差異 • 能量出自己的身高或體重
科學	• 能調整冷氣的溫度
社會	• 投票 • 能確認文化性節慶和習俗 • 辨識新聞標題 • 能在社區內搭乘公車
健康	• 會刷牙並能保持口腔衛生 • 定時用餐 • 會購買急救箱 • 能瞭解社區內之公共醫療衛生服務
寫作	• 能寫出感謝卡 • 會寫個人的故事 • 會寫自傳

資料來源：*Functional curriculum for elementary and secondary students with special needs* (p.163), by P. Wehman & J. Kregel, 2012, New York: Pro-Ed.

and inventories）、檔案評量（portfolio assessment）、實作評量（performance assessment）、眞實評量（authentic assessment）、課程一本位評量（curriculum-based assessment）、生態評量（ecological assessment）（Wehman & Kregel, 2012; 張世慧、藍瑋琛，2003），其

詳細內容可參閱後面章節。

有關功能性學業領域之檔案評量有不同的類型，如表 8-6。

表8-6 檔案評量類型

檔案類型	內容
閱讀檔案	• 一段文章的錄音檔 • 故事圖或繪本 • 複述故事的腳本 • 日記、雜誌、字詞 • 作業發表 • 作品 • 心得
科學檔案	• 發表的作品 • 優異的作品 • 調查報告 • 科學計畫 • 心得日誌 • 學習過程的記錄 • 報告資料卡 • 日記
寫作檔案	• 發表文章的剪貼簿 • 草稿 • 一段小品 • 感想、字詞、語意圖、作文、評述 • 研討會日誌 • 優異作品 • 自評表和教師檢核表
社會學習檔案	• 發表的學習作品 • 傑出作品 • 旅遊小冊之設計、旅遊遊記 • 史學評鑑 • 日記、心得

檔案類型	內容
一般檔案	• 考試 • 平常作業 • 觀察日誌
數學檔案	• 探討數學的報告 • 發表作業 • 問題解決歷程的描述 • 優異的表現 • 日記或心得

資料來源：*Functional curriculum for elementary and secondary students with special needs* (p.165), by P. Wehman & J. Kregel, 2012, New York: Pro-Ed.

第六節　生活技能課程

一、生活技能課程之意涵與不同年齡組生活技能

生活技能會促使個體更獨立。因此，協助兒童發展各方面的生活技能是最爲重要的課程目標。尤其，愈早實施日常生活技能的教育，對學童日後的生活愈有幫助，因此，飲食、穿衣、如廁等生活技能對兒童的發展是極爲重要的課題。生活技能的課程在不同的發展階段亦扮演重要的角色（如表 8-7），父母和教師須掌握與配合兒童的發展，提供系統化之計畫與教學，以期獲得良好的學習效果與目標。

二、生活技能課程各領域

生活技能課程主要有三個領域，分別爲功能性學業（functional academics）、日常和社區生活技能（daily and community living skills）和轉銜（transition）等，各課程領域含課程要項如圖 8-5（Bigge & Stump, 1999）。

簡言之，對障礙學生而言，爲了達到獨立的程度和參與學校、工

表8-7 不同年齡組生活技能（生活自理技能）

年齡組	穿著	飲食	如廁與清洗	一般
2-3歲	• 能穿衣服 • 能脫衣服 • 易於疲勞與放棄 • 適時提供協助	• 能使用叉子 • 喜歡用湯匙或手指 • 能用杯子喝水 • 能吃自己喜歡的食物	• 能說出如廁的需求 • 會憋尿一些時間 • 能控制較長時間	• 能開門 • 能握著扶手上、下樓 • 能推進椅子或爬上去
3-4歲	• 能自行脫衣服 • 能穿衣服並能處理有扣子和拉鏈的衣物 • 能把衣物放置在衣櫃或掛起來 • 能掛東西	• 能用叉子吃東西 • 能把水壺的水倒入杯子 • 能和家人飲食，但可能花一點時間	• 能自己洗澡 • 能正常如廁 • 能半夜起來如廁	• 能說出自己年齡、性別、姓名 • 能遵守簡單指示 • 能獨立上學前班
4-5歲	• 能綁鞋帶 • 能穿脫衣服 • 能分辨衣服的前後，但有時會穿反	• 能使用叉子和湯匙 • 能自己飲食	• 能自行洗澡 • 能自行如廁 • 能自行洗手和擦拭	• 能和同儕遊戲 • 能拿玩具玩 • 能協助做家務事：如擺桌椅、倒垃圾、餵食寵物
5-6歲	• 能自行綁鞋帶 • 能處理自己的衣物 • 能協助家人拿衣物	• 能自行飲食 • 能在餐桌上食用	• 能自行洗澡 • 能自行如廁	• 能自行上床睡覺 • 能把要洗的衣物放在籃子中 • 能學會使用左右手

資料來源：*The exceptional child* (p. 366), by K. E. Allen & G. E. Cowdery, 2012, New York: Wadsworth.

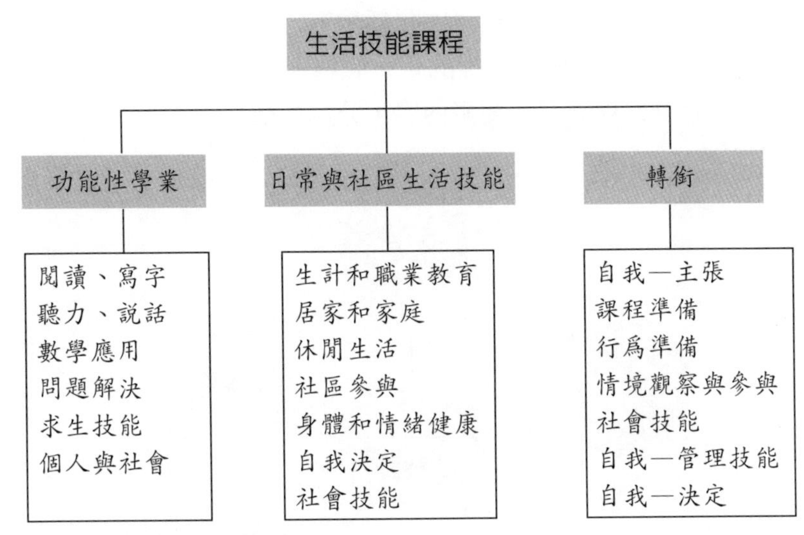

圖8-5 生活技能課程領域

資料來源：*The exceptional child* (p. 366), K. E. Allen & G. E. Cowdery, 2012, New York: Wadsworth.

作、居家及社區等生活，在生活技能課程則需要加以添加特別設計，以及提供密集性教學。換言之，必須根據學生的身心特性、障礙程度、不同文化背景，以及學生的特殊需求，提供適性之生活技能課程，以期學生變成獨立自主之個體。

第七節 自然課程模式

一、自然課程模式之意涵

自然課程模式（naturalistic curriculum model）的主要目標是提高學童的環境控制、參與，以及符合文化價值與家庭期望之互動。自然模式（naturalistic model）是課程的歷程模式，內容是來自於環境的評量，而教學乃是運用自然行爲的方法。自然環境係指介入的資源和脈絡（contexts）（Dunst, Hamby, Trivette, Raab, & Bruder, 2000）。此模式適用於所有障礙幼兒和青少年學童，甚至重度障礙、多重障礙和自閉症。至於，自然課程模式之要素，包括內容、脈絡、方法、文化相關、評估等（如圖 8-6）。值得一提的是，脈絡與文化考慮因素完全融入在此模式中，有關此模式之各要素內容，分述如後。

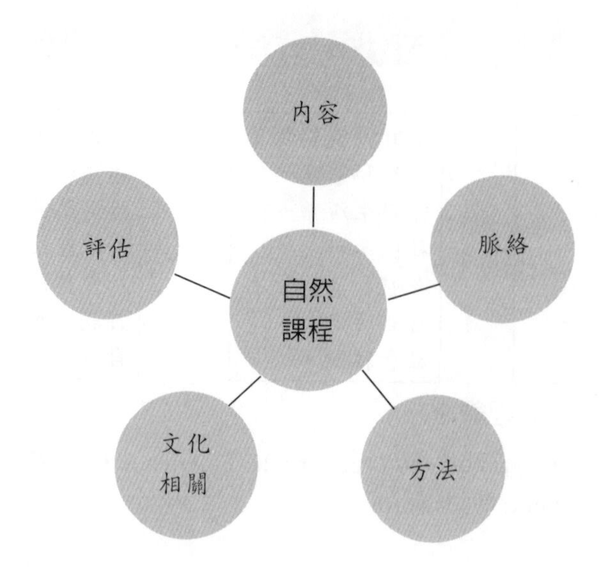

圖8-6 自然課程模式之要素

二、自然課程模式之要素

（一）教學的內容

內容是指要教什麼！什麼是要教的！在自然課程中，以個別化基礎發展每一位孩童目標，以自然和適齡環境（age-appropriate environments）之要求反映技能；內容隨著孩童發展，而且，回應不同環境的要求。換言之，適齡技能（age-appropriate skills）和參與目前及未來環境技能，是自然課程最爲重要的教學內容（Noonan & McCormick, 2014）。

1. 適齡技能

在此所稱之適齡，係指所提供的技能和活動與無障礙的幼兒及孩童一樣。自然模式鼓勵支持孩童在各種不同之家庭例行性和活動中，參與及互動。對於幼兒及孩童之家庭例行常規、活動和年齡有關之期望，會受到家庭文化和價值觀所影響。因此，自然課程模式就蘊含著獲得家庭／照顧者有關家庭例行常規、活動及他（她）們對孩童參與之期望的訊息。

對幼兒而言，最重要的環境層面是父母一幼兒互動。幼兒透過行為控制他（她）們的環境，而且，影響接收到刺激的品質和數量，這是幼兒最早學習影響他（她）們的環境的方式。至於，自然課程模式之適齡內容主要包括參與自然的社會和物理環境所需要的技能。每一個家庭的社會和物理環境是獨特的，而且，受到文化、個人喜好和人際關係風格所影響。由於孩童的成長與發展，環境亦隨之擴展，此時，自然課程模式在控制、參與和互動上所需要的行為亦隨之擴展。而當適齡與準備度之間存有差距時，教師則依兒童的能力和需求，調整適齡內容（Noonan & McCormick, 2014）。

至於，有關具體的適齡生活技能（如圖 8-7），可包括居家生活技能、社區生活技能、休閒生活技能和職業生活技能等層面，每個層面的適齡生活技能依學童不同的成長和需求而有所不同，如表 8-8。

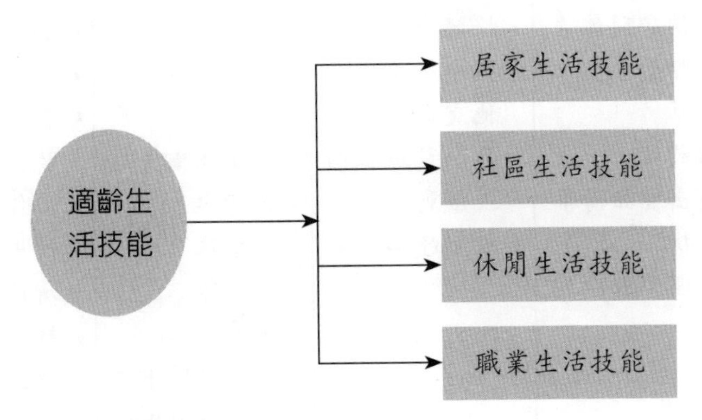

圖8-7 適齡生活技能

表8-8 適齡生活技能

對象	居家	社區	休閒	職業
小學階段	• 收拾玩具 • 洗碗 • 整理床鋪 • 穿衣 • 理容 • 練習飲食技能 • 練習如廁技能 • 分類衣物 • 吸塵	• 在餐館用餐 • 外宿 • 把垃圾放進分類桶內 • 搭車 • 消費購物 • 辨認人行道 • 安全標誌 • 參與在地社團或活動 • 睦鄰作客	• 盪鞦韆 • 下棋 • 玩捉迷藏 • 翻跟斗 • 踢球 • 跑步 • 槌球 • 騎腳踏車 • 把玩	• 飯後收拾餐具 • 收拾並歸好玩具 • 清掃房間 • 能處理簡單工作 • 飯後清理餐桌 • 能聽從簡單指示 • 回電話 • 倒垃圾 • 傳話或告知訊息
國中階段	• 洗衣服 • 準備簡餐 • 保持房間乾淨 • 做點心 • 割草 • 堆放葉子 • 列出貨品清單 • 購物 • 清理客廳	• 安全穿過街道 • 購物 • 採購食物 • 搭乘公車或其他交通工具 • 參加社區社團或活動 • 敦親睦鄰	• 打排球 • 參加有氧運動班 • 與朋友玩西洋棋 • 打小高爾夫球 • 自行車 • 打籃球 • 打壘球 • 游泳 • 參觀社區中之工藝遊憩中心	• 地板打蠟 • 清理門窗 • 加除草機油料 • 晒衣服和收衣服 • 收拾餐桌 • 工作1-2小時 • 使用洗碗機 • 清洗水槽、浴缸、設備 • 遵循工作順序

對象	居家	社區	休閒	職業
高中階段	• 清理居家環境 • 規劃每週預算 • 煮飯料理 • 操作日常電氣用品 • 整理庭院 • 整理衣物	• 搭乘交通工具 • 存儲事宜 • 購物 • 餐館用餐 • 逛大賣場購物 • 使用公共設施	• 慢跑 • 射箭運動 • 乘船 • 觀賞籃球比賽 • 打牌 • 打電動遊戲 • 參加運動會 • 園藝 • 旅遊	• 打零工 • 整理庭園 • 在自助餐廳打菜給食客 • 洗衣服 • 會影印 • 在農場會儲存糧食 • 在電子公司勝任文書工作 • 工作職責達到公司標準

資料來源：*Educating exceptional children* (pp. 390-391), by S. Kirk et al., 2012, New York: Wadsworth.

2. 參與目前及未來環境之技能

自然課程模式之課程內容，乃是透過鑑定和分析自然環境的例行性和活動之選擇。而鑑定和分析例行性及活動的方式很多，其中一種方式是晤談孩童的父母或照護者，請求他們描述孩童日常生活和活動，以及孩童參與這些例行性和活動之表現情形。以這種生態評量來鑑定例行性和活動，可以反映孩童的能力、興趣和性情氣質。

其次，生態評量策略著重於未來環境所需要的技能。而且，是一種生存技能模式（survival skills model）。生存技能係指教師期望或需要孩童在幼托、幼兒、學前等學習情境之行為，例如：學業前技能（pre-academic skills）、社會技能和溝通技能（Noonan et al., 1992; Hansen, 2012; Underhill, Uprichard, & Heddens, 1980; Wesley & Buysse, 2003）。

（二）教學脈絡

自然模式強調自然的經驗（natural experiences）（社會和非社會）來決定教學內容，選擇和實施教學方法，以及評估孩童學習情形。實施教學係如身處於學習之境地學習，在家庭一引導例行性脈絡學習，諸如：唱遊、交友、戶外活動、購物等情境（Dunst, Raab, Trivette, & Swanson, 2010; Noonan & McCormick, 2014）。

簡言之，在自然課程模式之教學脈絡是自然的經驗。而自然的經驗是課程內容的資源及教學的環境。惟自然的經驗之數量和變化，亦隨著孩童的成長、時間及家庭的獨特性擴展之。

（三）教學方法

自然課程模式所運用的教學方法係採最微小的介入，亦即，教學如同自然發生的事件。採用的策略包括：

1. 提供機會，充分練習。
2. 提供精緻的提示，協助孩童。
3. 示範新的技能。
4. 鼓勵展演習得的技能，來回應孩童的興趣。
5. 提供適合度（goodness of fit）教學，即符合學生氣質（temperament），如活動程度、強度、心情、毅力，以及對新經驗的反應（Pelco & Reed-Victor, 2003）。

具體而言，自然課程模式之教學強調父母一孩童互動、提供積極的和描述性回饋（Als, Lester, & Brazelton, 1979; Brazelton, 1982）。至於，促進社會互動之有效互動（interaction approach）方法如下（Dunst et al., 1987; Noonan & McCormick, 2014）：

1. 對孩童的行爲要敏感
2. 瞭解孩童的行爲乃意圖互動
3. 回應孩童的引導
4. 鼓勵持續引導
5. 支持和鼓勵競爭

至於，實施互動方法之策略包括引導學習（guided learning）、背離期望（violations of expectations）、創新（novelty）和加強環境教學（milieu teaching）（Dunst, 1981; Kaiser & Trent, 2007），茲分述如圖 8-8。

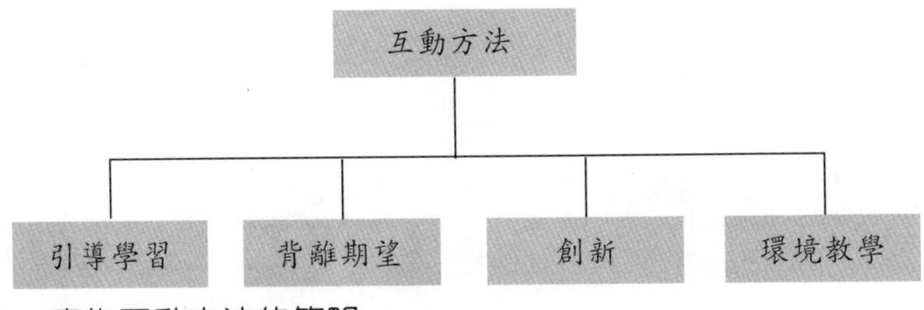

圖8-8　實施互動方法的策略

1. 引導學習

在引導學習中，教師須仔細地安排遊戲或教學情境，俾利吸引幼兒的注意力，表現出很高的動機，以及樂意接受挑戰。換言之，學習活動之環境安排引導學習，而且，每每反映幼兒目前的表現程度，鼓勵參與活動。

2. 背離期望

背離期望的方法是須立即預測和重複性之遊戲順序，然後，將順序加以改變，不預先通知。此種策略會讓幼兒感到驚奇，提高幼兒的注意力和好奇心，以及刺激溝通的反應。

3. 創新

運用創新是一種介入甚少之方法，並能誘發探究行爲。

4. 加強環境教學

係指一組的教學方法，其中，運用預先決定之孩童行爲來確定教學的場合（Kaiser & Trent, 2007），它是一種回應幼兒的行爲視爲一種意圖來互動之策略，並能塑造社會互動行爲（Noonan & McCormick, 2014）。

（四）文化相關

根據 Tharp 與 Dalton（2007）之觀點，文化影響學習，甚至，影響學習風格（learning styles）和人際溝通。在自然課程模式中，融入了許多的心理文化變項（psychocultural variables）（如圖 8-9），因此，教學是回應孩童的學習和溝通的風格。這些變項如下（Noonan & McCormick, 2014）：

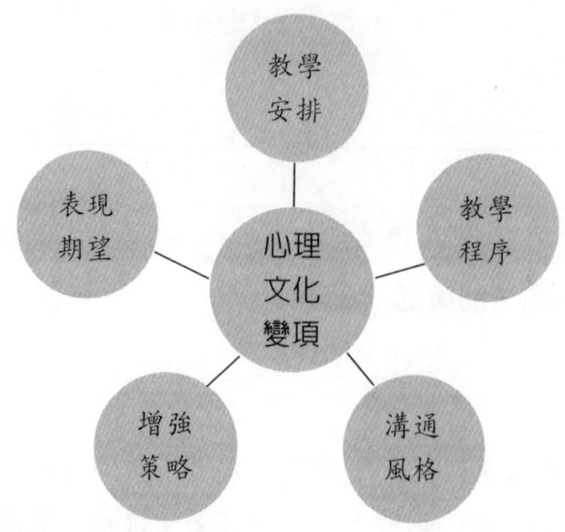

圖8-9 文化相關之心理文化變項

1. 教學安排（instructional arrangement）：個別學習、小組學習、口頭報告。

2. 教學程序（teaching procedures）：連續兒童的經驗、教學的步調。

3. 溝通風格（communication style）：眼神接觸、直接提示、提問、造訪兒童。

4. 增強策略（reinforcement strategies）：公開讚許、獎賞的類型。

5. 表現期望（performance expectations）：口頭回應、自願回應。

（五）評估方法

在自然課程模式中評估的重點，在於將學習成果類化到自然情境中；換言之，在自然的情境實施評量，而非臨床或人爲的情境。這些自然的情境，包括教室、居家、照護孩童情境，以及社區情境、社會—文化情境等。

第九章　文化—本位課程模式

文化是一個民族生存之證據，民族的命脈，以及民族永續發展之動力。就教育理念而言，學校課程應顧及學生之文化脈絡與學生的生活經驗來設計。尤其，對不同文化之原住民特殊需求學童而言，課程發展與設計更應立基於文化，俾使原住民特殊需求學童習得、傳承與永續自身文化。職是，本章主要以原住民特殊需求學童之文化為主體，分節陳述有關文化—本位課程模式之相關內涵如後。

第一節　文化與課程

基本上，廣義而言，文化與教育是一體的，關係可謂密不可分；具體而言，文化是課程，課程亦是文化。然而，在不同教育階段之課程，幾乎都是以主流文化為主，很少是傾向於原住民的文化這一方面。換句話說，因為原住民所學習的內容，幾乎都是主流文化的東西，跟原住民族的文化背景脈絡，幾乎都背道而馳，進而導致學習動機低落，學習意願很低，自然影響到原住民學生的學業成績。致使有些人認為原住民學生學業表現不佳，或是成就動機很低，學習態度不佳。事實上，是因為主流的課程內容根本與原住民文化之內容相差甚遠，致使學習態度、學習意願低落，自然會影響學習的表現（洪清一、陳秋惠，2014）。

原住民文化是臺灣社會的珍寶，是具獨特性、殊異性和多元性之文化。可惜的是，長期以來社會上各種多元的價值、文化認同，我國過去皆採取統一集中式的同化、融合之教育政策，並反映在教材，而未能將原住民族文化納入正式課程中，而僅以貢獻式、附加式或邊陲式融入；或是以漢人為中心的單一文化價值觀，強施於原住民族學童，而忽略了從原住民族經驗中學習足以豐富整體臺灣文化的素質，致使原住民族學童漸漸的與自己的文化疏遠，反而學習漢族的語言、生活方式、風俗習慣、價值觀與社會規範，將使原住民族的傳統文化價值、宇宙觀、世界觀更快的消亡。文化學習主要是培養學生建立共同的民族意識與文化認同，而教育原本是傳遞與維護文化的重要機制，教育就是要把最有價值、最珍貴的文化傳遞給下一代，惟昔日的課程乃以漢人的主流文化立場來編纂，未能關注到少數族群文化的差異性，使得原住民族學童在學習過程中產生文化適應的不良，造成學習態度與成績的低落。職是之故，編製適合原住民族群文化的課程，是不容忽視的課題（洪清一、陳秋惠，2014）。

文化是一個民族的根本、族群的命脈，是維護、發展與永續民族的活水與養分，以及不可或缺之要素。教材是學習者採用任何方法獲得的一切經驗，是學習者在學校輔導之下而獲得的一切經驗，是爲協助學習者達成目標而作有系統安排的若干學習過程。有鑑於此，編撰原住民十六族群文化基本教材，期望植基於文化一本位教育（culture-based education, CBE）之理念，以原住民族文化主體性及部落主義，建構原住民族價值體系，進而建構原住民族教育體系。

文化是民族的根，沒有文化就沒有民族；文化是族群的命脈，是維護、發展與永續民族的活水與養分。臺灣平地人過去以平埔族爲主要族群，但三百年來，平埔族消失了，究其原因就是沒有文化傳承。原住民文化是臺灣社會的珍寶，文化的傳承必須從根扎起，原住民族教育同時面臨族群上的、文化上的、城鄉上的、地域上的種種差異，至爲複雜。長期以來社會上各種多元的價值、文化認同，我國過去皆採取統一集中式的同化融合教育政策，並反映在教材、師資培育及學制等各層面上。面對二十一世紀的新需求，人本化、多元化應爲教育改革方向。原住民學生在學習或成就表現方面一直被發現是不利、弱勢的一群，政府致力於原住民教育的提升，無非是希望協助原住民能夠透過有效的學習，增進未來工作的競爭力，期能改善生活的條件，間接減少社會福利的支出與負擔。更重要的是，透過民族教育課程的實施，能提升原住民學習的自信心，同時能達到文化傳承的目的（洪清一、陳秋惠，2014）。

長久以來，教育體系經常是主流政府用來對於原住民實行文化剝奪的一個媒介，學校透過教導單一的語言與文化，刻意忽略文化差異的存在，實行同質教育（張琦琪，2001）。近五十年來，國內教育目標以中華文化的認同爲主，在同化政策的教育主軸之下，舉凡學校制度、課程教學、師資培育，皆採取以主流文化爲主導的一元化型態（譚光鼎，1998）。由於學校教育牽涉到價值體系與世界觀的變動與轉換，如此單一型態的教育模式，幾乎完全切割原住民學童的成長背景、語言與文化，讓他們必須重新學習一套不同於學前的知識體系（湯仁燕，1998）。這樣必須透過文化與語言轉錄的學習，通常是造成原住民學童學習障礙與認同困難的主因（吳天泰，1998）。

這種作法，使得原住民的語言與文化在學校體制內不斷的被打壓與削弱，原住民學童在求學的過程中，游離在主流文化與母文化間，容易造成認同失調，逐漸甚至刻意遺忘自己的母語與母文化（May, 1999）。當原住民學生在學校學習漢文化與漢語爲主的課程時，可能會遭遇部分困難，這些學習的困難，並非來自於資質的差異，而是文化經驗的不同所造成的。然而文化差異卻致使原住民學童在學校教育過程中經常遭遇挫敗，產生不適應、學習能力不足、低學業成就、學習動機低落、輟學率高，甚至受到師長、同儕之間的族群歧視等教育問題（牟中原，1996；李亦園、歐用生，1992；湯仁燕，1998；譚光鼎，1998；May, 1999）。

除了教育上的問題之外，原住民的社會、經濟、政治問題，也多起因於長期受主流的打壓以及邊緣化，致使個體在母語與母文化凋零之餘，更造成自尊的喪失。這些問題，單就社會福利的方式來改善是不夠的，眞正治本的作法，必須要從原住民文化與語言中，恢復自尊與自信（Corson, 1998）。最快、最佳的辦法，即是在教育體系內教導原住民下一代關於自己的母語與母文化，培養自尊與自信。但這並非是當權者添加幾節點綴式的語言或文化課程即可達成，因爲透過主流霸權所制定的教育政策，多視原住民爲被動的客體，原住民主體在教育體制的隱沒，致使教育政策無法滿足原住民教育的眞實需求，減輕兒童因爲學校與社區文化的差異所造成的學習困難。因此，只有讓原住民取回對教育的控制權，靠著自己對語言與文化的實踐，回復原住民語言與文化應有的尊重與認同，才能促使原住民學童由教育體系中獲得自尊與自信，進而解決原住民各方面的困境（May, 1999）。

第二節　文化—本位課程之意涵與模式

一、文化之意涵

文化是人類習得的行爲，是人類團體或社會之象徵，是人類適應環境之主要方式。它是常模（norms）和價值之系統。換言之，文化是人類所發展的生活方式之綜合體，藉以滿足人類生物與心理的需求。文化包括價值、規範、信念、態度、習俗、行爲風格，以及維護社會功能之種種傳統（鮑雯妍、張業輝，2005；Harris, 1995; Mai, 2001）。亦即，文化是人類社會的生活、遺產，將習得的思想、情感和行爲，代代相傳（Hicks & Gwynne, 1994; Vander Zanden, 1993）。其次，每一個族群、團體或社會有其文化特殊性（cultural specialization）及次級文化（subcultures）（Nanda, 1994）。

文化是價值、信念、態度，它是一個民族或種族的獨特習俗、儀式、溝通風格、生活型式、社會組織、教養態度和型式。這些型式具有透過團體或個體的觀點，以及反應環境過濾的功能。例如：學習風格（learning style）或學習式態，係由個體的行動、感覺和生命之經歷與體驗。當個體生長在家庭和社區脈絡時，文化導向（cultural orientations）會表現出其學習的型式（Ford & Harris III, 1999）。當個體離開他原來的社會化脈絡時，個體會用昔日習得的行爲和風格來反應新的情境；當個體面對的文化型式與新的情境有所差異時，就面臨文化轉換的困難。

進而言之，文化是繁雜的綜合體，包括知識、信念、藝術、道德、法律、習俗，以及能力和習慣（Ferrar, 1998; Peoples & Bailey, 1997）。文化是指人類共同活動所創造出來的所有產物，這些創造出來的產物，不但包括人們所用的工具、社會生活所賴以維持的典章制度、精神生活的種種藝術產品，同時也包括創造過程中諸多人類心智活動的歷程。概括而言，文化包括如圖 9-1（李亦園，1996；Vander Zanden, 1993）。

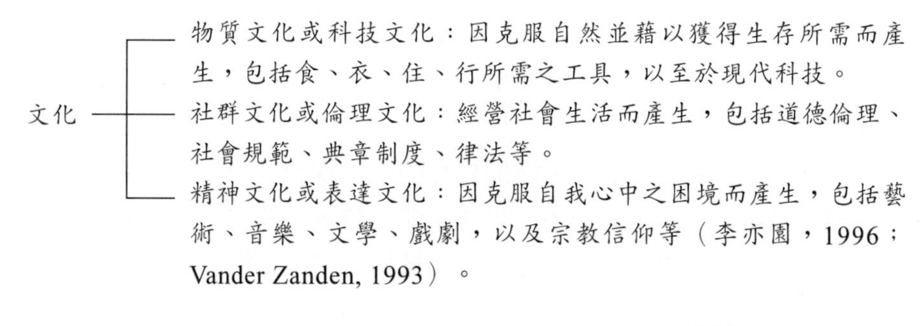

文化
物質文化或科技文化：因克服自然並藉以獲得生存所需而產生，包括食、衣、住、行所需之工具，以至於現代科技。
社群文化或倫理文化：經營社會生活而產生，包括道德倫理、社會規範、典章制度、律法等。
精神文化或表達文化：因克服自我心中之困境而產生，包括藝術、音樂、文學、戲劇，以及宗教信仰等（李亦園，1996；Vander Zanden, 1993）。

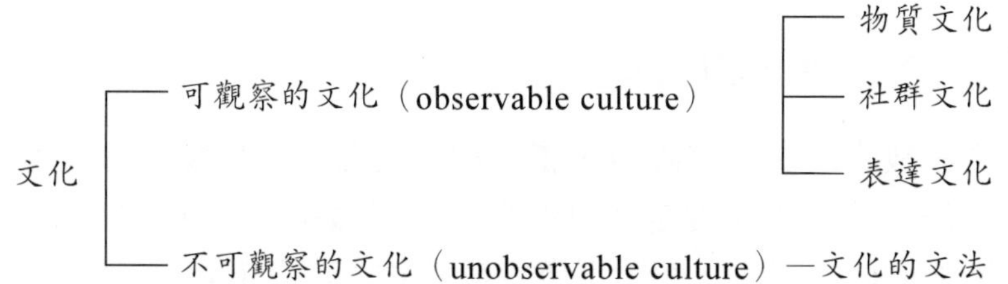

圖9-1　文化意涵

資料來源：李亦園（1996）。**文化與修養**（頁22-24）。臺北市：幼獅。

由此可知，文化是一個歷史性的生活團體，亦即其成員在時間中共同成長發展的團體，表現其創造力的歷程與結果的整體，其中包含了終極信仰、觀念系統、規範系統、表現系統、行動系統，這五個次系統之內容如下（沈清松，1986；張樹倫，1998；Scupin, 1998）：

（一）終極信仰是指一個歷史性的生活團體的成員，由於對人生與世界之究竟意義之終極關懷，而將自己的生命所投向之最後根基。如各民族的宗教信仰。

（二）觀念系統是指一個歷史性的生活團體，認識自己和世界的方式，並由此產生一套認知體系，以及一套延續並發展其認知體系的方式。如神話、傳說、哲學思想、知識等。

（三）規範系統是指一個歷史性的生活團體，依據其終極信仰，以及自己對自身和對世界的瞭解，而制定的一套行爲規範，並依據這些規範而產生一套行爲模式。這套行爲規範便是該團體及其中的個人所據以判斷的一切事物的價值標準，因此亦決定了行爲的道德性質。

（四）表現系統係指用一種感性的方式，表現該團體的終極信仰、觀念系統和規範系統，因而產生了各種文學與藝術作品。例如：建築、雕刻、繪畫、音樂，甚至各種歷史文物等。這些便構成了文化中的藝術部分。

（五）行動系統指的是一個歷史性的生活團體，對於自然和人群所採取的開發或管理的全套辦法。包含了開發自然、控制自然、利用自然的自然技術，以及對於人群管理的社會技術，其中包括政治、經濟、社會三部分。

二、文化一本位課程之內涵

杜威對於教育的責任定義中，指出課程必須經由經驗的重整與整頓，一次一次的課程其實是在引導之後的經驗路線，這就是教育（Schubert, 2008）。然而，學習不僅僅是發生於正式的教育環境中，也同時存在於學生在學校以外的家庭與社區中的區域事件、地點與知識經驗（Grand, 2010）。而文化一本位教育更指以原住民文化爲基礎的價值觀、規範、知識、信仰、習俗、經驗及語言作爲學生學習之教學基底（Shawn, 2007），而其教育理想的實踐，則是需要透過教學爲手段，以課程爲媒介。

課程不只是一種概念，而是一種文化建構（Ken, 2001），其與教育活動共生共存，很難彼此抽離而獨自存在（甄曉蘭，2004）。因此，課程設計是一個精心建構的過程，包含定義教育目標、學習重點及相關社區資訊及做出課程內容與結構之決策（Ken, 2001）。在文化一本位教育下所建構的文化一本位課程架構，是提供地方開始包含與重視差異性（diversity）的課程發展過程（Cornelius, 1999），其目的就是使社區與傳統方式產生連結。文化一本位課程能加強個人、家庭、社區與世界的連結，包含元素可能有特殊地區或區域相關的文化、歷史、社會、宗教或是經濟因素（Grand, 2010）。因其有獨特區域性質存在，因此也使得文化一本位課程與地方 / 社區本位課程（place/ community-based curriculum）有所重疊。其中，Grand（2010）指出其有幾個鮮明的特點爲：(1) 出現於特定屬性的地點；(2) 多學科本質；(3) 經驗的；(4) 反映出比「學習賺錢」更寬廣的教育理念；(5) 連結區域中的個人與社區。

我們可以進一步從早期 Cornelius（1999）所提出的文化一本位課

程架構（如表 9-1），看見文化一本位課程的整體輪廓，其中 A 至 D 爲理論基礎，E 至 G 則爲實務應用部分。從架構中我們可以發現文化一本位課程發展需要進行的思考與文化資訊歷程，課程基礎強調的文化與差異，與獨特生活文化息息相關，在實施上需要採跨學科的主題式教學，呈現出文化一本位課程之本質。

表9-1 文化一本位課程的架構

<table>
<tr><th colspan="2">理論基礎</th><th colspan="2">實務應用</th></tr>
<tr><td rowspan="3">A.基本假設</td><td>重視文化多樣性</td><td rowspan="3">E.
制定標準</td><td>文化本位課程</td></tr>
<tr><td>整體：特定文化典範</td><td>多元觀點</td></tr>
<tr><td>生活史和文化動態</td><td>團隊方式</td></tr>
<tr><td rowspan="5">B.文化研究</td><td>世界觀</td><td rowspan="5">F.
跨學科方法</td><td rowspan="5">跨文化教學</td></tr>
<tr><td>生活方式</td></tr>
<tr><td>文化互動</td></tr>
<tr><td>動態的（選擇性採用）</td></tr>
<tr><td>文化連續性和生活史</td></tr>
<tr><td colspan="2" rowspan="2">C.
在特定文化範疇的相關要素</td><td rowspan="3">G.
教學方法</td><td>文化本位教材</td></tr>
<tr><td>教學策略：結合文化研究（B）和主題焦點（D）</td></tr>
<tr><td>D.主題焦點</td><td>從文化中辨識重要主題</td><td>評量</td></tr>
</table>

資料來源：*Iroquois corn in a culture-based curriculum: A framework for respectfully teaching about cultures*. (p. 41), by C. Cornelius, 1999, SUNY Press.

進一步說明，文化一本位課程是指學習的教材或科目、學習經驗、學習目標，以及教育方案，以原住民族文化內涵爲主體；換言之，學科的知識和學習材料、學校所提供的任何學習經驗、期望學習者達成的目標，以及所建構的學習計畫或教育方案，均以原住民族文化內涵爲主體。至於，原住民族文化內涵，包括民族精神、民族制度、民族生活及民族藝術等項目，各項目的內容彙整如表 9-2（原住民族委員會，2014；洪清一、陳秋惠，2014）。

表9-2 原住民族委員會推展以民族教育為特色之學校本位

項目	內容
民族精神內涵	1. 族群變遷，包括本族的分布、歷史、遷移、地理環境與適應等。 2. 生命禮俗，包括本族的生產、命名、成年、婚姻、死亡等之禮儀。 3. 口傳文學，包括本族的神話、傳說之寓意。 4. 族群信仰，包括本族傳統的神靈觀與現代的信仰。
民族制度內涵	1. 祭典儀式，包括本族的重大祭典儀式的內容意義與程序。 2. 家庭親屬制度，包括本族的家庭制度、婚姻與親族組織。 3. 族群組織與制度，包括本族的父系社會或母系社會、領袖制度、社會階層。 4. 禁忌與規範，包括祖先傳承的禁忌、律則、社會規範。 5. 學習制度，包括本族傳統的教育制度，如會所、年齡組織、漁團等。
民族生活內涵	1. 民族服裝飾品，包括各族服裝飾品的認識，代表的意義與用途。 2. 民族飲食，包括不同族群的主要飲食，如小米、獵物、檳榔、野菜等。 3. 民族生活演變，包括傳統生活與現代生活的差距、現代的生活方式等。 4. 民族生態觀，包括人與大自然相處之道，如與植物、動物、氣候、自然環境的相處。

項目	內容
	5. 民族居住，包括不同族群的住屋型式、功能與建造，如竹屋、茅草屋、石板屋等。 6. 民族休閒娛樂，包括童玩、娛樂、運動等。 7. 民族經濟生活，包括本族傳統生活的方式，如捕魚、狩獵、農耕等。 8. 民族生活器具，瞭解本族傳統生活所需的各項工具的製作與使用。
民族藝術內涵	1. 民族舞蹈，包括本族的舞步、意義、與祭典的關係。 2. 民族歌謠音樂，包括本族的歌謠、樂曲、樂器等。 3. 民族工藝，包括各族的編織、雕刻、陶器、珠衣、琉璃珠、鞣皮、狩獵工具藝術品等。 4. 民族圖騰，包括各族群所代表的圖騰型式、內容與意義。 5. 身體裝飾，包括不同族群的紋面、刺青、毀飾的技法、意義。

資料來源：原住民族委員會（2014）。**103年度推展以民族教育爲特色之學校本位課程計畫**（頁32）。原住民族委員會，新北市。

第三節　文化－本位課程的理念

一、文化－本位課程的重要理念與價值

原住民由於受強大的非原住民主流文化影響，有著丟失其傳統知與行的風險。因爲每一個區域的文化都是獨特的，地方與文化－本位課程的創造可以採取不同的型式（Grand, 2010）。因此隨著課程的標準化，結合當地社區文化至學校課程的文化－本位課程，是保留珍貴文化資產與傳承的重要方法。文化－本位課程的重要理念與價值如下（洪清一、陳秋惠，2014）：

（一）主體性（subjectivity）

主體性即人有自由、意志，人有自己的獨立自由性，是人的活動所具有的主觀性，它是主體及其一切活動所具有的根本性質，人的活動如果不具有主觀性的內容，也就不成其爲主體活動。換言之，主體就是人作爲活動主體所具有的本質特性，也就是人在自覺活動中的自主性、自動性、能動性及創造性等（陳金美，1998）。其次，主體性即交往主體性。人的主體性不過是人在自然關係中的能動性與人在社會關係中的自主性的有機統一，從交往的角度看，主體性就是現實的人在交往活動中的能動自主性。主體性就是能動性與受動性的統一，即主體性就是人的本質力量對象化中的能動性與非對象化過程中受動性的統一，對象化的範圍、規模愈大，程度愈高，人的主體性的根基就愈扎實、愈穩固；非對象化的程度愈高，人的主體性的效能就愈強，速率就愈大。二者的統一，就是人的主體性的全部要義和深層底蘊（陳金美，1998）。

另外，主體性應從主體性的自在規定和關係規定來揭示。所謂自在規定，其涵義是人以主體的方式存在、活動和把握世界，靠自己的意識、理性、創造能力來改變外部世界，把外部世界變成屬於他的對象。至於，所謂關係規定是主體的自在規定於主客體相互關係中，表現出來的同客體相對應的特性，包括主體自主地作用於客體，主體支配客體來爲人服務，主體自主地表現和發揮自己的內在本質力量和創造性。總而言之，主體性強調自律性、自主性、自由性、個體性、特殊性的地位或作用（陳金美，1998）。

王嵩山（2001）指出原住民的態度裡，知識的對象並非是主位的，人才是主位。換言之，人是一個能展現主體性、意向性和價值性的個體（彭孟堯，2003）。這種類型的知識強調因果的觀念、關係，並藉此看出事情的重要性。原住民常把問題擺在具體行爲與社會背景來做考量，因此，呈現出脈絡主義的特徵。人雖是中心，但絕非獨立存在，而是與行爲背景有關聯；人必須要在環境裡扎實地面對問題。在原住民的文化與知識中講究瞭解事情怎麼發生的，再決定如何對待與處理。由於原住民認識問題及解決問題均在某一種脈絡中運作，因此，具有動態性、連續性。

（二）生活化

Macionis（1998）指出文化是信念、價值、行爲和物體，構成人類的生活方式；同時，文化是生活的共同方式。文化爲一個社會或團體爲了生存而發展出來的生活方式（蔡文輝，1993）。而原住民族的文化即生活，生活即文化，不論是物質生活及精神生活，或個人生活、部落生活和族群生活，均彰顯原住民族文化的重要意義與獨特價值。

（三）多樣性

王嵩山（2001）指出，雖然原住民族在社會文化上均屬馬來／玻里尼西亞系統，但是彼此之間仍具有很大的差距。如在政治體系上，從平權的雅美族、布農族社會到有貴族與平民之分的魯凱族及排灣族階層社會。在宗教上，從不具特定型態的精靈信仰到多神信仰；親屬組織則不但存著偏重父系或母系的單系親屬群，亦可看到雙系親屬群型態。由此顯示，原住民十六族，實爲呈現多面貌及多樣性的社會文化現象。

（四）功能性或實用性

功能性或實用性強調將各種學習之概念帶到日常生活中，並著重在自然情境和社區環境所需要的技能，使之個體在各種不同的情境中獨立生存（洪清一，2006）。在原住民的世界中眞正重視的是知識的實用性，而不是追求和眞實來符合、一致的。重視的知識面向是其對生存的意義，知識的意義是存在於知識的目的裡，知識要怎樣達到目的才是知識的意義，方法或手段變得很重要（王嵩山，2001）。換言之，原住民族之知識體系乃立基於整體性的，包括與道德規約相關的物質與形上世界，強調技能與知識的實際應用（張培倫，2009）。

二、文化—本位課程的目標

文化—本位課程除了涵蓋原住民的「認識論」、「世界觀」、文化與生活方式等素材之外，還應把原住民文化視爲原住民與周遭世界及其族群互動的一種動態的變遷現象。易言之，文化—本位課程係基於原住民認識論、世界觀的知識體系，或原住民觀點的相關論述；是以原住民爲主體，經由原住民與其傳統的對話，以及原住民主體社會的對話所建立的知識體系。透過「賦予權力」（empowerment）之轉化（transformation）的教育實踐，以達到以下具體教育目標（陳伯璋等人，1999）：

第一、促進民族認同，以維護原住民族尊嚴。

第二、傳承與發展民族文化，以延續原住民族命脈。

第三、改善弱勢處境，並能更有效的參與大社會，以增進原住民福祉。

第四、增進族群融合，以促進族群共榮。

第四節　文化—本位課程之模式

一、文化—本位課程之結構模式

文化—本位課程之結構模式除植基於主體性、生活化、多樣性及功能性等理念外，亦根據《原住民族教育法》第 4 條之規定：所謂民族教育係指依原住民族文化特性，對原住民學生所實施之傳統民族文化教育之法源基礎。因此，文化—本位課程領域包括族語暨文學、傳統生活技能、社會組織、藝術與樂舞、傳統信仰與祭儀、族群關係與部落歷史、部落倫理與禁忌、環境生態保育等八大領域，如圖 9-2（洪清一、陳秋惠，2014）。

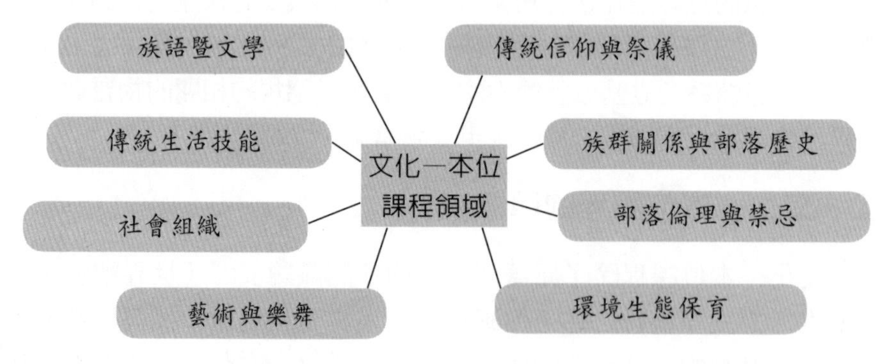

圖9-2　文化—本位課程領域

二、各領域的重要項目

至於，各領域的重要項目，統整如表9-3（田哲益，2002；原住民族委員會，2014；阮昌銳，1969a、1969b；洪清一，1997；洪清一、陳秋惠，2014；洪清一、陳信好、洪偉毓，2012；陳枝烈，2013；廖守臣，1998）。

表9-3 文化一本位課程領域與項目

領域	項目
族語暨文學	發音、聽寫、演說、寫作、口語溝通、神話文學、民間故事文學、童謠文學、情詩文學、讚頌女性文學、讚頌男性文學、讚頌部落文學、獵人詩篇、讚頌海洋文學、讚頌神靈文學、祭禱文學、部落民謠文學、事件記誦文學、追思文學、讚頌生活文學、抒情詩、愛情詩、諷刺詩、山水詩、田園詩、詠物詩、悼亡詩、敘事詩（一般敘事詩、史詩、劇詩、新詩、自由詩、小詩、民歌、散文詩）
傳統生活技能	耕作、漁撈（魚具、漁團、漁法、魚祭）、狩獵（獵具、獵人組織、獵法、獵物分配）、採集〔動物性採集物、植物性採集物（陸生植物、海生植物）、礦物性採集品、採集工具〕、飼養、建築（家屋、會所、廚房、豬舍、雞舍、廁所、田寮、牛車房、磨穀房、水力椿米房、香茅寮、穀倉）、飲食、衣服、防災、工程、戰爭與武器、運輸與交通、農具（山田農具、水田農具）、器物製作、醫藥、天文、曆法
社會組織	部落組織、政治結構、家庭制度（家庭觀念、家屋、家庭結構及類型、家庭各分子的關係、家的繼承）、親屬制度（親屬關係、親屬稱謂、親屬活動）、財產制度（財產觀念、財產管理制度、財產繼承與交易）、婚姻制度（婚姻類型、婚前交際與擇偶狀態、結婚禮儀、離婚與再婚）、社會團體（血族團、祭祀團體、犧牲團體、勞役團體、作戰團體、狩獵團體、學習團體）

領域	項目
藝術與樂舞	紋身、服飾、頭飾、圖騰、工藝美術、配飾、童玩、遊戲、運動、童謠、情歌、樂器、祭祀之舞（巫師行祭舞、乞雨儀式舞、豐年祭舞）、工作舞（搗米舞、插秧舞、除草舞、收割舞、砍柴舞、捕魚舞、狩獵舞）、慶賀之舞、勇士之舞、驅邪之舞、迎賓舞、婚宴舞、勞動歌（杵歌、搬柴歌、捕魚歌、割草歌、播種歌、打獵歌、稻秧歌）、收穫歌、祭祀歌（祭祖歌、迎神送神歌、祭人頭歌、祈山歌、豐年祭歌、新船下水歌、成年歌、對死者的哀歌、咒術歌、豐收歌、退散病魔之禱歌、種粟歌、收穫感謝歌、獵首歌、狩獵祈祝歌）、生活歌（飲酒歌、歡迎歌、介紹客人歌、聯歡歌、歡送歌）、情愛歌（戀歌、戀愛問答歌、婚禮歌、思慕歌、別離歌）、拔牙歌、新年歌
傳統信仰與祭儀	部落的團體祭儀〔例如：年祭、收穫祭、出獵祭、海（河）神祭、祈雨祭、祈晴祭、驅蟲祭、阻痛祭、凱旋祭〕、家庭的祭儀（播種祭、作物成熟祭、小米人倉祭、家屋破土祭、落成祭、獵獲祭）、個人生命禮俗的祭儀（懷孕、出生、成人祭、結婚、喪禮祭儀）、個人祈福治病的祭儀、天地與人的起源、世界觀、神的種類祭司靈媒
族群關係與部落歷史	族群的分支、與其他原住民族的互動關係、與非原住民族群的互動關係、族群（部落）在歷史上的重大事件、族群的現在地位、當前族群的重要議題、史觀、部落起源、部落遷徙、傳統領域、家族（氏族）的源流及變遷、部落與其他部落的互動關係、部落結盟與戰爭、部落的重要歷史人物與事件
部落倫理與禁忌	人觀、道德觀、人與人的道德倫理、人與家庭（族）的道德倫理、人與部落的道德倫理、人與自然的道德倫理、習慣法、裁判與訴訟、徵兆、占卜、與日常生活有關的禁忌、與性別有關的禁忌、祭祀的禁忌、經濟生產活動的禁忌

領域	項目
環境生態保育	動物生態、動物應用、動物保育、植物生態、植物應用、植物保育、能源應用、環境辨認、環境選擇、環境禁忌、土地利用

資料來源：修改自陳枝烈（2013）。臺灣原住民族部落學校發展現況探討。臺灣原住民族研究季刊，**6**(4)，147-168。

第五節　文化一本位課程之發展順序

一、文化一本位課程之發展順序

文化一本位課程之發展順序主要以學生爲主體（如圖 9-3），設定學生爲學習中心。因此，課程的發展與教材的設計與編製，須以學生的文化背景、身心特性、認知程度、興趣、學習經驗及學習風格等爲基礎。孩子生活的核心是家庭，家庭對孩子的影響是永久的，是一生都無法抹滅的，所以，父母要讓孩子擁有充實的生活，父母在孩子的成長過程中應扮演輔導者、支持者、教導者、溝通者、學習者及陪伴者，不斷的學習如何教導孩子學習自己的文化（洪清一、陳秋惠，2014）。

部落或社區人士在參與其子女的教育活動時可扮演的角色甚多，諸如參與學校民族教育方針與目標的訂定、民族教育經費之爭取、參與實際或協同教學工作之承擔、課程編製之協助、其他家長親職諮商之提供，以及民族教育方案成效之評鑑等，建構部落、社區與學校夥伴關係、互惠互利，以及雙贏之學習共同體。擬定學習目標時，應包含下列五項要素（黃光雄，1994）：(一)「誰」要完成這項合宜的行爲（例如：「學生」或「學習者」）；（二）用來證實或達成目標的實際行爲（例如：「能說出自己族語名字」、「寫出自己族語名字」）；（三）用來評鑑以確定目標是否達成的行爲結果（例如：「能用族語符號系統寫一篇文章」）；（四）完成行爲的有關條件（例如：能參加族語演講）；（五）用來評鑑結果或行爲表現成功的標準（例如：能用 80% 族語自我介紹）。

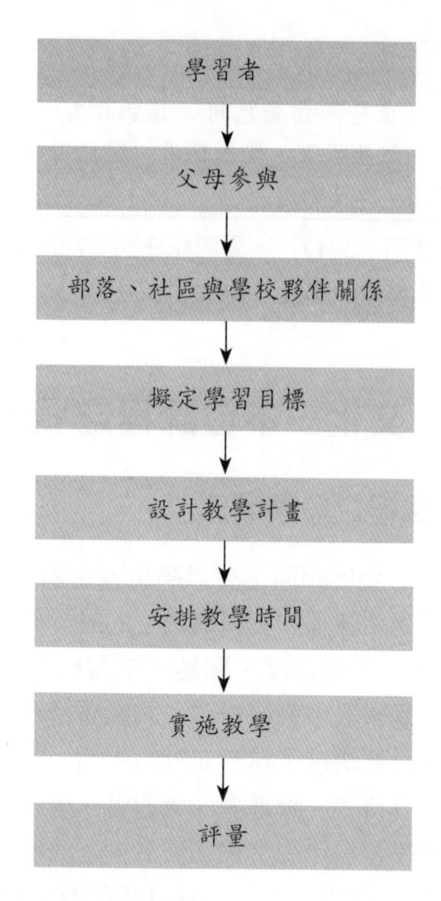

圖9-3　文化一本位課程之發展順序

二、設計教學計畫

在設計教學計畫上，須包含以下要素（Noonan & McCormick, 2014）：（一）教學的脈絡或時機：配合及運用部落、社區之在地各項資源設計教學；（二）教材安排：充分運用在地資源，以供教學之用；（三）教學方法之運用：善用原住民學童學習風格之獨特性，充分運用操作、體驗、展演等策略教學之；（四）回饋：包括正確與不正確行為的回饋，同時，妥善安排與規劃增強策略。進而言之，原住民學童是經由參與及觀察日常生活中家庭和社區的各項活動來學習，學習和情境或脈絡不能分開的，知識也是透過這樣的方式傳遞。同時，在原住民的教學裡，學生常是主動的學習，師生之間與同儕之間的互動關係密切，彼此相互支援（洪清一、陳秋惠，2014）。

對原住民而言，教育的主要目的是個人能夠整合進入部落或社區群體所共享的社會，群體的連結與發展比個人的成就與發展更為重要（陳伯璋等人，1999）。在安排教學時間及實施教學時，適時配合部落之生活與歲時，將課程融入生活之中。例如：卑南族的許多重要文化活動是在年底，阿美族則是在 7、8 月之時，那麼各部落學校主要授課的時間就應安排在該期間。而例假日上課是因為部落平時也有一些歲時生活，例如：小米採收時間是在 7 月，那麼採收小米的課程自然就應安排在 7 月；或是部落某些家庭適巧有婚禮、喪禮的生命禮俗時，就是安排學生學習體驗該文化課程的時間（陳枝烈，2013）。

三、評量

最後進入評量階段，檢視學生的學習情形。評量是蒐集有關學生資料之過程，以資判斷及決定之形式；同時，評量的程序係用來確認學生挑戰的性質，進而妥善規劃教學。更重要的，評量是檢視學生進步情形。一般而言，評量在教學過程中具有下列主要功能（黃光雄，1994）：第一、瞭解學生的潛能與學習成就，以判斷其努力程度；第二、瞭解學生學習的困難，作為補救教學及個別輔導的依據；第三、衡鑑教師教學的效率，作為教師改進教材、教法的參考；第四、獲悉學習進步的情形，可觸發學生學習的動機。

基本上，用來檢核學生學習情形的評量，包括標準化測驗和非正式測驗（Lerner & Johns, 2012），或可分為總結性評量與形成性評量。然而，由於文化一本位課程目標著重促進民族認同，傳承與發展民族文化、改善弱勢處境，並能更有效的參與大社會，以及增進族群融合。

因此，評量的方法與策略乃強調形成性評量，尤其更適用於另類評量（alternative assessments），如動態評量（dynamic assessment）、實作評量（performance assessment）、眞實評量（authentic assessment）、自然評量（naturalistic assessment）、課程一本位評量（curriculum-based assessment）、遊戲一本位評量（playbased assessment）、生態評量（ecological assessment）（Noonan & McCormick, 2014），以及檔案評量（portfolios assessment）等。進而言之，另類評量又稱「變通性評量」，是相對於傳統紙筆測驗的其他種評量方式。另類評量著重的方式，突破了以往的傳統紙筆測驗，強調的是評量方式的彈性，眞實評量、實作評量、檔案評量等（何俊青，2002）。簡言之，另類評量之具體實施的選擇守則（洪清一，2006）：

1. 允許學生規劃或設計他（她）們自己的計畫或方案。
2. 訪談與學習單元有關的人。
3. 設計地圖、圖表、圖形。
4. 設計和表演相同的遊戲活動。
5. 設計剪貼、海報、故事板。
6. 編製與實施調查。
7. 尋找演說者。
8. 寫日誌。
9. 參與討論。
10. 指出圖案的暗示系統。
11. 提供能使學生完成單元的一套活動。

另外，值得一提的是，文化一本位課程乃著重設計富有意義性的教學方案，藉此促使學童不僅瞭解文化的特性，更能認同自己的族群。文化一本位課程評量之設計，除適用非正式評量外，更適於所謂之情境脈絡評量模式（contextualized assessment model），其模式和主要因素如圖 9-4（Bigge & Stump, 1999）。

1. 在脈絡結構上，學童爲脈絡評量之中心，循序由中心向外延展至家庭、學校、社區。

2. 核心因素包括文化與信念、經驗、認知程度、整體健康與特殊能力、行爲、溝通與表現、學業與相關技能，以及生活技能。

(1) 文化與信念：包括學童、家庭和社區的文化與信念。

(2) 經驗：係指孩童的家庭、學校和社區所提供的經驗，而此經驗引領孩童學習。

(3) 認知程度：係指測驗教學的結果。

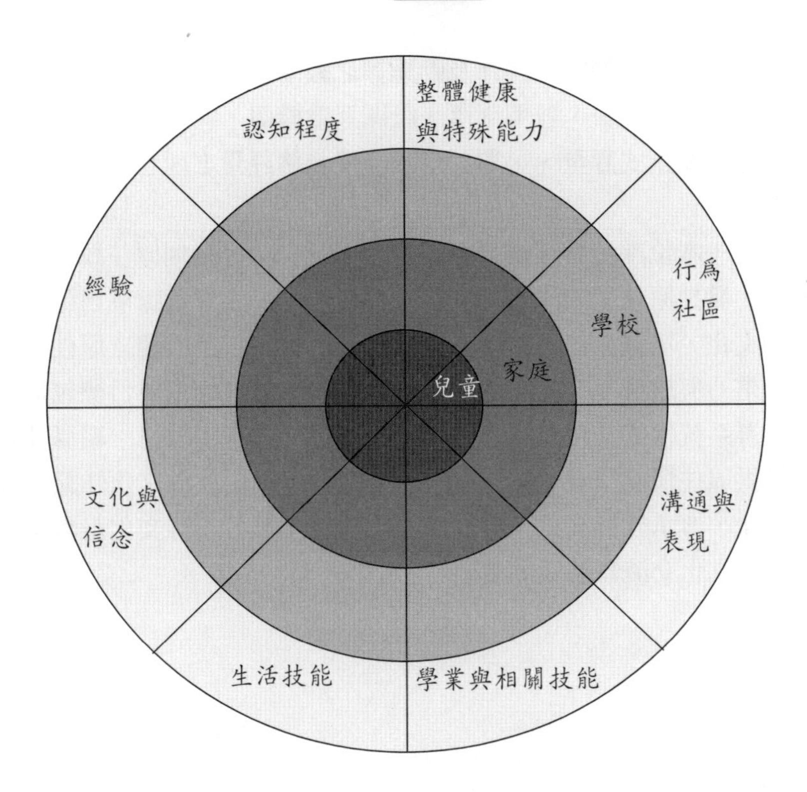

圖9-4　情境脈絡評量

資料來源：*Curriculum, assessment, and instruction* (p.152), by J. L. Bigge & C. S. Stump, 1999, New York: Wadsworth Publishing Company.

(4) 健康與特殊能力：知覺、視力、聽力、動作、記憶和注意力。

(5) 行爲：是指孩童對自己周遭環境和他人接受的反應。

(6) 溝通與表現：指當獨特的方法無效時，孩童如何來溝通和表現。

(7) 學業與相關技能：是指閱讀、數學、學習策略，以及解決問題的技能。

(8) 生活技能：包括功能性學業、日常和溝通生活技能。

綜合以上所述，文化一本位課程模式之優點包括（洪清一、陳秋惠，2014）：

1. 兼具主體性、生活、多樣性和功能性或實用性；

2. 以學生爲中心，重視學生的動機、興趣和學習風格；

3. 強調參與、體驗、操作及動態等之教學型式；

4. 鼓勵父母參與，並與部落、社區互為聯盟，共構學習共同體；

5. 強調非正式評量、另類評量及情境脈絡評量之理念、方法與策略等優點。

文化一本位課程旨在維護原住民族傳統文化，發掘原住民族知識價值體系，發揚原住民族優良的文化；促使原住民族學童瞭解自己與其他族群的文化，培養原住民族學童接納自己、肯定自己；建立原住民族學童之自信心與族群、文化之認同感。至於，本教材的主要目標包括：建構各族群系統性的文化知識體系，形塑族群文化基本教材；編纂補充教材，提供原住民族學童學習族群文化的機會；學習族群文化知識，凝聚族群意識，傳承族群文化，促進族群認同；比較各族群文化差異，促進多元族群文化交流體驗與欣賞。

第三部分

教學方法篇

第十章　活動—本位介入法

以動態性的活動作爲教學策略，活化教學之媒介，實爲當前倡導教學的方法。尤其，對特殊需求學童而言，活動—本位介入法有其特殊性和重要性。因此，本章就活動—本位介入法之意涵與要素、信念，以及活動—本位介入法之實施步驟，分述如後。

第一節　活動—本位介入法之意涵與要素

一、活動—本位介入法之意涵

活動本位介入法是以一種客觀可評量的方式，利用日常生活當中發生在父母親、成人和嬰兒、幼兒之間的互動事件來進行教學。活動—本位介入法是以幼兒爲中心，並且將幼兒的個別化目標融入在日常的互動事件當中。在活動—本位介入法中的日常互動事件，是指例行性（routine）、計畫性（planned）和以幼兒爲引導（child-initiated）的活動。活動—本位介入法也同時利用邏輯的前提事件和行爲後果（logically occurring antecedents and consequences）來發展功能性和生產性的技能（functional and generative skills），如圖 10-1（盧明，2001）。

例行性的、計畫性的或以幼兒爲引導的活動	→	長期目標與短期目標的融入	→	邏輯的前提事件與行爲後果	→	生產性與功能性的技能

圖10-1　活動—本位介入法發展過程

資料來源：盧明（譯）（2001）。*活動—本位介入法*（頁15）。臺北市：心理。

（一）利用幼兒爲引導的事件。

（二）將幼兒的目標融入在例行性、計畫性或者是以幼兒爲引導的活動中。

（三）利用邏輯的前提事件和行爲後果。

（四）發展功能性及生產性的技能。

二、活動一本位介入法之要素

構出活動一本位介入法之四項理念要素（如圖10-2），說明如下（盧明，2001）：

（一）直接接觸的環境和社會文化情境

強調幼兒直接接觸的社會性環境，以及較大範圍的社會文化情境，均是幼兒發展之影響要素，環境、情境和回饋是幼兒學習與發展的基礎。環境塑造幼兒的重要性，在於對過去、現在和未來都具有其意義。過去的經驗造就現在的狀態，提供給幼兒的介入方法的變革，受到過去經驗的影響；而現在影響幼兒和課程的因素，成爲未來發展成果之經驗基礎。

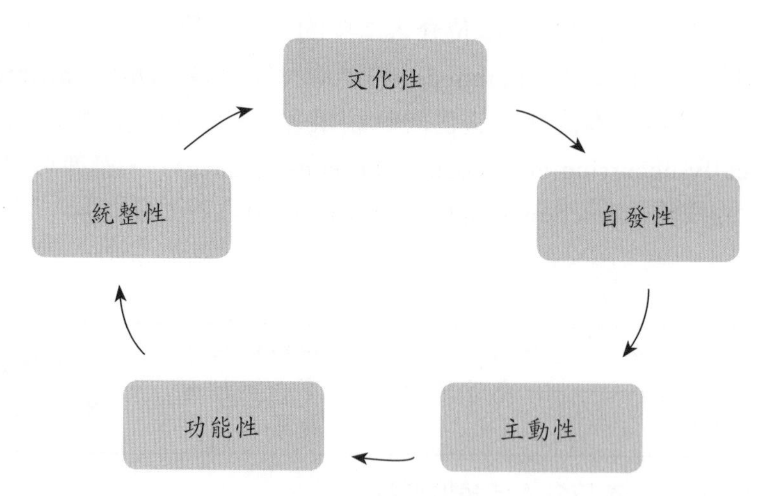

圖10-2　活動一本位介入法之要素

（二）自發性和主動參與

有效的學習需要幼兒主動的參與。被動的、缺少動機的或是缺少引導的活動，對豐富幼兒的行爲反應並無幫助。環境或經驗的安排必須吸引幼兒，同時也能引起幼兒參與的動機。同時，指導他們參與活動，以使幼兒的參與達到最高程度。此外，有效的學習必須要求幼兒參與學習的過程，除非在特殊情況之下（如嚴重的肢體障礙），否則應盡可能鼓勵幼兒主動地參與活動和學習過程，而不要讓幼兒被動地學習知識和技能（盧明，2001）。

（三）參與具有功能性和有意義的活動

強調爲幼兒設計的活動應具有功能性，並且對幼兒是有意義的活動。提供給幼兒的介入，必須與他的發展組織階段相符合。幼兒所參與的活動，必須是能促進發展和學習的活動，並且活動的性質必須與幼兒的經驗相結合，更是對他們具有意義的活動。

（四）統整性

強調發展和學習是受到生物和環境因素交互影響之下，所產生的連續和統整過程。有效的介入方法必須具備完整和組織性的架構，經由正確的評量來掌握幼兒各主要發展領域的現況能力，再爲幼兒設計既符合現階段能力，又能促進連續性發展和成長的活動（盧明，2001）。

第二節　活動—本位介入法之信念

活動—本位介入法（activity-based intervention）的核心信念，在於將教學嵌入於例行性、計畫性和自然性的活動中，它是教導功能性技能有效的方法，將教學的實施分做在組成日常活動之一系列之行動中。有關活動—本位介入法之基本信念如下（Noonan & McCormick, 2014）：

1. 兒童—創新活動和行動，是最能掌握孩子的注意力。

2. 日常生活活動和計畫，或者孩童—創意活動是提供個別化家庭服務計畫（individualized family service plan, IFSP）和個別化教育方案目標之教學機會。

3. 教學應善用自然發生或存在的前置事件（antecedents）和結果。

4. 教學應發展技能，俾使孩童能在當前和未來的環境變得更獨立。同時，亦教導兒童能類化到不同情境的技能。

簡言之，活動一本位介入法有下列重要的理論基礎和概念（Johnson, Rahn, & Bricker, 2015）：

1. 兒童特徵和發展的歷程，會影響發展和學習的統整。

2. 當前的環境和寬廣的生活經驗，以及現代的社會文化脈絡，會顯著地影響發展與學習。

3. 積極或主動的涉獵不同環境的脈絡，會促進個體的發展和學習。

4. 環境的前提事件或學習機會之性質，會影響發展和學習。

5. 眞實的環境處理，會促進學習和類化。

6. 提供有意義的回饋或結果，對發展和學習是最重要的。

第三節　活動一本位介入法的步驟

有關活動一本位介入法的步驟說明如下（Noonan & McCormick, 2014）：

活動一本位介入法的第一步驟，是選擇穿插在教學過程中之活動（如表 10-1）。活動本身是事件的先後順序，透過兒童創新和交互的行動變化，選擇活動之目的是爲了孩童學習和教導特殊的目標。至於，選擇活動一本位介入法之活動時，尙須注意原則。

第二階段，選擇適當的活動之後，旋即決定要教導之目標技能。在活動一本位介入法，教學融入通常是兒童一引導。然而，成人的責任在於確保時時有教導的機會。當兒童引導某種交互作用時，成人則相互地予以回應並與兒童參與活動。教學融入亦可由其他成人或同儕所引導，倘若兒童無法引導互動時，可運用不同的前置事件來誘發目標行爲，一旦互動有了合理的結果時，此影響會留存在活動中（Noonan & McCormick, 2014）。

表10-1 活動—本位介入法選擇活動之考慮事項

1. 選擇活動針對不同的兒童，組成相似的目標。例如：利用玩偶講故事，以循環時間依據學生的功能，提供教導辨認目標。
2. 針對相同的孩童，組成不同的目標選擇活動。例如：在準備點心的情境裡，要教小明三個目標： 語言：說出物件 認知：配對顏色和形狀 精細動作和自理：倒水
3. 選擇的活動須加以調整，俾利不同的年齡和技能程度。
4. 選擇活動須減少成人的引導和協助，如自由遊戲活動時，父母或大人須減低直接協助。
5. 選擇活動能提供兒童引導的機會。每一個遊戲能充分提供兒童引導同儕之機會。
6. 選擇活動具激勵性和興趣。例行性和活動具趣味性，並能增強兒童持續參與和學習。

資料來源：*Teaching young children with disabilities in natural environment* (p. 256), by M. J. Noonan & L. McCormick, 2014, New York: Brookes.

至於，相關的理論概念與活動—本位介入法之要素之間的關係，如圖 10-3。

第四節 活動—本位介入法之教學策略

活動—本位介入法係以兒童為中心，由幼兒來主導活動，以有計畫的自然策略來誘發幼兒自發性的學習需求與意願，進而啓發兒童的主動性與反應。至於，活動—本位介入法的教學策略如下（楊熾康，2018；盧明，2001；Johnson et al., 2015）：

一、遺漏法（forgetting）

遺漏法係指運用教師遺漏了某項學習材料或工具，或教師只強調

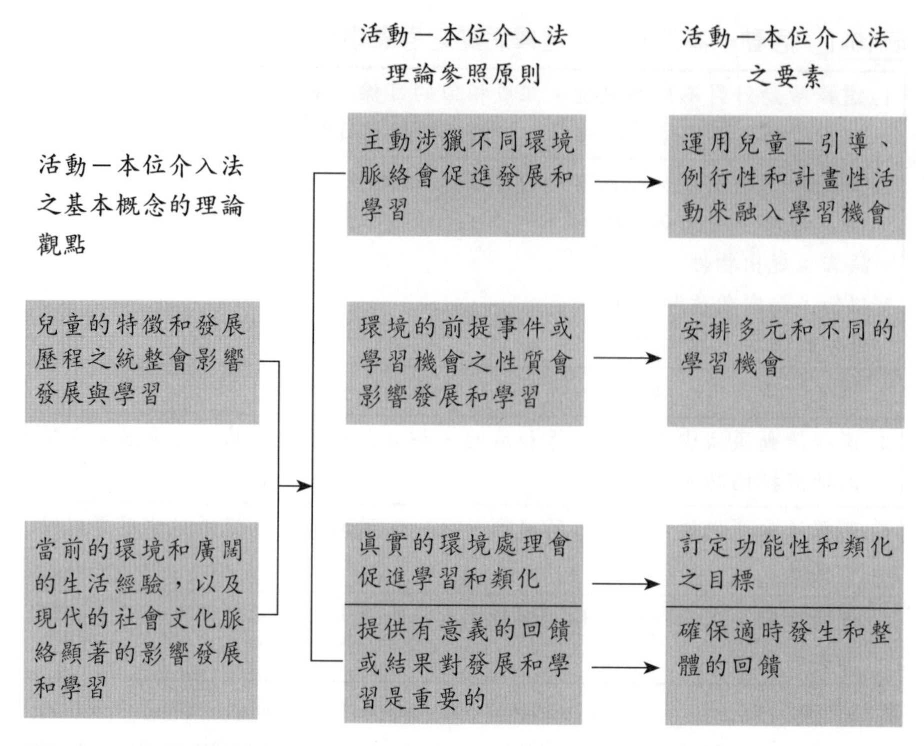

圖10-3 理論觀點和活動—本位介入法理論參照原則，以及其要素間之關係

資料來源：*An activity-based approach to early intervention* (p.100), by J. J. Johnson et al., 2015, New York: Brookes.

活動中兒童熟悉或重要的部分，而遺漏了其他部分的策略，來促進幼兒的行動力和問題解決能力，也可以藉此瞭解幼兒現在的知識量與能力所及的程度。這樣的過程中，兒童會發現被遺漏的部分，並且提出詢問、找尋缺少的物件或試著以可能的方法來解決問題等，這即是遺漏法的運用。

二、新奇法（novelty）

兒童具有喜好探索新事物的本能，所以通常容易被新玩具和新活動所吸引，利用此特性來誘發兒童出現教師所期望的行爲反應，像是安排新動作、學習角落布置新玩具等。對於重度障礙的幼兒，很適合在例行和日常活動中使用新奇法來教學。運用新奇法時，須注意新事物的出現不宜過度超出幼兒的預期，否則可能會減少效果，甚至適得其反。

三、看得見卻拿不到法（visible but unreachable）

將兒童喜愛的食物和玩具擺放於兒童看得見卻拿不到的位置，可以刺激其社會性、溝通和問題解決行爲的發展，尤其適合溝通能力的訓練。運用時，應將物品置於該幼兒看得到，而教師和另一名幼兒可以拿取得到的地方。

四、改變期望法（change expectations）

改變期望法係指將活動或例行作息中的某一個熟悉的部分或步驟予以省略或改變，使其與幼兒所期望的不相符。有許多違反慣例的方式會讓幼兒感覺有趣或奇妙，重度障礙的幼兒通常也能夠注意到這種意料之外的改變，例如：用湯匙梳頭髮等。改變期望法的目的有二：一是從中可以瞭解幼兒的辨別力和記憶力，二是可藉以引發各種的溝通反應和問題解決行爲。

五、片段法（piece by piece）

對於需要將組合片段物件或使用到多項或多次物件的活動，教師可以逐次限量分配提供，營造出兒童必須逐次地要求給予所需的片段。但是，須注意過度的分段也可能反而成爲不當的干擾，甚至破壞活動的連續性和學習的主體性。

六、協助法（assistance）

安排教師和同儕必須協助使用的器材，或需要師生共同參與的活動，如此將使兒童必須要求教師或其他人的協助，才得以進行活動，此種教學法可用於訓練幼兒的語言溝通、粗大動作、精細動作或生活自理能力。

七、干擾妨礙法

塑造一個刻意且隱密的干擾活動，可以刺激幼兒的問題解決技巧和溝通行爲。例如：幼兒洗手回來之後，發現準備吃點心用的桌椅不見了。不過，干擾妨礙法必須審愼使用，且不宜經常使用，否則會減低其效果。

八、中斷或延遲法（interruption delay）

中斷或延遲係指教師將幼兒的某一連鎖行爲予以中止，使其無法繼續該行爲；延遲則指暫停活動或略加延宕，以引起幼兒的反應。

九、身體示範（physical model）

運用身體示範可提供有效的眞實模範（visual example），俾利模仿所要教導的技能。即，教導孩童模仿他（她）們所觀察到的技能或行爲。尤其，倘若以同儕示範（peer modeling）教導某種技能時，效果良好並具增強作用。

十、口語示範（verbal model）

口語示範亦稱口令示範（mand model）。這種策略乃要求孩童的注意力須集中，教師和父母詢問孩童問題，並要求以短句或簡短口語反應。假使孩童無法說出時，此時，父母或教師則提供口語示範，讓孩童模仿。

十一、自言自語和平行性談話（self-talk and parallel talk）

此策略主要的目的在於支持學童的語言發展，基本的要素是行爲的陳述。父母或教師就孩童所做的、看到的、聽見的、所吃的、所玩的，以及所想到的相互交談或讓孩童加以描述。

十二、提示模仿（prompt imitation）

提示模仿是一種暗示（hint）或線索（cue），用來引誘目標行爲之策略。提示模仿策略可提供孩童模仿線索示範，此種策略常用在支持孩童的語言學習上。

十三、擴展或重述（expansion or restatement）

此策略主要是運用孩童目前所使用的語言，增強和支持的方法有兩種：方法一，擴增孩童描述和評論的深度和廣度；方法二，運用正確的陳述，重述孩童的評價。

十四、教導（directions）

提供教導是常用的一種策略，適時給予孩童簡單的意見，協助擴展自我一教導活動（self-directed activities）的內容。此策略亦可用來提供孩童練習技能的機會。惟運用教導策略時，須符合遊戲和學習的情境脈絡，適合孩童的興趣。

十五、監控進步情形（monitoring progress）

此階段重要的工作任務包括輸入資料及監控進步情形的程序，諸如蒐集資料和處理相關資料。藉由描述、記錄和統計，來監核學生進步情形。

十六、決定規則（decision rules）

決定規則的主要目的是確保孩童學習情形良好，進而達到學習目標。如果孩童的學習表現未能符合所期望的進步，教師則考慮改變教學目標、增強的方法、教學方法，以及學習機會之提供等。

第十一章　直接教學

對中、重度特殊需求學童而言，直接教學是適合的一種教學策略。直接教學係由教師依據特殊需求學童之身心特性及學習之獨特需求，提供全方位之教學策略。本章主要分三節陳述，包括第一節之直接教學之意涵，第二節之直接教學的理論觀點與特徵，第三節之實施直接教學之階段，各節之內容分述如後。

第一節　直接教學之意涵

一、直接教學之意涵

直接教學（direct instruction）是常用的一套教學方案，它是根據行爲心理學來發展教學計畫，教師將學生分爲小組管理和運用，呈現教材時以小步驟方式並適時詢問學生，同時，提供充分的練習，以確保習得的概念，而且，教師提供具體明確的回饋，俾使學生知道他們的答案正確與否。

二、直接教學的特徵

因此，直接教學的主要特徵如下（Hallahan, Lloyd, Kauffman, Weiss, & Martinez, 2005）：

（一）結構化，教師一領導課程

（二）小組教學

（三）課程以小步驟呈現

（四）隨時提問

（五）充分練習

（六）回饋、增強、修正

（七）依據教學理論設計課程

其次，直接教學是根據行爲工作分析之教學方法。所謂工作分析法，乃是應用系統分析的原理原則，對於所要學習的技能加以分析，以便受教者學習的一種方法。任何一種技能都是由若干次要技能所組成。就教師而言，對兒童所要學習的技能或工作，做系統的分析，以便於教學，它可以提供教材的邏輯順序便於兒童吸收。其中常用之工作分析法爲範圍序列法，是將終點行爲視爲主要工作，然後分析達到主要工作之各種次要工作，此次要工作之複雜度應是僅次於主要工作者。然後再將次要工作視爲主要工作，依前列方式加以分析，如此繼續不斷分析下去，直到該次要工作已成爲學習者的起點行爲爲止，如圖 11-1（洪清一，2015）。

穿長袖T恤
能指出有標籤的部分是反面
能指出沒有標籤的部分是正面
能將衣服的正面朝下
能將右手伸進右邊袖子
能將左手伸進左邊袖子
能將雙手伸入衣領
能用雙手將衣領撐大
能將頭伸進衣領中
能將衣領向下拉至頸部
能將衣服向下拉
能將袖子拉直
能走到鏡子前
能看出是否有皺摺
能將皺摺拉平

圖11-1　工作分析之教學方法

直接教學並非是教師僅用簡單的講述方式上課，讓學生被動地坐在桌前；反之，直接教學強調從行動中學習。因爲，良好的教學方法乃是透過學生的行動協助學生最有效的學習，同時，對他們的反映給予適當的回饋（Hallahan et al., 2005）。

進而言之，直接教學獨特的地方在於概念和操作分析之邏輯性。亦即，有效的教學需要教師呈現許多不同概念和操作的例子，爲了保留習得概念，教師必須要求學生以學習表演之方式反映。簡言之，直接教學的主要特徵是妥善管理教學的每一個細節，教導構成技能的要素，指導學生自己解決問題，進而教導複雜的技能（Hallahan et al., 2005）。

在教學過程中，學生得隨時跟老師及同儕討論或商談，以獲得在寫作或學習某種技能時之意見和回饋。雖然寫作歷程強調兒童一中心取向，然而，教師須提供充分的機會教導個別化的直接教學，以強化學生良好的書寫能力，而且，在教學期間，妥善並謹慎地塑造學生的反映，並透過自然地回饋和增強歷程達到精熟。此外，平時經由微型課程或小單元之提供，教導學生起草、編修、特殊的語法用語和形式（Hallahan et al., 2005; Westwood, 2007）。

由於歷程取向學生需要多方面的協助與支持，因此，值得注意的是，除了教師和同學外，必須考慮協助的各種資源，教師助理、輔導員、學長學姐、大學生之社區服務、父母志工均爲提供服務與協助之重要資源與推手，當然，事前需要做好非正式的訓練，讓協助者都清楚的瞭解自己的角色在於提供支持而非批評或說教。因此，爲能順利進行，須注意下列因素（Westwood, 2007）：

（一）教師須善於誘導學生討論，不然有些學生不主動參與學習。

（二）課程進度不宜過快，否則難以實施與維持。

（三）當要求學生回答問題時，上課速度和步調適時放慢些。

（四）若學習課程的步調過快時，學生難以學習，甚至放棄。

三、直接教學之要素

直接教學係由教師引導，藉由具體、系統性方案來教導技能，所用的教學方法包括示範、練習、調整學習步調（pacing）、錯誤校正（error correction）、進步情形之監核（progress monitoring）等。具體而言，直接教學的要素如下（Bryant et al., 2017）：

（一）順序性（sequencing）：將學習工作細目化，提供每一個步驟的提示。

（二）練習—重複—演練（drill-repetition-practice）：每日評量技能，重複練習。

（三）細目化（segmentation）：將技能分成若干部分，再加以統整。

（四）引導提問和反應（directed questioning and responses）：詢問學生歷程或內容的問題。

（五）管控工作的難度：將學習的工作由易到難來安排，教導先備的技能。

（六）科技：提供多媒體教學。

（七）教師示範問題之解決：由老師演示解決問題的過程或步驟。

（八）小組教學：提供小組教學。

（九）策略性暗示（strategy cues）：提醒學生運用策略，示範「放聲思考術」（think aloud technique）。

第二節　直接教學的理論觀點與特徵

一、直接教學的理論

基本上，直接教學強調教師在教學前要決定很多事項，充分瞭解學生，學生在教學—學習過程中是主要的觀察者，因此，直接教學需要教師做具體明確的決定，並要求教師瞭解評量哪些事項，以及學生是否習得了教師所要的先備技能。

直接教學源於 1800 年間用在教導學生如何閱讀之方法，接著，於 1860 年由 McGuffey 發展出閱讀系統，要求教師用特殊的方法重複練習及發音，俾利協助那些初學的學生（Finkelstein, 1989）。因此，此期間，直接教學策略關注於閱讀，因爲閱讀技能是學生在學校學習成功的重要基礎。因此，Bereiter 與 Engelmann（1966）發展一種腳本模式（scripted model），作爲學前兒童直接教學課程之一部分，協助孩童習得在算術和語言之基本技能。於是，Gagne（1977）將基本的非腳本模式（nonscripted model）予以概念化，即課前準備、陳述教學目標、評量、輔導練習、總結，而此模式成為教育心理學理論的一部分。旋即，Rosenshine（1983）將此方法稍加修改為六階段教學功能模式，包括每日複習、呈現新教材內容、學生練習、提供回饋和修正、獨立練習、每週複習等。

至於，有關直接教學的研究發現，直接教學模式在教導基本技能上最具效用，尤其需要深厚的技能基礎之學科（如數學），發現直接教學模式兼具效力與實用，而且，會提升學業成就，因此，直接教學模式亦稱為具體教學法（explicit teaching）（Lasley, Matczynski, & Rowley, 2002）。而此方法較具調整彈性，並可運用在不同的程度和各種不同學科領域。

二、直接教學的特徵

直接教學的特徵（Borich, 2011）如下：

（一）全班教學。

（二）是一種主動性教學。

（三）教師進行下個階段之前，使學習者須精熟一種新的事實、規則或順序。

（四）圍著教師所提的問題來統整學習。

（五）提供詳盡和充分練習。

（六）妥善制定課堂計畫，俾利闡述和練習。

進而言之，直接教學有下列重要特性（周新富，2014）：

（一）學業中心

（二）教師主導整個教學流程

（三）緊密監控學生練習

（四）學生得到特殊的更正回饋

第三節 實施直接教學之階段

進行直接教學時有下列階段（Borich, 2011; Lasley et al., 2002；周新富，2014）：

一、第一階段：複習（review）

在非腳本直接教學模式之第一階段，是先複習學生已學過的教學內容，而教師可以發展有意義的複習歷程來進行，其方法與原則如下：（Borich, 1988; Lasley et al., 2002）：

（一）在開始上課之際，讓每一位學生修改自己的家庭作業。

（二）讓學生評量自己理解的程度。

（三）教師可以針對先前教過的內容加以複習。

簡言之，教師可以運用逐步漸進法檢視學生在解決問題時之步驟是否依規定進行；接著，分組進行同儕教學。值得注意的是，在運用直接教學時，必須讓學生經歷高度的成就感和成功度。

二、第二階段：呈現新教材（presenting new material）

在第二階段，教師開始塑造觀念和呈現新的教材內容；換言之，教師可以透過單元的目標或目的來開始。至於，呈現教材內容給學生時，教師可以運用三種類型的組織者（organizers）：解釋（expository）、比較（comparative）、連續（sequential）。

（一）解釋組織者

此類型可用在當教師發展未學過或不熟悉的觀念之垂直性概念組織；也就是說，教師可以從主要的概念結構進行，然後，將主要概念細分成若干不同的次要概念，如圖 11-2。

（二）比較組織者

此類型可用於當教師利用相同的學習水平進行比較，來瞭解概念的程度。例如：利用分數乘法向學生說明分數除法。換言之，運用學生所瞭解的分數乘法來協助自己理解分數除法的步驟。

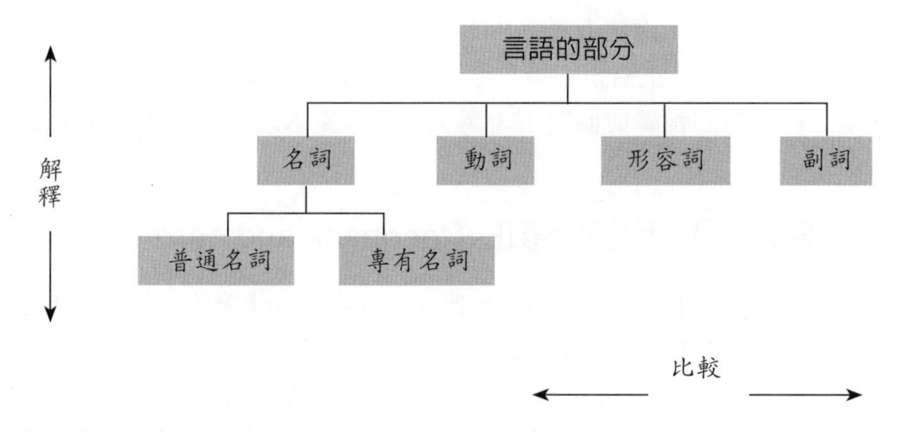

圖11-2 精進組織者

資料來源：*Instructional model* (p. 284), by T. J. Lasley et al., 2002, New York: Wadsworth.

（三）連續組織者

此類型特別用在數學學習上，向學生演示說明完成某種技能的步驟；亦即，在黑板上具體明列學生應遵循的步驟。

一旦學生瞭解了課程或單元的目的，以及理解了概念之脈絡時，教師才可呈現訊息。然而，教師須以逐步之方式呈現學習教材，同時，在每一個步驟使用多種例子來教導。換言之，教師須一而再、再而三地加以解釋，以及運用不同的例子，俾利學生充分理解。更重要的是，具體明確是良好教師之重要特徵，上課具體明確的教師往往會使用不同的解釋與說明，而且，亦會利用各種不同的例子，以確保學生理解，如此，可明顯的減少學生錯誤想法。

三、第三階段：輔導練習（guided practice）

當一種技能或內容教材已經向學生說明解釋時，教師則促使學生開始練習學過的內容，可以利用詢問各種不同的問題，檢查理解程度之方式進行。因為，運用問題來評量學生的理解是直接教學成功的重要環節。有些問題是特別的，要求學生立即回憶步驟、歷程或一些訊息，甚至，要求學生加以思考之。換言之，當教完一些教材之後，不宜讓學生從事獨立的練習，而應花較多的時間輔導學生練習，花一些時間問問題，多利用時間修正錯誤，以及提供充裕的時間重複已教過的新教材，甚至，在教師的輔導與協助下，用更多時間來處理問題（Rosenshine, 1983）。

四、第四階段：回饋與修正（feedback and corrective）

在學習過程中，學生正確的反應是令人可喜、滿意的，但是，不正確的反應亦是對老師傳遞重要的訊息，因爲，不正確的反應揭示學生一些概念的基模（schema）。因此，當學生對老師的問題有所反應，教師就需要評估反應的正確度及對學生本身反應的性質，俾使擴展學生學習。不論運用任何的教學策略，最重要的一件事必須謹記在心的是，不正確的反應必須及早正視，進而言之，當學生出現了不正確的答案，教師應該跟學生共同在一起，協助發展或誘發一個正確反應，像這種策略可以協助教師瞭解學生如何思考之過程。然而，多數教師不經意地叫其他會提供正確答案的同學，這種方式無助於不會回答的同學，而且，亦無助於教師瞭解班上學生可能有出現不正確的反應。

五、第五階段：獨立練習（independent practice）

獨立練習最常用的方式無非是由老師特別設計出來所謂的課堂作業或家庭作業，然而，欲使學生能將獨立的課堂作業，做好或順利完成，教師必須在輔導練習階段費時地教導學生知道進行練習時之技能。

其次，要完成家庭作業，學生必須自動自發、主動學習，否則，會演變成或造成錯誤的學習。即學生練習不正確的技能，以及不知如何使用技能。因此，爲確保學生眞正地瞭解教材，可做與不可做的家庭作業如表 11-1。

表11-1 可做和不可做的家庭作業

1. 不要把家庭作業視爲懲罰。
2. 不要提供或交待一時興起的家庭作業。
3. 不要認爲由於沒有要求家庭作業的問題，學生就沒有作業的問題。
4. 不要期望學生總是有他（她）們要完成的家庭作業。
5. 要瞭解並非所有的家庭作業型式對全部類型之學生有相等的價值。
6. 要解釋每一個家庭作業特殊的目的。
7. 要傾聽學生在完成家庭作業之心聲。
8. 要認可並肯定學生完成家庭作業的努力。

資料來源：*Instructional model* (p. 284), by II, T. J. Lasley et al., 2002, New York: Wadsworth.

總而言之，獨立練習是有用的，惟教師需要注意下列原則（Lasley et al., 2002）：

（一）進行練習之前，所提供的教材已教過了。

（二）檢核學生進步情形及成功的使用此技能。

（三）適時提供立即回饋給有困難的學生。

表11-2 教學的功能

1. 日常複習（daily review） • 檢查家庭作業。 • 針對學生錯誤的地方，予以再教學。
2. 呈現新的內容或技能（presenting new content/skills） • 概述內容。 • 逐步教導。 • 必要時，提供詳實且過度學習和講述。 • 逐步學習新技能，惟須精熟已學過的技能。

3. 開始練習（initial practice） • 增加提問的次數，並具體地讓學生練習。 • 提示。 • 讓所有的學生有機會反應和接受回饋。 • 持續練習直到穩定與精熟。 • 達80%之成功率或更高。
4. 回饋與修正（feedback and corrective） • 回饋學生，尤其是做對了但又懷疑的學生。 • 學生做錯是提供給老師回饋，教師須提供再教學。 • 利用簡化問題，暗示、解釋、複習步驟、再教學等策略修正。
5. 獨立練習，使之穩固和自動化（independent practice so that are firm and automatic） • 運用和自動化。 • 在寫作業時，給予重要的策略或方法，以確保學生進行練習。 • 達95%或更高的正確率。
6. 每週和每月複習（weekly and monthly review） • 必要時再教學。

資料來源：*Instructional model* (p. 284), by II, T. J. Lasley et al., 2002, New York: Wadsworth.
Effective teaching methods (p. 225), by G. Borich, 2011, New York: Pearson.

第十二章　差異化教學

顧名思義，差異化教學乃是針對每位學習者特殊需求，在課程、教材、教學及評量上，實施個別化教學，促使每位學童獲得良好的學習成效。針對差異化教學，本章分別就差異化教學之意涵、差異化教學之要項與實施、差異化教學之步驟等，分節陳述如後。

第一節　差異化教學之意涵

一、差異化教學之意涵

差異化（differentiation）是一種教學方法，教師尋求瞭解學生學習剖面圖（learning profiles），包括學生的準備度或能力水準，然後，運用教學策略來滿足學生的需求，同時，提供協助與支持，俾利充實和強化另一階段技能和知識的程度。換言之，教師爲了學生可以區分內容、歷程和結果（Peterson & Hittie, 2010）。差異化教學（differentiated instruction）強調學生的特殊學習需求，著重在學生所要學習的教材及學習需求上，並且調整教材來滿足和符合學生個別需求（Bryant et al., 2017）。

內容的差異化係指針對學生所要學習的教材加以改變稱之。例如：在寫作這一課堂上，要所有的學生寫一篇論說文的文章，有些學生學習主題句之使用，來支撐句子，而其他學生則學習運用外部資源來辯證他們的觀點。至於，所謂的差異化的歷程是指學生獲得材料之方式，如某些學生在學習中心或資訊中心去探索，而另外一些同學則可以利用網路蒐集資訊；其次，結果的差異化是指學生展示他們所學到之方式，例如：演示一則故事情節、某位學生創作一篇作品，另一名學生則撰寫一則報導（Peterson & Hittie, 2010）。

當教師實施差異化教學時，須回應學生的準備度、興趣，以及學習剖面圖。準備度是指孩童技能程度和背景知識而言，教師可以利用診斷性評量來決定學生的準備度。其次，所謂的興趣是指學生促使他們探究的主題，爲此，教師可以詢問學生有關外部的興趣。至於，學生的學習偏好可分爲學習風格：視覺型、聽覺型、觸覺型和動覺型學習者；分組喜好：個別學習、夥伴、大團體；環境喜好：寬敞且安靜之學習空間。

二、差異化教學之目的

至於，差異化教學的目的如下（Collier, 2017）：

1. 調整內容以滿足個別或特殊學生的需求。
2. 調整學生反應的方式。
3. 瞭解每一個人均有可貢獻之處。
4. 認知學業期望。
5. 建立學習的基礎。
6. 建立轉換技能。
7. 發展內容領域的技能。
8. 發展內容知識的基礎。
9. 發展延長學習教材的時間。
10. 發展獨立學習的能力。
11. 加強學生的能力，俾利學習新的事物。
12. 擴展和努力學習。
13. 擴展理解力。
14. 促進學生良好和適合的學習環境。
15. 促進學生的教育取向與主體性。
16. 促進內容知識之習得。
17. 增進自信心。
18. 增進學習內容的保留。
19. 增進學生產生正確反應的可能性。
20. 增加學生學習的時間。
21. 增加適當反應或行爲的頻率。
22. 減少焦慮和緊張。

23. 減少人際和學業之焦慮。
24. 減少非學習（off-task）行爲。
25. 減少拒絕改變。
26. 減少反應疲乏。
27. 加強學習技能。
28. 加強記憶和應用能力。
29. 支持參與。
30. 建立學生在學習過程中之自信心。
31. 發展學生在學業上的自信心。
32. 加強學生專注力。
33. 建立學生基本的表現程度。
34. 促進學生學習的責任感。
35. 促進學生具有成就感的自我概念。
36. 增進學生的理解力。
37. 降低或減少焦慮程度。

根據上列有關差異化教學的目的，大致可分爲以下層面的重要目的，如表 12-1。

第二節　差異化教學之要項與實施

一、差異化教學之要項

差異化教學首要工作，在於瞭解每一位學生於學習風格上各有差異，旋即，教師加以計畫、實施教學。值得注意的是，當差異化教學一產生，所有的學生就會獲得良好的發展（Westwood, 2007）。

在美國，Tomlinson 與 Strickland（2005）是倡導差異化教學的主要人物，認爲個別化教學必須顧及學生目前之能力程度、先備知識、強項、弱項、學習喜好和興趣，方可擴增學生的學習機會。爲了達成個別化取向，必須回應學生間之個別差異，其要項如下（Westwood, 2007）：

（一）訂定個別化的學習目標。

表12-1 差異化教學層面的重要目的

層面	重要目的
認知發展	• 發展內容知識的基礎 • 擴展理解力 • 促進內容知識之習得
情緒管理	• 降低或減少焦慮程度 • 減少人際和學業之焦慮
自我發展	• 促進學生具有成就感的自我概念 • 滿足個別或特殊學生的需求 • 增進自信心 • 促進學生學習的責任感
社會發展	• 支持參與 • 促進學生良好和適合的學習環境
記憶力	• 加強記憶和應用能力 • 增進學習內容的保留
技能發展	• 建立轉換技能 • 加強學習技能 • 增進學生產生正確反應的可能性 • 減少反應疲乏

（二）調整課程內容來配合學生的認知程度。

（三）提供不同的途徑（path）來學習，俾使符合不同的學習喜好。

（四）改變課堂作業之時間分配，以顧及學生不同的學習速度。

（五）調整教材。

（六）鼓勵學生用不同的形式或不同的媒體創作。

（七）彈性分組學生。

（八）改變輔導和協助個別學生之數量。

二、差異化教學的實施

爲使差異化教學可有效的在融合教育環境中進行，並能滿足學生的個別需求，有一種易記且可行之策略，英文簡寫爲 CARPET PATCH，每個字母所代表的意義如下（Westwood, 2007）：

（一）課程內容（curriculum content = C）：要學習的課程可以根據深度與複雜度，予以增加或減少。

（二）活動（activities = A）：在教學過程中，教師可以把學習難度和活動加以改變。

（三）資源（resource materials = R）：教師可選擇或設計多元性教材，供學生使用。

（四）學習結果（products from the lessons = P）：教師根據學生的能力、興趣、態度，來規劃發展出不同的學習結果之型式。

（五）環境（environment = E）：建置良好的教室環境，俾利支持個別化或團體之學習，例如：學習中心、電腦輔助學習、資源—本位學習（resource-based learning）。

（六）教學策略（teaching strategies = T）：主要教學策略包括：

1. 採用特殊的教學設計方式，來刺激那些學習動機較低的學生。

2. 針對班級中小組學生，運用更具體和直接的教學方式。

3. 運用多元策略，如差異化提問、隨時複習、練習、提示、暗示等，即依據學生的個別需求與反應，提供及使用資源等策略。

4. 訂定個別化學習契約。

（七）步調（pace = P）：改變教學的速度，或者，改變學生完成作業和學習成果之速度。

（八）協助的量（amount of assistance = A）：在教學時，教師可以改變協助學生的量，亦即鼓勵同儕協助，相互合作。

（九）評定（testing and grading = T）：教師評量學生學習的方式要加以改變，並調整等第方式，以反映學生的學習努力與創意和成就。

（十）班級分組（classroom grouping = C）：改變班級分組的方式，俾利進行各種不同的活動，如同儕教學、協同合作、團隊學習等。

（十一）家庭作業之分配（homework assignments = H）：對某些學生所提供的家庭作業應以相同的難度，增加技能來練習，而其他的同學則進行應用性、批判性思考和省思性作業。

例如：面對智能發展遲緩的學童，在上數學時，一般的學生學習較難的乘法或除法問題，而對智能發展遲緩學童則根據他（她）所理解的程度，提供簡單的加法或減法的問題。同時，在學習團隊中，可以協助學童運用輔具或其他資源解決學習上的問題，允許他（她）在團體活動中有意義的參與。甚至，在教導輕度與中度智能發展遲緩學童時，我們可由四個領域來說明差異化教學（Kirk et al., 2009）：

1. 準備度和學業技能（readiness and academic skills）：在學前和小學階段，著重基本閱讀和數學技能。

2. 溝通和語言發展（communication and language development）：訓練學生使用語言的方法，俾能表達需求和想法。依據學生的能力程度，增進記憶技能和問題解決技能。

3. 社會化（socialization）：在自我照顧和家庭生活技能上提供特殊的教學，以分擔和處事方式在學前程度開始。隨之，逐漸發展中等教育的課程，如理容、舞蹈、性別教育和避免藥物濫用。

4. 職前和工作—學習技能（prevocational and work-study skills）：首先，透過良好的工作習慣，建立重要的職業適應。在中等教育階段，課程則著重在生涯教育。

第三節　差異化教學之步驟

一、差異化教學之步驟

尤其，對學習障礙學童可運用特殊的策略教學模式，步驟如表12-2（Bender, 2002）。

（一）前測與承諾（pretest and commitment）

首先，對學習障礙學生實測，以決定學習障礙學生是否需要策略來學習特殊的教材。評量的結果要解釋給學生，並告訴學生此新的策略對學業表現有所助益之可能，決定時亦須考量特殊的策略要配合學習內容和情境；同時，決定學生是否願意學習此策略。因此，須鼓勵學生參與學習此策略。教導學生學習策略時須強調學生參與決定之需求，並且，學生承諾決定學習此新的策略。

（二）描述策略（describe the strategy）

在此階段，要跟學生描述與解釋這個策略與此策略的各種要素。因此，在這個階段著重於策略的關鍵性要素，以及如何運用這些要素。同時，要告訴學生在哪裡及何種情境下來應用這個策略。這些學習策略如下（Bender, 2002）：

1. 閱讀理解策略

(1) 閱讀一節或一個段落之文章

(2) 針對內容提出問題

(3) 解釋內容

2. 填答多重選擇測驗之策略

(1) 安排作答時間

(2) 提示文字

(3) 刪除困難的問題

(4) 仔細閱讀

(5) 評估自己的答案

(6) 檢查

3. 視覺意象策略

(1) 閱讀句子

(2) 在心中想像它的圖像

(3) 描述新的與舊的之間的差異

(4) 評價意象中之內容

(5) 當閱讀下一篇文章、重複使用

（三）示範策略

當以口述討論策略的運用時，教師須示範每一個步驟的策略。換言之，教師示範學生本身如何用口語教導（內在語言）來運用這個策略，每一個策略的層面均要示範，而且，鼓勵學生提出問題；更重要的是，在各種關鍵中，教師適時提示學生仿效特殊的策略。

（四）口語試演策略

在這個階段裡，最重要的是學生必須精熟甚至背熟來學習這個策略，他（她）們在企圖應用這個策略之前，必須快速地說出這個策略的步驟，同時，要求學生確認每一個步驟的行動，並說出每一個步驟的重要性，其目的在於促進學生能獨立應用策略。

（五）利用簡易教材來練習

基本上，先讓學生在較簡單的教材精熟的應用這個策略；換言之，選擇符合學生學業表現程度之教材來練習，並透過教師善用具體明確的改正回饋教導學生，直到學生精熟度近百分之百，方可學習另一階段程度之教材。

（六）適齡教材練習

在此階段，教師須以循序漸進的方式教導學生，直到教材符合學生年級方可練習較爲複雜的教材。此期間，教師逐漸地褪除各種的提示，並適時地暗示學生運用前面所介紹過的策略步驟，直到學生精熟某一年級程度後，始可進階到另一年級的程度。期間，教師須仔細記錄並繪成圖示或表格，來呈現學生進步情形。

（七）類化策略

一旦學習障礙學生精熟了某一年級程度之教材後，則鼓勵學生發現此新的策略類化到其他相似的教育工作之價値，同時，誘導學生應用此策略於所有科目之作業。

（八）類化與維持

在許多的方法中，類化與維持是最重要的層面。倘若精熟了某一種策略，學生則擁有了此份技能，爾後，就能在各種課程增進學習，甚至，學生能依賴自己的能力成功的學習。

提及類化的步驟有三個階段（Bender, 2002）：

1. 第一階段：導向（orientation）

設計一個讓學生瞭解可以嘗試新技能的情境，鼓勵學生針對不同測驗的形式，適時調整原有的策略。

2. 第二階段：活化（activation）

提供學生特定的作業，並應用此策略於符合年級的教材。在整個過程中，鼓勵特殊教育教師和一般教師共同使用此策略，並檢核此策略的結果。

3. 第三階段：維持（maintenance）

最後，維持期是頗爲重要的，學生已接受特殊策略的訓練，惟仍須定期的提醒學生運用那些策略，同時，教師亦須檢核學生運用策略之學習結果。

表12-2 差異化教學的步驟

步驟	精義
前測與承諾	• 實施前測來瞭解學生特殊需求 • 鼓勵學生承諾學習新的策略
描述策略	• 向學生說明各種策略的要素 • 重要的策略包括閱讀理解策略、填答策略、視覺意象策略
示範策略	• 口語示範 • 教師示範 • 提示 • 精熟練習 • 口語陳述
口語試演策略	• 精熟練習 • 口語陳述
利用簡易教材練習	• 提供簡易教材練習 • 回饋 • 精熟度近百分百
適齡教材練習	• 由簡至難、由易至複雜 • 精熟、褪除 • 記錄並繪圖學習情形
類化策略	• 類化 • 誘導學生應用

步驟	精義
類化與維持	• 導向類化 • 活化 • 維持

二、差異化教學的連續性

差異化教學是一種回應所有學生不同需求之教學，著重課程、教學的調整、服務，以及教學的強度。從差異化教學的連續性而言（如圖12-1），大部分的學生可以從較少的差異化獲益，俾使有效地學習和精熟一般教育課程。然而，有些學生則需要差異化教學，端賴學生的個別需求實施不同的形式。例如：教師可以藉由提供小組較多的時間，使之以更個別化或替代性教學輔導來區分教學的強度。特殊專業人員、特殊教師亦可提供較密集性和適性的教學；其次，差異化教學可以在不同的情境實施，如一般教室、資源教室或自足式班級。

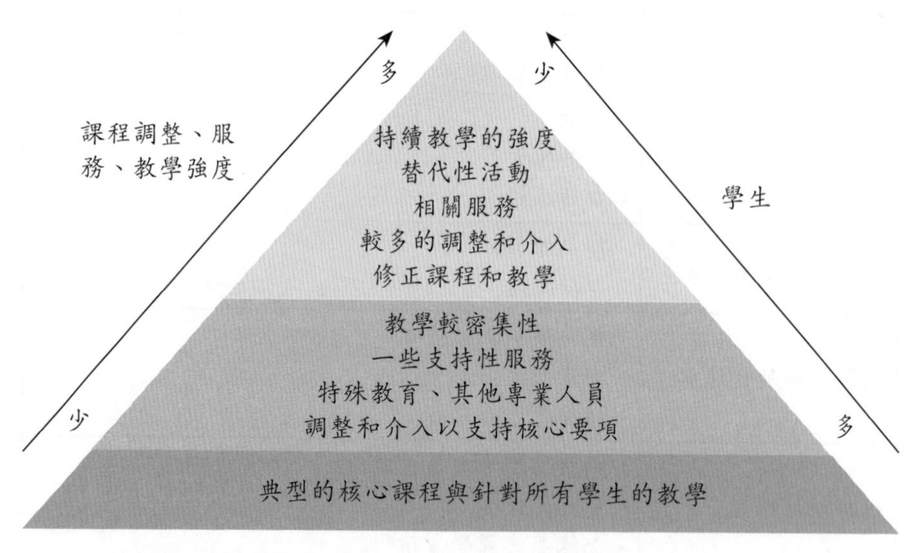

圖12-1 差異化教學的連續性

資料來源：*Teaching students with special needs in inclusive classroom* (p. 259), by Bryant et al., 2017, New York: Sage.

第十三章　合作學習

開宗明義而言，合作學習是由若干組的學生一起學習，彼此分工、溝通和協調，共同解決問題，齊力達成學習目標。爲能進一步瞭解合作學習，本章分四節陳述，包括第一節爲有關合作學習之意涵，第二節爲合作學習的理論觀點，第三節爲合作學習之教學階段，第四節爲合作學習之實施策略，各節內容如後。

第一節　合作學習之意涵

一、合作學習之意涵

在教學的過程中，毋庸置疑地，教師是一個教學設計者，亦是重要的學習者；而且，也要決定教學的內容、教材，以及開創學習教材之概念結構。因此，本質上，在用腦的負荷量似乎比學生較多。有些教師視此種現象爲理所當然之事，甚至，安於現狀，未曾加以改變。然而，Smith（1987）主張合作學習（cooperative learning），即用腦的責任學生應負較多的擔負；換言之，學習的責任是學生，運用合作的策略讓學生在分擔、回應之脈絡中學習，以及跟其他的學習者溝通。在小組裡和其他同學一起學習，如此，學生較無自我意識並能較有勇氣提出問題，同時，較能解釋他（她）們所瞭解的概念，以及提出解決問題之建議。藉由傾聽他人，學生能針對自己所理解的觀念予以再評估和再形塑。更重要的是，學生可以學習其他同學的意見之價值，因爲，有時不同的策略對某種問題產生更好的方法（Lasley et al., 2002）。

其次，一旦學生具有良好和積極的態度，以及能享受學習與知道如何學習之後，自然地他（她）們就會學習的更好。當然，要達到這種情況並非易事，但是，合作學習是促使學生感受到會提升成就和改進學習態度最爲有效的策略，尤其，對不同文化背景之青少年學生會對其他同學顯露出建立和維持友誼或人際關係之情感傾向，而且，藉由不同文化之學習者的互相合作和溝通，以及互動交流是發展技能最好的方式（Lasley et al, 2002）。

二、合作學習之目的

合作學習的目的（Collier, 2017）：

（一）確知每個人的隸屬感和需求。

（二）確知每位學生均有可貢獻的地方。

（三）確知學生現有的語言優勢。

（四）發展基本的人際溝通。

（五）發展較高的持續力，提高學生專注學習的能力。

（六）提高學生學習新事物的能力，擴展和精深學習。

（七）增廣理解力、促進討論有關新的學習。

（八）改進理解力、增進字彙、增強課堂內容。

（九）增加學生學習的時間，認知一起學習的重要性。

（十）增強學校與父母夥伴關係。

（十一）加強學生討論的能力。

（十二）加強學習歷程之認知或知覺。

（十三）建立學習的基礎和知覺力。

（十四）發展自信、發展較高的容忍度。

（十五）改進獲得重要的知識、持續參與。

（十六）加強學業內容的知識和技能的學習。

（十七）減少分心。

第二節　合作學習的理論觀點

一、合作學習的結構

競爭的人僅在會贏的時候，才會喜歡競爭的情境。而學校是一個競爭的地方，學生時常被排名和比較；而且，在學習過程中，學生會被分組、區分和分類，尤其在隨堂考、期中考、期末考後，每位學生均有適合其隸屬的空間。有些學生表現優異，則擁有高的地位；而有些表現不好的學生，其地位則較低（Lasley et al., 2002）。

實質上，教師會組織一個班級來達成學習目標，讓學生參與不同的學習型式，不僅要學習內容，而且也要學習同儕間之人際關係之重要訊息。因此，所謂目標結構（goal structure）係指教師讓學生互助合作來達成學習目標。至於，目標結構有三種不同的型式（Johnson & Johnson, 1987; Lasley et al., 2002），說明如下：

（一）競爭性目標結構（competitive goal structure）：學生相互比賽達成學習目標而言。

（二）個別性（individualistic）：是指學生本身達成目標，同學的表現並不重要。

（三）合作（cooperative）：即同學們共同合作來達成學習目標，課程的結構是合作的。

然而，欲獲得良好的合作爲學習時，教師須注意下列要項：

第一，確定學習目標。

第二，教材的性質是概念性的和複雜的。

第三，學生相互合作，促使所有的學生成功，而不僅是頂尖優異的學生。

因此，成功的合作學習有五個要素（Lasley et al., 2002）：

（一）積極的相互依賴（positive interdependence）：學生需要能夠一起學習，建構相互依賴和積極的合作學習策略。

（二）個別的責任績效（individual accountability）：持續評估每一位學生瞭解的情形。

（三）團體歷程（group processes）：結構存在於學生共同學習之過程中。

（四）社會技能（social skills）：在團體學習期間，強調特殊的社會技能。

（五）特殊的任務（specific tasks）：學生共同達成特殊的目標。

由此可知，組織適當的合作學習，實爲教師最重要的課題。至於，適當的合作學習結構與內涵統整，如表 13-1。

表13-1 適當的合作學習

相互依賴	積極的
教學活動的型式	任何的教學活動，愈概念性和複雜的教材，其合作學習愈優於競爭性或個別學習
瞭解目標的重要性	瞭解目標是重要的
學生—教材互動	根據課程的目的安排教材
學生—學生互動	持續並強化學生間之互動，協助和分擔、口述教材、同儕教導、支持和鼓勵
學生—期望	團體成功，則歸功於所有成員，因所有成員精熟所分配的教材
教室安排	小組
評估方法	效標—參照

資料來源：*Instructional models* (p. 308), by Lasley et al., 2002, New York: Wadsworth.

二、合作學習的功能

（一）合作學習的功能

至於，有關合作學習有下列主要的功能（Ginsberg, 2015）：

1. 提供學生社會技能，鼓勵冒險俾以增加個人能力。
2. 鼓勵同儕間的責任績效，俾利練習和學習方法與技能。
3. 提供學生有關學習新態度的途徑。
4. 協助學生跟其他團體成員，建立一個分擔旳身分或認同。
5. 協助學生發現優質的同儕，並予以模仿。
6. 提供學生確認他（她）們自己學習的方法。

（二）合作學習的價值

其次，合作學習亦有下列的價值（Ginsberg, 2015）：

1. 合作和社群如同學業成就一樣重要。
2. 會徵求學習者提供他們的觀點，以及傾聽他人的聲音。

3. 商討並建立共識。

4. 發現學業學習爲一種公平合理之方法，以及公民生活之模式。

（三）合作學習運作得體的要項

至於，欲使合作學習運作得體適切，教師須實現下列要項（Lasley et al., 2002）：

1. 訂定適當的教學目標。
2. 決定適當的團體大小。
3. 分配學生形成異質性團體，在團體裡，須分派學生特別的角色，俾使他（她）們學習如何和其他同儕一起學習。
4. 安排學習空間，俾利促進團體學習。

進而言之，學生須朝向明確的團體目標學習，並成功達成。合作學習並非是一定單獨解決教材之難題，而其他的人在旁觀看。合作學習需要所有的學生加入，而且全體成員參與。就如 Slavin（1990）所述，單純地將學生配置於混合型能力團體，而且鼓勵他（她）們一起共同學習並無法獲致學習成果。學生必須具有努力地把彼此的成就作爲理由，並提供詳盡的解釋，這是合作學習最重要的達成效果（Lasley et al., 2002）。換言之，合作學習能爲所有學生提供健全的和挑戰，以及支持性環境，而且，倘若符合下列條件，則會成功（Vernette, 1998）：

（一）教導學生爲何要求一起共同學習。

（二）展示學生如何與彼此期待互動。

（三）團體應分析他（她）們自己的效用（Lasley et al., 2002）

第三節 合作學習之教學階段

對教師而言，合作學習是一種工具，是達成某種教育目標之一種方法。至於，實施合作學習時有四個階段，分別爲決定要教的課堂、決定適當的組織結構、界定課堂的目的和角色任務、決定如何監控學生的學習和課堂的歷程等，茲分述如下（Lasley et al., 2002）：

一、第一階段：決定要教的課堂（lesson）

首先，要確認所要教的課堂是否配合合作學習的教學模式。如果教師要學生增加解決簡單的運算速度能力，合作學習就不是最好的方法。反之，倘若教師有志於使學生解決難題或較為理解學業的內容，合作學習則為有效之策略。簡言之，教師首要的任務是確定計畫要教的是什麼？其次，決定是否學生在團體學習表現最好的教學策略俾達成學習目標。

二、第二階段：決定適當的組織結構

實質上，在這個階段主要決定有關團體大小、團體分配、空間安排、教材和角色等（如表 13-2）。因此，就合作學習之學習而言，教師須確定希望達成的特定目標，學生則需要明確地瞭解他（她）們一旦跟其他同儕共同學習時之期望。學生須在一個異質性團體，主要的理由是不同的學生會展示不同智能的優勢，異質性團體會提供學生從同儕學習，改變團體，使學生瞭解並非所有的同儕擅長於所有的主題或科目。

三、第三階段：確定課堂的目標和角色任務

對教師而言，最重要的工作是要確定教學目標，界定和分配不同的任務給學生。在合作學習之課堂裡，表現目標應包括學業和社會。另外，教師須清楚的告訴學生在團體裡所扮演的角色，分配一位學生當檢核者，分配另一位學生擔任誘導者，第三位學生擔任資源者。為確保學生瞭解他們的期望，角色分配是重要課題，更重要的是，角色要輪換，教師須確保不同的學生經歷不同的角色分配。

四、第四階段：如何監控學生的學習和課堂的歷程

在這個階段，教師最重要的職責，在於監控及誘導學生跟其他同學一起學習，亦即教師須決定所要監控之學生行為，並準備設計檢核表，俾利觀察學生的學習情形。當講完課之後，旋即，學生討論課程應如何進行及各組如何順利地共同學習。

表13-2　決定適當的組織結構

組織因素	考慮要項
團體大小	• 學生的學業和社會技能。 • 學生須學習時間總數。 • 教材的性質。 • 每位學生談論和交換理念之機會。 • 教材所涵蓋的量。
團體分配	• 每一位學生有不同的強項和弱項。 • 異質性團體最具權力。 • 異質性團體可包含不同的變項：能力、性別、族群背景、觀點、語言，而同質性團體會限制學生的學習經驗。
空間安排	• 學生在團體裡須謹慎地分擔教材和安靜地交換理念。 • 爲減低團體間之分心，空間可設在小組之間，周旋較方便。
教材	• 每組用一套教材，學生必須分擔，而且時常互動。 • 提供每一位學生教材不同的部分，或者，需要學生學習課堂內容之特殊部分訊息，而且，增強與同儕學習。 • 一套教材可每位一份，俾利複習和學習。
規則	• 教導角色並清楚地瞭解。 • 給予每一位學生表現不同功能的機會，並輪流角色的分配。 • 示範扮演鼓勵者、檢核者和觀察者之支持性社會技能的角色，以及演示支持性工作技能之記錄、閱讀和經營等人員的角色。

資料來源：*Instructional models: Strategies for teaching in a diverse society* (p. 311), by Lasley II et al., 2002, New York: Wadsworth.

第四節　合作學習之實施策略

基本上，在教學時教師可以運用不同的合作學習策略，促使學生有效地共同學習，教師愈瞭解不同的選項，視合作學習爲教學模式愈爲重要。有關合作學習之模式，有的較易於經營，惟有些則需要多加練習並留心詳述。

一、非正式的合作學習

起初，非正式合作學習（informal cooperative learning）策略是教師提出問題，隨之，要求學生合作學習獲得答案；教師讀一則故事或演講，接著，問問題；或者，教師問學生問題，之後，鼓勵學生整理或統整概念（Baloche, 1998）。因此，教學時，教師可運用不同之非正式合作學習，其方法如表 13-3。

表13-3　非正式合作學習

組織	概述	功能
循環賽（round-robin）	每位學生輪流跟他（她）的隊友共事。	表達理念和意見，創造故事；公平參與，與隊友相識。
角落（corners）	每位學生移到教室角落，並就此討論，傾聽和闡述理念。	瞭解另類的假設、價值、解決—問題方法。認知不同的觀點，跟同學交換意見。
顏色—分類合作卡（color-coded）（co-op cards）	利用閃示卡遊戲，讓學生記住事實。教師須妥善設計遊戲，盡可能的讓學生在每一個階段有成功的機會，因此，可由短期—記憶，搭配長期—記憶進行，並記錄學生進步情形。	記憶事實、協助、讚美。
雙人檢核（pairs check）	在四人小組中，學生以二人配對一起學習。在一對同學中，學生互換替代：一人解決一個問題，其他的人爲教練；然後，每二個問題由一對同學檢查，來瞭解是否他們的答案跟其他一對的同學一樣。	練習技能、協助、讚美。

資料來源：*Instructional models: Strategies for teaching in a diverse society* (p. 314), Lasley Ⅱ et al., 2002, New York: Wadsworth.

其次，非正式合作學習尚有下列策略：

（一）數字頭集合（numbered heads together）

1. 在小組裡，每位學生有 1、2、3、4 等的數字號碼（一個小組可由 3-5 位學生組成）。

2. 教師提出問題。

3. 教師告訴學生「把數字頭放在一起」，確認每個團隊知道答案。此時，所有的學生必須討論教材之問題及能回應。

4. 教師叫 1、2、3、4 等數字，學生則用數字舉起來予以回應。

（二）一組4人（groups of four）

1. 以 4 人爲一組，學生一起學習。

2. 每組的成員是由隨機分配的。

3. 分配每組成員一個特殊的角色在小組中學習。

4. 所有的小組處理相同的問題或問題一解決活動。

5. 每組朝向共同的結果工作，因爲，每位學生得到團體獎。

（三）思考一配對一分享（think-pair-share）

這個方法的目的是使學生發展概念和批判思考技能，此模式的主要步驟如下：

1. 教師提供學生一個主題或觀念。

2. 學生獨立地思考有關主題的意義。

3. 學生跟其他同學配對來討論主題，並分享各自的想法。

4. 學生在班上分享他們的想法。

（四）一組3人（groups of three）

此策略對技能之建立或字彙發展是有效的。其次，可使學生共同學習一段時間，以及彼此學習如何發展學業和社會技能。團體是根據不同的專業能力所形成，其實施和策略如下：

1. 依據學業能力形成異質性團體。

2. 分配給小組的工作任務爲一週或兩週時間。

3. 針對團體合作和個人責任設計機會。

二、正式合作學習（formal cooperative learning）

正式合作學習法之其中重要優點，是特別強調增進的觀點。事實上，此種方法確實鼓勵學生學習，同時，會增強學生持續表現良好。尤其，拼圖法（Jigsaw Ⅱ）需要學生如何一起學習來增進完全地理解主題。給予每位學生要學好主題之一部分，即要變成這個主題部分的專家，之後，這位學生要有一些時段跟其他團體具相同職責之成員一起學習；接著，教師提供機會給所有學生分享他們對主題之理解給其他團體成員，主要目的在於使學生對該主題發展更完整的理解。

因此，有關拼圖法之重要概念和主要的步驟（如圖 13-1）如下：

（一）告訴學生在拼圖法小組學習，達成課堂目標

教師先簡述有關拼圖法之要義，隨之，訂立小組大小，約 4 人一組，旋即，設計拼圖法之活動。分配每一個人在較大的主題中一個特殊的範圍內學習，而此活動的目標在於教導其他小組成員應學習的部分。

（二）設計異質性小組

基本上，有許多不同的方式設計小組。有些教師根據一般分組方式把班上學生予以分類，如高能力、中高能力、低中能力、低能力等。然後，從每一個小組裡選取一人來形成學習小組或團體。

（三）介紹規則，管控小組行為

當學生在團體裡時，下一個階段要確定的是，所有的學生須瞭解他們的任務爲何。確認管控團體行爲的規則如下（Gunter, Estes, & Schwab, 1995）：

1. 學生不可離開小組來會面其他班上成員，直到每一個人在原有小組完成了教師分配的任務。

2. 每一位學生必須確認他（她）的隊員，對所分配小組教材已學得精熟了。每位學生之責任不僅要瞭解內容，而且，保證小組成員已完全瞭解相同的教材。

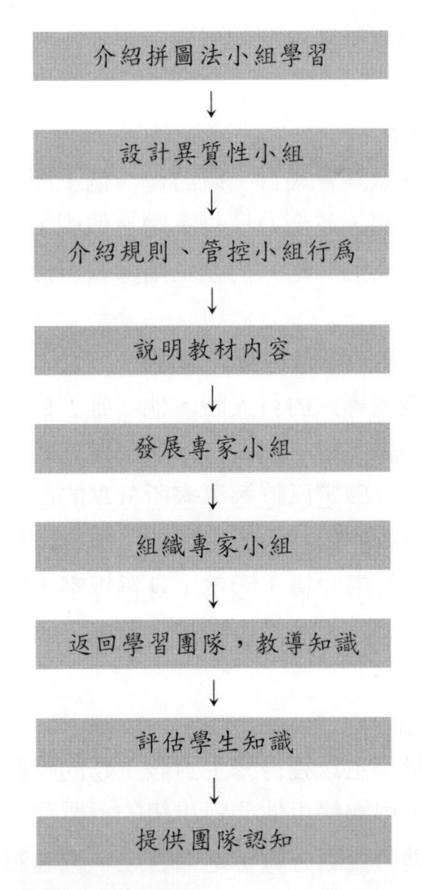

圖13-1　正式合作學習拼圖法步驟

3. 每位學生在小組是一個資源。如果，一位學生不瞭解相同的內容，學生在向老師尋求協助之前，必須向小組成員請求協助。

（四）對班上學生說明教材內容

教師陳述的方式有不同的方法，如教師講述主題，旋即，要求學生運用補充教材當作內容資源。

（五）發展專家小組（expert groups）

要求異質性專家小組學習各種不同的主題領域，而且，每一位成員在特定題項中選擇一個主題，形成一個專家學習團隊。簡言之，希冀選擇一個主題之每位學生，成為那個領域的專家內行人。

（六）組織專家小組

教師召集所有專家聚會集合，研討每一個主題，亦即，所有的學生從所有的小組聚在一起，並全力探討主題。他們須確定所有小組的成員完全瞭解主題，俾能為他（她）們原生團隊教導此題材。

（七）返回學習團隊，教導專業之知識

當學生有機會變成專家內行人時，他（她）們就樂意回到原生的學習團隊分享他們的知識。每一個人分享所學題材給隊友，而隊友提出問題，記錄和複習內容以確定已瞭解專家所分享的題材。要注意的是，每一個人要閱讀所有原有的教材內容，如此，所有隊員對每一主題有一些瞭解。此時，專家更具備知識，因為，身為專家小組，他們以不同的方法關注內容材料；換言之，他們會閱讀、觀察、傾聽，以及深入討論。

（八）評估學生知識

此時，教師評量學生以獲得學生對該主題的瞭解程度或情形。評量方式包括積點制，即根據學生他們對小組的貢獻和自己的表現。另外，每位學生在測驗上獲得實際分數。進而言之，教師將每一位學生的分數加以比較分析，以基本分數、實際分數、進步分數、進步積點等，予以統整、比較分析。

（九）提供團隊認知

在團隊認知階段之前，教師須決定小組需要的平均進步分數，作為不同程度之認知，如教師可設計三種程度之認知，即特優團隊（25分）、優異團隊（20分）、良好團隊（15分）。

從動機論（motivational perspective）而言，合作學習是特別有效的方法，尤其，當教師發展下列要項時：

（一）協助學生發展人際關係。

（二）為了解決難題，提升由衷的想要瞭解高階內容與技能。

（三）確信問題或計畫是眞實的，新穎和科際整合的。

（四）支持學生學習計畫經營的藝術。

至於，組織合作學習小組之程序（如圖 13-2）說明如下（Ginsberg, 2015）：

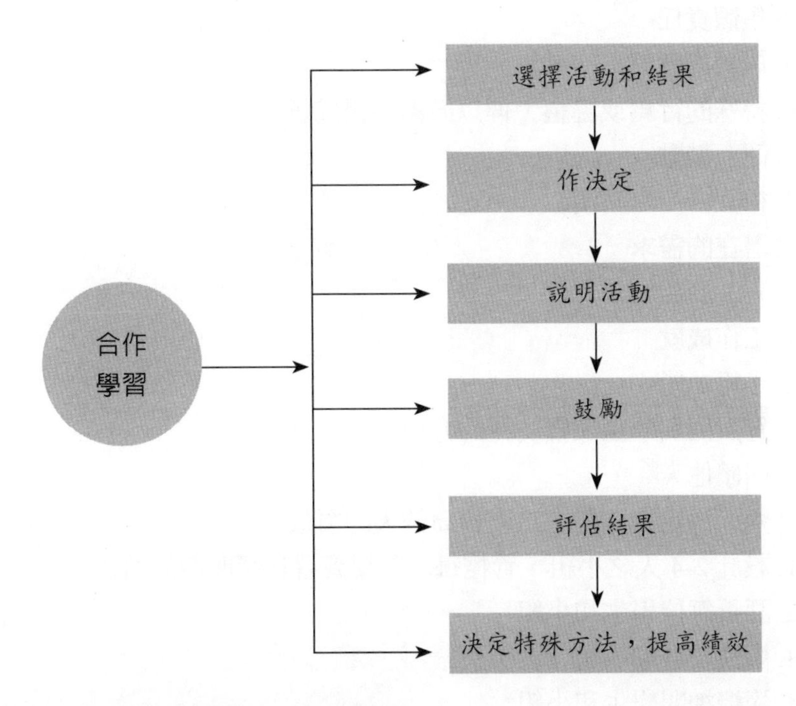

圖13-2　組織合作學習小組之程序

（一）選擇活動和渴望的結果

（二）作決定

1. 團體大小
2. 分配到各小組
3. 教室空間安排
4. 每組所需要的教材
5. 角色

（三）清楚地說明活動，讓學生充分瞭解

1. 任務
2. 積極正向的相互依賴
3. 個別責任
4. 集體責任
5. 成功的標準
6. 特殊的行為或協議，俾以鼓勵小組成員

（四）鼓勵

1. 相互合作之證明
2. 潛在的需求

（五）評估結果

1. 工作成就
2. 小組功能
3. 針對個別學生加強支持的方法
4. 回饋他人

（六）決定特殊的方法來提高個人的績效

1. 設計 2-4 人之小組，管控每一位學習者具體明確的角色
2. 評量每位學生和小組
3. 觀察和鼓勵小組
4. 隨機抽問學生和小組
5. 從個別小組成員要求定期自我評量和績效的概述

第十四章　提示法

在教學的過程中，有些學童需要教師或父母某種程度的提示，方可順利達成目標與習得某種技能。至於，有關提示法之意涵、提示之意義與類型、提示階層與運用，分節陳述如後。

第一節　前言

實施系統性教學之支持因素是希望在兒童表現反應之前，提供支持以增加正確的反應及更有效的學習。支持策略包括提示（prompting）、暗示（cuing）、塑造（shaping）和褪除（fading）等。提供支持的程序亦可以在兒童企圖一個目標反應（target response）之後，當兒童沒有反應時，或者，並無渴望的反應時，支持是一個修正的程序。而修正的程序應該與當初提供的支持有所不同，因為，無效的程序不應重復。修正的程序亦應具有高度導致渴望反應之機率，俾使第二次的錯誤不會發生。提供支持亦可在兒童表現正確反應到極為渴望的反應之後（Noonan & McCormick, 2014）。

第二節　提示之意義與類型

一、提示的意義

凡是有助於兒童作渴望的反應，稱之為提示。至於，提示有兩種類型：第一，自然提示（natural prompts）；第二，教學提示（instructional prompts）。自然提示是環境刺激所引起的反應（Holland & Skinner, 1961）。提示並非引起或引出反應，反而，提示用信號發出或示意反應，尤其當增強是定期或規律地跟隨著適當的反應時，此種現象會發生。例如：當父親說：來看卡通哦！（提示）此時，幼兒立刻就瞭解那件事，如果小孩開了電視（反應），父親跟小孩看了卡通（結果），此提示─反應─結果關係的預測力會增加，亦即，當自然提示存在，適當的反應就會發生。

至於，當自然提示對新技能之教導不適當或無效時，則提供教學提示。而教學提示可以如同閃光一瞥、纖細隱約，或者，如身體輔助一樣地嵌入。換言之，提供支持提示的量，不僅端視提示的強度，尚有賴於兒童的能力運用之。如果兒童無法瞭解言語，口語引導則無法提供支持，然而，對一些兒童而言，口語引導和示範爲有效的方法。因此，良好的提示是有助於兒童做出反應，減少產生錯誤，而且，盡可能是非嵌入式爲佳（Wolery & Hemmeter, 2011）。

二、提示之類型

至於，一般常用的提示如下（Noonan & McCormick, 2014）：

（一）間接式口語（indirect verbal）

詢問或說出所需要的意旨。如，「我們走路回到家了，那麼，我們現在需要做什麼？」（意思是「回到你的房間休息一會兒」或「喝一杯水，吃一點東西。」）

（二）直接式口語（direct verbal）

使用具體明確的陳述，告知兒童要做什麼？例如：「關掉電視，要上床睡覺了。」

（三）手勢（gestural）

移動手或身體部位當作非口語提示。可以用傳統常用的手勢，亦即，一般人熟悉的手勢，如請、再見、過來等手勢。

（四）示範（model）

演示渴望的反應，可以用口語或動作演示。口語示範可以鼓勵兒童陳述事情；動作示範通常提示兒童從事各種物體之活動，如演示拍球、打籃球、打棒球等。

（五）觸覺（tactile）

碰觸兒童。觸覺提示是常用來引起兒童的注意力，或作為提醒某個身體部位必須採取行動作出反應。

（六）部分身體支持（partial physical assistance）

指藉由接觸或操作身體的部位，引導兒童稱之。由於並未提供完全的控制，兒童須做一些的反應，僅供部分提示。例如：引導兒童的右手肘，協助兒童將右手順利地穿入衣袖。

（七）完全的身體支持（full physical assistance）

藉由接觸或操作身體部位，提供完全的控制。例如：引導兒童的手，並協助兒童拿球丟球。

（八）空間（spatial）

把刺激放在某個地點，以提高正確的反應。例如：把短袖衣服擺在長袖衣服的正前方。

（九）移動（movement）

改變刺激的位置，來吸引注意力。例如：教師或父母拿兩個球，詢問兒童喜歡紅色或藍色的球，當兒童提起時，就把不同顏色的球移到他（她）面前。移動提示可以協助兒童選擇之前，注視這兩個球。

（十）視覺／圖片（visual／pictorial）

透過圖片、顏色和圖表提供支持。如衣服標籤是一種視覺／圖片提示，可協助孩童把衣服放在適當的地方。

（十一）聽覺（auditory）

運用聲音來支持兒童做出渴望的反應。如輕拍物體即是聽覺提示。

其次，提示可以個別的、同時的，或順序地來運用（Snell & Brown, 2011）。當使用個別提示（individual prompt）時，所提供的提示一次；運用同時提示（simultaneous prompt）時，同時地呈現兩個或更多的提示。例如：第一，支持弟弟站立的動作，哥哥抓著弟弟的手並輕輕的拉上來；此時，第二，父母在弟弟的臀部支撐著；第三，說著：站起、站起來。

至於，提示順序（prompt sequence）是指兩個系列或更多的提示。例如：運用口語引導、示範和身體輔導（physical guidance）三種步驟之順序，來教導兒童穿著短袖圓領運動衫。首先，跟兒童說：拿著衣服的底部；第二步驟：提供示範，如果兒童無法模仿示範的動作；第三步驟：教師則透過輔導兒童的手拿著衣服，支持兒童穿衣。

三、提示策略的目的（Collier, 2017）

1. 調整學生反應的模式。
2. 調整內容來滿足個別或特殊學生的需求。
3. 建立學業轉換的技能。
4. 建立學校文化期望之知覺。
5. 建立獨立工作的信心。
6. 建立學生行爲之自我一知覺。
7. 發展學業的自信心。
8. 發展交往的技能。
9. 發展延長在學習上的時間。
10. 提供學校適應歷程之知覺。
11. 擴展和精深學習。
12. 擴展理解力。
13. 促進個別化。
14. 促進學校適應歷程。
15. 促進學生自我一評估技能。
16. 改善動機。
17. 增加學生在學習上的時間。
18. 減少行爲問題。

19. 減少文化衝擊。
20. 減少分心。
21. 建立學業期望之知覺。
22. 建立學生現有的技能。
23. 提高專注學習的能力。
24. 發展較高的容忍度。
25. 擴展理解力和學習。
26. 建立轉換的技能。
27. 持續參與。
28. 發展個人情境的控制能力。
29. 增加學生產生正確反應之可能性或機率。
30. 使用重要的知識。

第三節　提示階層與運用

提示階層（prompt hierarchies）是指依據每個所提供的支持多寡或數量之提示順序排列。這個階層之排序可由少至多支持（least to most assistance），或者，由多至少支持（most to least assistance），如下列提示之四個階段（Noonan & McCormick, 2014）：

1. 口語：老師說：請站起來。
2. 手勢：老師做出「站起來」的手勢或動作。
3. 部分身體支持：老師用右手輕拉。
4. 完全身體支持：老師用雙手輕撫引導站起。

換言之，如果以口語提示爲階層之起始，此稱爲由少至多階層，倘若以完全身體支持爲起始，則稱爲由多至少階層（如圖 14-1）。

在實施由少至多支持階層時，在順序上，最初的提示總是嵌入最少的，如果在特定的時間（約 5 秒）內，兒童沒有渴望的行爲反應時，教師或父母繼續實施此提示階層，提供下個提示，並且，等待時間的長度。當表現出良好的反應時，就增強兒童。要注意的是，由少至多階層僅在兒童需要支持時方可提供，避免有些兒童變成提示依賴（prompt dependency），習慣地等待提示或更多的支持，這是由於兒童瞭解了

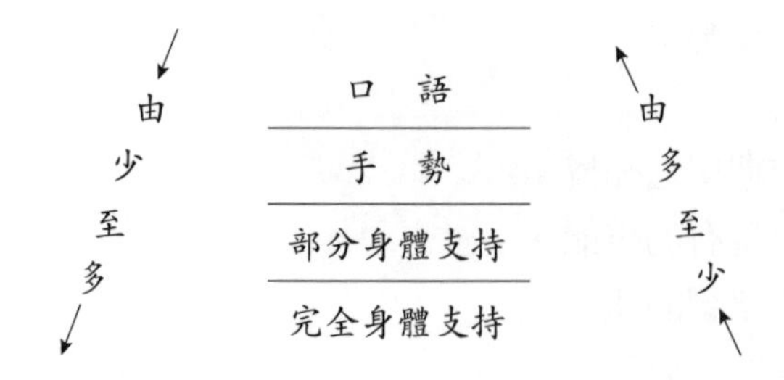

圖14-1 提示階層

終究會提供協助或顧及一些錯誤會提供少許的支持（Csapo, 1981; Day, 1987; Glendenning, Adams, & Sternberg, 1983）。

至於，由多至少支持階層可以消除提示依賴和高錯誤率的問題。在由多至少階層中，先用最多支持的提示。當兒童演示的反應在某一種標準程度，則繼續教導下一個提示支持程度；當發生錯誤時，則先前的提示程度須加以修正，依兒童的特殊需求或個別差異，提供適當的提示。基本上，單一的或同時提示比提示階層或提示順序可產生較有效的學習（Wolery, Ault, & Doyle, 1992）。

一、漸進式輔導（graduated guidance）

漸進式輔導是一種較少結構化的提示策略，亦稱爲變通式提示褪除法（flexible prompt fading）（Soluaga, Leaf, Taubman, McEachin, & Leaf, 2008）。在漸進式輔導中，教師或父母須留意兒童嘗試技能之際，並決定需要提供多少支持。起初，提供較多的支持，俾利確保成功。當兒童習得了技能時，就要減少支持的數量。這個方法如同由多至少提示階層一樣，支持的數量逐漸地減少。然而，實際的數量和支持的形式，則有別於由多至少支持提示階層，因爲，數量有時增加，再則，當兒童企圖反應時，決定了支持的數量和形式，並非爲預訂的（Snell & Brown, 2011）。當漸進式輔導妥善地實施時，很少發生錯誤的現象，且僅提供最少量的支持（Soluaga et al., 2008）。

二、暗示（cues）

暗示是一種提示，可引導兒童注意刺激或工作的特殊向度。例如：指著並說：「把課本放在桌子上」，此句爲暗示。因爲，此句引導兒童到特定的物件上。最有效的暗示是能引導注意力到刺激最重要的特徵上，亦即，提供精準的暗示效果更佳。因此，教學過程中須敏銳的觀察兒童，並留意何時需要暗示，引導注意力到重要的刺激特徵上。至於，提示、暗示有不同的形式，包括口語、觸覺、身體、移動和空間等提示（Noonan & McCormick, 2014）。

三、程序無誤（errorless procedures）

最令人滿意的支持程序是運用非常有效的提示，使錯誤減到最少的地步，進而達到零錯誤（error free）的境界。其中，時間延宕（time delay）是一種無誤的程序，主要是使用自然的提示來配合教學提示而言。經過繼續的嘗試之後，自然提示與教學提示之間的時距（time interval）逐漸增加，直到兒童對自然提示反應爲止（Noonan & McCormick, 2014; Snell & Gast, 1981; Touchette, 1971）。例如：母親利用時間延宕來教導她的兒子請求協助來啓動玩具。當兒子企圖啓動玩具但無法成功時，母親就說：「需要我來協助你嗎？」（自然提示），且示範（教學提示）：「請幫忙！」母親重複多次的零秒延宕的程序約爲兩天，無論何時她的兒子好像需要支持。到了第四天時，當他似乎需要協助時，她說：「你需要協助嗎？」然後，停頓 2 秒。這個暫停主要是給她的兒子機會來說：「請幫忙！」而不提供示範。如果他說了，母親則立即提供必要的支持；如果他並沒有在 2 秒內說：「請幫忙！」母親則提供示範給他。她利用這種 2 秒延宕程序兩天，最後，她的兒子會說：「請幫忙！」來回應自然提示（你需要協助嗎？）。

至於，時間延宕的類型，包括漸進式時間表（progressive schedules）、區塊式時間表（blocked schedules）、區塊式和漸進式時間表（blocked and progressive schedules）。首先，漸進式時間表是從 0 秒延宕開始（自然和教學提示配對），每次嘗試，則延宕增加固定的數量（如 0 秒、1 秒、2 秒、3 秒，或 0 秒、2 秒、4 秒）。其次，區塊式時間表，開始嘗試是從 0 秒開起，然後，所有的嘗試是固定間隔（fixed interval）（0 秒、0 秒、0 秒、0 秒、4 秒、4 秒、4 秒、4 秒、4 秒），這種時間長比漸進式時間表易於正確地實施。第三種類型爲區塊式與漸進式時間表，先從 0 秒多次嘗試開始，然後以比較的延宕時間表漸進，而在每個程序要多次嘗試（0 秒、0 秒、0 秒、2 秒、2 秒、2 秒、4 秒、4 秒、4 秒、4 秒）。至於，在效果上這三種類型各有所不同，漸進式延宕時間表穿過延宕順序快速，對重度障礙學童會導致錯誤的現象，而且，無法理解此策略；至於，區塊式時間表或區塊式與漸進式時間表，可以提供比較長的機會來學習等待提示，如此，錯誤就減少到最低限度（Noonan & McCormick, 2014）。

四、有效的提示準則

爲使提示有效，須注意下列準則（Noonan & McCormick, 2014）：

（一）實施提示程序，具體指明在教學計畫中，切勿重複提示，除非在計畫裡有指明。

（二）務必事前實施提示。

（三）所提供的提示要清楚和易於瞭解。

（四）選擇最少干預的提示，最好將錯誤降低到最小。

（五）如果提示無效，則改變提示。

（六）使用提示和暗示，協助兒童注意自然發生的一種，自然和教學提示可以配對。

（七）運用暗示集中注意力這個刺激最有關的特徵。

五、褪除提示和暗示

爲了使兒童在自然情況下反應，就必須撤除教學提示（Wolery & Hemmeter, 2011）。一個良好的教學計畫，應提供重要的支持，俾利改正反應。尤其當持續改正反應時，須逐漸地撤除支持。提示褪除之程序最爲重要的原則是，教學提示最終變成微不足道。因此，褪除的主要方法在於減少強度。口語提示的強度可以使用多次溫和的言語來褪除，而身體支持可以利用逐漸地冷淡支持來褪除；身體輔導亦可藉由減少施壓或時間來褪除（Noonan & McCormick, 2014）。

其次，提示褪除策略乃與提示的類型有關，聽覺提示變得比較平靜；空間與移動提示變小；視覺提示變得較亮；亦即，關鍵是使提示微不足道，俾使兒童反應正確。值得注意的是，當最小干預提示之階層爲自然的一種時，由多至少和由少至多提示階層是完美的提示褪除策略（Noonan & McCormick, 2014）。至於，無錯誤的提示方法（時間延宕、刺激塑造、刺激褪除）主要是結合提示褪除之策略。在時間延宕中，教學提示是暫時地褪除；在刺激塑造和褪除裡，學習教材和刺激的特徵是逐漸地減少改變，直到僅剩自然提示爲止。

第十五章　多層次教學

多層次教學係由教師設計一些學習活動，讓學生依據自己的能力程度與其他同學合作獲得及運用訊息。更重要的是，使用多層次學習教材，讓學生依據他（她）們多元化的能力來獲取各種不同的訊息。爲能進一步瞭解有關多層次教學，本章分三節敘述：第一節，眞正的多層次教學之意涵；第二節，規劃眞正的多層次教學單元與課程之重要步驟；第三節，眞正的多層次教學重要內容，各節內容分述如後。

第一節　真正的多層次教學之意涵

所謂眞正的多層次教學（authentic multilevel instruction）係指引導並描述對不同能力程度的學生最有效的方法，有效教學的特徵如下（Peterson & Hittie, 2010）：

一、真正的（authentic）

眞正的學習（authentic learning）是最主要的和核心的要素，不是說學生到學校學習或參與活動，就算是學習了。眞正的學習應該是藉由眞實的目的（real purpose）事件之發生來教導。例如：眞正的寫字或寫信，應該教導學生能寫出自己的名字、家人的住址，以及能寫生日卡片給父母及家人。

二、高階思考（higher order thinking）

在眞正的、多層次的教學裡，教師必須將所有的學生浸含在高階思考複雜的學習，計畫或想出知識的較高目標。

三、融合（inclusive）

老師將所有特殊需求的學生融合在普通班，在班級中採用異質性和配對分組進行學習。

四、多層次（multilevel）

學生從事學習活動時，允許學生依他（她）能力程度學習；同時，在學生本身的近側發展區（zone of proximal development）挑戰，以便持續成長和學習。教導學生瞭解多層次教學的概念，協助挑戰，並相互支持。

五、多型式（multimodal）

多型式法（multimodal methods）是指運用彈性和自然地來獲得訊息，從事學習以及演練。

六、鷹架法（scaffolding）

支持和協助學生從他（她）們目前的程度遷移或轉換到另一個程度，具體和系統性地教導學生相互協助、支持和挑戰，在班級建立共同體。

七、引導學生領導和方向（guided student leadership and direction）

允許學生在班上主張，而且，清楚地教導彼此相互協助、支持和挑戰。教導學生如何判斷是非，提供選擇和教導；同時，在學習過程中，支持如何對自己的抉擇負責。

八、根據學習和成長評量

在學習的過程中，教師必須根據學習和成長來評量學習，同時，要評量學生的努力，而不是所期望的功能的標準程度。換言之，要在眞正的學習情境來評量技能。

第二節 規劃真正的多層次教學單元與課程之重要步驟

對老師而言，最重要的是如何妥善的、適當的來規劃單元和課程，以及計畫教學的方法與策略，使學生獲得良好的學習效果，而眞正的和多層次的教學，可作爲教師設計課程時之重要途徑。至於，有關達成此目標的主要步驟如下（Peterson & Hittie, 2010）：

一、選擇真正的整合性主題（interdisciplinary theme）

當愈能選擇學生感到有興趣的各種單元之主題時，則促進較高程度的學習愈能達成。

二、發展多層次的學習目標

首先，確立全方位的單元或課程學習目標。當我們瞭解了全方位的學習目標之後，接著就須思考學生功能的範圍，具體的界定最高、最低和中等程度學習者的期望。

三、運用工作坊—本位學習（workshop-based learning）

讓學生從事眞正的多層次學習活動。

四、為個別學生提供區別性課程

教師必須考慮特殊需求學生和個別化之區別性課程，以確保他（她）們參與及學習。此時，教師須聯想到學生之個別化教育計畫，並計畫如何從不同的特殊教育專業人員獲得支持。

第三節 真正的多層次教學重要內容

一、選擇真正的科技整合主題

Newmann 與 Wehlage（1993）指出，眞正的學習如下：

- 促進高層次思考

- 探索高深的知識
- 參與教室外的世界
- 鼓勵學生建構知識

至於，什麼是眞實？什麼是眞正的？眞正的教學有兩個關鍵性的觀點：第一，主題的焦點；第二，吸引學生的方法。當學習的內容或活動主題直接與學生的生活，以及學生生活之地方社區有關聯性時，這就是所謂的眞正的主題。類似的主題諸如眞實的地方、眞實的事件以及社區內的人物等。因此，眞正的學習不是爲了生活作準備，而是現存的生活。

其次，設計跨領域或科際整合主題，如圖 15-1。

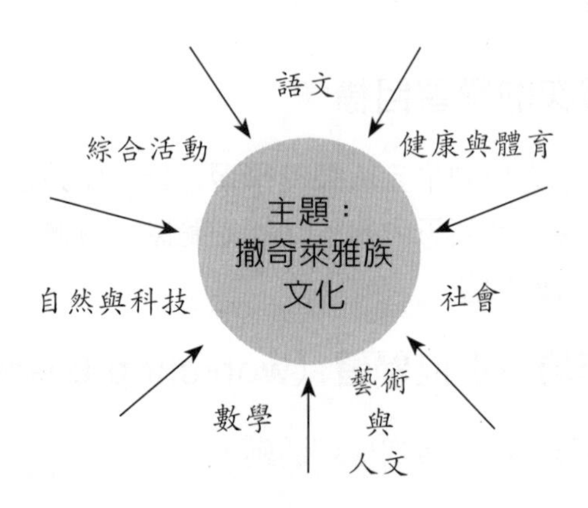

圖15-1 跨領域或科際整合型主題模式

跨領域或科際整合型主題的主要目標，在結合各領域觀點並關注問題、主題的探索，使學生在探究的事件中知覺各領域間的關係。設計與實施此種模式時，可依下列步驟進行（薛梨眞，1999）：

（一）選定一組織中心

選擇一主題、課程範圍、事件或問題，當成組織中心。最理想的主題是跨學科，而且適合學生學習。有時候主題可由學生建議產生。

（二）腦力激盪連結方式

師生共同思考問題及討論與主題相關的想法，教師記錄特定學科的連結方式，此方式能讓每位學生有機會從每一學科的觀點，去考慮組織中心。

（三）引導問題至教材的範圍與教學前後順序

本質上是跨學科領域，並形成單元的範圍與建立專業上前後順序。教學前後順序是需要的，可預防偶發狀況及提供探究組織中心的架構。

（四）編寫活動設計與實施

當一教師編寫學習活動時，可使用不同的教學形式（如寫作、閱讀、辯論等），以及不同的團體型態（如 2 人一組、3 人一組、大團體、小組討論及個別工作）。另外，運用 Bloom 的認知目標分類法或類似工具，去圖示學習過程與思考層次。

二、發展多層次學習目標

發展多層次學習目標，包含以下三個重要步驟：

（一）界定全方位的學習目標

發展全方位的學習目標是非常重要的，倘若我們使用真正的主題來連結各種科目，則需要一個學習目標的描述，用來協助釐清這一堂課的重點；同時，也要在某種程度上敘述學習目標，以支持較高層次的思考和多層次教學。例如：學生能熟記臺灣有十六族原住民，是適合學習程度較低的學習目標；至於，學生能說出並瞭解各族群間文化上之差異，則需要較高層次思考之學習目標。

Bloom 的教育結果及分類目標，可針對較高層次思考和多層次教學設計目標，其分類如圖 15-2。

行爲表現	記憶	理解	分析	發展	評價	
類別及階層						評鑑
					綜合	綜合
				分析	分析	分析
			應用	應用	應用	應用
		理解	理解	理解	理解	理解
	知識	知識	知識	知識	知識	知識
意涵	記憶事實、專有名詞、基本概念和答案	藉由組織、比較、轉換、解釋、描述及陳述摘要來理解事實和概念	運用所習得的知識、事實、技能和不同的規則解決問題	藉由確認動機或原因檢視與分解訊息，推論並發現支持與類化的證據	蒐集資料統整不同的方式，並主張另類的解決	藉由相關訊息表達和辯護意見、概念的正確性，或者根據一套標準的工作品質
學習行爲目標常用動詞或質問提示	敘明…… 描述…… 認出…… 列舉…… 配對…… 說出…… 名稱 選出…… 複製……	轉換…… 區別…… 估計…… 解釋…… 事例…… 預測…… 摘要…… 重寫……	變換…… 計算…… 示範…… 發現…… 預測…… 表現…… 解決…… 修改……	分解…… 區別…… 指出…… 選擇…… 分開…… 圖解…… 辨別…… 推知……	聯合…… 編輯…… 創造…… 創立…… 設計…… 籌劃…… 重組…… 摘要……	批判…… 評定…… 斷定…… 結論…… 對照…… 解釋…… 支持…… 辨別……

圖15-2 Bloom的教育結果與目標分類

資料來源：修正自郭生玉（1985）。**心理與教育測驗**（頁173）。臺北市：精華。

Inclusive teaching (p. 375), by J. M. Peterson & M. M. Hittie, 2010, New York: Pearson.

（二）描述期望的表現程度

一旦我們發展有效的全方位的學習目標之後，接著，我們要描述學生不同能力程度其所期望的學習程度。我們要瞭解功能程度低、中、高的學生；換言之，我們可以把學生的程度分爲 1、2、3 次序，根據不同的程度，描述不同的期望表現，如圖 15-3。

全方位學習目標：瞭解撒奇萊雅族文化
學習活動：文化導覽

程度1	程度1	程度3
能簡單介紹基本的文化特徵	能描述該族的社會組織特性	能描述該族的分布、遷徙、社會組織、歲時祭儀及樂舞表演

圖15-3　多層次的教學目標

（三）設計替代性學習目標和期望

Peterson 與 Hittie（2010）指出，如果我們有了良好的多層次學習目標，深信所有的學生在某些程度上能夠達成目標。然而，如果有些學生無法達成與實現目標時，我們仍讓學生在不同的目的參與學習和一般的主題，甚至我們須區分和調整學習目標、活動與教材。除了考慮替代性目標外，亦考慮改變學習的量與難度，其策略如下（Falvey, 2005; Falvey, Givner, & Kimm, 1996; Peterson & Hittie, 2010）：

1. 上數學時，允許學生使用計算機。
2. 允許學生用素描的方式，來記錄或表達故事的內容。
3. 修改標準化的評量來評估學生的表現。
4. 允許學生唸符合其程度的課文。
5. 提供簡單的引導。
6. 調整寫字或閱讀的頁數，以及作業的分量。

此外，提供機會給學生使其有較多的時間做作業。有效的一般策略如下（Deschenes, Ebeling, & Sprague, 1994）：

1. 增加輔導練習

(1) 特別指導小技能。

(2) 提供同儕夥伴之教導。

(3) 鼓勵父母參與學習。

2. 改變教學和表現的步調

(1) 速度的快或慢，依學生獲得資料和完成工作時間而定。

(2) 提供額外的時間。

3. 外加時間：允許外加時間來完成工作。

由上列可知，在學習過程中，有些學生需要較爲密集的支持，如支持改變學習成果或表現的標準與方式，主要的目的在於協助與促進學生參與有意義的方法，而非是僅爲現身在班級上而已。因此，實施多層次教學時，其原則如下（Falvey, 2005）：

1. 學生融合在一般教育課程活動中，但是，教材的複雜度要比同儕少些。

2. 學習基本的、功能性與實用性技能。

3. 學習相同的課程，但是，須允許學生以較多的時間完成，或以較慢的學習步調進行。

4. 學習替代性或區別性的技能。

三、設計評量

當我們具體的訂定了學習目標之後，旋即，著手設計評量學生的方法。基本上，評量有兩個目的。第一，決定學生已學得什麼？第二，決定學生如何學習得最好。評量的訊息可引導教師發展、傳遞和區分課程和教學。針對特殊需求學生之有效評量方法，說明如下：

（一）學習作品能反應學習

有效的評量是依據學生來發展眞正的學習成果，而這作品與成果能展示學生的學習，如依學生自己的程度閱讀眞實的一本書，能表現實質的學習成果，如畫畫、寫故事、參與活動等。如此的評量方法，可以協助教師或家長充分的瞭解學習困難的學生和加深學習。換言之，眞正的評量（authentic assessment）是允許學生根據自己的程度來表現學習成果（Neill et al., 1995; Peterson & Hittie , 2010; Tomlinson, 2004 ; Wolf, 1989）。

（二）檔案（portfolios）

檔案係指將學生的作品加以蒐集彙整，以展示學生的成長和學習成果。學生可以選擇每一科最好的作品爲樣本，以及學習改進的作品。教師可以將編製好的每一檔案複印成兩份，一份附信件和學生與班級的照片寄到學生家。檔案評量的形式與內容的分配，乃是依據每位學生個人傑出和優異的作品（Peterson & Hittie, 2010; Wolf, 1989）。

（三）軼事記錄（anecdotal records）

軼事記錄是觀察學生時將所看到的和聽到的，以敘述方式記錄。因此，教師必須帶著一個夾板，每天略記觀察的內容。在教學過程中，觀察可以協助教師蒐集有價值的訊息（Calkins, 1994）。

四、融合教學策略

Peterson 與 Hittie（2010）認爲，假使我們要使學生成功，則需要運用教學的策略，包括讓學生參與學習是有意義和興趣的感覺；提供學生成就感和有效能；其次，支持學生成長並協助他（她）們向前邁進。爲達成此目標，茲分述下列主要的教學方法：

（一）採用工作坊的學習（workshop learning）

工作坊的學習形式，學生可以單獨、兩人和小組方式學習，透過單獨、一對和小組之交互作用，使學生具有學習共同體的作用。工作坊一本位學習（workshop-based learning）有各種不同的變化，如閱讀、書寫、數學和科學等之工作坊。這些工作坊所強調的是與學科有關的技能或內容，以及與眞正的主題有關的內容。至於，一般工作坊的學習形式，茲分述如下（Peterson & Hittie, 2010）：

1. 探究和問題一本位學習（inquiry and problem-based learning）

顧名思義，這是運用兩種方法來眞正學習，促使學生發展問題，尋求這些問題的答案，以及發展學習成果來展示學習（如圖 15-4）。這種方法可讓全班同學一起探究。另外，小組和個別可以選擇不同的探究主題。

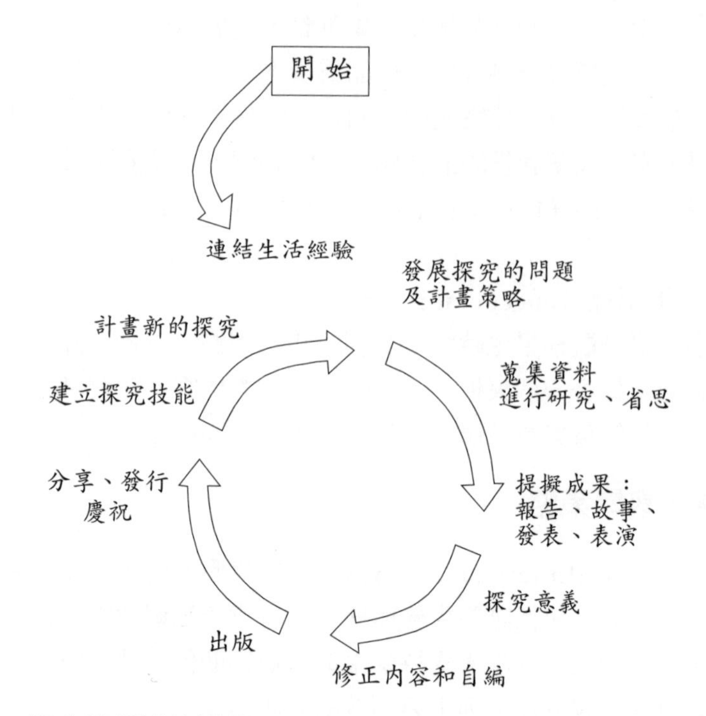

圖15-4　探究和撰述的循環

資料來源：*Inclusive teaching: The journey towards effective schools for all learners* (p. 349), by J. Peterson & M. Hittie, 2010, New York: Pearson.

2. 探險的學習（expeditionary learning）

這種學習主要是讓學生參與社區活動、組織、周遭的主題。例如：阿美族狩獵文化，其主題包括認識阿美族豐年祭、年齡階級、狩獵儀式、狩獵倫理與規範、獵具與裝備、狩獵種類與技術等。

3. 社區一本位學習（community-based learning）

社區一本位學習是讓學生在社區裡學習，就社區一本位的理念而言，每一位學生，不論是重度障礙學生，均有能力在社區裡生活、工作以及休閒。學校應該爲學生日常生活的活動作準備，甚至，將有關社區生活各項活動，直接作爲教學之內容，俾利學生培養主動參與活動的能力。社會統合與融合是適性教育重要的要素，要成爲學校生活一部分，社區生活是重要之步驟。況且，社區一本位學習，強調零推論（zero reference），不可在模擬環境下學習，一定要在社區自然環境下學習（洪清一，2006）。

其次，合作工作學習（cooperative work study）是社區一本位學習的形式，是讓學生由班級走入社區，如在班級半天之後，就到社區工作半天，並獲取學校的認可，如服務學習或社區服務，要學生到特教機構、特殊學校、特教班及資源班、社區與原鄉部落等（Peterson & Hittie, 2010）。

（二）多層次學習活動（multilevel learning activities）

融合工作坊學習活動會促進那些實質能力不同的學生一起學習，多層次學習活動是允許學生自然地依自己挑戰的程度來操作，並不需要教師以不同程度自編課文。基本上，多層次學習活動包括個別的和合作團體的學習教材，讓學生探索重要的與複雜的問題；同時，讓學生從其他團體中的強項或優勢區開始，而教師須注意團體的結構和互動情形（Cohen, Lotan, Scarloss, & Arellano, 1999）。

多層次學習活動有各種不同的形式，分別說明如下（Peterson & Hittie, 2010）：

1. 技能學習（skill learning）

教師可利用融合策略教導學生閱讀、書寫和數學等技能，在多層次學習活動中，學生可以運用這些技能在眞正的學習目的上，以及以學生本身的能力程度來學習教材。例如：在閱讀工作坊（reading workshop），學生依自己本身的挑戰程度閱讀一般的書和其他的教材；而有些學生，可能閱讀較爲複雜的主題，另外一些學生則可閱讀繪本。

2. 開放式的個別計畫（open-ended individual projects）

實施開放式的個別計畫時，教師允許學生依不同的複雜程度蒐集資料和提出結果，雖然這計畫是個別的計畫，然而，其他學生亦可參與，協助檢視初擬之內容。我們讓學生跟其他同學分享他（她）們的進步情形，以及以 2 人和小組學習。

在一個工作坊班級之個別學習（individual study），可以目睹學生閱讀，從網路獲取訊息，向其他同學詢問他（她）們不瞭解的地方，以及請其他學生檢視他（她）的學習內容。

至於，開放式的個別計畫，有下列三種方式進行，其內容分述如下（Peterson & Hittie, 2010）：

1. 獨立探究和問題一本位學習（independent inquiry and problem-based learning）

在這種模式，學生可以從事他（她）們自己的學習活動和研究計畫，藉由同儕和特殊教育專家輔導與支持，學生展示學習成果與班上同學分享。在進行過程中，教師可協助學生發展探究的問題，並輔導學生蒐集訊息，允許學生利用各種方式向班上同學說明。最重要的是，我們必須協助學生設計與擬定計畫的時程，並隨時協助學生保持進度，以免延誤。

2. 學習契約（learning contracts）

在學習契約裡，教師要允許學生決定如何完成。更重要的是，允許學生根據自己的學習風格和喜好來作選擇；同時，教師必須教導學生如何計畫和獨立學習。

3. 學習中心（learning centers）

學習中心是一種爲個別和小組管理興趣與複雜的學習經驗之途徑。我們可以在相同的主題創造不同的活動，而學生可以輪流學習，或者，根據不同的主題創造學習中心，甚至，運用多元智慧在八種興趣途徑強調一個主題的學習。只要學生參與有趣的學習活動和選擇要素，學習中心會驅動學生學習。

4. 真正的家庭作業（authentic homework）

在工作坊的學習，家庭作業並不是用在死板的技能練習上，而應該學習眞實的並與在學校所做所學的有關，並能對自己的社區和部落有重大的進步。換言之，家庭作業應具有眞實一生活（real-life）之應用性，接受立即的回饋，以及家庭一起參與學習。

（三）開放性團體計畫（open-ended group projects）

該計畫主要是一組的學生參與學習或學習成果的發展，在進行過程中，學生可以扮演不同的角色，允許不同的技能和能力程度。在團體計畫裡，教師可以提出或建議習得更好的訊息之問題；同時，可以設計實施之方向和練習訪問的方法與原則，提供運用特殊資源的工具之訊息，並攜帶材料和人物到班級，教師必須依學生的程度提供支持。例如：一位有閱讀和書寫困難的學生，希望藉由社區或部落人士之訪談和工藝品之蒐集，或這位學生和夥伴可以一起工作，其中一位負責問題，而另一位則負責記載問題答案，教師可以協助他們相互承擔來完成工作或任務。

第十六章　回應性教學

回應性教學是由教師以系統性和資料本位的方法，鑑定、界定和解決學生學業與行爲問題。換言之，在教學過程中，教師持續地觀察並整理多元資料之後，分析學生問題所在，進而解決學生問題。本章即針對回應性教學的意義、回應性教學的要素、回應性教學目標等，分節陳述如後。

第一節　回應性教學的意義

一、一般定義

回應性教學亦稱回應性介入（response to intervention, RTI）是一種評量和介入的過程，用來系統性的監核學生進步情形，以及決定教學調整的需求，或利用持續監核資料增加服務的強度（Sailor, 2009）。回應性介入不僅是關於特殊教育和特殊教育方法，亦是每位孩童教育機會的重要問題，不論孩童的障礙類別、社經地位或種族，回應介入的承諾和希望是促使所有的學生達到成功之門（DeRuvo, 2010）。另外，回應介入不僅是接受特殊教育的過程，亦是提供特殊教育服務的架構。在此結構中，學生並不須特殊教育的資格，學生仍可持續地植基於研究—本位教學（research-based instruction）獲得良好的教育，以及從多階層介入內接受良好的輔導。孩童不再需要到特殊教育之體制去接受特殊設計的教育，因爲在回應性介入之三角架構內，可提供教學（DeRuvo, 2010）。

至於，良好的回應性介入過程，有下列重要的特徵（Sailor, 2009）：

（一）高品質，科學—本位的班級教學。

（二）教室焦點的學生評量。

（三）學校一全方位（school-wide）學業和行為的篩選。

（四）持續性監核。

（五）以迫切的研究一本位介入（research-based interventions）實施。

（六）在介入期間，持續評量。

（七）教學行為予以精確的測量。

回應性介入有三個不同的應用，包括篩選和預防、早期介入和障礙的決定。基本上，回應性介入強調在一般教育情境對學習困難學生的預防和早期介入。因為研究發現回應性介入因素和原理可以改進教學和學生學習表現，同時，回應性介入可以提供學生在一般的教室中接受適性和高品質的教學（Sailor, 2009）。

回應性介入係指透過實施的閱讀能力診斷、實施有效閱讀指導等措施之檢測後，再進一步判斷是否確實需要特殊教育措施的一種新的學習障礙兒童鑑定模式，目的在減少弱勢族群兒童被誤判為學習障礙者之機率，以保障兒童之受教權（吳清山、林天祐，2006）。

二、全國特殊教育州理事協會（National Association of State Directors of Special Education）

回應性介入是提供高品質教學的方法，配合學生的需求介入，時常監核學生進步情形，以便決定改變教學和目標；同時，將學童反應資料應用到教育的決定。其次，回應性介入將決定應用在一般教育、矯治和特殊教育，藉由學童表現結果的資料，創造出一種完整的教學和介入輔導系統。

有關學童學習結果資料的重要性如下（Sailor, 2009）：

（一）作為一般和補救教學與介入之有效且正確的決定。

（二）實施學業和行為問題之早期鑑定和介入。

（三）防止障礙學生不必要的和過多的鑑定。

（四）決定適當的和合法的特殊方案與特殊教育。

（五）決定個別化教育方案，以及提供和評估特殊教育服務。

三、學校的定義

回應性介入法是強調在一個新問題的定義，而此問題是藉由期望與產生之間差距的評量，問題不在於學生，這個問題是由於學生－環境交互作用所產生的現象。傳統的方法在於處理在學校有問題的學生和課程的調整。然而，回應性介入的方法是要求不同的問題－解決方法（problem-solving approach）。亦即，每位學生回應的特殊教學方法是植基於學生學習的資料，並系統性加以修正，以決定是否需要其他的教學。職是之故，爲使回應性介入有效地適用於所有學生，全體教師必須瞭解和運用一致性的方法（Sailor, 2009）。

四、綜合性定義

綜合性的定義主要是結合學校應用模式和其他學校回應性介入應用之特徵，其結構如圖 16-1，回應性介入模式圖形如同金字塔。金字塔兩邊的水平線部分顯示三種程度，以表示或反映介入的強度。在圖中的箭頭左邊和右邊是表示較密集的支持和由底往上之移動服務，以及學生需要較少的支持和服務向下之增加數量。

回應性介入概念系統提供了一些行爲和學業方面教學介入之例子。例如：在程度 1 中，在社會和行爲發展之一般教學，包括人格態度之教導和知識之評量。在學業方面，在程度 1 中，教育介入包括配合學生學習特徵之原則性教學，以及閱讀、寫作和數學。

其次，從這個圖可顯示（如圖 16-1）仔細篩選之需求，早期鑑定那些由於歷程問題，社會或行爲高危險群學習障礙之問題。同時，這個金字塔亦可反映出另一種需求，就是監控學生在認知、行爲上學習的情形，以及目前障礙的狀況，進而統整教育資源、科技、服務和支持，協助學生學習（Sailor, 2009）。

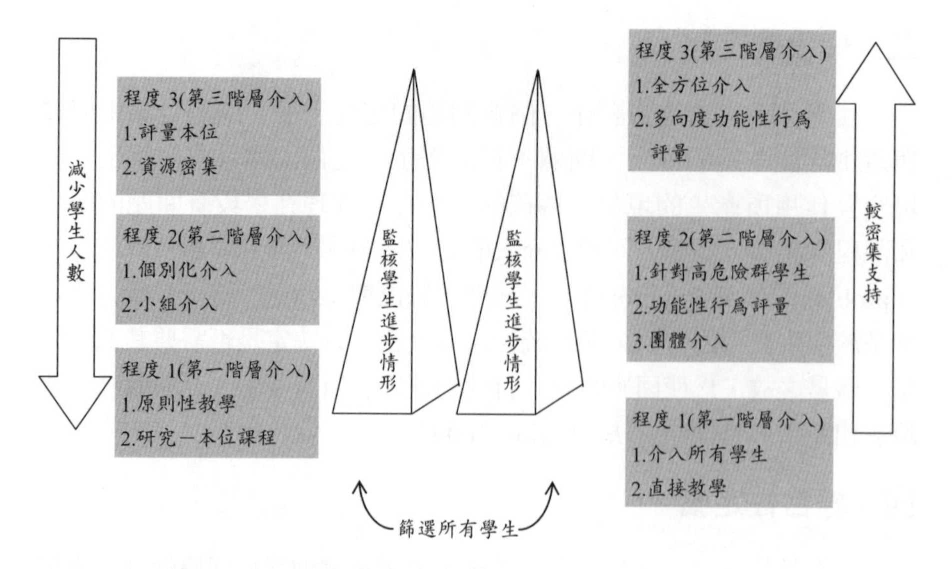

圖16-1　回應性介入概念系統

資料來源：*Making RTI Work* (p. 17), by K. Sailor, 2009, New York: John Wiley & Sons, Inc.

第二節　回應性教學的要素

Burns 與 Gibbons（2008）指出，回應性介入有四個要素，包括系統性的運用評量資料、有效地分配資源、增進學習、運用在所有的學生。換言之，回應性介入有下列重要因素包括（Kirk et al., 2009）：

1. 證據一本位教學法。
2. 支持與服務之階層。
3. 完整性評量和進行之監控，俾便決定學童的優點與需求。
4. 介入之擬定。
5. 問題一解決方法，包括父母計畫支持和服務。

另外，DeRuvo（2010）指出，回應介入的核心要素如下：

一、全面性篩選（universal screening）

評量所有的學生，俾以系統性鑑定：

（一）哪些可以適當的進行。

（二）若不提供外加的協助，哪些處在失敗的高危險性中。

二、持續評量學生進步情形

（一）當有不正常的趨勢出現時，即時鑑定。

（二）爲了增加教學的支持。

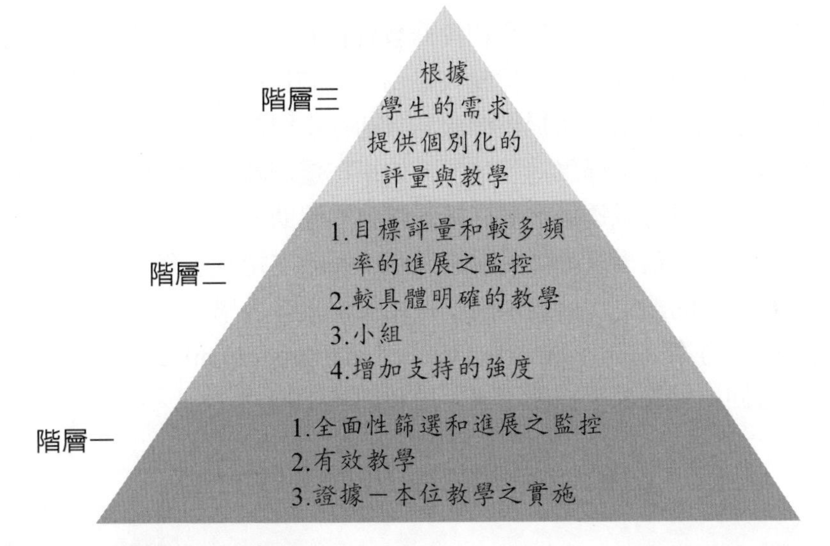

圖16-2　回應性介入階層

資料來源：*Educating exceptional children* (p. 45), by J. J. Kirk et al., 2009, New York: Houghton Mifflin Harcourt Publishing Company.

爲了避免誤判，回應性介入的鑑定採取三個步驟，第一是使用明確的規準，評估幼稚園階段的兒童在閱讀能力方面是否明顯無法勝任學校學習活動；其次，如果確定此幼兒確實無法勝任學校的學習活動，則進一步使用有效的閱讀指導策略，並密切觀察閱讀指導之成效；最後，如果發現仍然沒有效果，才從兒童身上著手去探討原因，思考此一兒童是否有接受特殊教育之需求。亦即，先看是否是因爲語言理解與使用困擾所致，而不是眞正在學習方面有障礙（吳清山、林天祐，2006）。

在階層一（如圖 16-2）主要的意涵是在一般教育情境之支持與服

務，乃是爲所有學生所提供。在這個階層結合全面性篩選來檢視學童是否需要任何其他的支持來滿足其需求，俾使獲得成功，以及監核進步情形，以確保所提供的支持確實有助於學童。篩選和進步情形之監控，是蒐集學生需求和提供適當的教學及證明學生進步之方式。進步情形的監控是舉足輕重的，因爲，當學童需要其他的支持來獲得成功時，他會讓教師快速的瞭解或察覺。當學童需要較多的支持時，教師則可進入到下一個階層。

在階層二，結合一般教育和特殊教育資源及專家學者協同提供支持與服務。在這個階層中，支持變成更爲具體的目標，以及證明學童需求的基礎或根據。其次，所提供的服務包括在小組教學中更密集和具體的教學，以及多次監核學生進步情形。如果在這個階層中所提供的支持和服務無效，學童可以透過階層三接受其他的協助。

在階層三，爲學童提供更爲密集和特殊的支持及服務，這些支持和服務包括正式的鑑定。所提供的支持和服務須符合學生的需求，並需要個別化教育方案（individualized educational programming）。

綜合回應性教學之重要因素，統整如表 16-1。

第三節　回應性教學目標

一、回應性教學的目標

回應性教學的目標在於尋找促使學生成功的教學和介入，而非是鑑定學童過去和未來的介入無效。透過這種方法，特殊教育變成爲特殊需求的學童開創新的大道，致使需要資源、經費分配在特殊教育（Burns & Gibbons, 2008）。

二、教學途徑

（一）階層（Tiers）化

在回應性介入模式中，有三種不同的途徑（如圖 16-3），每一個階層均有其界定的要項或目標，以及教學方式。不論是在任何階層，都是根據學生的需求。例如：這三個階層可係指核心課程、補救教學、密

表16-1 回應性教學之重要因素

要項	要義
1. 信任	重視和相信學生能做並能學習。
2. 體認	瞭解學生的學習困難，乃是由於學生的特徵、教學及學習環境間相互不協調（mismatch）。
3. 定期評量	定期或週期性的全面瞭解或檢核所有的學生。
4. 早期介入	提供早期介入和改變介入的方法，而不是等待失敗。
5. 證據—本位教學	爲所有的學生提供積極的、優質的和證據—本位教學。
6. 定期召開團隊小組會議	檢視並協力共同解決問題。
7. 資料—本位決策取向	小組團隊運用資料—本位決策（data-based decision）取向，來決定適當的處遇。
8. 實施優質的教學	教師和專業人員配合學生的強項和需求，提供優質的教學。
9. 研究—本位教學	提供密集性的教學。
10.持續評量	在教學過程中，持續監核學生進步情形。
11.彈性分組	運用適當和彈性化之分組方式進行教學。
12.教學評鑑	實施教學評鑑以確保活化教學，並防止教學僵化和單調。
13.提供服務	避免標籤化，提供合法的和適當的特殊教育。
14.改變智力—成就差異的模式	以研究—本位和資料爲本位的教學模式，來取代智力—成就差異的模式（IQ-achievement discrepancy model）。
15.家庭參與	作決定時，主動邀請父母參與，主動地以母語或熟知的語言告知有關學童在校進步的情形。

資料來源：*Culturally proficient inclusive schools* (p. 54), by D. B. Lindsey et al., 2018, New York: Corwin.

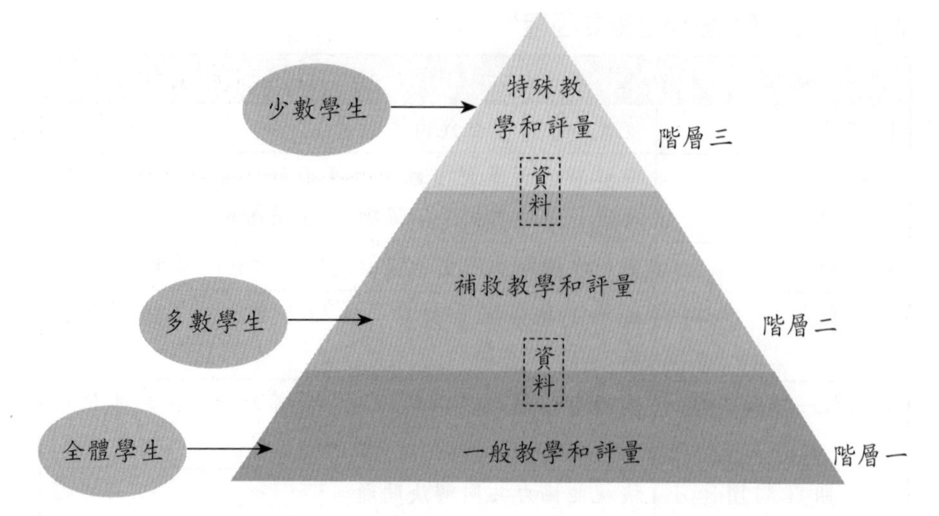

圖16-3　三階層回應性介入模式

資料來源：*Educating exceptional children* (p. 40), by S. Kirk et al., 2012, New York: Wadsworth.

集教學；亦可稱爲第一階段、第二階段、第三階段；或者，一般性、策略性和密集性。這些不同的名稱主要是協助區別性（differentiate），在每一個階層有不同的教學。在某些方式，每個程度是相同的，但在其他方面就有差異。

有關區別性教學（differentiating instruction, DI）之應用，包括區別性過程、區別性成果、區別性內容，其內容分述如下（Grassi & Barker, 2010）：

1. 區別性過程

(1) 具體化教學。

(2) 小組和個別化學習區。

(3) 鷹架式計畫（scaffolding projects）。

(4) 以繪本式、戲劇和寫作等方式學習內容。

(5) 以多元媒體方式學習內容。

(6) 運用不同的圖示、圖形。

(7) 大字版本之運用。

(8) 根據學生閱讀程度變化內容。

2. 區別性成果

(1) 不同的評量方式，如書寫、晤談、計畫、戲劇。

(2) 學習檔案。

(3) 成果報告。

(4) 依據學生的選擇和經驗，所完成的文化性作品。

(5) 口述成果報告。

3. 區別性內容

(1) 與文化有關的主題、領域。

(2) 不同的書籍。

(3) 不同的選擇探求計畫和主題。

(4) 選擇不同的實驗方法。

(5) 內容要與學生背景知識相關聯。

(6) 運用不同的語言進行教學。

（二）改變階層二（改變強度）（changing tiers = changing intensity）

在不同階層中所提供的不同教學的主要方式是強度。在此，所謂的強度（intensity）係指優勢的程度（degree of strength）。介入強度較少並不如同在另方面強度較多一樣。教學的優勢或強度，是為學童所提供的介入的主要方式。當我們認為要增加教學的強度，則須考慮主要的特徵，包括分組、時間、評量和形式。

進而言之，分組係指在教學時，如何分組學生？時間係指每天之教學時間多長？評量係指須幾次評量學生進步的情形？形式是指教導學生哪些技能可符合學生的需求？換言之，教學的特徵如表 16-2 所示。

在教學的過程中，其中主要的挑戰是滿足大多數學生的需求。在任何班級，有的學生學習有困難，有的被診斷為障礙，有的需要較多的支持，才能獲得成功；有些是情緒困擾和行為問題，有些是社會適應需求，這些學生有不同的需求，促使老師覺得壓力沉重。幸好，教師團隊可以協同教學來強化學生的強項或優點和需求。事實上，協同法（collaborative approach）正迎合目前廣為倡行之回應性介入運用。

回應性介入是彰顯教育的方法，用來滿足學童的需求。將有關學生的重要資料統整成證據一本位教學法（evidence-based instructional approach），俾使教師和相關服務提供者能認知和回應學生的需求（Bradley, Danielson, & Doolittle, 2007; Kirk et al., 2009, 2012）。

表16-2　在不同階層實施教學之特徵

教學特徵					
階層	對象	分組	時間	評量	形式
1	所有學生	全體或小組	每天90分鐘	每年3次	從核心課程和調整來滿足學生需求，而且強調標準
2	低程度	小組教學（3-6人）	1. 每天30分鐘 2. 增加核心團體教學，每週2-3天 3. 總計120分鐘，每週2-3天	每週1次或每月2次	針對技能的缺陷爲目標，並配合全體學生需求的範圍
3	程度嚴重落後	小組教學（2-3人）	1. 每天30分鐘 2. 增加主要團體教學，每週5天 3. 總計120分鐘，每週5天	每週1次	提供充分的機會來反應和多方的機會來練習

資料來源：*RTI in the classroom: Guidelines and recipes for success* (p. 20), by R. B. Brown-Chidsey, L. Bronaugh, & K. McGraw, 2009, New York: The Guilford Press.

（三）診斷教學（diagnostic teaching）

診斷教學是運用從教學的過程中善用資料之方法，俾以協助鑑定學生的學習需求。在整個回應性介入中，均運用診斷教學的層面，包括教導學生特殊技能、監核學生學習情形，藉以瞭解學生是否理解。如果學生學會了，則教導較難些的新教材，若學生仍無法理解或習得，教師則必須再指導學生學習。對某些學生而言，較為密集、特殊和診斷的教學是有幫助的，因為，它可以促使教師精確地瞭解學生的問題所在，進而將教材以工作分析的策略，再予以細目化。回應性介入的特徵，其說明如下（Sailor, 2009）：

1. 配合介入的三層系統，評量學生學業和行為需求。
2. 運用科學可接受的評量工具，系統的篩選學生。
3. 改進學生的行為或學業成就。
4. 持續監核學業成就低落的學生，並運用科學的評量。
5. 決定規則考慮所提供的支持程度。

總而言之，回應性介入的主要特徵是在教學支持或介入上有三種程度或階層，即第一階層是一般的，第二階層是目標團體，第三階層是個別，針對在學業或行為上具高危險群學生開始及早篩選，因為由於障礙本身或其他因素也許會阻礙學習，再以仔細或嚴謹地監核學生來決定是否增加支持的程度？是否較密集的支持程度要撤除？從篩選和持續監控評量之資料，必須藉由良好的心理評量特性之測量工具之運用來顯示出來。

第十七章　文化回應教學

有關文化回應教學之性質，就如同在第一章提起之多元文化教育與多元文化特殊教育，最爲重要的是，教師須根據學生的文化背景、社會環境和個人經驗實施教學，並將學生本身的學習特性和需求，納入教學脈絡中。依此，本章就文化回應教學之意義與特質、特徵、文化殊異性學生的學習風格與成就、文化回應教學之動機結構、實施文化回應教學之標準等，分節陳述如後。

第一節　前言

身爲教師，毋庸置疑地，在教學過程中莫不致力鼓勵和激發學生學習，而且，盡全力地營造更融合的學習環境；同時，考慮學生的個人歷史、背景和經驗，俾利充實所有學生的學習環境，而多元教育、公平教育、文化相關教學、回應教學或融合教學均可提供一種方法來達成。渠等名詞有時可交替運用，共同的基本理念如下（Grassi & Barker, 2010）：

（一）融合教育（inclusive pedagogy）：在學習過程中，主張納入所有學生之教學方式（Tuitt, 2003）。

（二）多樣性教育（diversity pedagogy）：視文化與認知之間的關係，爲瞭解教學—學習過程要素（Sheet, 2005）。

（三）公平教育（equity pedagogy）：來自不同背景的學生可以以不同的方式學習，教師須認知這一點，才能編製出使每一位學生之成就達到最大值之課程（Banks, 1997）。

（四）文化回應教學（culturally responsive teaching）：對所有學習者之背景和現況予以公平尊重，而且，學習過程之設計納入學生需求、興趣和取向（Wlodkowski & Ginsberg, 1995）。

上述的所有這些理念，雖然名詞不同，但是，它們完全有別於昔日「一體適用」（one-size-fits-all）之教學方法，此種傳統的教學方法往往會離棄那些無法符合標準化模式之學生。換言之，此種一體適用，或統一式和齊一式的教學方法視文化多樣性爲「熔爐」（melting pot），其目的在於使所有學生一樣；至於，文化相關教育則是「沙拉碗」（salad bowl），在此，在教學和學習過程中，班上的每一位同學均可參與和分享（Grassi & Barker, 2010）。

第二節　文化回應教學之意義與特質

一、文化回應教學之意義

文化回應教學（culturally responsive teaching）係將家庭習俗（family customs）、社區文化（community culture）和期望，注入於所有的教學和學習環境。在富有意義的脈絡（context）提供教學，同時，重視學生的文化、知識和經驗；鼓勵學生學習動機和參與。文化回應教學是建立在認知教師本身和學生家庭及社區文化之基礎上，此爲教學和學習重要歷程（Saifer, Edwards, Ellis, Ko, & Stuczynski, 2011）。

Gay（2000）認爲文化回應教學是一種截然不同的教學典範，其目的在提升不同文化背景低成就學生的學習表現。文化回應教學強調課程及教學模式與文化相連結，使學習經驗更具個人意義並且容易掌控。文化回應教學也是一種激進（radical）的計畫，它凸顯一向在教學過程中內隱的文化，而且強調教育機構必須接受族群文化在提升學習成效的合法性及可行性（引自劉美慧，2010）。

當教師變成多元文化教育者時，爲何必須是終身學習者之重要理由，包括第一，文化影響我們的思想、知覺和行爲非常深遠；第二，對於班級裡不同文化之各種層面的知識豐富，對計畫教學和學習經驗有明顯的益處；第三，深入瞭解文化有助於教師與學生和學生—學生之間關係之正向及生產性的發展；第四，當教師建構自己本身有關多樣性和多元文化教育之知識基礎時，將有能力處理達成公平和消除歧視之社會正義教育者（How & Lisi, 2014）。

身為多元文化教師，須瞭解且精通於協助學生瞭解有關文化的信念、價值、習俗、傳統、禁忌、規範、道德觀和靈性觀（Banks, 2009; Gollnick & Chinn, 2013; Grant & Sleeter, 2011; Huber-Warring, 2008; Nieto, 2010; Nieto & Bode, 2012; Smith, 1998）。所有學生均帶著獨特的文化認同，扎根在這些重要的文化因素，而這些認同和因素可視為學生最有價值的資產。倘若教師開展學生的理解和特殊的資產，則必能發展出有意義的學習環境（Howe & Lisi, 2014）。有鑑於此，Gant 與 Sleater（2011）針對想運用學生文化之知識為資產，進而建構學習環境之教師，提出下列建議：

（一）把學生的興趣和背景置於教學的主軸。

（二）運用學生的學習風格計畫或設計教學。

（三）運用學生語言為一種學習資源。

（四）結合父母和社區。

總而言之，文化回應教學係指瞭解學生的文化學習表現之能力，以及有意義的建構和積極地回應；並且，運用文化知識作為鷹架來連結學生之瞭解新的概念和內容來建構教學策略，俾以促進有效的訊息處理（information processing）；同時，教師瞭解個體的人際關係中之重要性，以及為了創造一個安全的學習空間，能和學生建立社會—情緒的關係。簡言之，文化回應教學是協助學生發現他們脫離落差方法之最有力的工具，它是刺激大腦的神經可塑性（neuroplasticity）最佳催化劑，進而發展新的大腦細胞，幫助學生思考更精深的方法（Hammond, 2015）。

二、文化回應教學的功能

有關文化回應教學的功能如下（Wages, 2015）：

（一）在組織層面上

這個層面著重學校組織需要改革，學校政策和歷程以及社區參與須與文化有關，因此，為確保文化性教育課程和環境支持，俾利學生學習，學校須遵循下列準則（Wages, 2015）：

1. 教師須確保每位學生具有均等的機會，以實現他（她）們所有的潛能。

2. 學生須精進俾能勝任參與更先進的跨文化社會。

3. 教師須精益求精，俾能有效促進每位學生學習文化差異。

4. 學校必須是一個動態參與，俾使學生產生社會與批判的積極知覺。

5. 學生一中心和全面性，學生的主張和經驗應包含在教育中。

6. 教育者、行動者須扮演更主動的角色，來檢視所有教育的方法：測驗方法、教學方法、評估和評量。

具體而言，文化回應教學強調以學生爲中心之教學方法，培養教師具有文化回應教學能力，包括撰述教學省思日誌、模擬與遊戲、探察家庭歷史、整合社會文化、瞭解個人發展、瞭解不同團體及族群的歷史和經歷、評估不同情境中之教學和學習、教學案例研討（賴錦怡、洪清一，2016）。

（二）在個人層面上

在這個層面上，爲了給學生和家庭營造友善和安全的環境，教師須眞實地檢視他（她）們的態度、信念、價值觀，以及長期目標（Villegas & Lucas, 2002）。如此，可促使教師欣賞差異並對所有的學生提供無歧視的教學。同時，師生之間之關係會直接地受到教師的價值觀所影響，因此，教師必須調整對任何文化、語言或族群之負面的感覺。一旦發現存有偏差，進而加以理解，教師則能發展出互信的氣氛與接納學生，進而增進學生成功。

（三）在教學層面上

文化回應教學模式彰顯教師在教學時肯認和善用學生的文化和語言，即極力尊重學生之個體和社區認同，不可排斥或忽視學生的文化經驗。換言之，教學的工具（書籍、教學方法和活動）不可與學生的文化經驗相矛盾（Irvine, 1990）。

第三節 文化回應教學之特徵

一、文化回應教學之基本特徵

文化回應教學之基本特徵如下（Wages, 2015）：

（一）對所有不同背景學生給予高期望，實現學生最高的潛能。

（二）運用高階的教學策略，而且，鼓勵知識之精緻性。

（三）形塑具體之權力和權益的議題。

（四）課程結合學生的文化

（五）提供學生參與、合作和協同之機會。

（六）示範和展示所有文化價値。

（七）支持承諾全方位之多元教育。

二、文化回應教學之重要特質

進而言之，文化回應教學之特質包括有效的（validating）、全面性的（comprehensive）、多層面的（multidimensional）、增能的（empowering）、轉型的（transformative）、解放的（emancipatory），茲分述如下（Gay, 2010）：

（一）在有效方面

文化回應教學是有效和肯定的，主要的原因如下（Gay, 2010）：

1. 確認不同族群文化遺產的合法性，因爲此遺產會影響學生的性格、態度與處理學習；其次，由於此資產在正式的課程中是教學的內容。

2. 爲家庭與學校經驗之間，以及學業之抽象概念與生活社會文化實體之間，建立有意義的橋梁。

3. 運用各種不同之教學策略，即有關不同學習風格之教學方法。

4. 教導學生瞭解和讚美他（她）們自己和他人的文化遺產。

5. 將多元文化訊息、資源和教材，融合在所有的學科與學校平常要教的技能中。

（二）在全面性方面

換言之，教導整體的兒童。除了增進學業成就，亦教導承擔義務，協助學生認同族群和社區；發展社區意識、友誼與分擔責任，以及習得道德之成就。同時，支持學生有責任相互學習，期望學生學習是共同的、互惠的、相互依賴之事情。這些期望和相關行爲乃以不同方式傳遞給學生，以及不同程度之教育單位。簡言之，教育的卓越包括學業成就、文化能力、批判性社會意識、政治的行動者，以及負責的社區成員。

（三）在多層面方面

爲獲得良好教學成效，則須納入廣泛多元之文化知識、經驗、貢獻和觀點。惟文化回應教學聚焦在直接影響學習之文化社會化的元素上，因爲，它可以協助學生闡明族群的價值觀，進而，在達成目標之過程中，則要求學生有責任去瞭解、思考、詢問、分析、感受、省思、分享和行動。

（四）在增能方面

換言之，文化回應教學會使學生成爲優質的人和更成功的學習者。增能轉變成學業能力、個人的自信、勇氣和行動，亦即，學生相信學習會成功，願意不屈不撓地追求成功，直到達到成功獲勝爲止。因此，教師須讓學生明白，期望他（她）們成功並承諾獲得成功。所以，在學習過程中，教師須妥善規劃並設計基礎來支持學生的努力成果，俾使學生願意持續追求高水準的學業成就。易言之，有賴於支持學生的道德感、提供資源和個人的支持與協助、發展成就感、增強個體和共同實現。

簡言之，在實施增能教育時，強調社會鷹架（social scaffolding）之系統和價值的議程（agenda of values）等兩個重要觀念。社會鷹架係指社會和個人的支持，俾爲教導學生高層次的學業技能和自主學習之緩衝劑；至於，價值的議程是指教學時強調參與、問題—解決、情境、多元文化、對話、民主、質問、科際整合、主動學習（Shor, 1992）。

（五）在轉型方面

基本上，文化回應教學抵制以主流或一般學生爲主之傳統教育方法，而責成學生變成生產性的成員和爲自己民族與國家社會提供服務。文化回應教學不會使學生的學業成就有落差的現象，反之，學業成就和文化意識同時地發展；教導學生以他（她）們的民族認同和文化背景爲傲。

Banks（1991）指出，文化回應教學的特徵在於符合民族多樣性學生高品質教育的規範，倘若教育是用來增能被邊緣化的團體，則必須轉型，即協助學生發展知識、技能和價值觀，以及變成能深思判斷的社會批判家，以及履行他（她）們在個人、社會、政治和經濟活動之決定。因此，文化回應教學之轉型程序是雙聚焦（double-focused）。第一，抵制並跳脫課程內容之文化霸權（cultural hegemony）及傳統教育的班級教學；第二，發展學生社會意識、知識的批判、政治和個人的效能，進而能反制偏見、種族歧視和其他壓制及剝削之形式。

（六）在解放方面

換言之，文化回應教學乃是破除專制威權的帷幕，協助學生瞭解眞實性沒有單一的版本是完全的和永久的，也不應該對其再毫無異議。教導學生應用新的知識分析社會歷史、議題、問題和經驗。這些學習參與會鼓勵和促使學生發現他（她）們自己的發言權，議題置於多元文化觀之脈絡中，參與更瞭解和思考的方法、變成更主動參與和塑造他（她）們自己的學習（Crichlow, Goodwin, Shakes, & Swartz, 1990; King & Wilson, 1990; Ladson-Billings & Henry, 1990）。

其次，合作、共同體和連結性亦是文化回應教學之重心；亦即，期望學生合作學習，並責成爲彼此的成功負責，相互協助、相互依賴和互惠互利以取代個人主義和競爭。

總而言之，文化回應教學有下列六項特質（引自劉美慧，2010，頁 334）：

1. 有效的（validating）：體認學生的文化知識、經驗與價值對學習的影響。

2. 全面性的（comprehensive）：心智、情感、社會、政治學習等多方面的發展。

3. 多層面的（multidimensional）：應用在課程內容、學習、教室氣氛、師生關係與成就評量等方面。

4. 增能的（empowering）：透過學業能力、自信、勇氣與行動意願的提升，成為成功的學習者。

5. 轉型的（transformative）：培養學生成為社會批判者，有做決定與行動能力，願意為族群平等而努力。

6. 解放的（emancipatory）：將學生從主流文化的知識及認知方式中解放出來，提供學生學習不同族群文化的機會。

第四節　文化殊異性學生的學習風格與成就

文化的層面包括心理行為模式、價值論（axiology）、風氣（ethos）、認識論（epistemology）、邏輯、本體論（ontology）、時間概念和自我概念（Brown & Landrum-Brown, 1995）。文化學習風格（cultural learning style）係指文化影響個體思考、知覺和處理訊息之方式，亦即，不同的個體運用他（她）們的感覺來吸收訊息，以及文化影響個體本身與學習過程有關之方式（Howe & Lisi, 2014）。Smith（1998）指出，文化學習風格的知識是非常重要的，因為，知識可以協助教師瞭解文化團體如何傳遞知識、價值、學習結構及團體成員知覺的方式。因此，致力提升學生成就必須聚焦在結構性改革策略（constructive reform strategies），而不要認為少數民族學童在校成就不佳。為此，教學策略必須採行適用文化回應（Gay, 2010）。因為，文化影響學習風格是非常重要的考慮；同時，亦關注溝通形式、思考風格、價值體系、社會化過程、關係形成和表現風格（Smith, 1998）。

一、文化在學習歷程中之角色

根據 Oakes、Lipton、Anderson 與 Stillman（2013）跨文化學習研究顯示，學習、智力和文化密不可分。不同文化以不同的方式，傳授不同的知識。在我們自己的社會裡，有不同的民族、地區和社區之文化，在此，有共同的知識、習俗和不同的表達方式；在多樣性的社會，只有當學校允許與提供學生運用他（她）們既有經驗的所有知識和寬廣的標準時，學生才能達到社會的最高知識和技能之水準。

因此，當提供學生機會來運用所有的文化工具解決問題時，教師須支持所有學生深入學習。要成爲一位有效的教師，須願意瞭解學生的觀點，師生共創激發經驗，而誘導性的有效教學即是文化回應教學（Howe & Lisi, 2014）。

具體而言，文化對學習的影響如下（Bennett, 2011）：

（一）兒童在文化中社會化，會提高他（她）採用獨特的方式認知世界、思考和學習；同時，也會學習特殊的規範、價值，以及文化中重要的信念。

（二）在某些文化裡，人們會彼此緊密地長久維持下去，當個體行動時，他（她）們會立刻地知道要做什麼，因爲，在他（她）們文化裡，他（她）們會密切地跟其他的人互相連絡，此稱之爲社會文化緊密性（sociocultural tightness）。

（三）由於以獨特的文化方式參與，個體習得了適應和生存，此稱之爲生態適應（ecological adaptation）。

（四）生物作用（biological）焦點在於營養、生理、心理發展之影響，透過文化和學習之參與傳遞之。

（五）語言之外在形式，如發音、字彙、音調，以及內隱的溝通形態，均深遠地影響學生學習。

二、文化回應教學之實施

Grassi 與 Barker（2010）有關實施文化回應教學的重點，包括發展與維持穩固之師生關係、強調一致的對話式互動、結合學生的主張和認同共構與有效的空間、編製的課程內容適合班上所有的學生，各項重要的內容如下：

（一）發展與維持穩固之師生關係

首先，建立正向積極的師生關係之最重要的步驟，乃是建立正向的班級環境。對教師而言，教師應開創、開放和產生學習之受歡迎的環境。至於，如何塑造正向的班級環境？重要的要素見如表 17-1。

表17-1　發展與維持穩固師生關係之要素

• 對學生維持正向的態度
• 跟學生分享權力
• 主動的將家庭與學校的知識相連結
• 提供學生多元化協助或區分性支持
• 檢視有關刻板印象之想法
• 觀察學生對教學的反應，俾憑調整教學
• 吸取教學之知識爲職責
• 教師須肯認、詮釋和回應文化表現
• 教師需要改變思考型式和抵制刻板印象

1. 對學生維持正向的態度

如果我們認爲學生不喜歡學習時，學生則變成不喜歡學習；而當我們視學生有能力時，學生則會展現其能力。

2. 跟學生分享權力

允許和鼓勵學生提供與獲得資訊。例如：當一時無法回答學生的問題時，可以忠實地告訴學生不知道，此時，教師則邀請學生一起探究並回答問題。當教師主張跟學生一起參與共構理念時，學生會反應良好（Sheet, 2005）。在這種民主方式之教室，學生自由的表達他（她）們的價值選擇，決定那些抉擇的矛盾，檢視替代性方案，以及考慮不同價值選擇的結果（Banks, 1997）。

3. 主動的將家庭和學校的知識相連結

當把學生家庭的知識連結到教室時，學生的學習動機會更好。換言之，教師可根據學生不同的文化背景和獨特的家庭背景，作爲教學的教材與元素，如此，可促進學生之學習意願與動機。

4. 提供學生多元化協助或區分性支持

爲了提供學生他（她）們所需要的最好的支持，教師須充分瞭解學生，包括學生的文化背景和歷史（Ladson-Billings, 1994）。如此，可以協助教師以多元的方式與學生互動，避免以單一向度對待學生。

5. 檢視有關刻板印象之想法

偏見會影響與他人之互動，因此，在教學過程中，須察覺對學生之外貌、價值和行爲等差異之反應。

6. 觀察學生對教學的反應，俾憑調整教學

倘若學生無法回應講授方式，則採取其他教學方法，如分組活動、合作學習、多層次教學，最好配合學生的學習風格，則有助於學生學習。

7. 吸取教學之知識為職責

當學生和情境爲了學習改變，教師則不僅願意承認在某些方面有所不足或不瞭解，而且，亦應加倍努力習得知識，並納入有效之教學中。

8. 教師須肯認、詮釋和回應文化表現

文化表現（cultural displays）是學童家庭和社區規範與價值有關之表現形式，這些表現可以提供有價值地洞悉學生的認同、行爲和知覺。

9. 教師需要改變思考型式和抵制刻板印象

當班上學生提問、說笑，或者評論有關敏感的主題時，如民族、種族、宗教、性別，教師要樂意與學生持續討論，不可忽視。

（二）強調一致的對話式互動

透過對話式和權力之分享是建立文化回應教學最好方式，成功有效的對話式互動乃在於重視學生的聲音和觀點，這種對話式互動破除了教師藉由單一方式傳授知識，而不分擔給學生之信念。換言之，文化回應教學抵制這樣的主張：只有教師擁有知識，而不提議教師和學生建構知識是一樣的責任（Tuitt, 2003）。

爲使所有的學生樂意且自在地參與開放式之對話，可利用協議或基本規則實施，其協議條文如表 17-2。

（三）結合學生的主張和認同共構與有效的空間

以人爲本的學習環境乃視完整的個體是有價值的，每個人均值得受歡迎，並且，毫無畏懼的表達自己的眞我（Wlodkowski & Ginsberg, 1995）。換言之，在班上，學生融入和參與的範圍非常寬廣，每一位學生均樂意表達自己心聲和觀點；每位學生帶著自己的想法和認同到這個學習環境來。簡言之，尊重學生的心聲和認同是文化回應教學最重要環節（Grassi & Barker, 2010）。

表17-2　開放式對話協議原則

• 當說話時，使用「我」來陳述。 • 沒有人是錯的，每一個人和他（她）們的意見是平等的。 • 分享訊息和對話式討論時，不離開教室空間，完全尊重隱私。 • 別人對你說的要仔細傾聽並尊重。當別人說話時，不要闡述表明你的反應，直到他（她）們完全完成爲止。 • 傾聽你內在的聲音；要明白說話進退有禮。 • 說話直接和具體，不要籠統、抽象，不可代表整體說話，亦不應期待之。

資料來源：*Culturally and linguistically diverse exceptional student* (p. 194), by E. A. Grassi & H. B. Barker, 2010, New York: Sage

（四）編製的課程內容適合班上所有的學生

毋庸置疑的，如果學生能專心於有意義和有價值的課程內容上，學生則比較能記住所學過的內容。將學生所學過的加以連結和提高他（她）們的動機，有助於學生持續學習，而文化回應教學尊重並結合爲學習者深厚的價值，可開創有趣、引人入勝和挑戰性之學習經驗（Wlodkowski & Ginsberg, 1995）。

其次，文化回應教學可以增進學生學習的專注力，且有助於增加學習的複雜度。因此，教師須協助學生理解、探究和評斷固有的文化設想、參考架構及課程的觀點（Banks, 1997）。

爲能有效實施文化回應教學，教師須瞭解學生的需求（如表 17-3），如此，學生才能將他（她）們所學應用到生活中與價值觀裡。換言之，教學設計不僅應考慮學生所要學習的需求，最好的方式是針對學生而爲之，亦即，教學以學生爲中心，將學生置於學習過程之中心，以及以學生的文化認同爲主軸。教師應瞭解學生具寶貴的多樣性，而應建構全方位的策略來適應多樣性；同時，教師要知覺或覺察學生和教師之間的認知屏障與結果。因此，教師須持續地檢視自己的信念及價值系統之歧視，以杜絕衍生知覺障礙，壓制學生的心聲，甚而對師生關係產生負面的影響。最後，在教學過程中，在各種不同文化之表現有所不足時，身爲教師應有責任盡可能多加學習（Grassi & Barker, 2010）。

表17-3 編製文化回應教學之適性課程要素

• 有意義和有價值之教材
• 符合學生的需求
• 以學生爲中心，以學生之文化認同爲主
• 覺察師生間之認知屏障
• 隨時增能不同文化之認知

第五節 文化回應教學之動機結構

動機的結構（如圖 17-1）有四個重要條件：建立融合（establishing inclusion）、發展正向態度（developing a positive attitude）、增進意義（enhancing meaning）、產生能力（engendering competence）。這些條件以個別的產生作用和共同的增進學生內在動機來學習。而結構的每一個條件有兩個標準，要求教師在學習環境中，從學生的觀點考量條件的存在，針對每一個動機的條件提供引導性問題。各重要條件之內容如下（Ginsberg, 2015）：

（一）建立融合（動機的標準：尊重和關聯性）

開創師生間相互尊重之情感，以及彼此相關之學習環境，這是促進增能和能動性之核心要素。

（二）發展正向的態度（動機的標準：選擇和個人相關）

透過個人文化之相關性及學生選擇，開創符合學生特質進行學習。

（三）增進意義（動機標準：挑戰與從事）

開創從事和挑戰：學習經驗，包括學生的觀點和公民責任。

（四）產生能力（動機標準：真實與有效）

開啓學生瞭解有效的和眞實的學習他（她）們認爲有價值和重要的事。

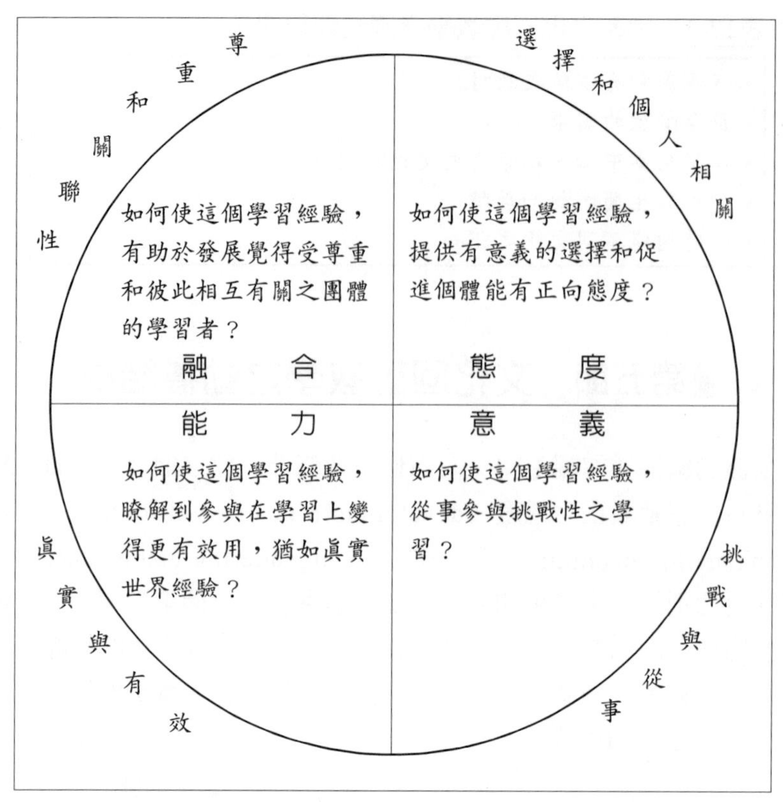

圖17-1　文化回應教學之動機結構

資料來源：*Excited to learn: Motivation and culturally responsive teaching* (p. 27), by M. B. Ginsberg, 2015, New York: Corwin.

第六節　實施文化回應教學之標準

一、標準項目

在民主開放的社會，自然地，學校的結構亦隨之多元性和多樣性，因此，提供有效的文化回應教學，乃成爲學校和教師不可忽視之課題。職是，實施文化回應教學之標準如下（Noonan & McCormick, 2014）：

（一）標準一：師生共同創作（共同創作活動），即透過教師與學生之間的聯合，創作活動、促進學習。

（二）標準二：在不同的課程中，發展語言和讀寫能力——在語言的教學和整日的教學裡，發展學生的能力。

（三）標準三：產生意義——學校和學生的生活（脈絡）相連貫，將學生的興趣、經驗及學生的家庭和社區之技能，融入在課程教學中。

（四）標準四：教導複雜難懂的思考——挑戰學生認知複雜性。

（五）標準五：透過教學會談來教學——藉由對話會談吸引學生。

（六）標準六：示範——促進學生觀察學習。

（七）標準七：學生—引導活動，即鼓勵學習者作決定。

二、實施標準項目內容

（一）標準一方面：師生共同創作（共同創作活動），即透過教師與學生之間的聯合創作活動。就促進學習之標準而言，需要學童共同工作之意義在於學童在一個單一活動中參與小團體或大團體；相對地，許多的學前班，當學童參與時，教師事先準備活動和學習中心，並加以監控；事實上，共同創作活動需要教師加入為參與者。即便教師監控學童，教師亦須以活動為中心，而且，要變成合作者（collaborators），而不是兒童們的小組領導者。在小組裡變成一個加入之參與者會提供示範參與活動之機會，並且協助兒童學習合作，同時，成為兒童表現的一位溝通夥伴。

（二）標準二方面：在不同的課程中，發展語言和讀寫能力，在語言的教學和整日的教學裡，發展學生的能力。

著重讀寫能力標準是為了扎實孩童讀寫能力之發展。首先，從語言發展開始，透過自我—管理和社會技能領域等課程進行。教師可藉由傾聽和觀察回應孩童口語和非口語之溝通，亦可運用示範、提問和闡述等方式來促進孩童的溝通發展。其次，教師更進而尊重兒童的互動風格，如眼神接觸、等待時間（輪流交談間之時間）、舒適的燈光。總之，為能達到學童讀寫能力之標準，教師可充實和豐富讀寫能力之活動（如說話、傾聽、閱讀和書寫），同時，提供學童與其他同學互動之機會，而且，在教學過程中，鼓勵兒童使用他（她）們的母語和第二種語言。

（三）標準三方面：產生意義——學校和學生的生活（情境脈絡）

相連貫：將學生的興趣、經驗及學生的家庭和社區之技能，融入在課程教學中。

情境脈絡化教學（contextualizing instruction）透過新的知識和學童現有知識與技能相連結，可產生富有意義的經驗。此標準所特別強調的是，教師要瞭解學生的家庭與溝通方式及內容，而且，提供社區一本位學習之機會；同時，歡迎學生父母和教師共同協助學校建立家庭一學校之關係。

（四）標準四方面：教導複雜的思考——挑戰學生認知複雜性。值得重視的是，教師須對所有學童提供挑戰性或激發性教學來激勵誘發學生的學習，並教導複雜的思考技能。

至於，挑戰性活動（challenging activities）之概念如下（Tharp, 2006）：

1. 教導兒童「爲什麼？」，而不僅僅是「什麼？」或是「如何？」早期提供認知的複雜性，能協助兒童理解之後更深的概念，尤其，當他（她）們再遇到此主題或相關的主題。

2. 學生不僅僅習得知識，而且，學生必須使用、運用或產生新知識。諸如分析、分類、探知和評價，均爲認知複雜性（cognitive complexity）相關之特性。

3. 與其依賴兒童將新的資訊連結到現有的資訊，倒不如教師闡明有關寬廣的概念或抽象的理念。

4. 教導複雜的認知策略，如批判思考、解決問題，或者，後設認知策略（metacognitive strategies）。教師運用主動積極的教學，來促進學生批判思考。

（五）標準五方面：透過教學會談來教學——藉由對話會談來吸引學生。

在這個標準上，透過對話會談提問、分享資訊和理念，而發展基本的思考技能。教學會談模式（instructional conversation model）能使學生將知識、價值觀或學生的文化經驗協助於學習活動（Vygotsky, 1978），而且，教師仔細地傾聽和觀察學生，有助於學生表達，並能將教學連結到學生的經驗和知識的基礎，此種方法亦稱爲情境脈絡化和個別化學習。

（六）標準六方面：示範——促進學生觀察學習。

爲了實現示範標準，教師須呈現完整的作品樣本或演示行爲、思考歷程，或學生練習的程序。

（七）標準七方面：兒童—（學生）引導活動：鼓勵學習者作決定。

兒童—引導活動是適性教學之標誌之一。在兒童—引導活動中，兒童須在所分配的活動作選擇，或從不同的活動中挑選，這種兒童—引導活動係指兒童本身產出自己的理念和結構，以及開創自己本身的主題和活動。

第十八章　行為管理

行爲管理是將行爲理論用到教室情境，常被老師或父母用來管理學童的行爲，而行爲管理是處理注意力缺陷過動症最爲有效的方法之一。藉由行爲管理的方法，教師可以協助學生專注於學習活動中，以及有效管理和處理學生的行爲。行爲管理著重於維持或增加孩童的適當行爲，進而讓學生達到自主管理之境地。本章就正向行爲管理的策略、不當行爲之管理策略及正向行爲支持等之意涵與方法，分節敘述如後。

第一節　正向行為管理的策略

最有效的行爲管理方法是維持或增加適當行爲，而維持和增加適當行爲是運用正增強作用。

一、正增強的原則

任何一種刺激（包括人、事、物、情境），當其出現在個體反應之後（或同時），且對該反應產生強化作用時，此種安排或訓練過程，稱爲正增強（positive reinforcement）（張春興，1989）。換言之，當學生做完一件事得到報酬或獎賞，如此，喜歡工作或學習，而此項工作是一種獎勵。因此，當努力工作或學習後得到報償，學生會更喜歡處理具有挑戰的活動。因此，好成績、鼓勵性文字和擁抱，對某些學生是很有效的增強。尤其，對注意力缺陷過動症學童而言，這些方法可以協助將注意力集中在適當的學習活動。

二、正增強物（positive reinforcers）

正增強物是個體有效的做完一件事之後所給予的獎賞，這些常用的報償項目和活動如下：

（一）糖果或其他可吃的東西
（二）玩具
（三）衣物
（四）文具用品
（五）自由時間
（六）聽音樂時間
（七）打球
（八）爲教師做事之機會
（九）閱讀故事書
（十）看電影
（十一）讚美
（十二）擁抱

三、普利馬克法則（Premack principle）

指利用個體偏好的、較強的反應，以促動另一興趣較淡且強度較弱的反應的學習原則（張春興，1989）。換言之，它最基本的概念是善於運用行爲的結果。由於它的基本原理：如果你吃蔬菜，你就可以吃點心，因此，這個法則又稱爲祖母法（grandma's law）。職是之故，教師與父母可以運用此原理要求學童做他（她）們不願意做的事情；亦即當你作了你不想作的事，你就可獲得你想要的東西，例如：當完成了一項作業，就得到增強，如點心、自由玩耍（Dowdy, et al., 1998; Polloway & Patton, 1993）。簡言之，普利馬克法則是提供學生兩種截然不同性質的活動，並讓學生自由選擇從事，將學生喜歡的活動作爲增強物。換言之，學生爲了從事他喜歡的活動，必須先改變他較不良的行爲，若不遵守此一原則，老師不予提出。若能善用此種方法，將有助於減少學生過動之發生。

例如：有些學生興趣缺缺，注意力又不集中，但對遊戲和課外活動卻興致濃厚。於是老師爲了協助這些學生樂於從事或學習諸如以上的技能，他設計一種工作區和遊戲區之兩種情境。在輔導過程中，鼓勵這些學生，只有在老師指定的工作做完之後，才可獲得允許進入遊戲區。結果發現，這些學生爲了能進入遊戲區，學習興趣高昂且學習效果良好

（洪清一，1990）。

四、行為後效契約法（contingency contracting）

與注意力缺陷過動症學生建立正式的契約，是鼓勵適當行為最好的方法。在這個行為後效契約法中，教師與學生發展有關學生的行為和結果之契約。契約的重要內容是具體明載學生可以做的或不可以做的，老師可以回應的。至於運用行為後效契約法時，有以下原則（Westling & Koorland, 1988）：

（一）決定目標行為或活動
（二）決定適當的增強物
（三）同意適當的時間長度
（四）撰寫具體、明確的契約書
（五）教師與學生雙方簽署
（六）記錄學生的行為
（七）如果達成了契約，提供同意的正增強物
（八）根據有效的達成了契約，則撰擬新的契約

簡單的契約形式，如表 18-1。

簡言之，行為契約係指明定個人行為表現兩者之間的關係。因此，行為契約必須詳細說明下列要素：

1. 責任：是指將實施的目標行為，包括時間、地點和其他特殊的目標行為。

2. 考核：針對學生的表現予以考核，以資鼓勵。

3. 特權：經評鑑學生之實際表現，且確實良好時，則依契約之規定，給予某種程度之特權，以資獎勵。

表18-1 行為後效契約

契約

甲方同意人（學生）：
乙方同意人（教師）：
立約日期：
立約截止日期：
契約主要內容：
甲方（學生）執行事項：

___

___

___

乙方（教師）回應事項：

___

___

___

甲方（學生）簽名：＿＿＿＿＿＿ 日期：＿＿＿＿＿＿
乙方（教師）簽名：＿＿＿＿＿＿ 日期：＿＿＿＿＿＿

資料來源：*Attention-deficit/hyperactivity disorder in the classroom* (p. 90), by B. Dowdy et al., 1998, Texas: DRM-ED, Inc.

第二節　不當行為之管理策略

一、減少不適當的行為

行爲管理方案的另一個重要因素，是如何減少不適當的行爲。這些方法包括不增強非適當的行爲、適當行爲之區別性增強、接近性控制

（proximity control）、預防性暗示（preventive cueing）。

（一）藉由計畫性忽略、移開增強

當學生表現不適當的行爲時，學生常覺得接受了增強。簡言之，學生獲得老師的注意乃是學生不適當的行爲之目標。因此，當老師忽視學生不適當行爲，往往需要老師的耐性，通常，剛進行這種方式時，不適當的行爲自然會增加，但是，只要老師能夠忍受這種暫時性的增加，這種行爲到最後終會消失。因此，當學生停止了不適當的行爲或表現了適當的行爲時，計畫性忽視必須配合正增強，否則，無法有效達成（Smith, Polloway, Patton, & Dowdy, 1995）。

（二）增強對抗性行為

減少不適當行爲的一種方法是增強適當的行爲，而該行爲可阻止不適當行爲發生。例如：如果學生常離開座位，要處理這種行爲時，當他（她）安安靜靜地坐在自己的座位上時，就給予增強；同樣地，當學生認眞地學習時，即予以增強，自然的就會減少不適當的行爲出現。

（三）接近性控制

爲了減少不適當的行爲，協助學生維持注意力，接近性控制是常用的好方法。簡言之，接近性控制是老師運用物理空間或場所之策略。有時，當老師不在學生身邊時，學生就表現出不適當的行爲或干擾性的行爲，因此，站在學生旁邊，或坐在學生鄰近，可以使學生安心地完成作業（Wood, 1984）。

（四）預防暗示和阻止信號

簡言之，當學生開始出現不適當行爲的時候，就給學生一個暗示阻止或停止那種行爲。因此，老師發現有些行爲將出現或發生時，可用眨眼睛、舉起手、拍手等預防或阻止行爲發生，像這種預防或阻止之方法具有不會干擾班級活動之好效果。

（五）隔離（time-out）

隔離法是指個體發生某一特定的行爲，即依行爲的報應關係，將個體從享有增強作用的環境中移開一段時間，即將犯規的學生從正增強作用中隔離。其型式有下列幾點（洪清一，1990）：

1. 觀察：老師隨時注意學生的行爲，仍允許學生參與活動。

2. 移走（withdrawal）：老師評估學生不合規定之行爲，來決定將其移走。

3. 撤除（exclusion）：即禁止學生參與活動。

4. 隔離（seclusion）：將違反規定的學生，限制於隔離室（enclosure）。

5. 禁制（restraint）：對犯規的學生，予以以上的限制。

採取隔離法時，要說到做到，一有不當反應，即刻隔離。隔離法要與消弱法，增強相對行爲或增強替代行爲（differential reinforcement of other behaviors）並用。最重要的是，隔離時間不要太多。

其次，使用隔離法時，須考慮以下事項（Westling & Koorland, 1988）：

1. 在隔離期間，務必可以觀察得到學生。

2. 從班級教室移到另一個空間，但裡面有桌子。

3. 隔離時間約 5-10 分鐘，並置鬧鐘或計時器提醒老師。

4. 告知學生被隔離的原因。

5. 當被隔離時間已過，允許學生回座位或給予隔離外之時間。

（六）代幣（token economics）

代幣是另一種運用正增強在注意力缺陷過動症學生教室情境之最好的方法。代幣是一種制約增強物，可以先在老師及學生雙方的約定之下，由老師視其約定之標準授予對方以資增強，學生可累積此種增強物以換取某種或某些實質增強物（backup reinforcers）。而常用的代幣形式有籌碼、積分、點券等類似貿易媒介的錢幣，持有代幣者可依規定交換一些實際可以享用的增強物。

至於運用代幣制時，須注意以下要點（Wood, 1984）：

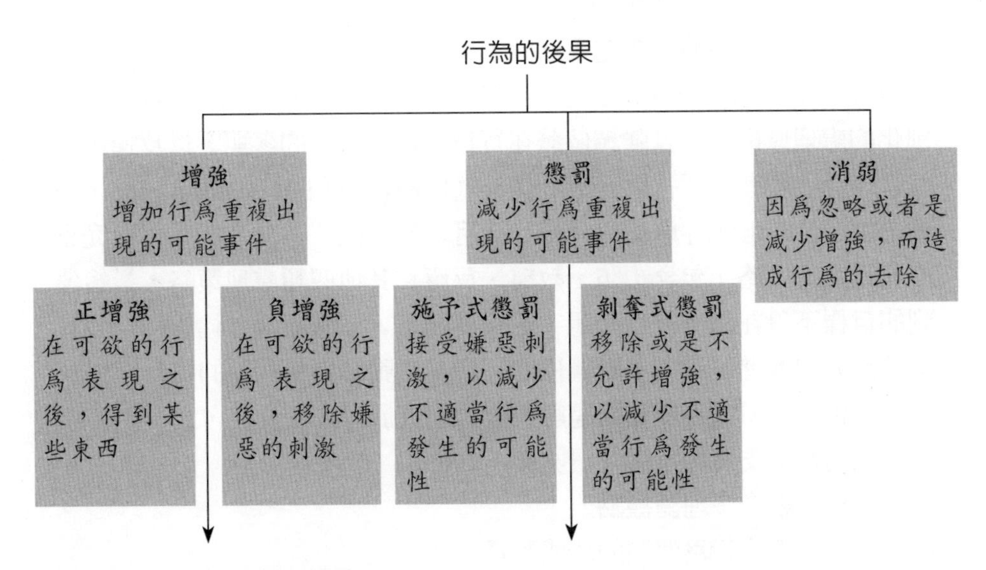

圖18-1　行為管理的要素

資料來源：方德隆譯（2014）。有效的班級經營：課堂的模式與策略（頁39）。臺北市：高等教育。

1. 界定目標行爲。
2. 具體的界定可以獲得代幣的行爲。
3. 公布學生適當的行爲。
4. 教師和學生選擇增強物來交換代幣。
5. 向學生解釋代幣的規則。
6. 教師要求學生解釋代幣。
7. 開始使用代幣制。
8. 教師評估代幣制。

第三節　正向行為支持

一、正向行為支持之意涵與特徵

正向行爲支持（positive behavioral support）在 1990 年代被提出，屬於教育型（educative）的行爲處理方法，強調不是相同的行爲問題都可以使用同樣的策略。擬定策略時須考慮行爲問題的功能，先進行功能評量（functional assessment）。主張尊重、正常化、預防、教育和個別化的處理原則，並且強調個體在行爲處理過程中的參與，以及運用團隊合作發展和執行「行爲介入計畫」（behavioral intervention plan，簡稱 BIP），即正向行爲支持計畫；採用功能本位、正向、多元化而完整的行爲處理策略，包含預防、教導、反應和其他四類處理策略，最後達到的目標不只在減少行爲問題，更重要的是，個體溝通、社會和自我管理等能力的增進、正向人際關係的拓展、活動參與量和質的提升，以及處理小組成員溝通合作和問題解決能力的進展等（鈕文英，2009）。

正向行爲支持的特徵（鈕文英，2009）：

（一）融合多理論觀點。

（二）重視行爲問題的功能評量。

（三）強調行爲介入須考量社會效度。

（四）秉持尊重的態度和採用正向的策略。

（五）以促進正常化和融合，改進生活形態和提升生活品質爲目標。

（六）採生活廣度（life span）觀點和長期聚焦（long-term-focused）。

（七）採取個別化的正向行爲支持計畫。

（八）依照預防原則介入行爲問題。

（九）根據教育觀點教導適當行爲取代行爲問題。

（九）植基於生態取向，重視生態環境的調整。

（十一）鼓勵個體的參與，並逐步達到自我管理。

（十二）強調團隊合作。

（十三）著重生態效度和保持科學實務的彈性。

正向行爲支持的基本哲學是大多的行爲、問題或適應，視爲在個人問題的生活之特殊功能（Carr, Sailor, & Anderson, 2002）。爲使改變個體之行爲，則須評量問題行爲之功能，並且，藉由功能性的傳達或社會技能來取代（O'Neill et al., 1997）。就正向行爲支持而言，最重要的是要瞭解問題行爲並不是值得重視的事物而加以抑制；反之，問題行爲是傳達個體生活功能之形式（O'Neill et al., 2002; Wehman & Kregel,

2012）。

爲能充分瞭解問題行爲之功能，教師或團隊則須發展正向行爲支持計畫（positive behavior support plan），以良好的適應行爲來取代個體要發生的行爲；換言之，教導個體功能性的技能是正向行爲支持計畫之重要部分（Wehman & Kregel, 2012）。其次，要設計前置事件和環境支持，以減少個體不當的行爲。最後，該計畫需要特殊的教學，教導團隊成員增強新的行爲和回應策略（Bambara & Kern, 2005）。

二、正向行為支持計畫之要素

正向行爲支持計畫主要包含三個部分（Carr et al., 2002）：

第一：建立前置事件和情境項目支持；

第二：教導新行爲；

第三：當改變了問題行爲，則增強新行爲的強度。

至於，有關正向行爲支持計畫之要素如下：

Cohn（2011）指出，正向行爲支持採用正增強和功能行爲分析（functional behavioral analysis）。爲了避免行爲問題，發展出規則和程序並教導學生，因此，「正向行爲支持」較少著重在控制行爲，而更著重在教導學生生活技能，使其在不同的情境中能適當地互動，以提高其生活品質。正向行爲支持模式的重點在於防止行爲問題，而不是對問題做出反應。著重在教導學生規則和程序，提醒學生在班級和其他校園空間應該有何種行爲表現，教導那些和同學互動有問題的學生和社會的技能（引自方德隆，2014）。至於，正向行爲支持包含三層級方法，如圖 18-2。

有關正向行爲支持三層級的主要內容，分述如下（方德隆，2014）：

三層級方法的第一級爲初級預防（primary prevention），著重在防止問題行爲的發展及其發生頻率（Jones, 2008）。在第一層級，學校爲所有學生創造了支持的基礎，以防止問題行爲和學業上的失敗。

初級預防側重於營造學校的環境，可使問題不會在第一時間出現，這個結構開始於學生在學校所有地區的互動規則與程序的訂定。其次，則是教師和行政人員的嚴密監督，可以確保學生遵守學校的規則和

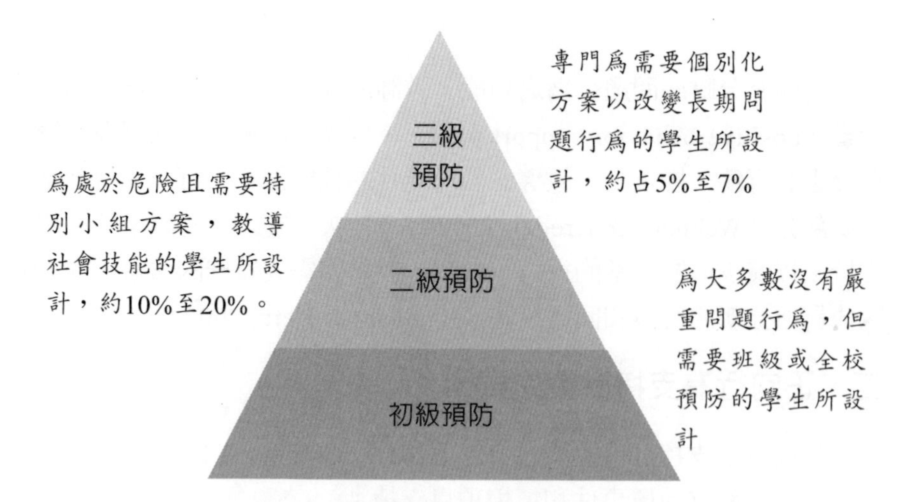
專門爲需要個別化
方案以改變長期問
題行爲的學生所設
計，約占5%至7%
三級
預防
爲處於危險且需要特
別小組方案，教導
社會技能的學生所設
計，約10%至20%。
二級預防
爲大多數沒有嚴
重問題行爲，但
需要班級或全校
預防的學生所設
計
初級預防

圖18-2　正向行為支持的三層級方法

資料來源：方德隆譯（2014）。**有效的班級經營：課堂的模式與策略**（頁283）。臺北市：高等教育。

常規。初級預防還包括建立遵守規則的獎勵機制，這些獎勵措施可用於個別的班級中，或在學校的所有地區。初級預防包括建立有效教學的過程，因爲紀律問題時常是無效教學的產物。

二級預防（secondary prevention）是三層級方法的第二層次，重點是回應需要超出第一級支持的 10%-20% 的學生。二級預防可在班級中進行或透過學校介入，它包括個別化行爲經營方案和目標團體的介入。

三級預防（tertiary prevention）是最後層級的預防，其焦點著重在那些表現出危險、高度破壞性，且（或）妨礙學習的學生身上（Jones, 2008）。這些學生對於初級預防和二級預防並未產生效果，占所有學生比例的 5%-7%，他們需要給予高度、個別化的功能性介入（individualized functional-based interventions）。

正向行爲支持（positive behavioral support）係爲探求和瞭解個體行爲傳達有關的需求，俾使在社會上可接受之方式，協助學生滿足他（她）們的需求。因此，若學生在班級謾罵，教師則須加以瞭解其原因何在？動機爲何？進而思考學生的需求和福利，如同防止負面行爲一樣。當其他的學生瞭解教師在留意或關懷時，會出乎意料地，此種協助會強化班級的共同體（classroom community）（Peterson & Hittie, 2010）。而傳統的行爲管理（如表 18-2）著重於從他人的觀點，特別是成人來控制學生的行爲；至於，正向行爲支持乃企圖設法回應學生的需求，協助學生學習尊重和以主動積極的方式獲取需求之滿足。

表18-2 傳統的行為管理與正向行為支持之比較

要項	傳統的行為管理	正向行為支持
問題	行爲引起困擾，設法消除	行爲是學習的，行爲是傳達重要的訊息
評量	明確說明問題行爲、決定次數、強度和持續時間	實施功能性分析來決定行爲的原因
目標	消除問題行爲	協助學生學習更好的方式傳達需求
介入	減少行爲的增強、懲罰	• 發展安全感和師生之間的信任 • 使班級好玩有趣，主因爲積極參與之結果 • 從他人提供的支持，減少挫折 • 教導替代性方法傳達 • 教導如何適應學校情況
成功	消除行爲，權力至上	個人的問題是從他（她）的觀點來解決

資料來源：*Inclusive teaching* (p. 318), by J. Peterson & M. M. Hittie, 2010, New York: Pearson.

簡言之，正向行爲支持之目的在於界定問題行爲之功能、防止問題行爲、教導另類替代性行爲，以及消除維持問題行爲之增強。有關正向行爲支持計畫之完整要素如下（Noonan & McCormick, 2014）：

1. 危機管理計畫
2. 支持防止問題行為
(1) 修改或消除脈絡的變項
(2) 修改或消除起因
(3) 阻斷一連串的行爲升高
3. 支持鼓勵適當的行為
(1) 提供選擇和高偏好的情境

(2) 暗示
(3) 提出正面的社會性評論
(4) 創造有意義、有趣的、可預測的常規和活動
(5) 運用支持性常規，工作簡單化並預先教導
4. 支持教導有效的替代行為
(1) 教導主動積極
(2) 教導功能性的傳達反應
(3) 教導比問題行爲更有效的行爲
5. 支持維持和類化行為改變
(1) 教導有效的替代行爲
(2) 說明延宕和間歇性增強
(3) 教導不同的人、地點和活動
(4) 提出所有問題行爲之功能
(5) 教導先控制情境，然後，減除控制情境
6. 資料一本位評估
(1) 評估問題行爲
(2) 評估替代行爲

三、正向行為支持策略

有關正向行爲支持策略如下（林坤燦、許家成、朱怡珊，2018）：

（一）依據行為功能方面

1. 針對獲得感官刺激功能的行為問題
(1) 減少獨處和感官刺激的機會
(2) 減少或改變引發感官刺激的因素
(3) 增加替代性活動並給予獎勵
2. 針對獲得關注功能的行為問題
(1) 減少引發行爲問題的不良因素
(2) 替代行爲的區別性增強

3. 針對獲得實質功能的行為問題

(1) 滿足需求

(2) 教導適當溝通和正確學習經驗

(3) 消弱或解除逃避特定狀況

（二）依據行為前因、結果方面

1. 行為前事控制策略

(1) 物理環境之調整

(2) 課程與教學之調整

2. 行為教導策略

(1) 替代行爲技能之教導

(2) 自我教導

3. 行為後果處理策略

(1) 增強

(2) 消弱

(3) 反應代價

第十九章　意義化教學

在教學過程中，當學童不瞭解教學的內容時，或者，學生難以理解教學的概念時，此時，意義化教學是值得加以運用的教學策略。尤其，在實施語文領域學習時，教師可採多元的意義化教學方法，協助學習瞭解教學內容。有鑑於此，本章就針對語文學習時，有關意義化教學之意涵、指導特殊兒童學習語文之策略，分節陳述各節內容如後。

第一節　前言

基本上，語文是奠定學習的基礎，它是一門工具學科，透過語言文字，方能進行其他各科的學習活動。而且，語文是思維的工具，可傳達思想，亦可啓發思考。同時，藉由語文教育，促使學生掌握語文這個工具，有利於日常的社交活動、意見溝通、陳述意見，進而充實學生生活。因此，語文能力是日常生活中，與人溝通、處理環境事物，不可或缺的工具。

特殊教育的終極目標，乃在幫助特殊兒童或青少年，學習有用的技能，以增進其在日常生活中獨立自主的能力，因此在課程的設計及教材的選擇上，應考慮到教材內容的功能性或適切性（何東墀，1987）。當教材內容以此功能爲導向以後，更重要的是，如何善用各種適合特殊兒童之語文教學策略，促使特殊兒童能夠獨立自主，充實生活經驗，是當前特殊兒童語文教育重要的課題。雖然特殊兒童類別不同，而且，障礙程度亦有相異之處，但是，在語文教學之原理和策略上，應仍有其共通性。

基本上，教師在選擇有效的教學策略時，須注意以下之方針（引自王文科，1994）：

一、策略須能迎合「學習者」的需要與興趣，並配合他們的學習方式。

二、策略須能為個別「教師」所採行。

三、策略的選擇須迎合「教材」的需要，有的教材採演示或練習策略優於採講演策略。

四、所採策略須在「時間允許」情況下方可進行。

五、所採策略須有「足夠資源」支持。

六、所採策略須配合現有「設施」。

七、所採策略須能達成「教學目標」。

有鑑於此，茲將指導特殊兒童學習語文時，較常用且重要的原理和策略簡述如下，以供補救教學之參考。為解釋各種的教學原理與策略，儘量舉例說明，以臻詳盡易明。

第二節　指導特殊兒童學習語文之策略

一、意義化（meaningfulness）

（一）意義

所提供的學習材料，儘量使之有意義，使學生易於學習（McLaughlin & Wehman, 1981），即符號所代表的新知識與學習者認知結構中已有的適當觀念建立非人為的和實質性的相連；換言之，由符號所引起的清楚表達和精確分化的認知內容。進而言之，意義化學習有三種類型（邵瑞珍、皮連生，1993）：

1. 表徵性學習（representational learning）

指學習單個符號或一組符號的意義，或學習它們代表什麼。表徵性學習的主要內容是詞彙學習，即學習單詞代表什麼。

2. 概念學習（concept learning）

是指掌握同類事物的共同的關鍵特徵。如學習三角形此一概念，就是掌握三角形有三個角和三條相接的邊這樣兩個共同的關鍵特徵，而與它的大小、形狀、顏色等特徵無關。

3. 命題學習（propositional learning）

可分為非概括性命題，即僅表示兩個以上的特殊事物之間的關係，如「臺北市是臺灣的首要都市」。句中的「臺北市」代表特殊城市，「首要都市」亦是一個特殊對等名稱，此種命題只陳述一個體事實。另一類命題表示若干事物或性質之關係，此稱爲概括性（generalization）命題。

（二）方法

1. 能看到的：具體物—半具體—抽象。
2. 能聽到的：聽（講）故事、聽音樂。
3. 能以行爲或動作表演

(1) 身體動作表演法：身體語言、手語。

(2) 角色扮演：角色扮演的模式如下（趙中建，1992）：

第一階段：使小組活躍起來

認定或提出問題、使問題明確起來、解釋問題故事、探討爭論、說明角色扮演。

第二階段：挑選參與者

分析角色，並挑選角色扮演者。

第三階段：布置舞臺

劃定表演的行動路線，再次說明角色，並深入到問題情境中。

第四階段：觀察者的準備

決定要尋找的事項，指定觀察任務。

第五階段：表演

第六階段：討論和評價

回顧角色扮演的表演（事件、觀點、現實性），討論主要焦點和設計下次的表演。

第七階段：再次表演

扮演修正過的角色，建議此後的步驟或行爲的選擇。

第八階段：討論和評價

同第六個階段。

第九階段：共享經驗與類化

把問題情境與現實經驗和現行問題聯繫起來，並探索行爲的一般原則。

4. 配對連結學習法（何東墀，1987；洪清一，1994；楊元享，1977）

(1) 卡片配對學習法：即利用不同型式的圖文配對卡片，教導學童進行配對發音（如圖 19-1）。

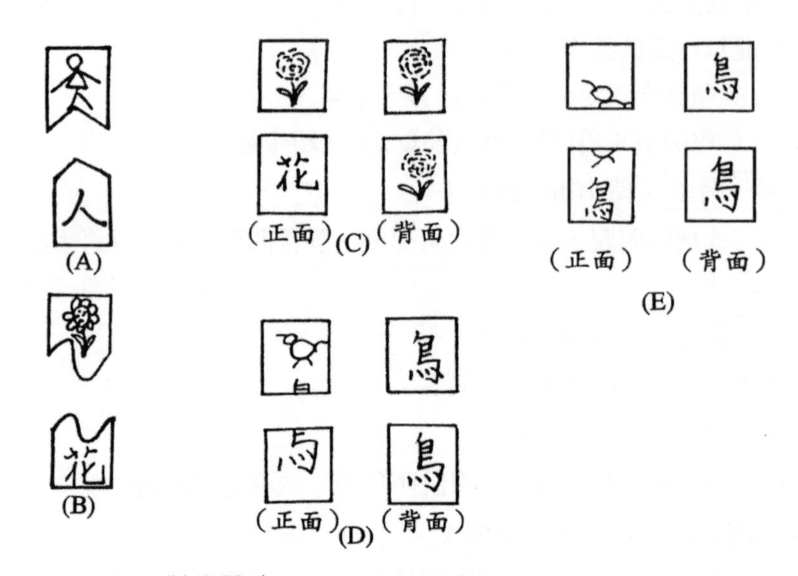

圖19-1　卡片配對學習法

資料來源：楊元享（1977）。智能不足兒童國語能力之診斷與補救教學（頁52）。臺北市：省立臺北師範專科學校。

(2) 分類配對學習法：即利用分類學習箱（如圖 19-2），進行文字符號卡片之學習。

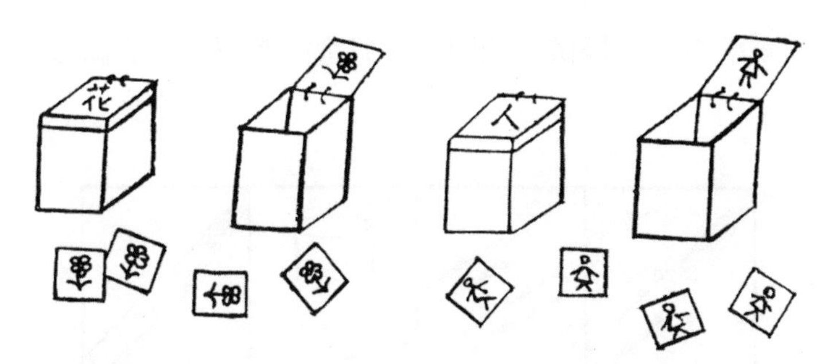

圖19-2　分類學習箱

資料來源：楊元亨（1977）。*智能不足兒童國語能力之診斷與補救教學*（頁53）。臺北市：省立臺北師範專科學校。

(3) 線索引導認字法：即採取圖文同時呈現，然後逐漸將線索隱沒之方法（如圖 19-3）。

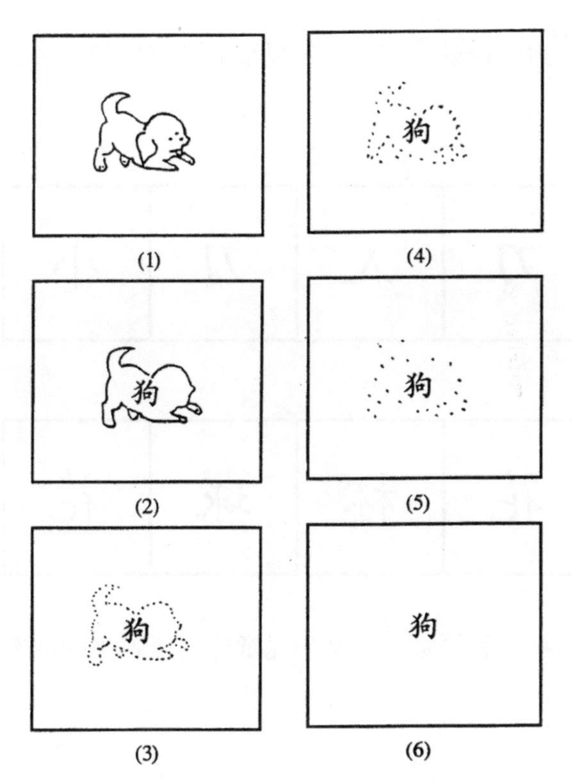

圖19-3　線索引導認字法

資料來源：楊元亨（1977）。*智能不足兒童國語能力之診斷與補救教學*（頁57）。臺北市：省立臺北師範專科學校。

(4) 圖畫配對：即提供一個圖畫，兒童能選擇相同的圖畫與此圖畫配對。

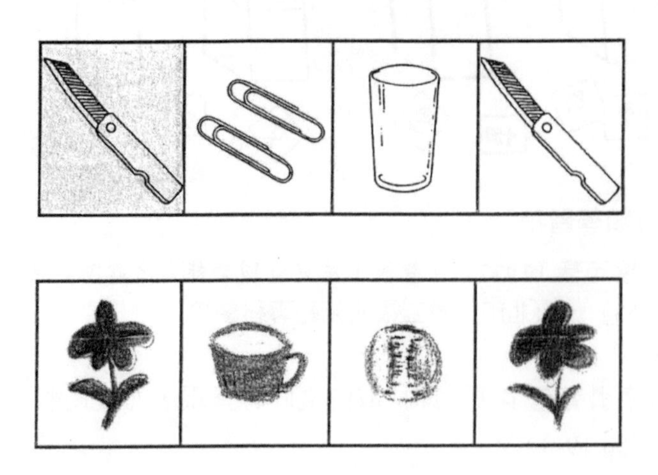

(5) 字詞配對：提供一個字詞，兒童能選擇相同的字詞與此字詞配對。

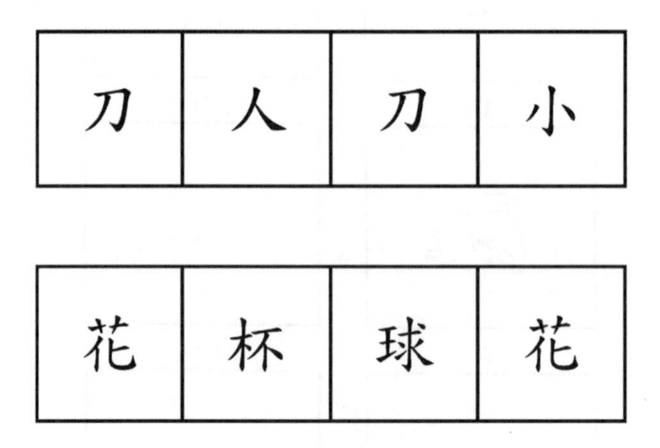

(6) 聽覺理解：教師唸一個字，兒童能選擇對應的圖畫與此字詞配對。

(7) 圖畫命名：教師呈現一個圖畫，兒童能說出圖書的名稱。

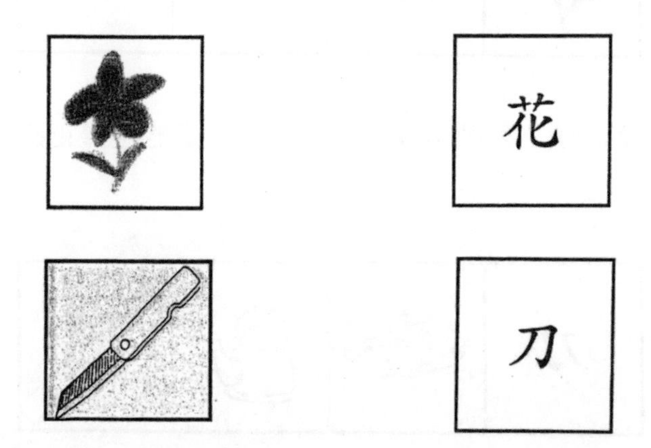

(8) 聽覺認字：教師唸一個字詞，兒童能指出此字詞。

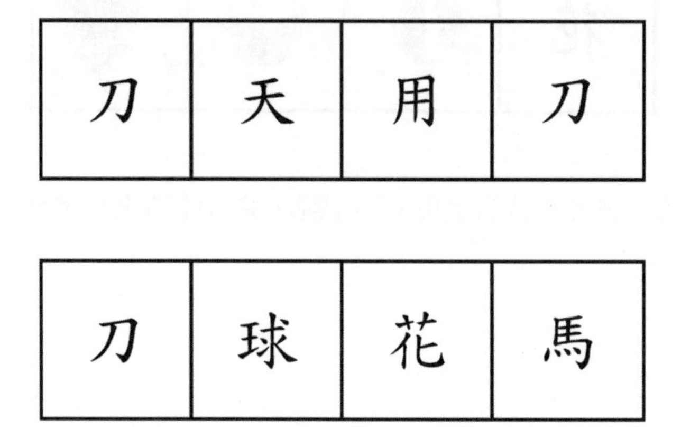

(9) 看圖認字：教師呈現一個圖畫，兒童能選擇正確的字詞與此圖畫對應。

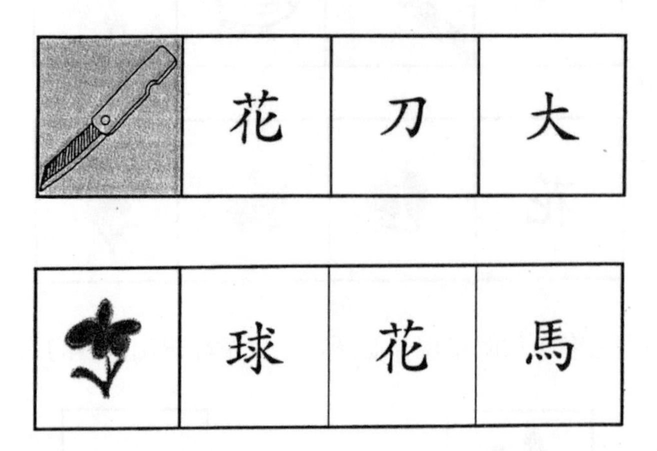

(10) 看字認圖：教師呈現一個字詞，兒童能選擇正確的圖畫與此字詞對應。

(11) 認字發音：教師呈現一個字詞，兒童能讀出此字詞。

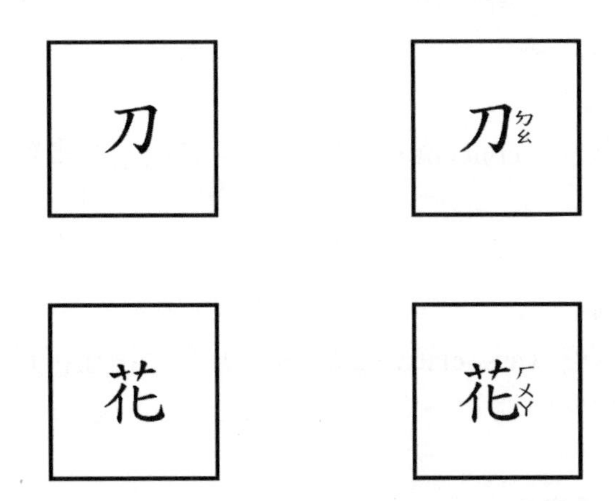

（三）原則

1. 常用的、唸（說）出來的、能配對連結的、逼眞的、具體的、學生最熟悉的。

2. 學生最熟悉的，且是學生常聽到的、常看到的。

3. 將新的單字和新詞寫在卡片上，並且張貼在公布欄上。

4. 教學時，盡可能的以具體性的教材爲起點。

5. 鼓勵學生根據他們所瞭解的，以行爲或動作表達出來。

6. 如果遇到較爲抽象的教材時，須讓學生多花時間練習。

二、相似性（similarity）（McLaughlin & Wehman, 1981）

（一）意義

是指教材元素之重疊現象。

（二）形式

1. 形式相似性（formal similarity）：是指字形或字體的相似性。

2. 意義相似性（meaningful similarity）：是指某些字或詞在定義上之重複性，如同義字。

如：

人們 = 大家

眞美麗＝很漂亮

踩壞＝踏壞

3. 概念相似性（concept similarity）：是指某些事項、種類、關係之重複現象。

如：

呼呼＝吹著

4. 關係相似性（associative similarity）：是指在相關聯上，某些事項具有相連貫之共同性。

如：

「冬天」 「寒流」

表示冬天到時，寒流自然就來了。

「來了」 「到了」

表示當一個來了時，等一會兒，自然就到了。

「冷得」 「發抖」

表示當冷得要命時，一個人就會發抖。

「曬曬」 「好暖和」

表示在冬天時，曬一曬太陽，就覺得好暖和。

「澆水」 「長大」

只要天天澆水，小紅花自然就會長大。

三、組織性（organization）

（一）意義

在語文學習時，強調結構性之運用而言（McLaughlin & Wehman, 1981）。

（二）方式

1. 編碼（coding）：將教材改變爲另一種更有意義的形式而言。

如：

好暖和	好暖和
寒　冷	寒　冷

		2. 夏	
季　節	1. 春	季節	3. 秋
		4. 冬	

2. 媒介（mediation）：是指將所要學習的教材和其他的事物相連結，並以此作爲學習此教材的媒介。如：

冬天

發抖

冷風

一朵小紅花

開在山坡下

風吹
雨打

摘走
踩壞

澆水
長大

3. 群集（clustering）：是指在某個情境中之回憶事項而言。事物的分類或歸類，可依概念、同義字，或其他向度組合之。

如：

冬天—寒流—寒冷—冷風—發抖

（描述冬天的概念。）

太陽—曬曬—好暖和

（描述冬天時，人人渴望的概念。）

如風吹—雨打—破壞—摘走

（描述對一朵小花不利的概念。）

天天—澆水—長大—真美

（描述對一朵小花有利或促使小花生長的概念。）

4. 選擇刺激（stimulus selection）：是指在所有的教材內容或項目中，只選擇其中的項目而言。例如：教育部於一九九六年編之國民小學國語課本第二冊第二課「一朵小紅花」（頁 17～18）中，只選擇重要的項目。

如：

冬天—寒流—寒冷—冷風—發抖

太陽—曬曬—好暖和

小紅花—山坡上—澆水—長大

四、多重感官法

多重感官法（multisensory），意指學習時充分利用個體之所有感官，直接藉由聽覺、視覺、味覺和觸覺等感官學習教材。由於各種感官均是運用於學習歷程中，因此，有助於學生學習的動機，同時，在訓練歷程中，兒童可以藉著個體本身感官系統之統合來矯正學生的問題。多重感官教學法是一種綜合運用視覺、聽覺、觸覺、嗅覺與味覺等感官來加強學習的一種教學方法，讓學生使用不同的感官去認識學習內容，引起學生主動學習的意願，進而提高專注力和認知能力（朱晏霆，2018）。換言之，多重感官教學法是鼓勵學生藉由視覺、聽覺、觸覺的運用，以加強視覺分辨事物的能力，也讓學生描述自己的觸覺感受及視覺刺激，俾期提供許多機會讓學生運用各種感官學習（李宛倫，

2006）。總之，多重感官教學法是融合了視覺、聽覺、嗅覺、動覺和觸覺的學習模式，讓學生能夠將學習到的知識與技能予以內化，達到刺激方式愈多，愈能提升反應能力，進而促進學習效果之目的（梅錦榮，1991）。

由此可知，多重感官教學法主要目的是讓學習者運用視覺、聽覺、嗅覺和動覺等多種感官進行學習。教師藉由各種感官刺激的方式，引導學生接收學習資訊，增進學生學習效率和記憶學習內容，促進學生潛能發揮（李嘉玲，2014）。

多重感官教學法亦稱視聽動觸法（VAKT），此法由 Fernald 所創，即視覺（visual）、聽覺（auditory）、動覺（kinesthetic）和觸覺（tactual）（Hallahan & Kauffman, 1988；何華國，1991）。運用此方法時，其步驟如下：

（一）先由學童說一則故事。

（二）老師將學童所說的故事記錄下來，以此作爲指導學童閱讀的教材。

（三）指導學童注視所要學習的單字（視覺）。

（四）請學童注意聽老師唸的字（聽覺）。

（五）請學童說出剛才老師所唸出的字（聽覺）。

（六）學童用手指頭模寫這個（動覺和觸覺）。

例如：

記得去年的冬天的晚上，當我準備給狗狗吃東西的時候，狗狗突然不見了。我很傷心的跑到廚房去找，原來狗狗已經被殺了。在這個故事裡，「冬天」是所要教的一個詞，教師即可運用以上的（三）、（四）、（五）個步驟，指導學生認識與學習這個詞。

五、指觸法（tracing）

（一）意義

是指利用指觸模寫，並同時用感覺、看、說，以及去聽所要學的字。因此，指觸法是眞正使用多重感官的學習方法（何華國，1991）。

（二）步驟

1. 將學生所選的字，用單色的蠟筆寫在圖畫紙上。

2. 學生以手指頭接觸紙面模寫文字。當模寫時，且把該字的發音大聲的唸出來。就這樣反覆的做，直到學生不看字，也可寫出爲止。

3. 學生將字寫在他的練習紙上，他就會覺得那是「他的」字了。

4. 當學生已建立了能寫與能認字的信念後，老師即可鼓勵學生開始敘寫故事。

5. 學生的故事寫好後，立即爲他打好字。在學生仍覺得新鮮時，即由學生來讀這些寫好的文字。

6. 在故事完成且所學到的生字也作了有意義的應用後，即由學生將生字分別寫在卡片上，並置於學生的資料箱內，以作爲指導造句和寫作文的用詞。

第二十章　自我—指導學習

自我—指導之教學主要是把學習權交由學生身上，學習的主體爲學生，教師僅爲協助者和支持者。學生如何成爲知識的建構者，進而解決問題，有賴善用不同的自我—指導學習方法。因此，本章就自我—指導之意涵、自我—指導學習方法、後設認知教學法，分節陳述如後。

第一節　自我—指導之意涵

自我—指導（self-directed）是一種包含教和學習之方法，讓學生在學習過程中主動參與，習得高層次思考技能；同時，自我—指導學習協助學生建構他（她）們自己的理解與意義，並協助學生推理、解決問題，以及對學習內容予以批判性思考（Borich, 2011; Burke, 2006）。

一、自我—指導學習之活動過程

有關自我—指導學習之活動過程如下（Borich, 2011）：

（一）提供有關「何時」及「如何」使用心智策略的訊息。

（二）具體說明解釋如何運用策略思考及解決眞實世界之問題。

（三）鼓勵學生變成主動的學習者，根據他（她）自己的思考方法和重要的知識來建構。

（四）藉由練習對話式之問答或討論，逐漸的將學習的責任移轉到學生身上。

二、自我—指導學習的要素

至於，自我—指導學習的要素，說明如下（Borich, 2011）：

（一）提供學生心智策略：首先，不論先前的知識或經驗，能正確回答，協助學生進入下一個學習階段，讓學生充分熟悉並實際遵行，並且使用此策略。

（二）在眞實的問題情境脈絡中解釋：運用眞實的環境和典型的例子，讓學生要求使用此策略。

（三）邀請學生變成一位參與者，而不是被動的傾聽者，或等待被告知者。

（四）由學生提供豐富和重要的結論，而不是老師。

第二節　自我—指導學習方法

有關自我—指導學習有下列方法，說明如下（Borich, 2011）：

一、後設認知（metacognition）

後設認知亦稱心智歷程（mental processes），是協助學生或學習者透過內化、理解和回憶學過的內容，省思他（她）們的想法，此等即所謂的無形之思考技能（invisible thinking skills），如自我—質問（self-interrogation）、自我—檢核（self-checking）、自我—監核（self-monitoring）、分析和記憶術（mnemonics）。

後設認知策略可藉由所謂之心智示範（mental modeling）之歷程傳達給學習者。心智示範可協助學生內化、回憶，並將問題解決類化到不同的內容。教師不僅提供訊息，並且，演示作決定的歷程。當要求學生學習複雜的教材時，心智示範就扮演著特別重要的角色。若欲達成良好的效果，須掌握以下重要的步驟（Duffy & Roehler, 1989）：

（一）向學生展示推理之內涵

（二）讓學生察覺到此推理之內容

（三）引導學生專注的應用此種推理

進而言之，有關心智示範之具體演示如下（Borich, 2011）：

（一）專注學習者之注意力

只有當學習者的注意力聚焦在演示者身上時，始可開始演示。然後，引導或指導學生的注意力思考或推理的技能。

（二）強調演示的重要性

有效演示者應精簡地指出學習者應觀察眼前的演示，將思考技能與學習的內容相連貫。

（三）演示時要說出言語

良好的演示者須充分提供充足且完整的概念並重複實行，同時，運用類比連結內容之差異，以及使用示例來增強學習、探索理解。

（四）提供簡單易懂的學習步驟

優質的演示者須將繁雜的行動分成簡單的步驟，使學習者能每次跟著做。同時，指出下一個步驟要做的活動，並透過把想法說出來之行爲加以描述。

（五）協助學習者記憶演示

有效的演示者要進行的緩慢，行動具體明確、強調特殊的特徵，以及提供簡單的記憶策略，以協助學習者保留他（她）們所看的和所聽的事物。

二、認知學習策略

認知學習策略（cognitive learning strategy）是藉由協助學習者保留輸入的訊息（接收），回憶學習有關之先前知識（運用），並建立知識間之邏輯關係（活化）。至於，有關常用的認知學習策略如下（Blanton, 2005; Borich, 2011）：

（一）記憶術（mnemonics）

常用的記憶術包括（周甘逢、劉冠麟，2002）：

1. 類別群集（categorical clustering）：將事物依類別列表。
2. 互動影像（interactive images）：將獨立的字用影像連結起來。
3. 連結字（peg words）：使用互動影像，將一些需要記憶的字連結起來。
4. 軌跡法（method of loci）：將需要記憶事項和熟知的地標作連結。

5. 字母縮寫法（acronym）：自創縮寫字。

6. 離合詩（acrostic）：將各行首字尾或其他特定字的字母，重新組合成詞或句的一種詩體。

7. 關鍵字（keywords）：在一個互動的影像中，將一個外語字的發音、意義與熟悉的字作連結。

（二）六段閱讀法

另一種記憶的方法是「六段閱讀法」（PQ3R）：預習（preview）、提問（question）、閱讀（read）、反思（reflect）、重述（recite）。各項之主要內涵，如表 20-1（Borich, 2011）。

表20-1 六段閱讀法

方法	策略
1.預　習	• 簡略閱讀內容的標題 • 摘要重點或架構
2.提　問	• 該段內容中要學的是什麼？ • 為什麼要學？
3.閱　讀	• 仔細閱讀 • 必要時，多次閱讀
4.反　思	• 該段內容重要意義是什麼？ • 正確嗎？ • 是否合理？
5.重　述	• 自己試著不看內文，重述所讀過的內容 • 回答所提的問題 • 複習上述的方法

（三）闡述／組織（elaboration/organization）

闡述係指教導學習者將新的知識與現有的知識相連貫。至於，組織是指需要學習者如何呈現或展示組織和統整新知，俾利記憶和有效地運用（Borich, 2011）。因此，組織又稱為作摘要（note taking），此方法可改進學生訊息處理，並能提高學生接收能力；同時，能夠協助學生之學習動機。至於，具體和有效的方法如下（Borich, 2011）：

1. 課前之預習
2. 留意重要的訊息
3. 寫下重要的概念
4. 用不同的形式作綱要
5. 舉例並提問
6. 作其他提示，以避免遺落
7. 盡可能地複習所作的筆記摘要

（四）理解的監核（comprehension monitoring）

理解的監核是一種藉由檢核自己本身學習進步的情形，讓學生學習評估自己理解程度之策略。它是根據交互教學法（reciprocal teaching method）所發展出來的策略，即教師示範學生以下三種技能（Borich, 2011）：

1. 縱覽內容並作預測
2. 提問有關主要的概念
3. 藉由監核自己的理解更瞭解

至於，理解的監核策略有以下共同的技能：

1. 建立目標：做什麼？爲何要做？
2. 集中注意力：要讀什麼？要完成什麼活動？
3. 自我增強：太好了！我理解了！
4. 解決問題：我不太瞭解？我必須再讀一遍。

（五）問題一解決策略（problem-solving strategies）

此策略主要是由學習者藉由運用各種不同的知識與技能，來解決問題。換言之，學習者必須知道如何解決問題。至於，有關問題一解決策略有下列階段：

1. 確認問題：瞭解問題、理解問題。
2. 界定術語：檢核在問題陳述中，每個字之理解程度。

3. 探求策略：運用相關的訊息和試用策略，來解決問題。例如：圖示法、工作分析法。

4. 行動策略：選擇策略，採取行動。

5. 檢視效果：自問是否達到可接受的解決方法。

（六）計畫─本位學習（project-based learning）

基本上，計畫─本位學習乃是一種充分運用內在動機（intrinsic motivation）來維持學生高度參與之策略，以達成最終結果爲目標。因此，欲獲得良好的效果，必須掌握下列重要的因素（Borich, 2011）：

1. 告訴學生學習的重點在於過程而非結果。
2. 協助學生建立目標。
3. 運用分組方式誘導合作學習。

至於，優質的計畫有下列重要的特徵：

1. 時間較長，需要數週完成。
2. 與不同的學科相連貫。
3. 著重過程和結果。
4. 教師如同教練，並要求小組合作。

其次，計畫應注意下列要項：

1. 提出眞實世界，眞正的挑戰。
2. 允許學生選擇和管控。
3. 須可行，或在時間和資源有限下可執行達成。
4. 需要合作。
5. 產生具體的結果。

由此可知，在計畫─本位學習中，學習者有下列主要角色：

1. 把成功歸於努力。
2. 相信完成計畫的目標。
3. 認知自己是有能力的。

至於，教師在計畫─本位學習中的主要角色包括：

1. 支持者。
2. 激勵者。
3. 專注學生學習的過程和結果。
4. 鼓勵並促進學生的責任感。

第三節 後設認知教學法

一、意義

面對某種訊息或資料予以處理時，如在認知上具「知其然」的程度，進而達到「知其所以然」的地步時，即稱為後設認知。因此，後設認知是指個人的「對認知之認知」。換言之，後設認知是指個人對自己的認知歷程能夠掌握、控制、支配、監督、評鑑的高一層的認知（Hallahan & Kauffman, 1988）。

二、方法與步驟

（一）自我觀察：如觀察冬天的景象。
（二）自我分析：如分析冬天的景象。
（三）自我記錄：如將分析的資料加以記錄。
（四）自訂計畫：如如何觀察、記錄和分析。
（五）自訂標準：如尋找資源以驗證答案。
（六）自我修正：根據資料加以修正。
（七）自我增強：將資料加以整理，分享給同學。

例如：學生可利用老師設計好的觀察記錄表（如表 20-2），記錄冬天的氣候。

表20-2 天氣概況表

冬天的天氣概況　　年　月

日期	晴天	陰天	雨天	風向
1.				
2.				
3.				
4.				
⋮				
⋮				
30.				

三、教學策略

（一）自我教學法（self-instruction）（Hallahan & Kauffman, 1988）

1. 意義：又稱問答相關法（question-answer relationship, QARS），也稱示範法（modeling）。

2. 記憶術

(1)「在這裡」（here）

(2)「找找看」（hidden）

(3)「想想看」（in my head）

3. 方法

例如：

冬天的天氣如何？

冬天的時候想做什麼？

寒流是如何形成的？

(1) 我怎樣回答呢？

我必須仔細的閱讀，這樣，我才能夠記得；而且，我準備用三種方法來回答這問題。

(2) 答案在哪裡？

我想，這問題的答案可能在書本內，或在我的腦海裡。不過，我必須先仔細地去找。如果找不到答案，我再想辦法。

①「在這裡」：

或許答案在句子裡，就可以找到。

②「找找看」：

如果答案不在某一個句子裡，那可能在其他的句子中。

③「想想看」：

如果我已經仔細地閱讀過了而仍找不到答案，我必須想一想，設法找出答案來。

(3) 我的答案對嗎？

我的答案對嗎？我有充分的理由來證明它嗎？我相信答案是正確的。如果有問題，我請老師幫忙。

4. 實施步驟

(1) 老師大聲地唸，或大聲地說出解決問題的方法。（認知示範）

(2) 學生在老師示範教學之情況下，解決問題。（外顯性的自我輔導）

(3) 當解決問題時，學生將這種教學方法小聲地告訴自己。

(4) 當解決問題時，學生用自己的語言，引導自己去執行。（內隱性自我教學）

（二）自問學習法（self-questioning）

1. 意義：自問自答，亦即邊想、邊問、邊答（Wong & Jones, 1982）。

2. 方法

(1) 去除重複的訊息。

(2) 去除不重要的訊息。

(3) 找出重要的句子。

(4) 發現主要的涵義。

3. 步驟

(1) 去除重複的訊息

① 這句子是否已經在前面講過？

② 我是否瞭解了，而不必注意它呢？

③ 這一段文章的主要大意是什麼？

(2) 去除不重要的訊息

① 這一句是否告訴我們一些新的和重要的訊息？

② 我是否瞭解了，而不必注意它呢？

③ 這一段文章的主要大意是什麼？

(3) 找出重要的句子

① 這段文章大概在提什麼？

② 這一句是否告訴我們一些新的和重要的訊息？

③ 我是否猜對了？

④ 主要的概念在哪一句？

(4) 發現主要的涵義

① 這段文章大概在提什麼？

② 這一句是否告訴我們更多的重要訊息？

③ 這主要涵義的答案在哪裡？

④ 這一課主要涵義的答案在哪裡？

4. 策略

(1) 認知示範：老師示範以上自問與自答的方法與步驟。

(2) 外顯性輔導：學生模仿老師自問的方法，老師在旁協助。

(3) 外顯性自我輔導：學生自己大聲地自問自答，老師適時注意有無問題。

(4) 消除自我輔導：學生自己小聲地自問自答，老師適時注意有無問題。

(5) 內隱性自我輔導：學生在內心裡自問自答。

第二十一章　交互教學法

在實施的過程中，老師必須監控學生瞭解的程度，俾能判知所提供的架構是否適當。這種教學情境之所以稱之爲相互性（reciprocal），是因爲老師和學生之間，針對某種題材的內容，共同建構、共同討論之緣故。本章交互教學法之意涵、原理、交互教學法與實施程序、交互教學法的閱讀理解策略，以及指導特殊需求學童學習的一般原則，分節陳述如後。

第一節　交互教學法意涵

交互教學法（reciprocal teaching）亦稱相互教學法，是 Palincsar 與 Brown 在 1984 年間提出，此教學法和傳統法最大的差異在於此法不強調教師的解說，而是強調師生共同建構文章的意義，具強調小組合作、師生互動的特色（王佳玲，2000）。此種教學法結合摘要、提問、澄清和預測四項理解策略，強調師生間透過對話方式互動，輪流扮演教學引導者的角色，共同建構文章意義並促進閱讀理解。交互教學法又稱師徒制學習法，意指學生可向老師或高年級學生學習某種知識或技能（Hallahan & Kauffman, 1988）。

交互教學法（reciprocal teaching）是利用摘要（summarizing）、提問（question generating）、澄清（clarifying）和預測（predicting）等四種活動，教導學生學習如何應用有效的閱讀策略。基本上，交互教學法強調後設認知技能，培養和監控（monitor）閱讀理解能力。交互教學法，係根據蘇聯心理學家 Vygotsky 社會脈絡（social context）理論在學生學習過程中之重要性。Vygotsky 理論，又稱師徒制學習法，意指學生可向年長者學習某種知識或技藝，如同徒弟向師父學習雕刻或其他某種技能一樣，根據此原理，運用於教學情境。他們認爲良好的教學，老師應提供一種使學生循序學習之結構（structure）或架構（scaffolding）（Palincsar, 1986; Pearson & Dole 1987; Lysynchuk, Pressley, & Vye, 1990）。亦即，首先，由老師建構教學情境，然後，將學習的責任逐漸地加諸於學生身上。

第二節　交互教學法的原理

交互教學法是根據 Vygotsky 的認知理論發展出來之閱讀教學方式（如圖 21-1），其包含了近側發展區（zone of proximal development）、專家鷹架（expert scaffolding）和預期教學（predicting teaching）等三個主要概念，分別敘述如下：

一、近側發展區

Cole、John、Steiner、Scribner 與 Souberman（1978）認爲「個體未接受任何協助下，能獨立解決問題之實際發展水準」與「在成人或能力較好的同儕指導合作下，能解決問題潛在水準」兩者之間差距，即爲近側發展區。透過與成人或能力較佳同儕的互動，兒童可以解決原本無法獨自完成的問題，達到更高的表現水準，發展更高層次的心智功能（張正仁，2004）。相信個體的學習不一定要等待發展成熟，若提供行爲引導或語言互動，讓個體在支持的社會互動情境中學習，可以助其發展。交互教學法基於此概念，透過老師示範、同儕互動以及師生之間的對話，逐步縮小學生的「近側發展區」，促進閱讀理解。

二、專家鷹架

鷹架是設計用來支持學習活動的結構，可能是有形或無形的，以暗示、線索、提問、討論等各種形式，協助學生發展相關技能，達到更高學習層次。「專家鷹架」即是由專家（例如：老師、能力較佳的同儕、父母等）提供的支持性協助，依學生能力之發展情形而適時調整修正。當學生漸漸能獨立完成任務時，便逐步把學習責任轉移給學生（Rogoff & Gardner, 1984）。

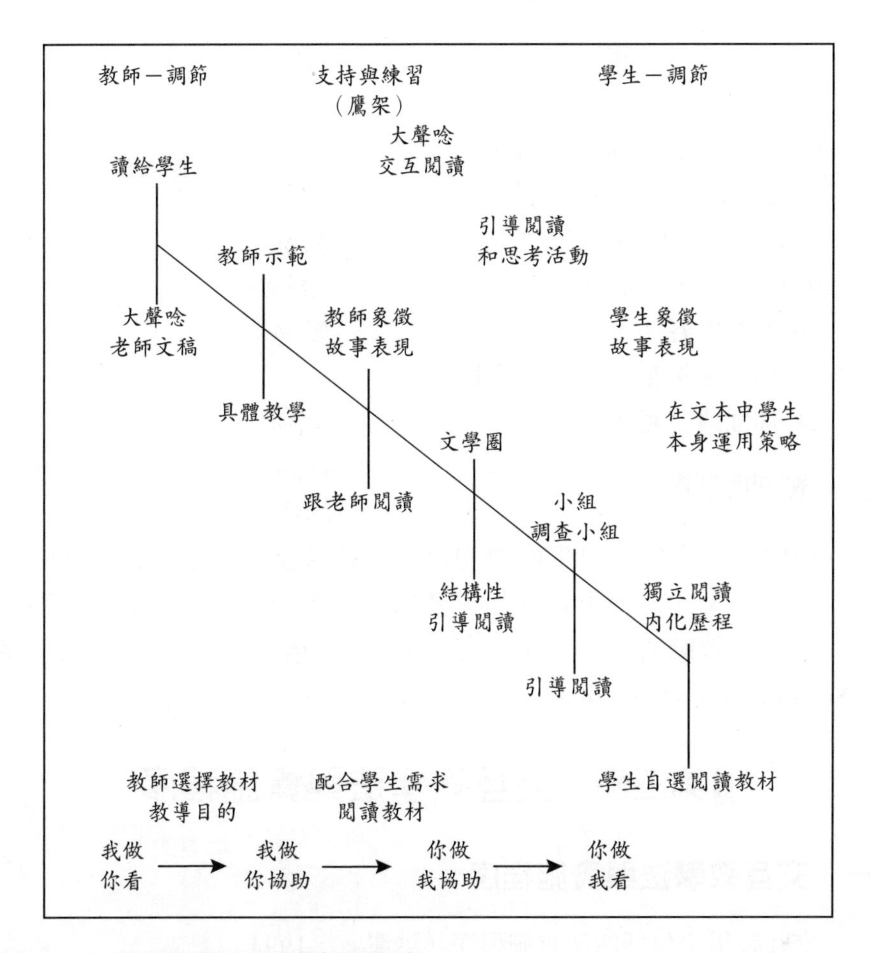

圖21-1 交互教學法之閱讀教學法

資料來源：Guidance in cognitive development: An examination of mother-child instruction, by V. Rogoff & W. Gardner, 1984, in B. Rogoff & J. Lave (Eds.). *Everyday cognition: Its development in social context* (pp. 95-116), Cambridge, MA: Harvard University Press.

（一）鷹架策略之目的

鷹架策略之目的如下（Collier, 2017）：

1. 獲得與使用重要的知識。
2. 建立學業轉換的技能。
3. 建立學習歷程的知覺。

4. 建立學習的基礎。
5. 提高學生專注學習的能力。
6. 提高學生學習新知的能力。
7. 促進學生學習的責任感。
8. 改進獲得重要的知識。
9. 改進理解力和記憶力。
10. 增強內容。
11. 加強學生記憶和應用的能力。
12. 加強語言發展。

三、預期教學

預期教學意指對學生能力的預期。教師應該對學生有高度的期待，相信學生的能力可以達到。換言之，不論學生的理解力或智力程度如何，教師應假定學生是有能力的、相信學生最終能完成任務（Seymour & Osana, 2003）。

第三節　交互教學法與實施程序

一、交互教學法與實施程序

交互教學法包括四個實施程序（洪清一，1994）：

（一）摘要（summarizing）

老師或學生摘錄教材的主要概念。例如：針對國民小學一年級國語課第二冊第六課「一朵小紅花」這個課文，摘錄以下的主要大意：

一朵小紅花，開在山坡下。
我問他：會不會被過路人踩壞，摘走？
怕不怕風吹、雨打？
我要天天澆水，使他快快長大。

（二）提問（question generating）

針對課文內容提出問題，例如：

1. 小紅花開在哪些地方？
2. 我們爲什麼不要踩壞小紅花？
3. 我們要如何愛護小紅花？
4. 如何使小紅花快快長大？
5. 學校裡，有哪些小紅花？
6. 爲什麼人人喜歡小紅花？

（三）澄清（clarifying）

根據所提出問題給予解釋與說明。如果學生無法回答問題，則須重新閱讀課文。

（四）預測（predicting）

針對課文的每一段文章內容，提出假設。

例如：

1. 小紅花要是被風吹、雨打，會變成什麼樣呢？
2. 如果不天天澆水，小紅花會變成什麼樣呢？

至於，交互教學法的實施程序，如下：

1. 先由老師指定一段文章來閱讀；
2. 由老師或指定學生來指導閱讀；
3. 老師和學生默讀這段文章；
4. 閱讀完畢後，老師和學生針對此段文章的內容，摘錄重點、討論和分析問題、提出問題；
5. 針對有關文章之未來內容，進行預估。

二、實施交互教學法之原則

由以上學者之研究顯示，交互教學法對學生之閱讀能力、閱讀理解力、討論、對談能力，以及解答問題能力，均有助益，顯示交互教學法確實有其功效。惟在運用交互教學法時，尚須注意以下原則（Palincsar,

1986）：

（一）選擇有效且易學的策略

即指導學生運用上述所陳述之摘錄重點、提出問題、解釋與說明及評估或預測等四點策略。惟在實施過程中，老師必須根據學生的表現，隨時加以評價與檢討，以決定實施的步調和教學的進度，以及遷移的範圍和運用有效的策略，以增進監控能力的程度。

（二）培養學生成為一個學識豐富的學習者（well-informed learner）

爲使學生成爲一個學識豐富的學習者，老師在教學之前，必須每天充分討論上述所提之四項策略，例如：共同討論該教學法的重要性？如何運用此種方法於其他的科目上？同時，老師隨時提供學生有關教材上重要的、有價值的資訊、學習教材有效的技能、處理和查核他們運用這些技能的方法，以及獲得更佳的學習技能，以期學生學習任何教材時，能夠適當的運用這些策略，吸取知識，終而成爲一個學識豐富的學習者。

（三）學習策略的自我控制

交互教學法的特徵，或是有效的交互教學法，乃是將學習的職責，循序漸進地加諸於學生身上，最後，學生能獨立自主地學習，老師只扮演輔導、協助的角色而已。至於，爲使學生達到學習策略的自我控制之境界，其方法乃透過對談（dialogue）之使用。當學生開始參與交互教學法時，老師是討論活動的樞紐，隨時爲學生提供並說明閱讀一段文章時所用的策略和方法，並加以示範。換言之，在實施的過程中，老師鼓勵學生參與對談或討論的活動、回答問題，並加以評論和解釋。經由老師的指導和親自示範，再由學生充分的練習和運用後，學習的工作自然歸於學生本身，甚至，到了最後，學習的活動全由學生來經營，屆時，自我控制（self-control）之能力自然形成了。

（四）選擇適當的教材

運用交互教學法來促進學生的閱讀理解能力時，教材的選擇不可不慎。因此，所選擇的教材，難度宜適中；其次，教材是須學生所期望的和欲學習的內容。換言之，教材內容由簡至難，由具體至抽象；並且，題材之擷取，配合學生的興趣和動機。

（五）行為改變技術（behavior modification）

1. 意義：是指運用行爲改變技術之原理，指導學生學習而言（Hallahan & Kauffman, 1988）。

2. 方法：設計發展技能之階層。

例如：能說出本課文（冬天）的大意

(1) 能說出課文第一段的大意

「冬天是個寒冷的季節。」

① 能找出課文的第一段

② 能跟著老師唸課文

③ 自己能唸課文

④ 能找出第一句的重要詞句－冬天

⑤ 能找出第二句的重要詞句－寒冷的季節

(2) 能說出課文第二段的大意

「寒流來了，人們冷得直發抖」

方法如前項。

(3) 能說出課文第三段的大意

方法如前項。

(4) 能說出本課文（冬天）的大意

將第一、二、三段的分段大意歸納即是。

第四節　交互教學法的閱讀理解策略

Brown 與 Day（1983）指出，交互教學法強調後設認知技能的增進、理解能力的培養與監控。利用摘要、提問、澄清、預測等四種策略，讓學生學習如何有效應用策略來促進閱讀理解，此等策略之意涵分述如下（引自何嘉雯、李芃娟，2003）：

一、摘要（summarizing）

摘要是一項重要閱讀技能，讀者根據文章內容重要概念的敘述，摘錄重點，用自己的話將文章概念說出來，是一種自我回顧（self-review）和理解監控歷程，可藉此瞭解讀者是否已完全理解教材。摘要的方法爲：(1) 刪除不相關及瑣碎的訊息；(2) 刪除重複的訊息；(3) 選擇主題句；(4) 將一連串的事件用一個主題概括；(5) 文章的陳述不明確時，自己創造話語去描述與顯現重要概念。

二、提問（question）

提問是要求學生根據文章中的重要概念提出問題，自我檢視能否掌握文章的內容重點。此策略有助於學生確認段落的重要資訊，發現主要概念，並從中建構出問題。除了詢問小組成員外，還可以藉由自我詢問（self-questioning）測試是否能正確答題。一開始老師在示範提出問題時，可以選用不同種類的問題，包括「文章中明示的問題」、「文章中隱含的問題」及「涉入個人經驗的問題」，來教導學生如何問出好的問題及瞭解自己理解狀況。此外，老師可以鼓勵學生用「6W」的方式來產生問題，也就是用「何時」（When）、「何地」（Where）、「如何」（How）、「爲什麼」（Why）、「誰」（Who）、「什麼」（What）來形成問句的形式（Rosenshine & Meister, 1994）。

三、澄清（clarifying）

師生共同討論文章中難懂或表達不清楚的字句。做澄清時，學生可以理解文章內容。文章之所以難懂包括許多原因，也許是訊息不完整或是有單字或新概念在其中。老師要教學生注意這些妨礙理解的東西，並同時採取必要的方式，以瞭解文章意義，例如：再閱讀一次、對照前後文、查閱資料、尋求協助等方式，幫助自己明確瞭解文章意義，增進閱讀理解程度。

四、預測（predicting）

學生去預測作者接下來會討論到什麼。預測若能做的好，必能激發出學生和此主題相關的背景知識。於是學生有了一個主要的閱讀目的，就是接受或證明所預測的假設是對或錯。再者，做預測時能創造出許多連結新知識的機會，同時幫助學生學習標題、次標題。

由上述的說明可知，交互教學法是指老師與學生共同爲了理解文章而合作，教學時教師利用解釋、示範、教學給予學生暫時性的鷹架支持，讓學生順利的運用學習閱讀策略去理解文章，並進而提升閱讀理解能力。

第五節　指導特殊需求學童學習的一般原則

指導特殊需求學童學習的一般原則，說明如下（許天威，1987；洪清一，1993）：

一、由於特殊需求學童的注意力極短，因此盡可能使課程活潑生動，顧及學習者的興趣與需要。

二、教學方法要隨時改變。

三、實施個別化學習模式，並給予學習者回饋。

四、盡可能以視聽媒體教學。

五、採用小老師制，協助老師補救教學。

六、如果特殊需求學童在寫作的能力上有限時，鼓勵他們用口頭敘述方式表達己見，代替書面報告。

七、評量方法的多元性（variety of assessment procedures）。

八、運用評量資料設計教學（using assessment data for planning instruction）。

九、教材和教學方法的多元性（variety of material and methods）。

十、個別化（individualization）。

十一、教學要針對障礙的層次（teaching to the level of involvement）與障礙的類型。

十二、教學要依據準備度（teaching according to readiness）。

十三、教學要顧慮承受刺激的程度（teaching to the tolerance levels）。

十四、教學要慎用多感官刺激法（multisensory stimulation）。

十五、教學要兼顧語文與非語文的學習（both verbal and nonverbal）。

十六、早期鑑定和補救教學（early identification and remediation）。

十七、教師積極投入（teacher involvement）。積極投入之策略如下：

1. 師生因相互尊重而有積極的師生關係。
2. 教室的環境與結構有助於學習。
3. 學生積極地參與學習活動，並且能把學習活動跟其經驗相結合。
4. 教材適合學生的概念和其閱讀程度。
5. 學生有機會觀察和模仿老師與同儕的適當的學業及社交技巧。
6. 學生的表現獲得回饋，其努力與成功獲得積極的增強。
7. 學生有機會練習、複習和應用其所學的知識與技能。
8. 依據學生的能力與程度鼓勵學生在學習的過程中，多依賴自己、少依賴老師。
9. 鼓勵學生創造性的思考。
10. 定期評鑑學生學習進展情形，並隨之修正教學措施。

第二十二章　角色扮演

角色扮演主要是藉由模擬的情境中，讓學習者親身體驗、參與、溝通、認知問題所在，進而解決問題之策略；同時，角色扮演具有多重的功能和優點。至於，有關角色扮演意涵、功能、角色扮演實施與注意事項、角色扮演的優點與限制，分節陳述如後。

第一節　角色扮演之意涵與功能

一、角色扮演之意涵

角色扮演（role play）係指描述一種活動的範疇，主要特徵是參與者以「假如（as-if）」，或者模擬（simulated）行動和情況進行。換言之，角色扮演是在妥善的控制下提供建構近似眞實生活（real life）的部分或經驗的方式（Yardley-Matwiejczuk, 1997）。角色扮演法原本運用於心理輔導方面，用來探究個人較潛隱著的心智生活、深層的內心問題，引導個體深入瞭解自己。角色扮演運用在教育上，可以讓學習者在教師設計的情境中，面對問題情境的扮演和討論，瞭解人際關係中情感、態度、價值問題，探索人類社會行爲之本質，並謀共同面對問題與解決問題之策略（Bowman, 2010; Milory, 1982）。

因此，角色扮演之主要目的如下（金樹人，1994）：

（一）設身處地扮演一個在眞實生活中，不屬於自己的角色行爲。

（二）透過不斷的演練，學習更多的角色模式，以便自己在應對生活環境時，仍具有彈性。

（三）使學生瞭解他們假想的個人角色，其所表現的態度、情感或情境。

二、角色扮演的功能

有關角色扮演的功能，統整如表 22-1（林進材，2015；黃光雄，1994）。

表22-1 角色扮演的功能

層面	功能
自覺	• 協助學習者認識行爲的前因後果及其相互間的關係。 • 敏銳地察覺他人的感受。 • 爲紓解緊張與發洩情緒的最佳方式。 • 改善學習者的自我觀念。
情緒	• 紓解緊張與發洩情緒的最佳方式。 • 診斷學習者心理的內在需求和察覺衝突的來源。
社會文化	• 提供探究社會文化的價值體系。 • 協助教師瞭解學習者所形成的次文化。 • 檢驗個人價值體系的機會。 • 改善學習者同儕團體的文化體系。 • 發展團體凝聚力，並增進班級良好的氣氛。 • 使學習者學習合宜的行爲態度和社交技巧。
問題解決	• 激發學習者創造思考能力，並學習解決問題的方法。 • 提供學習者練習「感受」—「思考」—「行動」的步驟，進而解決問題。
人際關係	• 提供學習者以實際的行動，練習解決人際間的問題。 • 透過團體互動關係，練習解決團體內的問題。 • 協助學習者建立良好的態度，以面對人際間的問題。

第二節 角色扮演實施與注意事項

一、角色扮演實施

有關角色扮演的實施步驟，如表 22-2（洪清一，1994）。

表22-2 角色扮演的實施步驟

階段	內容
1. 使小組活躍起來	• 認定或提出問題 • 確認問題 • 闡釋問題故事 • 探討問題或爭議 • 說明角色扮演
2. 挑選參與者	• 分析角色 • 挑選角色扮演者
3. 布置舞臺	• 劃定表演的行動路線 • 再次說明角色，並深入問題情境中
4. 觀察者的準備	• 決定要尋找的事項 • 指定觀察任務
5. 表演	• 展演
6. 討論與評價	• 回顧角色扮演的表演與討論
7. 再次表演	• 扮演修正過的角色 • 建議往後的步驟或行爲的選擇
8. 再次討論和評價	• 再次檢視角色扮演的表演與討論
9. 共享經驗與類化	• 將問題情境與現實經驗和當前問題相連結 • 探索行爲的一般原則

二、角色扮演應注意事項

角色扮演教學法是一種相當靈活的教學活動，需要教師不斷引導學習者進行活動，才能達到預定的目標。角色扮演教學法在使用時，必須注意下列事項（Milory, 1982）：

（一）教學目標的決定與問題情境的結合

角色扮演教學法在教學目標的決定方面，教師必須與學生生活經驗中問題情境作結合，依據問題的情境，蒐集各種資料，並決定需要演出的角色。

（二）主動參與及尊重態度的培養

教師應該主動陳述問題的情境，有效引導學生參與討論，安排各種角色扮演的人選，鼓勵學生主動參與演出和討論活動，教師並引導學生在扮演過程中，以尊重的態度觀賞與體驗。

（三）演出情境的布置

教師在採用角色扮演教學時，協助學習者設身處地理解他人的感受，並引導布置演出情境，提示角色扮演的題材。當演出者有困難或無法理解各種情境時，應適時給予支持和鼓勵。

（四）避免不必要的干預

教師對演出者的行爲不要有過多的干預，讓學生盡情地發揮，以自動自發方式進行表演，自行決定終止演出的時間或是否再進行扮演。

（五）演出情境與日常生活相結合

教師在教學實施過程中，應該設法將各種情境與實際生活情境做有效的結合。歸納整理學生演出及討論的內容，鼓勵學生將所習得的良好行爲模式運用於日常生活中。

三、保障多元文化學習者或學生之權益

針對多元文化的學習者或學生而言，教師須有下列的認知（Obiakor, 2007）：

（一）所有學生應受實質公平的對待。

（二）尊重學生的語言差異，並激勵學生學習第二語言。

（三）教導班上所有學生社會正義和相互尊重。

（四）在班級妥善規劃合作學習。

（五）賦權學生家長，成爲學校夥伴。

（六）使用雙語教學。

其次，在從事特殊教育工作時，須保障多元文化學習者或學生之權益如下（Obiakor, 2007）：

（一）所有學生應接受適合其需求的免費教育。

（二）避免鑑定錯誤，所有的學生之鑑定與轉介應不受任何偏見影響。

（三）不受歧視，所有學生的評量應不受任何歧視。

（四）提供程序性保護，保障所有學生的公民權。

（五）在特殊教育歷程中，學校須密切與所有學生之父母或監護人聯繫。

（六）學生資料的保密，不可對外公開討論。

（七）在最少限制的環境接受教育。

第三節　角色扮演的優點與限制

有關角色扮演的優點與限制，說明如下（林進材，2015; Milory, 1982）：

一、優點

（一）價值觀的探討與建立

可增進學習者認識自己及他人感情的能力，有助於價值觀的澄清與建立。

（二）發展批判思考能力

學習者從扮演、再扮演、討論觀看等過程中，探討各種問題的情境，最適合發展個人的批判思考能力。

（三）增進人際關係與協商能力

角色扮演教學的實施，除了有助於發展批判思考能力之外，對學習者與他人的協商能力與技巧的培養也有助益。

二、限制

（一）課程設計問題

角色扮演教學重點在於教學情境的設計，教學內容與實際生活情境的結合。然而，教師從事課程設計時，必須蒐集各種與教學相關的資料，透過本身專業能力的開展，才能有效達到預期的成果。

（二）教師本身的限制

角色扮演教學的進行，可以融入各種教學之中，教師在教學中何時運用角色扮演教學法與如何運用角色扮演教學法，端賴教師本身的創造力、想像力和判斷力。

（三）教學評鑑問題

評鑑工具發展不易，在評鑑項目不易具體化的情況下，角色扮演教學成效不易從評鑑中窺出端倪，學習者的學習成效容易受到質疑。

其次，角色扮演亦有其他主要益處如下（Collier, 2017）：

1. 移情作用（empathy）：當學生參與角色扮演的活動時，他（她）們會被同學支持，而這種支持性的形式和瞭解的氣氛，會增進學生同理心。

2. 真實的語言經驗（authentic language experience）：在眞實的途徑和情境中，角色扮演會提供學生練習溝通，並能增進學生的自信心。

3. 難忘的學習經驗（memorable learning experience）：透過角色扮演的學習歷程，會促進學生記憶新的訊息。

4. 多層次（multiple levels）之彈性化：在角色扮演活動中，可在相同的活動中，將學生適當分爲高層次和低層次兩組。低層次組學生持續練習基本的或先前學過的腳本；而高層次組的學生可調整或設計劇本的對話內容。

5. 減低抑制作用（decrease inhibitions）：在角色扮演的活動中，由於不同的學生有不同的學習程度，因此，有時，學生不會受到其他活動之抑制。

6. 提高學生學習動機和自尊：角色扮演會使學生注意力集中，更使學生充分參與學習，並能提高學生學習興趣和表現的機會；同時，會提升學生表達的能力。

7. 建立自信心：角色扮演會提高學生的自尊和表現能力。

第二十三章　錯誤分析法

錯誤分析法的價值與重要性，在於能使教師瞭解學生長期、習慣性之問題所在，進而採用正確的方式矯正。因此，若能加以檢視學生錯誤類型，探析學生錯誤之特殊性，則有助於學生糾正錯誤的反應形式，尤其，錯誤分析法對具有運算能力障礙的學童而言，是值得採用的教學策略與指導的方法。因此，本章就錯誤分析法之意涵、運算能力障礙、教學策略與補救教學等，分節敘述如後。

第一節　錯誤分析法之意涵

一、錯誤分析法之意義

錯誤分析（error analysis）亦稱工作—成果（work-product）評估法，此種方法可協助學生適當的安置在符合其能力之課程和教學目標學習。錯誤分析是一種分析學生學習結果之方法，它可以運用到任何學科領域，只須教師檢核錯誤的學習樣本，分類錯誤，接著，尋找錯誤的型式。錯誤分析的基本假定是大多數學生的錯並不是偶發性的，而是表示缺乏連結、特殊的不當想法，或者缺乏訊息（如表 23-1）。因此，錯誤分析是企圖發現學生缺乏連結，進而矯正問題（Coleman, 1996）。

由表 23-1 的個案可知，個案一直用較大的數字減去較小的數字；不論何種減法題目，均用數目大的減去數目小的。從這個案例可發現，學生不瞭解借位的概念所造成的特殊問題。

表23-1　有關減法問題的錯誤分析

(A) 6 −2 4　(✓)	(B) 9 −4 5　(✓)	(C) 46 −13 34
(D) 16 −4 12　(✓)	(E) 22 −18 16	(F) 380 − 96 316
(G) 500 −402 102		

資料來源：*Emotional and behavioral disorders* (p.174), by M. C. Coleman, 1996, New York: Allyn Bacon.

二、錯誤分析的實施

有關錯誤分析的實施如下（Bryant et al., 2017）：

（一）界定作業的目的。

（二）能流利拼音。

（三）檢查作業樣本的結果。

（四）證實錯誤型式。

（五）詢問學生解釋如何獲取解決錯誤之方法。

（六）提出教學的建議。

具體而言，在數學教學上，教師可依下列方式進行：

（一）學生能達 90% 正確率，完成十個問題。

（二）檢查學生的問題。

（三）計算並記錄正確百分比。

（四）檢查每一個問題，俾便界定錯誤的型式。

（五）詢問學生解釋如何解決問題。

（六）根據錯誤的型式與學生的解釋，界定其他的教學目標，俾利矯正問題。

總之，錯誤分析法可為設計教學方案產生良好的訊息，因此，詢問學生，請他（她）們解釋答案是非常重要的。透過仔細分析學習樣本，配合學生的解釋，教師可指出錯誤的概念或程序性知識，進而予以矯正。

三、錯誤分析法運用於運算能力障礙

錯誤分析法對具有運算能力障礙學童之教學與輔導，扮演重要的角色。而運算能力障礙（dyscalculia）是指在算術理解上和在數量因素的學習相關概念上有障礙的一種學習障礙，是數學學習障礙中的一種類型（Kirk et al., 2006），亦即，指上述數學語言之發展程序中的任何層面的運算困擾。運算能力障礙的常見症狀，分別稱為格斯特曼症狀（Gerstmann syndrome）與李昂哈特症狀（Leonhard's syndrome）。格斯特曼症狀係指個體顯示不識手指之缺陷症（finger agnosia）、左右方向感失常（right-left disorientation）、書寫能力障礙（agraphia），以及運算能力障礙（acalculia）等能力缺陷。至於李昂哈特症狀也跟格斯特曼症狀頗多相似處，他指的是運算能力障礙、閱讀能力障礙、建造動作能力缺陷（constructional apraxia），以及時間概念的歪曲等現象。由於數字與幾何圖形等符號亦屬抽象之語文訊息，所以文字方面之學習能力缺失，很可能會引發算數方面的困難，但是直接與數量思考作用有關的學習障礙，有其特別的徵兆，宜加說明以利診斷與處理（許天威，1987；Johnson & Johnson, 1987）。

運算能力障礙，係指完成簡單或複雜數學運算的一種獨特障礙，並且對於一連串數字和其中的一小部分數字的熟悉有異常（Gerstmann, 1957）。換言之，是指計算有困難者而言（Bakwin & Bakwin, 1960）。亦即，在先進的文化中對數字的理解或操作能力上的不足（Cohn, 1968）。另外，運算能力障礙是具醫學導向之名詞與意涵，係指在數學上具嚴重的障礙，當個體遭受腦傷和計算能力低下時，醫學專家鑑定喪失數學技能與神經損傷有關，故稱為運算能力障礙（Lerner & Johns, 2012）。

Kosc（1974）指出，運算能力障礙是一種數學能力上結構化的障礙，起源於腦中基因或行使認知功能部分的障礙，這是直接和解剖生理學基底物質的缺損有關，這物質會影響個體表現和同年齡相當的數學能力，但是這障礙並不會伴隨任何一般心理功能的缺陷，這些起源很有可能是基因或者是胎兒期的發展所引起的。Kosc 的定義強調以下三點：

（一）運算能力障礙是專指數學特定能力上的缺陷，並不會同時出現一般心理能力上的障礙。

（二）應該從發展性的向度來看計算缺陷症，其他數學能力障礙的定義包括成人時期因腦部外傷所造成的數學能力障礙，就不包含在發展性的向度。

（三）從發展性的向度來定義運算能力障礙應將年齡的因素作考慮，如數學商數的公式中所提到的內容：數學商數＝（數學表現年齡 ÷ 正常心理年齡）× 100，所得到的商數，若低於 70-75 就是接近於數學障礙的傾向。總之，運算能力明顯的障礙為引起兒童時期主要的認知障礙（Shalev & Gross-Tsur, 1993）。

第二節　運算能力障礙

一、運算能力障礙之意涵

運算能力障礙（dyscalculia）亦稱運算障礙或特殊的算術技能異常，係指在算術技能的特殊障礙，是無法僅依一般智能障礙或未受良好教育所能解釋之現象。這缺陷與基本的加、減、乘、除之計算技能有關，而非較抽象的數學技能，如代數、三角學、幾何學、微積分（The World Health Organisation, 2010）。

另外，運算障礙亦稱特殊的發展性運算障礙（Developmental Dyscalculia, DD），係指一種特殊的學習異常，主要缺陷在於學習基本的算術、處理數字大小和正確計算上。這些障礙明顯地低於個體之同年齡，而且，並非是不良教育、日常生活和由於智力缺損所造成（The American Psychiatric Association, 2013）。簡言之，原始性的發展性運算障礙是一種異質性異常，是由於個體在數字或在算數行為功能認知、神經心理和神經系統上的缺陷所產生之現象；至於，衍生性的發展性運算障礙係由於非數字缺陷因素所造成，如注意力異常（Kauffman &

Landrum, 2013; Chinn & Ashcroft, 2018）。

根據英國教育與技能部的定義：運算障礙是一種個體影響學習數學技能能力之現象。亦即，運算障礙之學習者具有理解簡單數字概念之困難，缺乏數字的直覺性理解，並且有學習數字和程序的問題。雖然，個體能正確回答或使用正確的方法，但是，個體卻無自信（Elbeheri, Reid & Everatt, 2018）。

一、數學學習困難分類模式

數學學習困難的分類模式分述如下（Karagiannis & Cooreman, 2015; Chinn & Ashcroft, 2018）：

1. 核心數字（core number）：基本數量感和數字感之困難（Butterworth, 2010）。

2. 視覺一空間（visual spatial）：在解釋和運用空間組織以及數學的目的之象徵有困難。

3. 記憶（memory）：在提取數字的事實與正確的心算有困難。

4. 推理（reasoning）：在理解數學概念、觀念和相關上有困難；同時，對複雜和多元算法之理解亦有困難。

二、運算能力障礙的主要特徵

具體而言，運算能力障礙（dyscalculia）的主要特徵說明如下（Berninger & Swanson, 2013; Chinn & Ashcroft, 2018）：

1. 計算和反向計算有困難。
2. 數字和估計的理解較差。
3. 記憶基本的事實有困難，即使是費時練習和反覆練習。
4. 數學之文字問題解決有困難，且瞭解進位亦有困難。
5. 無法瞭解回答是否正確。
6. 計算緩慢。
7. 忘了計算的程序，尤其較複雜的計算。
8. 運算和加法計算常出錯，數字符號和數學語言之記憶異常。
9. 逃避學習。
10. 心算技能較弱。

11. 數學的焦慮較高。

二、輔導的策略

輔導的策略如下（Elbeheri et al., 2018）：

（一）設法開創和運用不同的方法，協助個體反覆練習。

（二）由於運算能力和短期記憶有問題，而且書寫速度緩慢、基本知識薄弱，因此，需要較充裕的時間完成作業。

（三）運用視覺化教材來協助學童記憶公式和規則。

（四）使用心智圖可協助一些基本和困難的概念。

（五）提供具體明確和易懂的範例或題例，張貼在學習園地之公告欄上，並且，運用不同的顏色來加強重點，如此，可協助學生記憶。

（六）運用數學謎題和遊戲，或者使用加法和減法方格遊戲，如圖23-1。

+	0	1	2	3	4	5	6	7	8	9	10
0	0	1	2	3	4	5	6	7	8	9	10
1	1	2	3	4	5	6	7	8	9	10	11
2	2	3	4	5	6	7	8	9	10	11	12
3	3	4	5	6	7	8	9	10	11	12	13
4	4	5	6	7	8	9	10	11	12	13	14
5	5	6	7	8	9	10	11	12	13	14	15
6	6	7	8	9	10	11	12	13	14	15	16
7	7	8	9	10	11	12	13	14	15	16	17
8	8	9	10	11	12	13	14	15	16	17	18
9	9	10	11	12	13	14	15	16	17	18	19
10	10	11	12	13	14	15	16	17	18	19	20

圖23-1　加法與減法方格

資料來源：*Mathematics for dyslexics and dyscalculics* (p.100), by S. Chinn & R. Ashcroft, 2018, New York: Wiley Blackwell.

其他策略包括如下（Elbeheri et al., 2018）：

（一）具體說明與解釋所使用的方法，鼓勵學生詳細寫下解答的每一個步驟，使其能夠學得解答問題的步驟或順序。

（二）把解決問題的步驟排序，並寫出計算的每一個步驟。

（三）一次只教一個步驟。

（四）運用視覺化（visualisation）和記憶術（mnemonic techniques）來教導與支持學習。

（五）充分討論主題，以確保學生瞭解教學內容。

（六）充分使用實物或者電腦遊戲及活動，支持學生學習數學。

（七）發展學生的學習風格偏好。

（八）教導學生多元的方法來解答。

（九）一次只教一種概念。

（十）解題時，語言要具體明確，提綱挈領，並提供特殊的提示。

（十一）要求學生口述說明或解釋解題的方法。

（十二）直接教導數學的語言。

（十三）使用記憶術和視覺提示卡，來協助學生記憶一些規則、公式和表格。

（十四）適時運用過度學習（over-learning）和反覆練習。

第三節　成因與特徵

一、運算能力障礙之成因

有關造成運算能力障礙之原因，茲綜合 Barakat（1951）、Bryant 與 Rivera（1997）、Gaddes（1980）、Kosc（1974），以及 Lerner（1981）觀點如下：

（一）運算能力障礙的成因為基因傾向，是屬於腦中某一區的損傷或失調所造成的數學能力上的障礙。

（二）運算能力障礙是因為基因或者是先天的缺損，而造成腦中負責數學能力的基質產生構造上的障礙。

（三）運算能力障礙是後天形成的運算能力障礙，是導因於出生後腦部外傷性的損害或者是腦部的機能障礙而形成的。

（四）數學概念或計算的困難，通常和神經機能障礙或者腦傷有關。

二、運算能力障礙之特徵

根據 Sears（1986）所列出運算能力障礙的一些數學的學習特性，包含以下特徵（洪清一、許家璋，2003）：

（一）在書寫符號上有反覆、缺乏形式、翻轉或者過大等情形。

（二）從一個數學過程或想法，轉換到另一個過程或想法有困難。

（三）外表相似的數字，會有互換的情形。

（四）在算術問題中，對於數字的排列或位置安排有困難。

（五）不能察覺數字間的間距，例如：看不出 4 比較接近 5，還是比較接近 6。

（六）在排一系列的數字或物品時有困難。

（七）針對相關的大小數值排列數字時有困難。

（八）對於多位數無法讀或寫。

（九）在過程中記憶連續的步驟或跟上步驟有困難。

（十）對於基礎的數字組成因素的記憶缺乏。

（十一）在群體中或成套物品中，無法看見目標。

（十二）閱讀圖或格子有困難。

（十三）數學計算過程常會混淆。

（十四）一對一的傳達有困難。

（十五）無法辨認或瞭解運算符號。

（十六）使用視覺的符號來表現聽覺或口語來表現視覺有困難。

（十七）無法從範例抄寫數字、幾何圖形或設計出來。

（十八）無法從記憶中複製數字、幾何圖形。

（十九）在方向、重量、空間、時間、或測量的理解有困難。

（二十）從具體轉移到半具體，再轉到抽象的層次有困難。

（二十一）對於用口頭或書面所呈現的問題無法理解，並且無法用口頭或書面來反應。

（二十二）在解決問題時，無法選擇適當的步驟。

三、運算能力障礙的行為特徵

其次，運算能力異常者的行爲特徵如下（許天威，1987）：

（一）運算能力障礙係指直接涉及數字概念與幾何符號之運作上的能力失常，不容易數數與知道數字的實質意義，不易運用數學符號來進行四則運算，難以瞭解度量衡等測量單位的概念等方面之能力不足。

（二）運算能力障礙者顯示視覺一空間組織能力（visual-spatial organization）之缺陷，不能很迅速有效地看清楚形狀、尺寸、數量、長度等之區別，對於距離的判斷能力甚爲困難，以致於難以用視知覺來研判空間關係中之長、寬、高，以及面積、體積等概念。

（三）有些運算能力障礙者產生身體形象方面的困擾，對於自身體態的結構與功能認識失眞。畫起人像時，也有部分失眞與人像要素畸形的情事，比如把眉毛畫在眼睛下方、把鼻子置於脣下者；又如不識自己的手指爲何物，也有此案例。

（四）常有方向感的異常，分不清楚左右前後。具頗多空間概念的差錯，對於路線指示圖、方位圖等缺少靈敏的判讀能力。、

四、數量思考作用的困擾

有關數量思考作用的困擾，可從下列各項能力缺陷的分析中知其大要（許天威，1987）：

（一）難以建立數值的觀念，例如：不易明白客廳裡有多少座位、餐桌上有多少雙筷子。

（二）難以瞭解數數的眞義，例如：可以機械性地唸出數字，但僅止於口中唸唸有詞，卻不知道這些數代表什麼意義。

（三）能聯合聽覺的數字概念與視覺的數字符號，例如：可以聽清楚一、二、三等數字的名稱或音響，但是難以認出它們的阿拉伯數字是123。

（四）難以分辨基數與序數的意義。

（五）難以把一堆東西經過掃視之後就知道其數量，而是要逐個數一數之後才能計算出來。

（六）難以認清數量的保留原理（the principle of conservation of

quantity）。不容易理解兩張五元就是一張十元，兩個八兩重的東西就是重量一斤的意思。

（七）難以運用加、減、乘、除的運算方法。

（八）難以認識＋－×÷ 這四個符號及其運算的意義。

（九）難以建立「變動數字之排列次序必會變動其數值」的概念。

（十）難以理解或記憶數學運算時的一些法則，例如：四則運算之混合式中要先算其乘除，而後再算其加減。

（十一）難以理解測量的原理，例如：怎樣測量長度、如何測出容量等之原理與方法。

（十二）難以識別地圖或其他的圖形指示符號。

（十三）難以運用數學推理來解決數學問題，例如：數學應用問題，若經他人列出算式時，可能演算而得結果，然而卻難把這些應用問題的題意，直接推演出算式來。

第四節　分類與評量

一、運算能力障礙的類型

根據 Farrell（2008）、Kosc（1974）的觀點，將運算能力障礙分為以下六種類型（洪清一、許家璋，2003）：

（一）口語型運算能力障礙（verbal dyscalculia）

在稱呼數學的術語上有明顯的困難，例如：在說出總數的數字、物品的數量、運算的符號、數學的完成上。曾有腦傷的案例，有些人無法確認以數字型式所指定的數字，例如：用手指比出數字；雖然他們能讀出、寫出分別的數字或者算出物品的數量；或者可以說，他們無法敘述呈現物品的數量或是寫出數字的數值，即便他們能夠讀或寫出指定的數字。

（二）符號型運算能力障礙（lexical dyscalculia）

這種障礙是在讀數學符號時有困難，如數字、運算符號、寫數學的操作上。目前出現最嚴重的情形，是他無法讀個別的數字，或者是簡單的運算符號如＋、－、×、÷ 等；而較不嚴重的，是他無法讀多重位數的數字，如數字以橫式書寫而不是直式、分數、平方數、開根號等。在某些案例中，他們把相似的數字交換，如 3 當作 8、6 寫成 9，反之亦然，或者二位數讀成相反，如 12 讀成 21。

（三）書寫型運算能力障礙（graphical dyscalculia）

這類型主要是無法運用數學符號來寫，和朗讀型的計算缺陷症類似。此類型常發生在圖形缺陷症和朗讀缺陷症，而最嚴重的會無法寫出指定的數字，即使是只要複寫也無法完成；較輕微的則是無法寫二位數以上的數字，他們會將數字寫成相反的方式或是分離的型式，例如：1284 寫成 1000、200、80、4 或是 1000、200、84；另外也可能忽略 0，例如：20073 寫成 273 或是 20730；也可能用其他特有的方式分解數字，這些人或許不能寫出任何的數學符號，但是他們可能會寫出指定數字所代表的國字，例如：指定「8」可以寫出「八」。詞彙和圖案的計算缺陷症也稱爲數字的識字困難和數字的圖形障礙，並且在文獻中都歸類爲數字的符號缺陷。

（四）運算型運算能力障礙（operational dyscalculia）

此缺陷是在進行數學運算的能力上有立即的障礙，出現在運算時的交換就如同計算加法時會使用乘法來代替，計算減法時用除法來代替，或者用較簡單的運算來代替較複雜的運算，例如：$12 + 12 = (10 + 10) + (2 + 2)$、$3 \times 7 = 7 + 7 + 7 = 21$，或者更嚴重的會寫成 777；這些缺陷會較偏愛書面的數字計算，能夠使得他們較容易默默的計算，或者使用手指來數數以便計算的工作更容易安靜的完成，或是以書寫的方式而不用手指。

（五）操作型運算能力障礙（practognostic dyscalculia）

這類型在操作或運用數學上實際的物品或圖形時有困難，例如：手指、球、立方體、標尺等。數學的操作包括物品數量的計算（加法）、估計物品的比較等。其中一些患者甚至無法比較出二根棍子或立方體的大小，以及它們是否一樣大。

（六）理解型運算能力障礙（ideognostical dyscalculia）

此缺陷主要是在做心算時數學觀念和關係的理解有障礙，有人稱此型爲語意的失語症（semantic aphasia），但更精確的應該稱爲理解型計算缺陷症（ideognostic dyscalculia），此類型中最重度的情形是他們無法以心算來完成最簡單的算術題，通常一個腦機能失調的人他們可以讀或寫出書面的數字，但是他們並不瞭解所讀或寫出的數字的意義。舉例來說，他們知道 9 =「九」，並且「九」可以寫 9，但是他們不瞭解 9 或「九」是比 10 少 1 的數，或者是 3×3、18 的一半等的觀念。從以上或相似的案例中，並不能說明此類型的機能失調是屬於數字的識字障礙或圖形缺陷，甚至是運算型的計算缺陷症，在這案例中關於觀念的組織、知識功能的障礙應該稱爲知識觀念的計算缺陷症是較適當的。

二、運算能力障礙之評量

有關運算能力障礙之評量簡介如下（洪清一、許家璋，2003）：

（一）數字三角形（numerical triangle）

先叫學生寫出老師所唸的數字，然後，叫學生將第一行的兩個數字相加，並將其總數寫在兩個數字的中間（如圖 23-2）。若兩個數字超過 9 時，只將個位數的數字寫在兩個數字的中間，以此類推，直到一行中只剩一個數字爲止。

這個測驗的主要目的在於確認學生是否能計算出數字的矩陣來；換言之，該測驗適合用於計算困難者；其次，此測驗用來瞭解學生基本的加法技能。進行該測驗時，教師必須計時並記錄錯誤之處。

```
4
    5
2       4
    5       2
6       7       2
    5       0       4
3       7       3       0
    4       2       5       5
2       0       3       3       6
    5       0       5       1       1
4       0       5       5       7       4
    1       6       7       6       3       4
3       6       1       0       6       8       3
    2       5       1       0       3       9       0
4       9       2       0       9       1       2       1
    7       7       7       9       6       8       1
7       8       5       9       7       7       4
    1       8       7       8       2       5
2       0       7       9       4       9
    9       5       7       5       8
8       9       0       7       4
    0       1       0       3
4       2       0       1
    2       9       2
4       7       2
    5       4
2       5
    0
9
```

圖23-2 數字三角形

資料來源：Kosc, L. (1974). Developmental dyscalculia. *Journal of Learning Disabilities*, *7*(3), 47-59.

（二）雷氏複雜圖（Rey-Osterrieth complex figure）

該圖是經由特殊設計且標準化的測驗（如圖 23-3）。施測時，將此圖置於學生面前，然後叫學生仿製。教師須記錄學生完成的時間，以及失敗或錯誤的次數。

圖23-3　雷氏複雜圖

資料來源：Kosc, L. (1974). Developmental dyscalculia. *Journal of Learning Disabilities*, *7*(3), 47-59.

（三）數字方形測驗（The numerical square test）

此測驗之材料主要是有 25 格正方形之大張紙板，將 1 至 25 個數字（如圖 23-4）隨機地置於紙板中，然後叫學生從紙板中找出數字順序，愈快愈好。施測時，教師須記錄學生完成的時間，學生可以重新 15 次。

21	7	12	24	10
14	1	18	4	16
6	15	23	19	8
9	20	25	2	11
3	17	13	22	5

圖23-4 數字方形

資料來源：Kosc, L. (1974). Developmental dyscalculia. *Journal of Learning Disabilities*, *7*(3), 47-59.

至於，目前相關的測驗如下所述，這些測驗包含一種以上的數學能力，但並沒有單獨對計算能力所設計的測驗，渠等包括：數學能力診斷測驗、國民中學數學科成就測驗、國中新生數學能力測驗、國民小學數學能力發展測驗（初、中、高）、國小兒童數學測驗（學習障礙篩選）、國民小學三年級數學科成就測驗、國民小學四年級數學科成就測驗、數字能力測驗、國小低年級數學科篩選測驗、基礎數學能力測驗等，其中數學基礎能力測驗爲目前使用於學習障礙學生的篩選測驗，其內容包含比大、比小、不進位加法、進位加法、不借位減法、借位減法（十位爲 1）、借位減法（十位爲 2）、借位減法（十位爲 6）、九九乘法、空格運算、四則運算、應用問題等十二個分測驗。

第五節　教學策略與補救教學

一、運算能力障礙的教學策略

根據 Redmond（1986）針對運算能力障礙所提出的補救教學方案中，所使用的提示及教學策略有下列方式，可以幫助學生學習數學（引自洪清一、許家璋，2003）：

（一）先確定學生可以從 1 數到 100，再從簡單的加法著手，如將前面的數字加 1，再進到下一個數字，因爲這是以後各種加法的基礎。

（二）先確定學生至少可以從 10 倒數回來，因爲倒數包含在形象化的技巧之中，學生可以正向數數並不代表他可以倒數。

（三）玩等值的遊戲或活動，例如：在厚紙板貼上 5 個 1 分錢，另一堆厚紙板貼上不同數字的錢，讓學生從一堆的紙板中去找出來相等值的紙板，也可以相反方式進行。

（四）利用自由玩耍，讓學生自己發展不同的解題過程，並加以鼓勵及適時指導。

（五）在活動中用言語來增強學生的表現，如你好棒、你完成了，這些簡短、熱情的評論能增強學生的進步，並且讓學生感到有自信及相信自己是有能力的。

（六）使用符號的替代文字，例如：「5 = 5」可以唸成「5 等於 5」，使用口語的「等於」代替符號的「=」。

（七）利用「零錢箱」來進行數字的化聚教學，而其中必須使用眞的零錢及紙鈔以增加學生的學習動機，並且和實際生活經驗相結合。其方式是用紙片呈現數字，再由學生用零錢箱中的錢將正確數量組合出來。

二、運算能力障礙的補救教學

至於，運算能力障礙者的補救教學要點如下（許天威，1987）：

（一）運算能力障礙者的補救教學目標，是協助兒童建立數學概念與產生數量思考。

（二）數的概念固然十分抽象，但若能善於運用具體的經驗，亦將不難理解數的意義。兒童早年的教育要多提供具體的事物供其操作，諸如積木、形板、圓球等都可以一邊把玩、一邊由成年人說出一些數學概念，如此使得兒童一面操作實物、一面聽到數的語言，最好還鼓勵他複述，可以產生操作—聽音—口說的學習管道。例如：兒童玩兩塊積木，一長一短，家長可以隨機說：「長的」、「短的」，讓兒童跟著說，並同時以操作該實物而佐證之。

（三）形狀的概念應由視覺建立之，可用只有一個空形的形板，令兒童用一個正確的形狀嵌入之，讓兒童在多次的嘗試與操作中知道這個形狀的特質。隨著學習結果的累積，可以再認識更多的形狀。蒙特梭利（M. Montessori）教具中有此設備，宜多利用。

（四）形狀的尺寸有待更進一步的指導。同樣的形狀可以有尺寸各異者，指導時可以在紙板上鏤刻大小不同之圓形或方形，令兒童將適當尺寸之形狀嵌入此等空位中。如果兒童一時無法分辨，可把各種尺寸的圓形塗上不同的顏色，也在鏤空的圓周上塗上相符的色彩，以便兒童藉由色彩爲線索，加強認識形狀之大小。

（五）兒童關於「一對一之對照」（one-to-one correspondence）的概念，應有充分的體驗機會，才能產生清楚的數值意義。這種訓練方式容易安排，教學情境俯拾皆是，茲舉例如下（洪清一、許家璋，2003）：

1. 用插洞板（pegboard）爲教具，先插好第一排的各個洞，令兒童在第二排插滿各個洞，可以一面插一個，一面唸出「1」的數字，如此可增加視—聽—運動三種感覺的強烈聯合。

2. 運用聽覺的線索，教師擊掌一聲，兒童即插放一根木棒於板上空洞中。教師也可改用鼓聲、鈴聲等爲線索。

3. 利用觸覺學習一對一的概念，教師縫製十個指頭套，每一個指頭套上一個套子，如此十個指頭可套上十個套子，並令其明白十個以上的套子就不能套在指頭上了。

4. 準備成雙的閃示卡片，甲卡上綴有五個鈕扣，乙卡上則挖好五個鈕扣孔，如此二者可以配對成雙。其他各個數字，皆可有類似此種一對一的卡片設計。

5. 把洋娃娃若干個排列有序，兒童在該洋娃娃之頭頂處畫一個帽子，每一個洋娃娃都要畫一頂帽子送給她。

6. 派遣兒童爲教師助手，發給每一位同學一張紙，或爲每一位同學配發一盒蠟筆。

（六）訓練兒童數數時要加強數的概念。例如：令兒童閉目傾聽，聽到若干聲鼓聲之後，就要說出究竟聽到幾聲。又如令兒童聽到每一鼓聲時，即在紙上做一記號，然後數一數有多少記號，即說出全部聽到多少鼓聲。再如使用木棒、銅板來數數，都較易把抽象的數值轉變爲具體的數目。

（七）數線（number line）是指導兒童產生數值與序數概念的視覺符號，每一公分代表 1，再延伸 1 公分就是 2，如此類推可以知道 1 與 2 的長短差異，也可以知道 1 與 2 的前後次序。又如蒙特梭利教具中的計算棒，也是很有效的建立數值的教具。

（八）有關數量保留原理之指導，可多參考皮亞傑（Piaget）的設計，讓兒童逐漸明瞭數的實質不會變動，但是代表數的某一形體可能會變。例如：一公斤棉花與一公斤的鐵的體積（外觀）可能不一樣，但是它們都是一樣只有一公斤重量。又如相同重量的黏土，可以有不同的形狀，只要放在天秤上，則可顯示相同的重量。

（九）有些數學的符號，如＋－×÷ 以及「大於」和「小於」等記號，應該在實物的演練中先明白其意義，然後才引導兒童把「4 和 4 加起來」寫成「4+4」的算式。

（十）數學應用問題的推演應注重實際生活中淺顯而常用的情境，切忌用一些不合理、不常見的問題來練習。

三、計算速度慢的教學策略

至於，針對計算速度很慢的學生，其教學策略如下（孟瑛如，2002）：

（一）訓練學生能夠專心計算。

（二）對於計算的式子，以漸進方式要求學生逐步簡化式子。

（三）分析解題步驟，讓學生明白解題過程以加快計算速度。

（四）檢視學生是否瞭解運算符號的意義，再配合實物的演練。

（五）以競賽的方式刺激學生舉手說出答案，激發學生的潛力。

（六）如果學生很容易忘記要進位，可以在要進位的地方做一標記，表示要進位。

（七）先檢查學生算的正不正確，倘若觀念和答案都正確，則多練習類似的題目。

（八）家長或老師可以解題的方式提示他該怎麼做，然後自己再做類似題型一遍。

（九）閱讀數學圖表如果用腦去計算速度很慢的話，可以教他用手指頭去做計算。

（十）若是因為對基本運算的規則與順序不熟悉，而導致計算速度慢，則請參考對基本運算的規則與順序不熟悉的處理方式。

（十一）如果是乘除的運算很慢，可能是九九乘法背不好，可以把九九乘法製成錄音帶，讓他每天聽並且背誦，加強運算能力。

（十二）使用聽覺口語化或聽覺作用教學，當學生進行操作學習時，可採用口語提示等視覺刺激，協助學生理解數的大小關係等概念。

（十三）練習計算方面的題目，題目呈現採由易到難，循序漸進，並在其熟能生巧後規定完成時間，漸次縮短指定時間，讓學生與自己比較。

（十四）教他計算的技巧，例如：以 10 為基本，8 + 3 + 7 + 2 的題目，可以先把 8 跟 2 相加，7 跟 3 先相加，然後合起來再加 (8 + 2) + (7 + 3) = 10 + 10 = 20 等類似的小技巧。

四、基本運算規則不熟悉的教學策略

對基本運算的規則不熟悉者，其教學策略如下（孟瑛如，2002）：

（一）把題目簡單化，然後逐漸加深難度。

（二）請他來當小老師，上臺複述老師所上的內容。

（三）教導學生背基本運算口訣，例如：先乘除，後加減。

（四）示範教學時將正確的解題策略呈現出來，並請學生做筆記。

（五）以生活中的例子做說明，幫助學生理解正確的運算規則。

（六）由老師不斷的強調基本運算規則，以加深學生的記憶。

（七）在試卷上給予文字提示，例如：「請注意運算的順序」，來引起注意。

（八）教學呈現的過程中，將數學基本運算規則採取學習步驟分析原則直接教學，讓學生一步一步地學習。指出學生錯誤的地方，並告知正確做法，再由學生訂正之；同時整理學生的錯誤型態，以利日後之教學輔導。

綜合以上所討論的定義、成因、教學策略中可以得知，數學能力的障礙中有許多的成因及類型，而其中的運算能力障礙又包含許多的類型，這些不同的類型有些是單獨出現，有些會有二種以上的複合障礙出現，所以就如同學習障礙一樣，每一個孩子的異質性非常高。每一個運算能力障礙的孩子都有不太一樣的背景、成因及教學的策略，但是數學能力有障礙並不是全然沒有數學能力，他們仍然有其他補償的能力出現，例如：有些運算能力障礙有輾轉相除法的能力（Price & Youé, 2000）。透過文本的介紹，雖然大部分的成因指向先天或遺傳上所造成神經解剖病理學的障礙，但是我們希望從更清楚瞭解開始，進而找出在教學策略上可以補救的方案，以幫助他們在運算能力的學習上有更大的發展空間，即便是小小的進步也是未來更進一步的基礎，所以藥物的介入並沒有辦法改變或減少情況的發生，教學上專業的介入才是最好的策略（Shalev & Gross-Tsur, 1993）。

第二十四章　適應體育教學

開宗明義而言，適應體育係指針對特殊需求學童之身心特性、個別差異與獨特性，將一般的體育教學目標、教學內容、教學方式及評量型式，加以調整，俾期滿足與符合學童之學習需求，進而使學童達到安適狀態。因此，本章就適應體育的意涵、動作技能發展結構、適應體育的目的與任務、特殊需求學生之適應體育，分節敘述如後。

第一節　適應體育的意涵

一、適應體育的意義

歐美許多國家稱特殊體育（special physical education）爲適應體育（adapted physical education）。基本而言，適應體育與普通體育一樣是體育，只是在考量學生需要與個別差異的原則下，在教學目標上的擬定、課程內容的選擇、教具器材的應用和教學方法的變通上，加以適當的修正與運用（闕月清、游添燈，1998）。換言之，適應體育係指將發展性活動、遊戲、運動和律動，加以調整、變化，以符合及滿足那些在一般體育活動中無法安全或成功參與各種活動的障礙學童之興趣和能力（Reid, 2003）；亦即，適應體育乃基於教育而非醫療；著重於課程之調整概念，而非矯治；進而言之，適應體育強調適性課程，促進障礙或特殊需求者之身心發展獲得良好發展，故亦稱特殊體育（special physical education），惟目前大都採用適應體育稱之（Steadward, Wheeler, & Watkinson, 2003）。

適應體育，係爲所有身心障礙或病弱的適齡就學學生所設計的體育課程。藉由此一課程，身心障礙或失能學生可以享受較高品質的運動或身體活動，進而促進身心方面的全人健康。適應體育透過適性的精心設計，除了提供更多的身體活動機會之外，並且可以提升健康體適能，改善學生有限的活動能力，增進日常生活活動的獨立能力和改善社會人際關係（闕月清、游添燈，1998）。

二、適應體育之類型

適應體育教學理念上主張「不分類」、「不拒斥」、「反標記」、「反隔離」，依據學生的特殊需要，提供最少限制的學習環境，讓學生在適當與安全的教育安置內，享受樂趣化的身體活動，獲得上體育課的成功經驗，從各種有利的學習過程中，達到體育的認知、動作技能與情意三大領域之教學目標（闕月清、游添燈，1998）。有關適應體育活動的分類情形，如圖 24-1 所示。

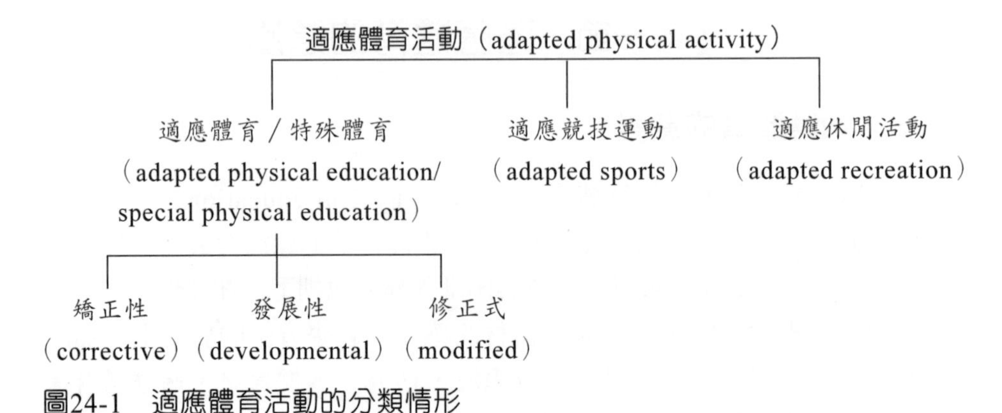

圖24-1　適應體育活動的分類情形

資料來源：闕月清、游添燈（1998）。**適應體育導論**。國立臺灣師範大學學校體育研究與發展中心。臺北市：教育部。

第二節　動作技能發展結構

一、動作技能發展結構

人類的動作發展可分為反射動作、初始動作、基本動作與特殊化動作等四個階段（Gallahue, Ozmun, & Goodway, 2012），其中基本動作包含移動性動作、非移動性動作、穩定性動作與操縱性動作四大類，該四大類基本動作的發展對於體適能與特殊化動作技能尤其重要，茲將動作技能發展結構圖示如圖 24-2。

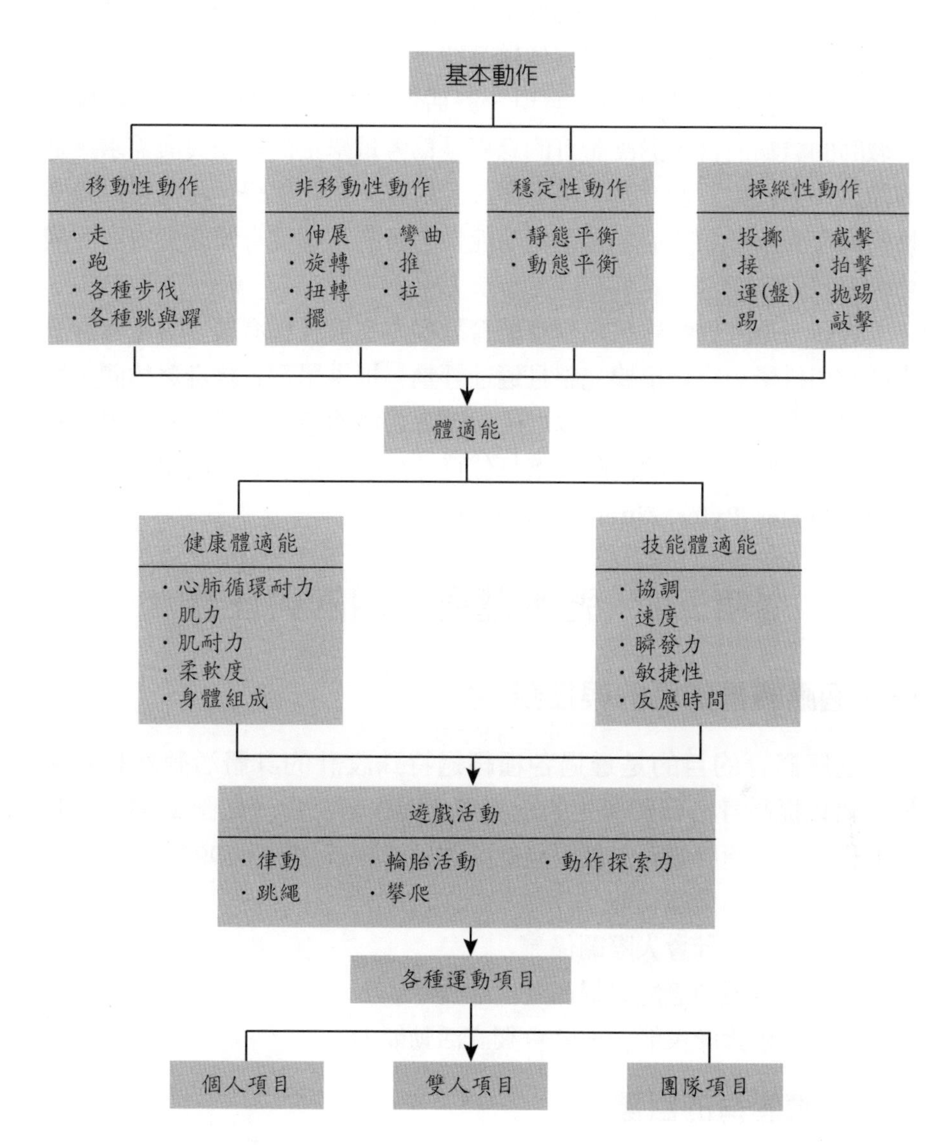

圖24-2 動作技能發展結構圖

資料來源：林鎮坤等（2015）。適應體育概論（頁4-8）。臺北市：華格那。

二、適應體育理念

綜合而言，適應體育是（闕月清、游添燈，1998）：

（一）一種體育教學的態度；

（二）全方位的教育服務傳輸系統；

（三）強調動作問題的發現、評估和矯治的知識體系。從適應體育教師的觀點而言，適應體育的意義是為考量學生個別差異與需求，進而調整（彈性化）體育教學活動與設計內容，以確保學生能夠獲得適應性的動作表現，並透過學習達到功能性的目的，感受身體活動方面的成功。

（四）是針對特殊需求學童體育教學方案或課程發展、實施與評量之藝術和科學。它是根據完整且適性評量，提供學習者終身之休閒、娛樂和運動經驗之重要技能，以增進學習者之體適能；同時，確保學習者具有均等機會參與各項活動，讓每位特殊需求學童參與一般學生之體育活動（Auxter, Pyfer, Zittel, & Roth, 2010）。

第三節　適應體育的目的與任務

一、適應體育的目的與任務

適應體育的目的是透過各種經過特殊設計的身體活動為教育手段，藉以提高身心障礙學生的全人健康與生活品質（如圖 24-3）。具體而言，學校適應體育的任務包括（闕月清、游添燈，1998）：

（一）提高機體功能。

（二）培養社會人際關係。

（三）發展體適能以提高生活品質。

（四）培養職業能力與社會獨立活動能力。

二、適應體育的目標

適應體育的目標，應除了普通體育原有的目標外，尚須增列以下七種目標（教育部，1996）：

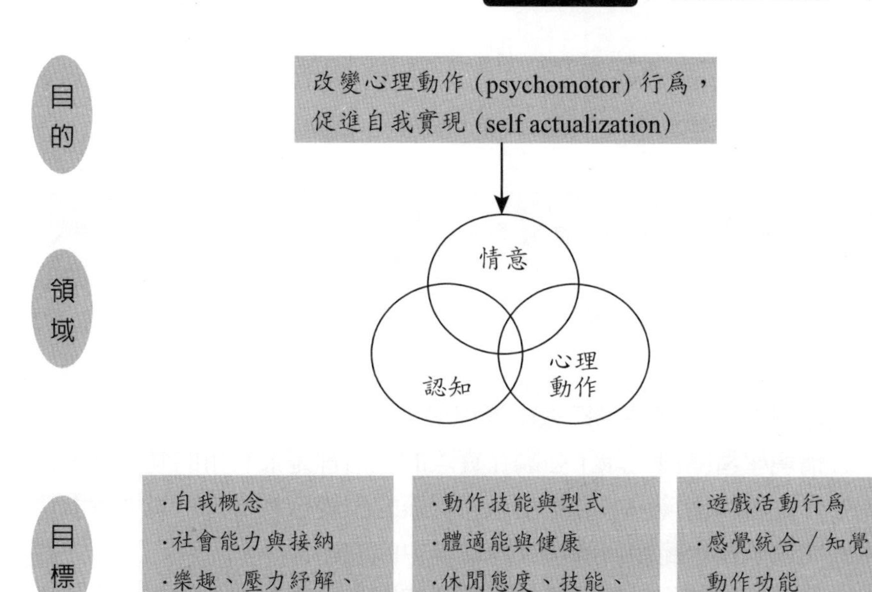

圖24-3 適應體育的目的、領域及目標圖示

資料來源：闕月清、游添燈（1998）。**適應體育導論**。臺北市：教育部。

（一）接受自身的限制所在（accept limitation）

（二）移動性動作的發展（develop locomotion）

（三）克服自身殘障的部分（overcome handicaps）

（四）動作技能與安全管理的發展（develop skills and safety）

（五）學習如何放鬆（learn how to relax）

（六）能力的發展（develop competency）

（七）欣賞能力與理解能力的發展（develop understandings and appreciation）

三、適性舞蹈教學流程與策略

爲有效運用教材的方法、程序和技術，以達成有效的成果，尙有賴適切的教學流程和教學策略，因此，本研究擬設計適性舞蹈教學流程（如圖 24-4），作爲指導智能障礙學生學習阿美族民俗舞蹈教學之指引。茲依流程內容，分述如下：

（一）適性舞蹈教學流程

適性舞蹈教學流程，如圖 24-4（洪清一，1995）。

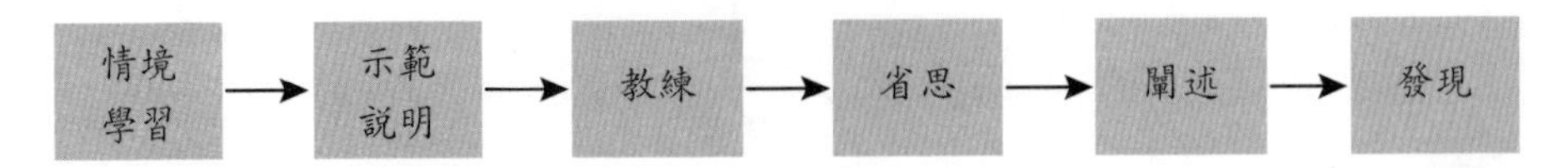

圖24-4　適性舞蹈教學流程

根據圖 24-4，適性舞蹈教學流程與重點如下所述：

1. 情境學習階段：除了強調在實際的生活裡是最有用的動作外，而且，安排實際的情境，引導學生思考實際的情境，教導學生思考實際情境中的問題，或示範如何解決實際情境中的問題。

2. 示範說明階段：其策略包括現實的歷程示範和由專家或內行人表現的示範。

3. 教練階段：提供鷹架提示、診斷學習問題、提出挑戰、回饋並給予獎勵，等到學習者能夠熟用所學知能後，教練再逐漸褪除。

4. 省思階段：檢查並分析所做的表現。省思的方法，包括模仿、重新表演、抽象重演，以及空間的具體化等。

5. 闡述階段：解釋和思考所做的動作，也就是使潛在心中的知識明確的陳述出來。

6. 發現階段：嘗試不同的假設、方法和策略，以瞭解效果。這種方法把學生處於問題解決的控制者，但是，學生必須學習如何有效的發現。

（二）適性舞蹈教學策略

有關適性舞蹈教學策略，茲根據洪清一（1995）、Collins 及 Brown 與 Newman（1989）在指導學生動作技能時之觀點，其策略如下：

1. 示範（modeling）：示範是由老師或專家親自執行某一動作技能，學生注意觀察並建立需要完成該項動作技能歷程的概念模式。在認知向度裡，需要將內在（internal），即認知（cognitive）歷程和活動予以外在化（externalization）（Collins et al., 1989）

示範爲動作技能教學不可缺乏的過程。示範必須講求方法，以期獲得示範的良好效果。示範的方法可分爲兩類：

第一，爲教師本身的示範。通常教師本身的示範，宜於第一次示範時，以正確的速度，演示分解動作，同時說明動作的要領，並於動作的技巧處，略爲停頓，如無法停頓者，應作多次示範（蔡貞雄，1989）。演示策略的實施，從整體到部分、高層到低層的順序進行，避免學習陷入片段與孤立的狀態（劉錫麒，1993）。因此，動作技能的有效教學，須遵循動作技能的階層（如圖 24-5）（Colley & Beech, 1989）循序教導。

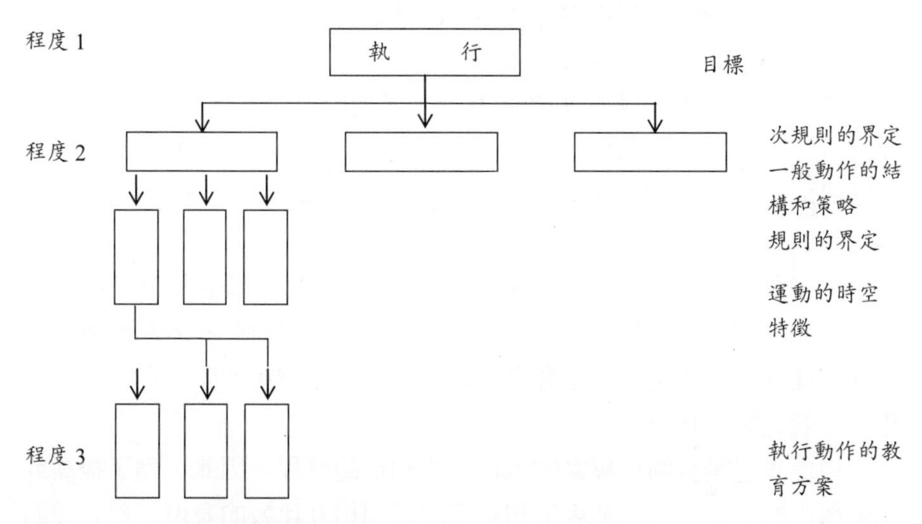

圖24-5　動作技能結構階層

資料來源：*A hierarchical description of motor skill organization* (p. 180), by A. M. Colley & J. R. Beech, 1989, New York: Pearson.

第二，利用教具的示範。例如：利用圖片、幻燈片、投影片、閉路電視、電影等視聽教具。影片教學的最大用處，在於揭露動作技能操作中，人體動作與時、空、力的運用和關係，具有說明與示範的雙重功能（蔡貞雄，1989）。

2. 教練（coaching）：教練是指當學生做某一項動作技能時，觀察學生並提供暗示（hints）、鷹架或支架（scaffolding）、回饋

（feedback）、示範（modeling）和提醒（reminders），以及新的動作技能，使學生的表現與專家的表現相近。教練可引導學生注意以前未注意的動作技能，或提醒學生已經知道但因一時疏忽之部分（Collins et al., 1989）。由此可知，教練是教師觀察學生執行動作或活動，視需要再做部分演示、修正、提醒或教導。教練可引導學生注意先前所遺漏的部分，或提醒學生疏忽的地方（劉錫麒，1993）。

教練對動作技能的建立和統整之重點，在於提供一個富有互動性的明確目標，以及富情境化的回饋及建議或提示。換言之，教練互動的內容，是與引起學生企圖執行的動作的特殊事件或問題有密切的關係。

朱湘吉（1993）認爲教練所涵蓋的方法有三：

(1) 鷹架：扶持學習者進入情況。

(2) 提示：觀察學習者的學習狀況，必要時給予提示或協助。

(3) 批評：當學習發生錯誤時，給予適當的批評並要求改進。在教練階段，可用超文本的結構呈現學習片段（episodes），使不同程度的學習者能有不同的學習途徑。

3. 省思：在專業教育的歷程中，教師必須指導學生對自己的經驗進行積極且週期性的省思。省思活動中，學生從自己的經驗萃取教訓與意義。此外，學生也必須有機會觀察教師如何在解決問題中進行「行中思」（饒見維，1991）。

由於省思是教師或專家的內在的認知示範歷程。因此，爲了提高或加強學生的省思，可以把專家和新手兩者間相互比較的表現，用各種的方法讓兩者的表現重新產生（reproducing），或再表演（replaying）。其次，利用各種記錄方法，如電視或收音機收錄或電腦，重現學生和專家的表現。

4. 闡述（articulation）：闡述是一種讓學生陳述他們對某一動件技能的知識、理論和解決問題的歷程。爲使學生培養其闡述的能力，可透過三種方法。第一，探究教學（inquiry teaching）：探究教學是詢問學生，而促使學生闡述和改進初步理論（prototherories）的方法；第二，鼓勵學生陳述他們在執行某一動作技能時的想法；第三，讓學生在執行動作技能時，確實評判或監控自己的表現（Collins & Stevens, 1982, 1983）。

5. 探索（exploration）：探索是指鼓勵學生追求問題解決的方法。如果學生要學習如何組織問題、解決問題時，鼓勵學生實施探索的工作，是非常重要的。探索是指導學生建立一般目標的方法，當要達成目標時，鼓勵學生先解決次要目標，或者，將一般目標加以修正，循序漸進的一一解決。由此可知，欲培養學生具備探索的能力時，首先，鼓勵學生找自己感到有興趣的動作或活動，等到學生學會一些基本的探索技能時，學生就覺得自得其樂、樂在其中。

第四節　特殊需求學生之適應體育

一、重度和極重度智能障礙

（一）適合重度和極重度智能障礙的活動（Dunn & Fait, 1989）

1. 爬（crawling）：包括用雙手爬、胸部爬、腹部爬和雙腳爬。
2. 爬行（creeping）：如雙手爬行、膝蓋爬行。
3. 滾。
4. 坐。
5. 站立：獨自站立、需要協助站立。
6. 行走。
7. 彎身到腰部。
8. 彎身到膝蓋。
9. 爬階梯。
10. 平衡。
11. 跨進、跨出。
12. 跳躍。
13. 跑步、慢跑。
14. 擲：如擲不同的球、沙布、飛盤。
15. 接：如接住不同的球、飛盤。
16. 踢：如踢各種不同的球。

（二）學習配合韻律的身體動作

雖說「韻律體操」，並不是短短的篇幅可以解說清楚的，不過在這裡爲智障兒童所構想的是以「隨著樂曲的韻律做簡單的身體活動」爲目標，其要點如下（無名氏，1992）：

1. 配合「進行曲」的音樂，隨著韻律做「步行」的基本動作。學習踏步、前進、後退、橫向行動，或小朋友 2 人攜手同步等動作。透過走路的動作，來領悟「1、2，1、2」的基本節奏感。

2. 配合速度很快的樂曲，做「跑步」的基本動作。另外，一樣以快速的樂曲，練習手臂的上下左右的屈伸動作和迴旋動作，以自然而無勉強的全身運動來感覺快速的節奏感。

3. 使用較慢的樂曲，做緩慢的基本動作，如膝的屈伸、腰的屈伸、搖擺、扭腰等的「體操」動作。又把各基本動作組合，使身體的各部位都有運動，藉以消除全身各部位肌肉的緊張，舒暢筋骨。

4. 配合快板、活潑有精神的曲子，做上述的「體操」動作之外，加上跳躍、跑步、轉身等迅速而激烈的動作，以充分活動身體。

5. 配合迪斯可舞曲，搖搖手、動動腳，或移動身體，做簡單的舞步等，以整個身體來掌握樂曲的律動。

6. 配合迪斯可舞曲，做不拘泥形式的自由動作，隨興所至足踏手舞、搖擺身軀等，忘掉動作的意識，渾身融入音樂的節奏韻律之中。

7. 再換一個富於節奏而韻律快樂的稍慢板樂曲，從容不迫地做上下左右動動手或單腳輪替彎曲等動作，或做模仿的動作，使其領悟隨音樂而動的樂趣。

（三）指導上的考慮事項（無名氏，1992）

1. 智障兒童對進水、接球、跨越棒子、從臺上往下跳等新的經驗，顯得特別敏感而感覺不安。爲幫助兒童減除不安感，教師須伸手扶持，或將運動的基本動作和順序細分，做階段性的指導，或在教材、教具和輔助器具上做改良設計，以適應智障兒童的學習之用，這些都是必要考量的事項。

2. 在體育課時間內的運動量，不恰當的情形屢見不鮮。還有，在體操、器械運動、田徑運動、游泳、球技運動等項目上，技術拙劣、動作遲鈍的兒童不在少數。因此應該準確掌握學童的實際狀況，重新安排適當的活動給他（她）們，以不急不徐、耐心反覆地繼續指導，使學童能慢慢學習、逐漸進步，如此的考量實有其必要。

3.「體育」，從專門性或系統性的立場而言，其教學內容和指導方式，向來有較安逸的心態之傾向，不似其他學科嚴格。其實，對於重症智能障礙兒童施行體育指導，反而顯得不簡單。因此，教師必須擁有專門的知識和技能，細心指導，並給更多的關懷照料。

4. 雖然也有很多學童喜歡體育更勝於國文或數學，且對體育有較高的興趣和關心，不過智障兒童的興趣持續性較差，爲求保持其興趣、關心起見，以體育爲主體配合音樂等課程，以混合的方式來施行指導以求學習的持續性。這一點在智障兒童的體育指導上，是必須特別考慮的一個重點。

5. 最後須考慮的是，一般學校裡的啓智班的學童，因爲這些特殊班級的兒童人數多半並不多，所以在運動量和競技的規則方面，不得不加以調整或更改，如此方能適合他（她）們，或者教師需要花一點工夫，構想一些新的遊戲給他（她）們。

（四）適性舞蹈教學之原則

由於智能障礙者之學習速度、認知程度、語言理解能力均比一般學生較低，因此，在教學時，尚須注意以下原則（林貴福，1993；洪清一，1995、1997；蔡貞雄，1989；Collins, 1991; Collins et al., 1989; Colley & Beech, 1989; Gagne, 1977; Garry, 1970; Hall, 1989; Polloway, Patton, Payne, & Payne, 1989）：

1. 增加難度（increasing complexity）

增加難度的意思，是指動作技能的順序和學習動作技能的環境的結構裡，獲得精熟表現的動作技能和必要概念愈來愈多。換言之，學習動作技能的順序，是由易至難、由簡至繁；概念的學習，是由具體至抽象。

協助學生處理增加的難度的原則有兩種，第一：有效的控制動作技能的難度。例如：指導學生跳土風舞，必須先由簡單的走步、跑步、踏步、跳步……，至較難之側滑步。第二：協助學生學習較困難技能的主要方法，是運用鷹架或支架之原理。剛開始的時候，先由老師或其他人提供支持或協助，最後，學生獨自處理較複雜的動作技能。

2. 增加變異性（increasing diversity）

增加變異性是指動作技能的順序之結構裡，策略的種類或所需要的技能，愈來愈廣。當要把動作技能學好時，雖然在動作技能的順序裡，重複練習新的策略或技能是非常重要的，但是，需要不同的技術和策略的動作技能，更爲重要。如此，學生學會區別他們能夠應用或不能應用的情形。而且，當學生懂得把動作技能應用到較複雜的問題和問題情境時，他們的策略則變得更爲靈活，富有彈性，進而有效處理新的問題。

3. 局部先於整體（global before local skills）

在動作技能之學習領域裡，任何的動作技能是由部分技能（part skills）或次規則（subroutine）所組成。換言之，當學生學會某項完整的動作技能時，必須先精熟某一較低層次動作技能，俟熟練了該階段的技能，才能學習另一階層（hierarchy）的或較高層次的動作技能，如此，由下而上的（bottom-up）、循序漸進、按部就班的學習，最後，將組成整體動作技能的各項因素或技能，統整在一起，成爲一個整體的動作。

基本上，動作技能的順序可提供學生在企圖產生分項的動作技能之前，有機會如何將各分項技能，結合成一個整體之概念模式。就認知的領域而言，這就是課程的順序之意義，如此，學生在提取或回憶那些技能之前，在結構性的問題處理情境中，有機會應用一系列的技能。欲達成這樣的能力，尙須一些鷹架的形式。

4. 做中學（learning by doing）

在動作技能之學習上，深受生物機制（biomechanical）限制的一種方法，是企圖以未成熟的表現學習教材，透過練習發現動作技能的運動特徵，以及調整有關的知覺線索（perceptual cues）。這種做中學的方法，不論是學習各種的動作技能，均是非常重要且有效的方法。尤其，在動作技能的學習初期階段，做中學至少是一種獲得程序性知識（procedural information）之學習。

5. 觀察學習（learning by watching）

在動作技能的訓練上，觀察學習是常被廣泛使用的一種方法，而且，許多動作技能之學習初期，觀察學習亦是最被常用的方法。Bandura（1977）指出，觀察學習在技能學習裡，扮演兩個主要角色，第一：提供動作的概念表徵（conceptual representation），以引導適當的行為；第二：提供矯正的標準，使學生在練習或表演中，發現錯誤。

透過觀察特殊的動作表現或動作的順序，學生能產生動作的內在之描述（internal description）。這種方法可以使用在獲得技能的初期，以引導達成應獲得的動作技能。當獲得了某項動作技能之後，觀察學習可以用來修正所學得的技能，使該動作技能更有效，因此，觀察學習的主要角色，是在為初期學習的動作技能，提供一種程序性知識，以及在爾後的學習階段，補充程序性知識。

6. 教導學習（learning by instruction）

基本上，教導和觀察一樣，可以促進學習。教導學習，可協助學生產生建立特殊動作技能的方法，或增強現存的方法。雖然大部分的技能，均使用教導，但是，只限於獲得動作技能的初期階段。如果能喚起強而有力的想像力，教導可能會特別的有效（Annett, 1985）。

（五）適性舞蹈教學要點與注意事項

為達成有效的舞蹈教學，促進與誘發特殊兒童學習舞蹈之動機和意願，尚須注意以下之舞蹈教學要點（吳萬福，1986；教育部，1994；焦嘉誥，1983）：

1. 教學地點以健身房或大禮堂或大間專門教室為最理想，如在戶外則應選擇僻靜或樹蔭下為宜。嘈雜的環境，不能引起適宜的心向，反而有礙教學的進行，應極力避免。
2. 每一舞蹈採取分段教學法，並且應按音樂的段落分明與示範。
3. 教新舞蹈時，應先說明其來歷與大意，然後指導學童欣賞伴奏的音樂，以激發兒童的興趣。
4. 著重韻律基本訓練，其動作應由易而難、由簡而繁，逐漸引進。
5. 練習步法時，宜先慢後快，逐漸至正常速度。
6. 每一動作的說明，必須簡明，示範正確。於第一次示範時，應以正常速度做動作。第二次再以緩慢的速度做分解動作，並說明動作之要領。必要時，說明與示範可同時進行，並於特別注意處，略爲停頓，詳加說明；如果無法停頓時，應作多次示範。

7. 練習隊形變化時，可令某組兒童先做，其他各組兒童觀察，全體瞭解後再一起練習，並配合節奏明顯的音樂，使兒童按照音樂的節奏舞蹈。

8. 矯正錯誤時，首先應注意動作和節奏的快慢，以求舞蹈的情緒與音樂符合，同時除了宜多用團體矯正外，亦適時運用個別矯正、個別指導。

9. 每一舞蹈應有充分的練習，使兒童在舞蹈時，不致想及動作與步法，方能培養動作的優美感，表現舞蹈的精神及愉快的心情。

10. 教學的態度，要和藹可親，不可流於粗暴，以免引起兒童的反感、畏懼。

此外，適性舞蹈教學時，尙須注意以下事項（Sherrill, 1986）:

1. 不可忽視或省略示範教學，不論是由教師或學生示範時。

2. 講解必須簡短而精確，在分解動作時，可使用多種方法來講解，並引起學習的動機，如利用說故事、模仿等。

3. 講解或引起動機之後應立即活動，每一位學生都要有成就感的經驗，使學生感覺是爲參與活動而準備活動。

4. 提供更多的機會讓學生練習。

5. 隨著音樂節奏讓學生學習，如利用聲覺、拍手、踏腳、打節拍及音節。

6. 利用同伴來帶動學習。

7. 教師儘量提供機會，讓學生與一般學生一起活動。

8. 利用特殊的教學方案來教導特定的學生，如口語、手語、身體輔助或身體牽引。

9. 利用一面示範，一面讓學生跟隨著學習，這種方法對智能障礙學生有很大的幫助。

由於智能障礙兒童個別間之差異很大，雖然在生理上看起來很類似，但在心理上、情緒上或經驗上的表現卻不一樣。因此，教導智能障礙兒童適性舞蹈時，必須對一位智能障礙兒童的障礙程度、認知程度、運動能力和各種狀況作充分的瞭解。

二、學習障礙

有關適合於學習障礙者之活動，主要是知覺一動作活動（perceptual-motor activities）（Dunn & Fait, 1989）：

（一）視覺辨別活動（activities focusing on visual discrimination）

1. 將不同大小的球扔到適合其大小的容器中。
2. 沿著畫在地板上不同大小的圓圈跑步。
3. 選一個特別大小的東西，並跑到規劃的距離。
4. 從各種不同大小的圓狀物體穿過。
5. 進行「Z」或「S」型跑步活動。

（二）顏色的視覺辨別活動

1. 將球或沙包丟進不同顏色的容器中。
2. 進行顏色配對遊戲活動，例如：請學生先選擇紅色的東西，再請學生跑到前方選擇紅色的物品。
3. 踢球遊戲，如叫學生將藍色的球踢到前方藍色的球或物品。
4. 跳躍活動，如叫學生跳進置於地板不同顏色的呼拉圈中，以個別或小組分別輪流進行。
5. 打棒球。如叫學生選擇黃色的球棒，此時提醒學生僅能擊打黃色的球。

（三）形狀的視覺辨別活動

1. 利用動作來表現特殊的形狀。例如：教師拿著畫著三角形的紙牌，請學生在地板上走或跑三角形之形狀。
2. 進行形狀配對遊戲活動。
3. 進行選擇形狀遊戲活動。
4. 身體造形活動。

（四）距離的視覺辨別活動

1. 不同距離的投擲遊戲。
2. 投擲不同重量的物品遊戲。
3. 評估不同距離活動。
4. 不同距離的滾球活動。
5. 向上拋擲遊戲。

（五）速度的視覺辨別活動

1. 不同速度的跑步。
2. 追逐球類遊戲。
3. 追逐旋轉中的球。
4. 不同距離之往返活動。
5. 判斷運動速度遊戲。

（六）形象—背景活動

1. 在混亂的背景前接球。
2. 在物體之間滾球。
3. 踢球活動。
4. 投或丟球遊戲。
5. 在小空間中玩捉迷藏遊戲。

（七）聽覺辨別活動（auditory discrimination activities）

1. 配合不同的聲調和頻率作特殊的動作運動。
2. 辨別音源。
3. 區別不同球類的聲音。
4. 區辨不同物體的聲音。
5. 從背景聲音中辨別某種聲音。

（八）平衡活動

1. 單腳站立。
2. 站在平衡木。

3. 走直線。

4. 平衡物體，如將書本置於頭上行走，或放在身體之某部位維持身體之平衡。

5. 在氣墊上行走。

（九）認識身體部位

1. 碰觸身體的部位。

2. 將氣球拋到上空，並將其落在身體部位上。

3. 依老師的指令移動身體的部位。

4. 指出身體的部位作動作。

5. 利用身體的部位作形狀。

（十）身體知覺（body awareness）

1. 在鏡子觀察動作的反射。

2. 分析不同移動或運動的類型。

3. 描述身體的姿勢。

4. 表演不同性質的運動。

5. 表演運動型式的一部分。

（十一）側面（laterality）活動

1. 向左、向右滑動。

2. 在平衡木上行走與倒行。

3. 循著腳印。

4. 用側邊的手和腳爬行。

5. 跑「Z」字形之平臂動作。

（十二）方向性（directionality）活動

1. 穿越左、右方向活動。

2. 配對動作遊戲，例如：甲同學抬起左腳或舉起右手，對面的乙同學亦做同方向動作。

3. 辨別物體的左、右。

4. 在物體之間行走。
5. 相互碰觸對方的左、右邊。

（十三）節奏與拍子活動

1. 進行曲之曲調。
2. 依節奏速度，擺動身體的部位。
3. 配合節拍擺動身體的各部位。
4. 進行跳繩遊戲。
5. 進行不同節拍的動作。

由於特殊體育面對不同類型的障礙兒童，教師應以兒童能力爲起點，做個別性及整體性的通盤考慮，設計出一學期的體能課程，應把握以下幾項原則（林貴福，1993）：

（一）具體明確的教學目標：每一項的活動設計，應有明確的目標，是要訓練大肌肉、小肌肉，還是空間感、平衡感，或是調劑性活動，如此兒童才能受益。

（二）具有個別化與團體性的活動設計：能針對每位特殊兒童的知覺動作缺陷設計，也可以斟酌團體活動方式進行，培養他們互相合作，與人相處的人際關係。

（三）趣味遊戲活動：設計活動性、趣味性高的課程，吸引注意力。持續力不久的兒童，須教師多費一番心思。

（四）教材類別多樣化：教材種類的變換，能提高兒童的學習興致，一學期能有五種教材最合適，如選用球類、平衡木、墊上運動、田徑，或者舞蹈、跳箱、遊戲、徒手體操等，教師可酌情安排以提高學生學習動機。

（五）教材排列應由易到難：特殊兒童在感官動作的難易差別極大，教師對體能活動的教材，以工作分析法將動作步驟細分成不同程度，以及將不複雜的動作，排成進階式，然後依據兒童的學習結果和知覺障礙程度選用，極爲方便，兒童也易學。

（六）單元活動要有持續性：每一類教材的排定，應持續二或三週，使兒童能熟練動作。經由反覆學習，成爲牢固的感官動作，發展出正常的知覺能力。

（七）利用現成設備做教材設計：許多校內的運動器材、遊戲設備或者地形環境，均是體能活動的良好題材，不但兒童感到新鮮、有趣，更容易達成教學效果。

（八）課程內容的多樣化：課程內容多樣化，至少應包括教材系統的多樣和教材種類的多元化。目前國小體育課程教材大綱，列有必授教材和選擇教材，前者包括國術、體操、田徑、球類、舞蹈等五大項，後者包括自衛活動、水上活動、冰上運動、球類運動、鄉土教材等五大類，可依此範圍，因個體障礙程度以及學生能力來設計。

三、肢體障礙

茲有下列一些建議可供指導人員作參考（Dunn & Fait, 1989）：

（一）用走步、推輪椅或滾動（躺在床上的患者）以代替跑和跳。

（二）用反彈、滾球或低手發球以代替投擲，接球或打擊可以同時改變。例如：一個坐在輪椅上的兒童，可以讓他坐著拿木棒在一邊，由投手滾球過來讓他打擊。打網球時，可讓過來的球在地板反彈二、三次再回擊等。

（三）用坐下、跪著或躺下以代替站立。例如：一個軀幹異常兒童發覺自己以跪下姿勢打擊球更為適合，有些人則覺得以臥下的姿勢迎擊滾來的球為佳等。

（四）擲馬蹄鐵、套圈圈、打棒球、打網球或打排球時，場地的距離要縮短。

（五）嚴格規定所有球員或某一球員，固定在一個地方或固定一個部位。

（六）球場、遊戲場的尺寸要縮小。

（七）以較輕或較易控制的器材代替標準器材，例如：球、棒子、木棒、保齡球或類似的器材最好購置用塑膠製成的，這些用具經肢體障礙者使用極為合適。塑膠製器材他們操作方便，而且在室內或較小的場地，使用較實用和安全。有些用支架的兒童發現用支架可擊出好球，更方便使他們成為跑壘員。

（八）打排球時，允許一邊的球員不限定托球次數。

（九）打籃球時，允許一個球員持球較長的時間。

下面是教導肢體障礙者，學體育技能應予注意的事項（陳在頤，1975）：

（一）不要給予肢體障礙較嚴重的學童運動技能活動，只要讓他們有一點輕微身體活動即可，除了坐、行走、站立以外，給予他們一些較長時間的無需輔導的活動。要知道，肢體障礙嚴重的學童，他們天賦的能力是有限的。

（二）經常要給予幫忙和輔導，直至兒童在活動時所作的動作正確和安全爲止。最好授以攀爬、滾翻、射箭、飛鏢、擲準等活動。

（三）考慮到每個學童肢體障礙的情況不同，例如：某學童被診斷曾患過腦炎的，當他練習攀爬或從事滾翻活動時應特別加以保護，因爲他們可能無能爲力完成所授的全部動作。

（四）因爲一些肢體障礙嚴重的學童可能永遠喪失了他們的運動能力，所以當他們學習某些運動技能時，不要期望他們有完美的表現。記住每個兒童的經驗，授予他們可能完成的活動和利用適當體能去活動。

（五）強調發展某種動作的習慣和一個動作的要領。

（六）在比賽時，勝利不是主要的目標；學習和經驗爲第一。

（七）如果可能的話，教學技能時寧可分段教學而不要全部教學。通常兒童無法掌握整個活動的觀念，因此分段訓練是必須的，直至活動的每一部分學完爲止。

（八）盡學童所能予以訓練。

（九）當選擇活動時，考慮到學童的困難、安全和將來的價值，予以各種兒童發育上所必須的技能訓練。

（十）不論年齡，不論他們是否已學習過某種運動技能。如果認爲兒童練習這種活動有必要，不論是否適合他們的年齡，予以全部和部分的學習，加上一些有趣的活動，這個問題便可解決。

（十一）時常查看你的體育活動進度表，與教學計畫作對照，瞭解兒童是否忘記以前曾經學過某一種簡單的活動。

（十二）逐日要記錄每一個兒童的狀況。

（十三）教學時要輕鬆和愉快。兒童是喜歡有趣的活動，盡可能與兒童打成一片，暫時忘記自己的年齡，它會使你回復年輕，隨著時間的消逝，你將會感到驚奇。

總之，有關動作技能之教學方法，包括矯治法（remedial therapy）、發展法（developmental approach）、知覺動作法（perceptual motor approach）、行爲法（behavioral approach）、認知法（cognitive approach）、生態系統法（ecological systems approach）、策略法（strategic approach）（Steadward et al., 2003）等（如圖 24-6）。各方法的主要內容，如表 24-1。

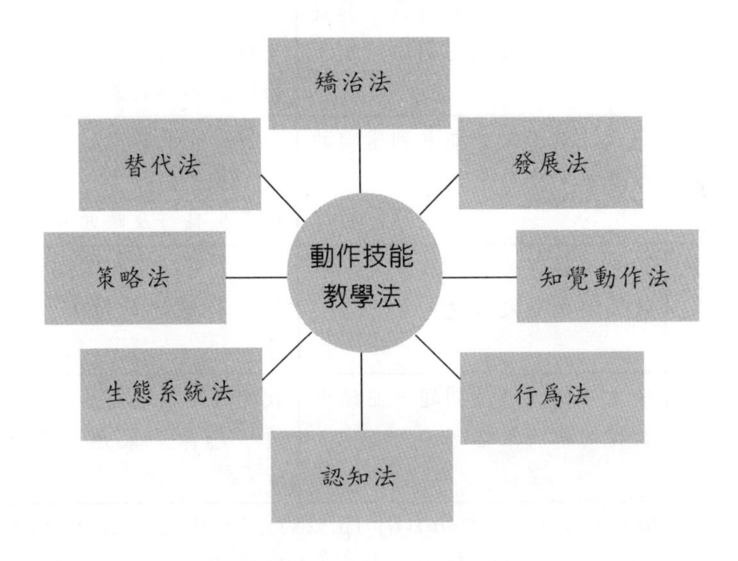

圖24-6　動作技能的教學方法

表24-1 動作技能教學法對學習者與教學者角色之要項

教學方法	學習者角色	教師角色
矯治法	藉由教師之教導，完成練習的常規。	改正學生身體結構性的改變。
發展法	達成教師所提供的教材或學習活動。	透過一般成長和發展型式具有良好表現的反射，來改正神經成熟的缺陷。
知覺動作法	順從教師所設計的知覺動作活動。	透過被動的和參與知覺動作活動，增進認知。
行爲法	藉由漸至終點動作行爲，能反應外在的增強或懲罰的時制。	透過增強或懲罰的方法，塑造良好的動作行爲，以及另階段的終點動作行爲。
認知法	處理並轉換知覺訊息到當前的組織性的動作型式。	分析學生的感覺、知覺和感受器，並提供知覺、儲存、回憶和產生良好反映的練習。
生態系統法	學生透過探索和自我發現，解決任何問題之程度。	在學習者的文化脈絡裡，調整教材和環境的限制，達成目標。
策略法	學生分析、解決問題，並類化教材的解決策略。	教師教導後設認知策略，如閱讀、想像、聚焦、執行和評估。

資料來源：*Adaptive physical activity* (p. 257), by R. D. Steadward et al., 2003, Canada: The University of Alberta Press.

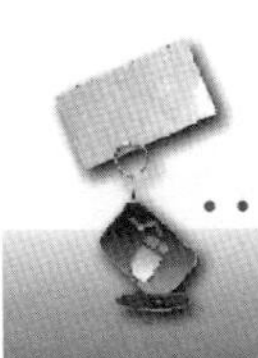

第二十五章　藝術教學法

藝術教育的核心價值在於藉由不同的藝術形式和類型，協助學童察覺個體、發展潛能、啓發創造力，進而達到增進生活應用能力，提升個人生活品質之境地。因此，本章就藝術教育的基本理念、藝術的本質與功能、藝術教學法等，分節陳述如後。

第一節　藝術教育的基本理念

陳朝平（2003a）指出，藝術教育的基本理念如下：

一、藝術為人類文化的精粹

藝術含藝術品與藝術文化，是藝術教育的主要內容。藝術教育的目的在於藉助藝術的美感陶冶功能，培養求眞向善的精神，提升人性的價值。

二、藝術創作有助於自我發現、瞭解與調適

即活動有遊戲、自我表現、宣洩感情的效用，而且也是創造性的解決問題活動，含有預測、計畫、評價、實行的歷程。

三、藝術技能含勞動、表現和審美的性質

爲日常生活的設計、製作、傳達等實用技能，以及學習活動上的蒐集資料、傳達、溝通的有效方法。

四、藝術鑑賞活動含有感受、觀察分析、解釋、判斷等過程

能滿足美感需求與涵養心性，提升精神生活境界，且發展審美知覺、欣賞與洞察人生的能力，培養尋求目標的知識與經驗的有效方式。

五、社會環境不斷的變遷

藝術教育要使學生瞭解與嘗試新的藝術媒材與風格，並體認社會的變遷與進步。

六、因地域與族群文化傳統而異

審美教學宜提供不同的觀點，提供美感體認與價直判斷的參考。

第二節　藝術的本質與功能

一、藝術的本質

有關藝術的本質與功能有下列幾點（陳朝平，2003b）：

（一）自然與人生的模仿

模仿自然與人生的藝術起源最早，發展與流傳也最廣且最為長遠。模仿的藝術因藝術家的理念、態度與目的不同，而有程度的差別。

（二）感情與思想的表現及傳達

藝術創作不論是模仿的或自創的，都含有藝術家的感情或思想。因為藝術家對環境事物有所感動或感觸，或者感到有話要說，而產生創作的意念。

（三）是一種有意味的形式

不論規模大小，都具有完整的形式，能表達藝術家所感、所想或所說，而且能給人清楚的意象。

（四）精心創作且審美價值

傳統的藝術以美感為藝術表現的首要條件，形式和內容都要有美感，故重視精緻寫實。

二、藝術的功能

（一）表現與傳達功能

藝術的表現與傳達包含兩方面：第一，表達藝術家個人的感情與思想。第二，反映社會現象與傳遞訊息。文以言志、載道或抒情。

（二）實用功能

藝術在生活上的功能有物質與精神兩方面。在物質方面，藝術創作成果可充實生活環境與資源。物質方面的貢獻，以視覺藝術爲主。在精神方面，藝術提供高雅的審美活動，以調節生活情趣。

（三）陶冶功能

藝術能幫助自我調適，促進人格的統整發展；發展個性，幫助自我實現；啓發創造力，發展潛能；涵養美感，發展審美能力；充實文化知識，培養開闊的胸懷和價值觀念，以及增進生活應用能力，提升生活品質。

第三節　藝術教學法

一、心象表現教學法

心象表現乃將所見、所知或所想的自然、生活或幻想的事物，以寫眞、寫意或抽象的手法，自由的或依照主題的需要，運用各種媒材和技法，以平面或立體的形式表現出來，成爲作品。其作品形式，有平面表現如繪畫、版畫、平面構圖、剪紙藝術等，以及立體表現，例如：基本設計、立體造形與構成、雕塑等。心象表現教學的一般過程，包括準備、探索、表現、欣賞評鑑等階段（陳朝平，2003a；陳朝平、黃壬來，1995）：

（一）準備階段

包括課前預告主題或題材範圍，提示準備事項，布置教學情境，課堂上引發創作動機等。

（二）探索與構思階段

視題材、媒材與表現的需要，由學生自行想像、回憶、思考、觀察、描述、嘗試描繪或構作、模仿對象的形態、表情等，或由教師採用各種引導策略來共同探索。

（三）實驗與表現階段

這一階段的活動，以兒童爲主體，運用媒材，依構想要點依序進行。教師巡視指導，協助解決主題內容、形式結構、媒材與技法的運用等問題。內容、形式和素材運用，宜視兒童需要，以個別或小組方式、用問答或討論等方法，提示兒童自行補充、改善或協助解決困難。

（四）欣賞與評鑑階段

包括展示作品共同觀賞、自我介紹、互相欣賞批評、教師講評以及實踐與應用指導等活動。自我介紹包含創作動機、作品內容、表現意義、創作過程、特殊表現。互相欣賞批評宜對作品加以描述，分析形式，探討表現意義，並作價值判斷。教師講評，包括作品品質、學習興趣與態度等，著重在重點知能之應用與學習態度養成，並提示課後的實踐與應用重點，以及追蹤指導。

至於，藝術欣賞方式包括簡介性欣賞，即對所欣賞的藝術作品名稱、作者和其他相關資料進行概略的介紹，再呈現作品的全部內容；其次，是結構性欣賞，先用分析的方式，掌握作品和部分主題，再整體的欣賞。另外，比較性欣賞，即以不同作品或相同作品的不同版本，進行比較，以達到欣賞的目的（崔光宙，1994）。

二、機能表現教學法

機能表現乃基於生活經驗或知識，並依據實用的目的，以仿作、改造或設計的手法，依自己的或依照一定條件和程序，運用各種媒材和技法，以平面或立體的形式表現出來，成爲作品，如應用設計、工藝、生活藝術等（陳朝平，2003a）。

機能表現重點在於作品形式及材料性質與用途和使用方法的關係。材料處理方法、設計與製作，以及工具的使用等，大都有一定的程序，但形式或形狀則可自己創造。也可使用機能表現的作品形式、媒材和技法，設計與製作沒有實用目的的作品，以表現個人主觀的感覺、感情或思想（陳朝平，2003a）。

機能表現具有條件性、科學性與審美性，教學上著重在作品功能的瞭解與設計製作程序的指導，其一般過程包括準備、探索或引導、設計與製作，以及欣賞與評鑑等階段（如圖 25-1）（陳朝平，2003a；陳朝平、黃壬來，1995）：

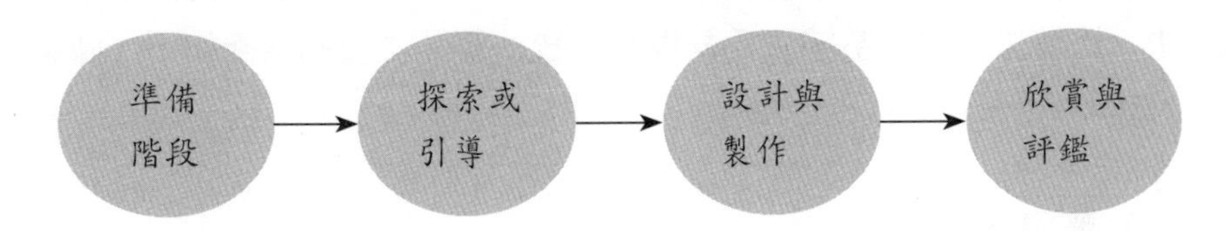

圖25-1　機能表現教學模式

（一）準備階段

包括課前和準備，且宜先確定主題，以便準備材料和工具，並利用於指導設計與製作方法。

（二）探索或引導

視設計製作過程的難易，由學生自行探索或由教師引導。例如：觀賞、操作範作或參考作品，討論或講解其構造、用途或功能、材料性質和美感，以及相關的科學原理等。

（三）設計與製作

本階段教學活動模式及指導內容，因兒童程度、機能性質、作品規模、製作程序的繁簡等因素而異。

1. 設計製作程序：各類作品的設計製作程序因目的、功能與媒材而異。

2. 指導重點：包括設計與製作程序、工作圖畫法或使用法、媒材處理方法、工具使用方法、作品各部分的組合與接合方法等項目中的一項或數項。

（四）欣賞與評鑑階段

參照教學目標或「設計」與「製作」重點，對作品加以描述，分析形式，觀賞或操作，並從造形美、機能美、材料美、裝飾美等方面作價值判斷、討論、講評，並指導課後的實踐與應用重點，以及追蹤指導。

三、審美與理解教學法

有關審美與理解教學模式，包括整體分析法、提示法、自評法、討論法、比較法、美學系統法及藝術史系統法等，主要的內涵如下（陳朝平，2003a）：

（一）整體分析法

先作整體欣賞，然後作分析描述，之後綜合分析結果，再觀賞全幅，看看印象是否改變，進而考慮或猜想作者的創作動機或表現理念。

（二）提示法

在欣賞過程中由教師提出問題，或提示觀賞重點，協助感受體會。

（三）自評法

自評法是由學生自己進行欣賞，然後報告欣賞結果的欣賞活動。其過程含提示、各自觀賞、口頭發表感想、討論、比較最初印象與分析討論後的觀感，由教師將綜合討論結果作成結論，或由兒童試做結論，教師給予講評。

（四）討論法

讓學生自由發表意見，相互瞭解對事物的看法，接受合乎己意或覺得合理的意見，探求不合己見的理由。

（五）比較法

如作品和自然景物或實物比較、相同風格作品的比較、相同題材不同風格作品的比較等。比較法的運用對於視覺品質的知覺能力，以及對藝術品的內涵之瞭解能力的發展，都有很大的幫助。

（六）美學系統法

是應用美學或藝術創作理論，以系統的主題和相關的系列作品，幫助學生欣賞與瞭解藝術品品質的方法。

（七）藝術史系統法

以系列名家作品爲欣賞對象，研討各種藝術風格的特徵及發展，可增進藝術風格與內涵及其時代背景的認識。

有關審美與理解教學法之精義，彙整如表 25-1。

表25-1 審美與理解教學法之精義

模式	主要內容
整體分析法	先作整體欣賞，然後作分析描述。
提示法	由教師提出問題，或提示觀賞重點。
自評法	由學生自己進行欣賞，報告欣賞結果。
討論法	讓學生自由發表意見，相互瞭解對事物的看法。
比較法	作品和自然景物或實物比較、相同風格作品的比較、相同題材不同風格作品的比較等。
美學系統法	應用美學以系統的主題和相關的系列作品，幫助學生欣賞與瞭解藝術品品質的方法。
藝術史系統法	以系列名家作品爲欣賞對象，研討各種藝術風格的特徵及發展。

四、美術教學方法

具體而言，若進行美術教學時，可採取以下教學方法（錢初熹，2012）：

（一）示範法

示範法（modeling）係用於解釋知識、新技能的介紹和創作程序之教學方法，教師藉由步驟的演示和實例之提供解決問題（Bryant et al., 2017）。教師的示範能讓學生學會表現的技能，同時能在短時間內給教師增加更多的可信度，喚起他們動手創作、進行表現的欲望。

老師做教學示範時，應該把重點放在材料的功能和使用方法上，多過於放在強調作品該如何完成上。在示範過程中，老師必須教給學生工具與材料的正確使用方式，此外也要小心不要做「完成作品」的示範。完整的示範方式容易造成學生的模仿心理，所以老師在示範時，不用做出太完美的作品來，會讓他們對挑戰躍躍欲試，而成為引導學生多元創作的最好方法之一（曾惠青，2006）。

（二）視聽展示

視聽展示是美術課堂教學中常用的方法。教師可使用富有情趣的材料和多種呈現方式，以獨特的畫面展示方式結合音響效果等，刺激學生的視覺和聽覺，喚起他們的興趣、情緒和思維，促進對美術的理解，喚起他們對創作表現的熱情。

（三）個體表達

個體表達是美術課堂教學中非常重要的方法。每位學生都期望獲得運用美術的手段，進行個人表達的機會。美術的個體表達包括創作表現和美術鑑賞兩個方面。

教師根據每一位學生的個性和美術學習需求及水平，指導他們選用適合自己的表達方式進行美術創作，引導他們表達對自己以及他人創作的美術作品（同學的作品與藝術家的作品）的感受、分析、解釋和評價。

（四）小組活動

將全班學生分成幾個小組共同為學校創作一幅壁畫，也可以讓學生以小組為單位創作連環畫或創作立體的環保作品。教師還可以指導學生以小組為單位觀看一些特定的美術作品，用學過的欣賞和評述的方法討論這些作品。

（五）造型遊戲

造型遊戲主要用來激發美術學習動機，營造美術學習情境。造型遊戲也可以作為一節美術課的主體，美術教師可以設計有主題的造型遊戲，也可以設計無主題的造型遊戲，引導學生根據各種材料的特點，發揮自己的想像，創作平面或立體的美術作品，並表達自己的感受及創作意圖。

（六）校外考察

校外考察是有價值的，只要有可能，應該為學生提供到美術館、博物館的機會。到美術館和博物館考察，可以使學生感受高質量的美術原作，幫助他們更好地理解在學校裡看過的幻燈片和複製品到底表達的是什麼。還可以在街區圍繞建築物進行一次徒步旅行，讓學生注意建築物的一些基本特徵，以及建築物與周圍環境、當地歷史的關係等。

（七）藝術家來訪

邀請藝術家到學校開展美術活動，對學生來說是很有吸引力的。學生有機會觀看一位專業藝術家工作，觀察他使用的材料和表達的方式，並有機會與這位藝術家交談，詢問創作的目的與方法等方面的問題。教師還可以透過學生或社區邀請美術史學家、美術批評家、美學家到教室裡來，與學生一起座談，學生可以從這些美術專業人員的來訪中學到許多東西。

（八）學生發表

學生發表是一種能有效促進美術史或美術批評、美學領域學習的方式。教師選擇有代表性的（典型的、或有爭議性的）藝術家或美術作品，教給學生開展自主探索學習的方法，並鼓勵學生發表自己獨特的見解。

（九）作品展示

展示學生的作品是一種非常有效的教學手段。一方面，學生看到自己的繪畫作品或雕塑作品被展出，會感到十分興奮，受到很大的鼓舞，能有效地促進下一階段的美術學習。另一方面，學生的美術作品展示在學校的走廊上、教室裡、禮堂中，能產生美化校園環境的作用，增添學校的人文氣氛。

（十）戲劇表演

運用「戲劇化表演」的教學方式，可以使學生在生動活潑的深入體驗中提升藝術修養，更好地理解美術作品。

統整上述美術教學方法，如圖 25-2。

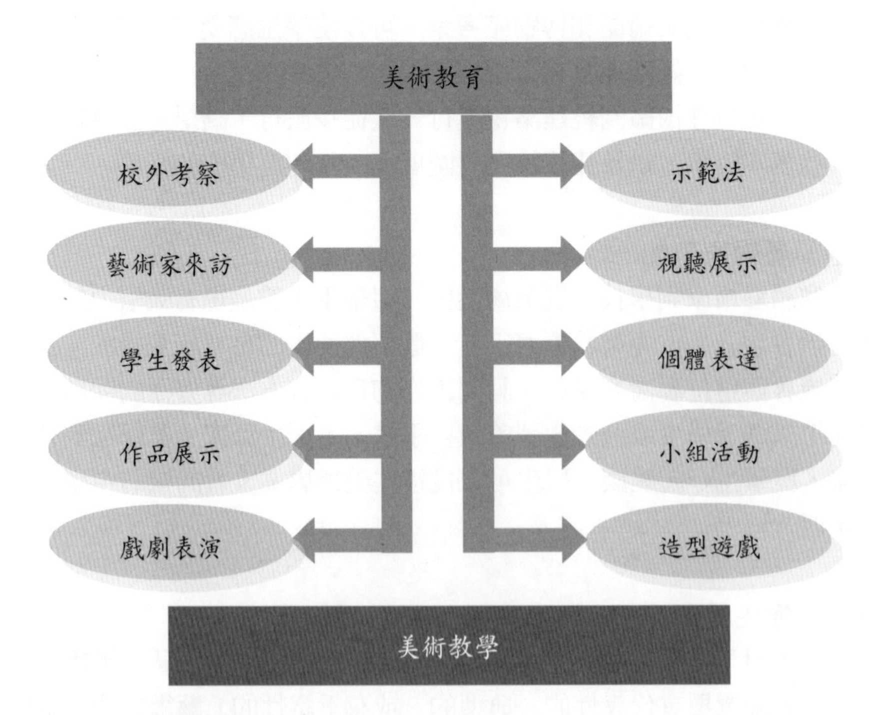

圖25-2 美術教學方法

五、教導學習藝術之教學策略

其次，在教導學生學習藝術時，教師尚可運用以下之教學策略（Valle, 2002）：

（一）講演法（lecturing style）

包括一般性演講、論壇、記錄、視聽、講座。

（二）提問法（questioning）

分別運用聚斂型和擴散型之策略，探求特殊的問題和誘發新的概念。

（三）直接教學法（direct instruction）

運用表現、引導、評論進行施教；同時，利用具體的教學目標、喚起舊經驗、誘發良好學習行為及提供回饋等策略，引起學生的注意力。

（四）個別化教學（individualized instruction）

根據學生的特殊需求調整教學策略，以滿足學生的獨特需求。同時，須注意教學目標、學習活動、資源、精熟程度和時間。

（五）激勵（facilitating）

教導學生問題解決、作決定、修正、提問、挑戰等。

（六）監核（monitoring）

在學習過程中，由學生透過評估瞭解的程度，檢核自己學習進步的情形。

（七）交互教學法（reciprocal teaching）

提供探索、小組討論、自我學習、提示、提供訊息及改變行為等策略。

（八）正增強（positive feedback）

對學生適當的行為或參與，適時給予認可與讚譽。

三、教導學習障礙之教學策略

[illegible]

（一）鷹架法（Scaffolding style）

[illegible]

（二）提問法（questioning）

[illegible]

（三）直接教學法（direct instruction）

[illegible]

（四）個別化教學（individualized instruction）

[illegible]

（五）[illegible]

[illegible]

（六）監控（monitoring）

[illegible]

（七）交互教學（reciprocal teaching）

[illegible]

（八）正回饋（positive feedback）

[illegible]

第四部分

評量與親子教育篇

Special
Education

第二十六章　特殊需求學生之評量

針對特殊需求學童而言，設計與提供多元性評量和多向度評量，乃爲當前最重要的課題；評量之目的莫不在於透過適性、另類和無歧視的評量，瞭解與發現學童之問題所在，進而提供學童符合其特殊需求之教育與服務系統，促使發展學童之潛能，以臻自我實現之境地。職是，本章就特殊需求之評量、轉介前之過程、多元文化特殊教育服務系統、另類評量之型式等，分節敘述如後。

第一節　特殊需求之評量

Moss（1995）指出，進行特殊需求之評量時，教師有下列重要責任：

第一，蒐集有關學童特殊需求之資料；

第二，在一般課程架構裡，提供特殊的協助，並利用各種有效的方法與策略，增加有利於學生學習的才能，俾滿足學童的需求；

第三，監核與修正學童的進展。

根據美國1981年所頒布之教育法案，特殊需求學生的評量不是爲了評量而評量，也不是最終目的。評量最主要目的，是在於更瞭解學生的學習困難所在，俾便提供教育需求之輔導，以及監核學生進步的情形。因此，要實施特殊需求的評量時，須注意以下項目（引自洪清一，2001；Friel & Chasty, 1993）：

一、描述學生的功能、環境因素和個人史

學生過去和目前功能程度、情緒狀態、興趣，學生在學校的優點和缺點。

（一）描述學生的功能

1. 描述學生的優、缺點。

2. 身體狀況和功能：包括身體健康情形、發展功能、運動能力、視覺、聽覺和自制能力等。

3. 情緒狀態：包括壓力、情緒和生理狀態。

4. 認知功能。

5. 溝通技能：包括口語理解能力、語言和說話表達能力、知覺和動作技能。

6. 適應技能。

7. 個人和社會技能。

8. 學習方法和態度。

9. 學業表現。

10. 自我形象和興趣。

11. 行為。

（二）學生環境因素

1. 家庭和學校，包括在家使用的語言。

2. 學校。

3. 其他。

（三）個人史資料

1. 醫療史。

2. 教育史。

二、分析學生的學習困難

（一）一般發展

1. 生理發展：包括生活自理能力之發展。

2. 動作發展：包括手指協調能力和手眼協調能力。

3. 認知發展：包括分類能力。

4. 語言發展：包括語言表達能力。

5. 社會發展：包括同儕關係。

（二）特殊的缺陷

如短期記憶缺陷。

（三）學習方法和策略

1. 藥物治療。

2. 特殊的教學方法和學習策略。

3. 情緒氣氛和社會組織：如社會類型、學校和班級大小、學生的需求。

三、改變學生的特殊目標

改變學生在學校、家庭和社區中之特殊目標。

四、增進學生學習一般課程

針對不同的教學方法、設備或資源之需求分析，以增進學生能夠學習一般的課程。

（一）特殊設備：包括肢體輔具、聽覺輔具和視覺輔具等。

（二）專業人員：包括大小便失禁（incontinence）、診療人員、處遇和藥物行政人員。

（三）特殊教育資源：如物理治療師、職能治療師。

（四）其他專業人員：如護士、社會工作和福利人員、語言治療師、職能治療師、心理治療師、物理治療師、聽力學家等。

（五）物理環境：包括無障礙環境、警示燈、音響設備、如廁設備等。

（六）父母和學生本身的認知和期望。

（七）特殊教育法規和相關服務，以滿足鑑定之需要。

第二節　轉介前之過程

一、轉介前程序

基本上，符合及根據學生文化背景之教學，可以提高每一位學生實現自己潛能之機會。尤其，當轉介不同文化之障礙學生時，配合學生文化特色與背景來提供符合學生教育之需求是不可或缺之要素（Heward, 1996; Moll, 1992）。因此，當學生轉介到特殊教育安置之前，課程與教學必須先符合學生的語言和文化的需求，如此，可避免不當標籤和安置錯誤之遺憾。轉介前之過程，如圖 26-1（Ortiz & Garcia, 1988）。

測驗在特殊教育常被廣泛地使用，然而，有些測驗方法用來鑑定特殊教育服務的對象時，卻竟有不符科學精神現象存在，甚至，用主觀和猜測之方式；尤其，當學生來自不同的文化背景時，要獲得具有效度、正確和無歧視的評量結果，幾乎少之又少（Heward, 1996）。Brown（1982）指出，傳統的標準化測驗，對不同文化背景的學生有下列的歧視或不利：

（一）測驗所使用的形式和題項較適合於某一團體或族群。

（二）學生有不同的測驗優勢（test wiseness）的結果。例如：白人、中產階級之學童較擅長問答之形式，然而，對各方面處於較不利或劣勢的學童而言，就不見得適切了。

（三）學生從測驗中所獲得的技能，或許並不適合那些處於較不利和不同文化環境所需之技能。

Heward（1996）指出，以往由於過度依賴智力測驗，造成對不同文化背景學生不適當的標籤（labeling）和安置（placement）。基本上，智力測驗並不能公平或正確的評量不同文化背景學生之智力；甚至，這些認知能力之測驗本身具有文化歧視（cultural bias）因素存在（Hilliard, 1975）。

因此，多元性效標（multiple criteria）教育評量之替代性（alternative）和非標準化（nonstandardized）方法對不同文化族群的學生而言，是較爲適合且有效的評量。在此所謂替代型評量是一種統整性的方法，係指運用各種不同的測驗和資料蒐集的一種方法，這些方法包括觀察、自我報告（self-reports）、檢核表（checklists）、檔案（portfolios）、調查、課程一本位評量（curriculum-based assessment）等。這種方法提供老師有關學生表現的適當和有用的資料或訊息；同時，在決定適當教學時，這些方法是非常重要的；更重要的是，不致使教師診斷錯誤。事實上，客觀的行爲記錄，當要評量學生的表現時，學生本身的社會和文化背景應該必須考慮在內，因爲，在每一

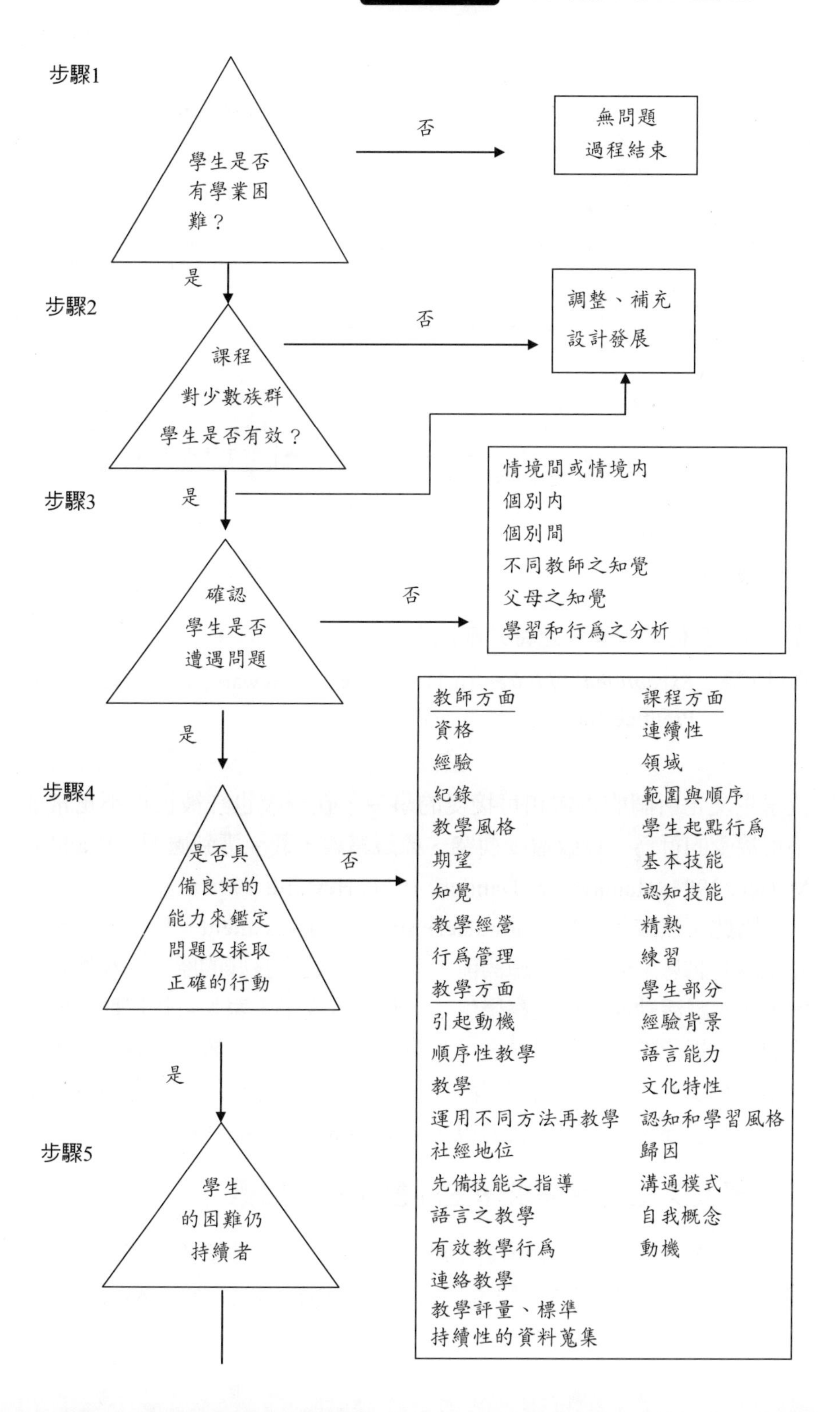
步驟1
學生是否有學業困難？
否
無問題
過程結束
是
步驟2
課程對少數族群學生是否有效？
否
調整、補充
設計發展
是
步驟3
確認學生是否遭遇問題
否
情境間或情境內
個別內
個別間
不同教師之知覺
父母之知覺
學習和行爲之分析
是
步驟4
是否具備良好的能力來鑑定問題及採取正確的行動
否
教師方面
資格
經驗
紀錄
教學風格
期望
知覺
教學經營
行爲管理
教學方面
引起動機
順序性教學
教學
運用不同方法再教學
社經地位
先備技能之指導
語言之教學
有效教學行爲
連絡教學
教學評量、標準
持續性的資料蒐集
課程方面
連續性
領域
範圍與順序
學生起點行爲
基本技能
認知技能
精熟
練習
學生部分
經驗背景
語言能力
文化特性
認知和學習風格
歸因
溝通模式
自我概念
動機
是
步驟5
學生的困難仍持續者

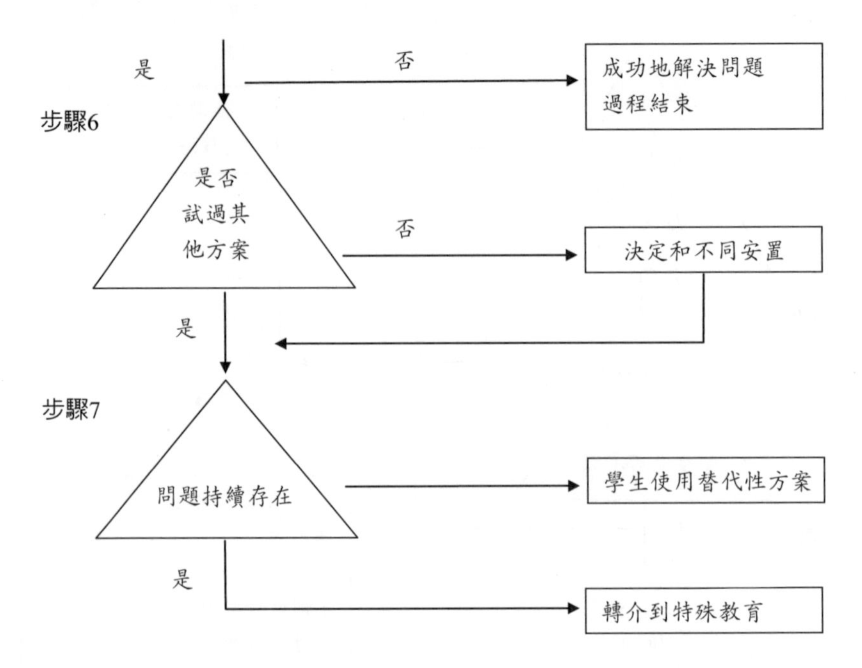

圖26-1　文化差異學生之轉介前流程

資料來源：*Exceptional children* (p.118), by W. L. Heward, 1996, New York: Prentice-Hall Inc.

位學生文化所謂的正常和可接受的事項，在學校也許被視爲不正常或不可接受的行爲，以致遭受衝突、標籤錯誤，甚至遭到處罰（Fradd & McGee, 1994; Hamayan & Damico, 1991; Heward, 1996）。

因此，無歧視評量（nondiscriminatory assessment）是根據多樣化和正確的訊息來使用。在施測前，先與學生建立良好的關係，在學校、家庭和遊戲活動或情境觀察學生；同時，會商學生家長可以協助教師和施測者，更能瞭解文化差異，可避免不適當的教育安置。此外，熟悉學生語言與文化背景的專家學者、專業人員或義工，在不同的測驗情境中，亦有重要性，不可輕易忽視（Matters & Omark, 1984）。

二、多元文化特殊需求學生評量模式之目標

有鑑於此，Ortiz（1991a, 1991b）針對語言—少數族群學生之評量而設計了所謂「雙語特殊學生之評量與輔導模式」（The Assessment and Intervention Model for the Bilingual Exceptional Student, AIM for the BESt），其主要目標和步驟如下（引自洪清一，2001）：

（一）目標

1. 改進在普通班和接受特殊教育方案之學業表現不佳的學生，尤其是英語能力障礙的學生；

2. 減少對這些學生不適當的轉介到特殊學校（班）；

3. 確保評量的過程是無歧視的。

（二）步驟

1. 普通班教師須善用有效的教學策略：普通班教師、雙語教師和特教教師藉由交互法（reciprocal interaction approach），充分討論與溝通，甚至，舉辦研討會，強調高層次和問題解決。

2. 當學生遭遇了困難，教師則必須設法解決，並確認學生問題所在。此時，教師必須觀察並分析學生表現，俾利設計教學方案。之後，實施教學。考核學生表現情形，必要時重新設計教學。

3. 如果學生的問題無法解決，教師則向專業團隊請求協助。專業團隊成員通常是負責發展或設計輔導和追蹤計畫，有效解決學生問題。

4. 如果學生的問題一直仍無法解決時，才開始進行特殊教育轉介工作。此時，專業團隊之輔導計畫記錄，一併轉介到特殊教育學校（班）或機構。

5. 結合非正式評量和統整性個別評量：運用替代性評量工具和策略，來支持標準化測驗。

6. 如果學生有障礙存在，特殊教育教師則須善用有效的教學策略。

第三節　多元文化特殊教育服務系統

有許多特殊需求學童由於種族、族群、社會階級或性別異於一般學生，因此，常受到歧視和不適當的教育方案。尤其，來自不同文化和語言背景的學童，被安置在不同的特殊教育環境或接受特殊教育方案的比率偏高，常有被高估的現象（Bicard & Heward, 2016）。因此，確保來自不同文化背景之特殊需求學童之適性評量和安置程序，以及提供回應或符合文化需求，進而能增進學童教育表現之適當的支持服務，是當務之急（Obiakor, 2007）。因此，建構與實施多元文化特殊教育服務系統尤其重要。至於，該系統之主要向度與流程包括轉介前、轉介、綜合性評量（適性和個別化教育評量）、個別化教育計畫、調整、實施評量、選擇最少限制環境、實施個別化教育計畫、修正（如圖 26-2）。至於，各向度之重要項目如下（Podemski, Marsh, Smith, & Price, 1995）：

一、轉介前

轉介前的項目包括：

（一）安排教學

1. 教學
2. 再教學
3. 評量先備技能

（二）不同教學策略

（三）不同的增強原理

（四）尋找資源或協助：建立支持性團體小組

二、轉介

轉介的主要項目是蒐集相關資料，包括：

（一）目前的教育表現

1. 就學情形
2. 學業表現
3. 成就資料（母語與國語）
4. 教室觀察，包括教師觀察學生的語言功能

（二）向雙語教育安置委員會提出建議

（三）進行先前介入輔導

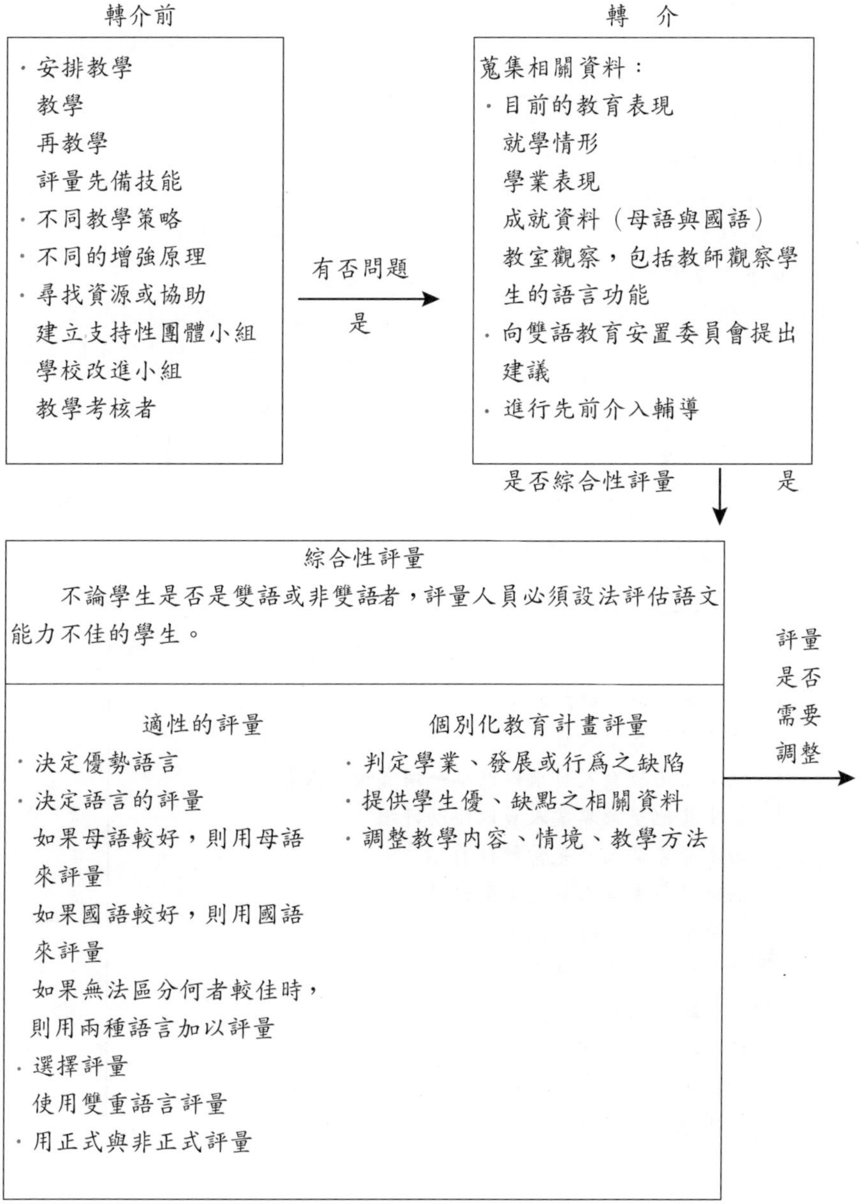

轉介前

- 安排教學
  教學
  再教學
  評量先備技能
- 不同教學策略
- 不同的增強原理
- 尋找資源或協助
  建立支持性團體小組
  學校改進小組
  教學考核者

有否問題 → 是

轉　介

蒐集相關資料：
- 目前的教育表現
  就學情形
  學業表現
  成就資料（母語與國語）
  教室觀察，包括教師觀察學生的語言功能
- 向雙語教育安置委員會提出建議
- 進行先前介入輔導

是否綜合性評量 ↓ 是

綜合性評量

不論學生是否是雙語或非雙語者，評量人員必須設法評估語文能力不佳的學生。

適性的評量
- 決定優勢語言
- 決定語言的評量
  如果母語較好，則用母語來評量
  如果國語較好，則用國語來評量
  如果無法區分何者較佳時，則用兩種語言加以評量
- 選擇評量
  使用雙重語言評量
- 用正式與非正式評量

個別化教育計畫評量
- 判定學業、發展或行為之缺陷
- 提供學生優、缺點之相關資料
- 調整教學內容、情境、教學方法

評量是否需要調整 →

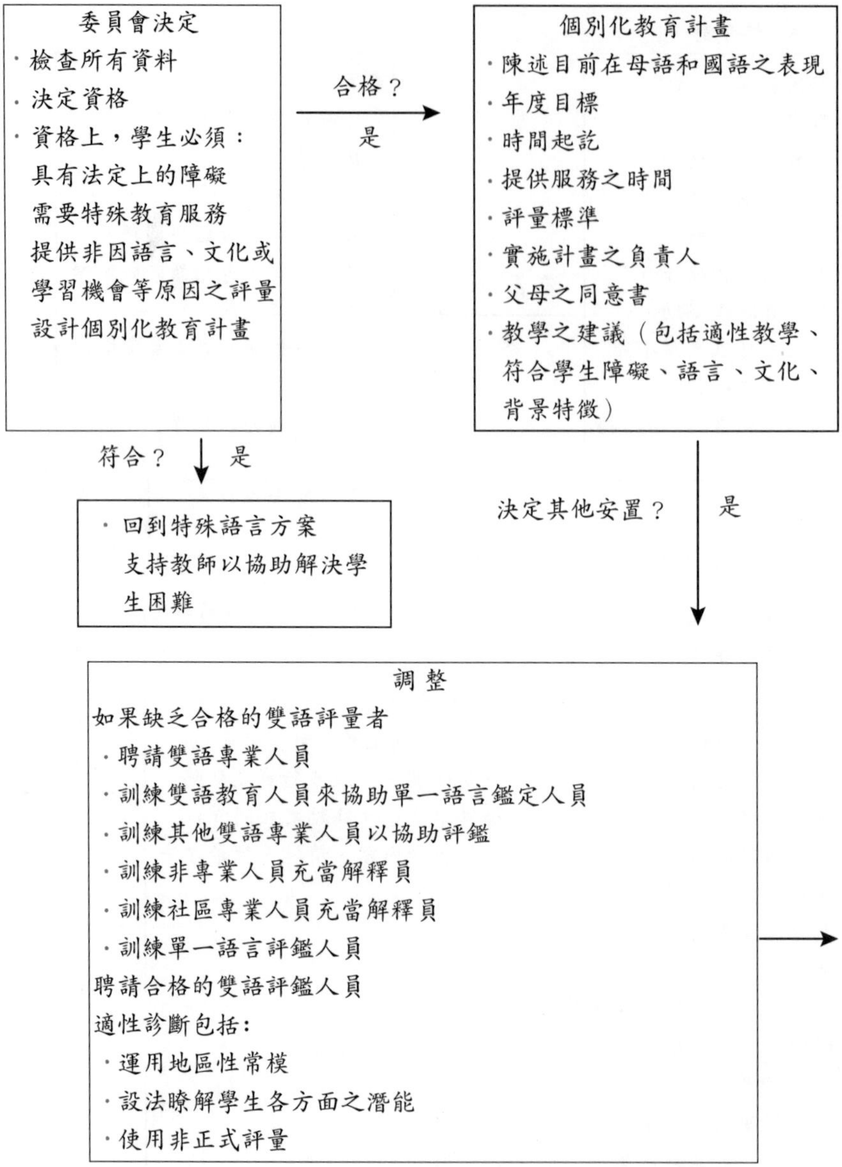

委員會決定
- 檢查所有資料
- 決定資格
- 資格上，學生必須：
  具有法定上的障礙
  需要特殊教育服務
  提供非因語言、文化或學習機會等原因之評量
  設計個別化教育計畫

合格？ → 是

個別化教育計畫
- 陳述目前在母語和國語之表現
- 年度目標
- 時間起訖
- 提供服務之時間
- 評量標準
- 實施計畫之負責人
- 父母之同意書
- 教學之建議（包括適性教學、符合學生障礙、語言、文化、背景特徵）

符合？ ↓ 是

- 回到特殊語言方案支持教師以協助解決學生困難

決定其他安置？ ↓ 是

調整

如果缺乏合格的雙語評量者
- 聘請雙語專業人員
- 訓練雙語教育人員來協助單一語言鑑定人員
- 訓練其他雙語專業人員以協助評鑑
- 訓練非專業人員充當解釋員
- 訓練社區專業人員充當解釋員
- 訓練單一語言評鑑人員

聘請合格的雙語評鑑人員

適性診斷包括：
- 運用地區性常模
- 設法瞭解學生各方面之潛能
- 使用非正式評量

→

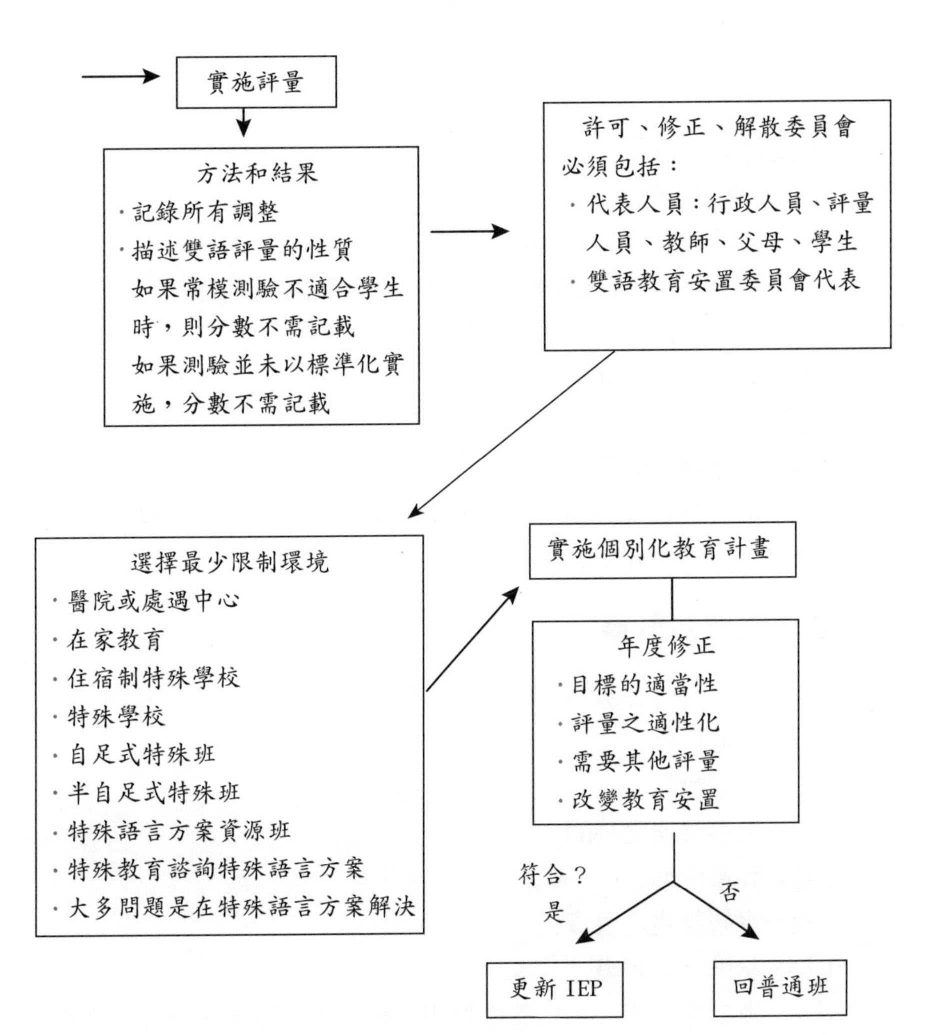

圖26-2 不同文化之特殊教育服務系統

資料來源：*Comprehensive administration of special education* (pp.135-137), by R. S. Podemski, G. E. Marsh, T. E. C. Smith, & B. J. Price, 1995, Ohio: Prentice Hall.

三、綜合性評量（適性和個別化教育評量）

不論學生是否是雙語或非雙語者，評量人員必須設法評估語文能力不佳的學生。

（一）適性評量

1. 決定優勢語言
2. 決定語言的評量
   (1) 如果母語較好，則用母語來評量
   (2) 如果國語較好，則用國語來評量
   (3) 如果無法區分何者較佳時，則用兩種語言加以評量
3. 選擇評量：使用雙重語言評量
4. 用正式與非正式評量

（二）個別化教育評量

判定學業、發展或行爲之缺陷，提供學生優、缺點之相關資料，調整教學內容、情境、教學方法。

四、個別化教育計畫

（一）陳述目前在母語和國語之表現
（二）年度目標
（三）時間起訖
（四）提供服務之時間
（五）評量標準
（六）實施計畫之負責人
（七）父母之同意書
（八）教學之建議（包括適性教學、符合學生障礙、語言、文化、背景特徵）

五、調整

（一）如果缺乏合格的雙語評量者

1. 聘請雙語專業人員
2. 訓練雙語教育人員來協助單一語言鑑定人員
3. 訓練其他雙語專業人員以協助評鑑
4. 訓練非專業人員充當解釋員
5. 訓練社區專業人員充當解釋員

（二）聘請合格的雙語評鑑人員

（三）適性診斷

1. 運用地區性常模
2. 設法瞭解學生各方面之潛能
3. 使用非正式評量

六、實施評量

（一）記錄所有調整
（二）描述雙語評量的性質
（三）如果常模測驗不適合學生，則分數不需記載
（四）如果測驗並未以標準化實施，分數不需記載

七、選擇最少限制環境

最少限制環境係指教育情境，擴大學生的機會反映和達成，允許普通班教師和所有的班上學生有機會互動，並且，培養一般學生和特殊需求學生之間令人滿意的社會關係。換言之，學校提供連續性的變通式安置（continuum of alternative placement），即安置的範疇和服務的選項，俾期滿足每位特殊需求學童之獨特需求（Heward, 1996, 2013）。惟僅在普通班所運用的輔助和服務無法滿意地達成時，特殊需求學童方可從一般教育環境移到不同的安置型態（Bryant et al., 2017）。此種連續性之變通式安置（如圖 26-3）包括在家教育、醫院或處遇中心、住宿制特殊學校、特殊學校、自足式特殊班、半自足式特殊班、資源班、在普通班提供補救教學與服務、在普通班提供諮詢、普通班（Bicard & Heward, 2016）等。

八、實施個別化教育計畫

對多元文化特殊需求學生而言，實施個別化教育時須考慮下列原則：

（一）重視每位學生之文化背景、學習經驗、個別能力、興趣和性向。

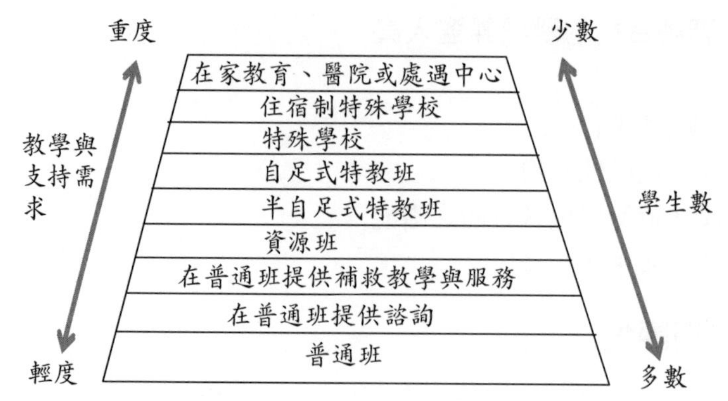

圖26-3　特殊需求學童連續性之變通式安置

資料來源：*Exceptional children: An introduction to special education* (p. 61), Heward, W. L., 1996, New York: Prentice-Hall Inc.
Educational equality for students with disabilities (p. 223), by Bicard & Heward, 2016, In J. A. Banks & C. M. Banks, *Multicultural education: Issues and perspective*. New York: Wiley.

（二）充分運用多元性和多向度評量工具，來瞭解學生的起點行爲、先備能力及優勢能力。

（三）根據學生特殊需求設計適性課程與教材。

（四）教學時須顧及學童的學習風格或學習偏好，俾使滿足學生特殊需求。

（五）善用多元性、情境式和操作演示之教學策略。

（六）鼓勵父母參與。

（七）提供科際團隊之支持與服務。

九、修正

（一）年度修正

（二）目標的適當性

（三）評量之適性化

（四）需要其他評量

（五）改變教育安置

第四節 提供另類評量

一、評量的意義

評量（assessment）是根據一項標準（criterion），對所測量到的數值予以價值判斷。由於教育評量的結果常作爲各種教育決定的依據，如安置、教學協助等，因此在評量過程中，除根據某項標準（如常模參照）予以評量外，更應蒐集個人潛能或其他相關資料，加以整理解釋，而後作最終判斷，方能取得具有效度（validity）的評量結論（陳麗如，2006）。

廣義來說，「評量」乃是使用測驗和其他測量學生的成就和行爲，以便做出教育的決定（educational decision）的歷程。評量包含各式各樣評鑑、估計、評價及做出有關特殊需求學生的技術和程序。這種技術和程序，不像一般教育環境上所使用的評量歷程，特殊教育上的評量考量了學生獨特的需求，因而每個學生都有所不同。評量在特殊教育上的目標之一在於調整歷程以符合個別學生的需求，而非試著讓學生符合特別的評量程序。例如：使用多數包含口語項目的智力測驗（如魏氏兒童智力量表、簡式兒童智力量表等）對於聽覺障礙或語言障礙者，可能無法描述這些學生的獨特需求。在此種情境上，適當的修正方式之一就是包括使用刪除口語項目設計的智力測驗（張世慧、藍瑋琛，2003）。

遺憾的是，目前所使用的標準化測驗，具有以下嚴重的問題（Hallahan & Kauffman, 1994）：

第一：未將文化的多樣性（cultural diversity）考慮在內；

第二：強調個體本身之缺點；

第三：未能提供在教學上的訊息。

雖然這些問題無法完全解決克服，但是，可以另類評量或替代性評量（alternative assessment）實施。

從對評量的文化偏見之文獻探討，觀察到標準化的智力與成就測驗成績，常是作爲安置兒童學校課程與進階的參考，這種測驗是假設智力是可以準確評估，而這標準化測驗，卻存在有種族、少數民族和社經貧乏的文化偏見。少數族群、低社經階級學生，比白人、中產階級學生，明顯有較低的測驗結果，因而導致少數族群兒童，常被安置在低成就特殊教育班級之中（莊明貞，1999）。

二、另類評量之意義

近年來，各種另類評量方式紛紛提出。如：動態評量（dynamic assessment）、實作評量（performance assessment）、眞實評量（authentic assessment）、檔案評量（portfolios assessment）等。「另類評量」（alternative assessments）又稱「變通性評量」，是相對於傳統紙筆測驗的其他評量方式。「另類評量」著重的方式，突破了以往的傳統紙筆測驗，強調的是評量方式的彈性，眞實評量、實作評量、檔案評量等皆是（何俊青，2002）。

傳統對測驗效度的觀點，是從古典測量理論而來，包括有內容效度與效標關聯效度等。「另類評量」對效度的解釋，可以延伸爲此種測量是否關聯在同一個科目裡、學生的表現能否與眞實情境一致，或是否關聯一個學科專家對課程目標如何有效達成的專業判斷。質言之，「另類評量」效度的觀點，必須回歸到社會文化脈絡中加以探討（何俊青，2002）。

基本上，另類評量主要受到認知學習理論的影響，主張知識是建構的，學習是個人從新知識和先前知識，所建構的有意義學習；學習有社會文化的內涵，而個人動機、努力和自我尊重會影響學習的表現。因此，另類評量重視知識的眞實性應用與自我評鑑標準（Herman, Aschbacher, & Winters, 1992）。

另類評量可以提供連續的、形成性的微縮評量（micro assessment），這種評量通常是就一個概念或學習活動之立即評估。因此，評鑑學習者概念改變不應只是聚焦在某一知識的狀態，應涵蓋在連貫的學習過程中，個人對各種現象看法的改變。基於知識是由自己建構而成的觀點，概念改變的過程可界定爲一連續的重建構以及動態結構的建構（郭金美，1999）。

三、另類評量之類型與其特性

（一）動態評量

動態評量（dynamic assessment），就是針對傳統評量的靜態本質而引發的改良模式，它不僅要評估受試者「目前」所表現的水準，還企圖瞭解受試者是「如何」達到目前的水準，以及受試者「可能」可以達到的水準。嘗試在教學過程中，採因應及調整評量情境的方式，對兒童的認知能力進行持續性的評量，以瞭解教學與認知改變之間的關係，確認經由教學或訓練後，兒童所能達成的最大可能之潛能表現（Day & Hall, 1988）。動態評量兼顧學習歷程與學習結果的評量，評量受試者最佳的發展水準及認知改善的可能性，提供教學處方性的訊息以作為促進認知發展之參考（Campione & Brown, 1987）。

所謂「動態」有兩層涵義，一是跨多個時間點觀察受試者的進步與改變情形，即連續應用「測驗—教學—測驗」的程序；二是受試者答題時與施測者間大量的互動，這份互動是歷程、診斷，更是協助導向（吳國銘、洪碧霞、邱上真，1995）。

莊麗娟（1996）綜合多位學者的看法，認為動態評量具有下列特性：

1. 它突破傳統心理計量取向的評量模式，在評量過程中，強調提供「充分」的協助。（兼顧學習結果的評估與學習歷程的探析）

2. 它強調最佳表現，而非典型表現，它評估受試者認知改變的可能性，偵測學習潛能。（兼顧回溯性的評量與前瞻性的探討）

3. 它強調結合評量與教學，提供教學處方的訊息。（兼顧鑑定、診斷與處方）

動態評量的優點（張英鵬，1994）：

1. 比較不會低估文化不利或身心條件不利之兒童的認知潛能：文化不利或身心條件不利兒童，由於缺乏適當的學習經驗或接受測驗的先備技能，使用傳統的靜態智力測驗容易低估其認知潛能。

2. 可以進一步確認同一類兒童的不同能力及不同類兒童的相同能力：動態評量對於同類兒童的不同能力（within group variability）及不

同類兒童的相同能力（between-group similarity）的區辨，將具有助益。

3. 以學習歷程為導向的：動態評量不但重視學生的潛能表現，更重視學生是如何達成此一表現的。因此，將可進一步確認學生的思考歷程或解決問題所涉及的認知成分，及思考或知識結構的錯誤類型，以便作爲有效教學或課程發展的指標。

4. 與教學相結合的：動態評量以發掘學生的最大潛能爲目標，強調評量與教學的緊密結合，因此，即使學生無法學得某項認知技能，教學者也較不會將問題的根源置於學生，而較可能積極尋求變通的教學方法。

5. 重視學習情境與學習動機：動態評量與教學的互動歷程中，可以充分調適整體的評量／教學情境，並有利於對學生學習動機的確認與激發（Paris, Jacobs, & Cross, 1987）。此種認知歷程之運作的指導，亦有助於增進衝動學生的學習專注行爲（Missiuna & Samuels, 1989）。

6. 以成功為導向的評量方式：傳統的智力測驗每一評量題項或分測驗，幾乎皆終止於學生的一項或一連串錯誤反應，此種以失敗爲導向（failure oriented）的評量方式，對於具有預期失敗（expectancy of failure）之特殊學生的作答動機、認知或學業自我觀念，可能具有不利的影響。而動態評量則針對學生的錯誤反應進行教學，直到學生學會爲止。此種以成功爲導向（success oriented）的評量方式，不但有利於學生作答動機、認知或學業自我概念，亦有助教師對學生的期望（Vye, Burns, Delclos, & Bransford, 1987）。

（二）實作評量

簡單來說，「實作評量」就是由教師設計相關的情境，由此情境，針對學生所應達到的學習成果（learning outcomes），設計一些問題，讓學生在情境中或實際參與實驗操作或觀察之後，以分組活動或個別思考的形式，進行問題的解決，同時針對學生在過程中的表現，以客觀的標準加以評分的一種評量方式（何俊青，2002）。其優點如下（單文經，1998）：

1. 著重學生整體的表現

實作評量的方式，不分學生「程度」的「高」、「低」，皆以眞實的、統整的、實作的功課，讓學生綜合自己的所學，作整體的表現。如此，可以避免學生習得知能的分立與零碎，原本受限於其「程度」較「低」的學生，也有充分的表現機會。

2. 評量的方式動態化

實作評量的方式較爲動態靈活，教師可以在評量與教學活動進行的過程當中，以學生完成指定工作爲目的，視學生所需支持的多寡程度，適度給予輔導。

3. 增加師生的互動及參與

實作評量則允許同學、教師，乃至家長們在整個學習與評量的過程之中，皆可以針對學生實作的成果，提出改進的意見，也可協助其記載、檢視與評估學習進步的情況，因而增加了與學生互動及參與的機會。從這些互動當中，學生可以因爲解釋自己的實作經驗、省思自己的思考過程，而獲益良多。此種互動及參與的機會，更能爲那些具有不同文化、語文和經濟背景的學生，提供展現其優點的機會，進而增進其學習的效果。

4. 評量的情境多樣化

制式評量多半在標準化的制式情境中進行，而實作評量則允許學生在各種不同的情境之下進行，學生可能是獨自學習，也可能配對學習，當然，也可能是在分組的狀況下學習。

5. 評量方式公開化

評量的題目可以公開，評量的規準也是公開的，讓教師和學生皆瞭解而有所依循並妥善準備。這樣的作法，對於程度較低的學生，以及來自不同文化、語言，以及經濟背景不同的學生而言，比較公平。

（三）真實評量

眞實評量有其另外一層意義，指的是評量的工作項目（tasks）可實際應用於眞實世界中，強調評量與實用之間的相等，例如：寫一封道歉信，來表示文字溝通能力而非採取改錯字測驗，也就是將評量與生活作結合（吳毓瑩，1996）。眞實評量的特質，說明如下（盧美貴，1999）：

1. 教育者使用人本發展模式來理解人類的發展，他們相信世上沒有完全相同的學生，每一個學生都是獨特的；因此，教學與評量是個別化、多樣化的。

2. 成功的教學是幫助學生成爲有效的學習者，著重學習遷移的教學，學習是超越教室而進入日常生活中的。

3. 教學著重在學習過程、思考技巧的發展，並瞭解課程內容與眞實生活的動態關係。

4. 學生的發展階段各不相同，評量應個別化，並提供教育者如何進行有效教學，讓學生有更多的機會來展現成功。

5. 發展測驗最關心的是對學生學習的益處，如果評量能針對學生需要並幫助他們成長，效率就不是關鍵了。

6. 教學生如何學習、如何思考，並盡可能以各種方式來展現；教育的目的，在營造終身的學習。

7. 教學與評量之間的界限不是區分的很明顯；評量是透過課程在平常的教學中進行。

8. 學生是主動負責的學習者，在學習過程中，教師是一個學習夥伴。

9. 與學生有關的人（包括教師、父母和學生本身），都是評量過程的關鍵者。

10. 課程和學校目標是希望啓發學生的充分智慧和學習潛能。

（四）檔案評量

蒐集學生如何在眞實生活中探索、設計並完成某項工作的證據，可從學生的作品、軼事記錄、觀察記錄、師生座談會等資料中獲得。可提供教師多元的角度，來瞭解學生的學習狀況（何俊青，2002）。

「檔案」就是學生的作品集，學生每一個人都有一個屬於自己的資料夾，教師有目的蒐集個人在某個（些）領域的作品，這作品集傳達學生在一個或多個學科的努力、進步和成就（Arter & Spandel, 1992）。

作品集包括學生參與檔案內容的選擇、選取材料的說明指南、判斷所選作品優劣的標準及學生自我反省的證據。檔案評量對於評量的觀點是：評量應該是連續的、能說明學生知道什麼和能做什麼、使用眞實的情境背景脈絡、可與學生或他人溝通所重視的價值、描述所完成作品的過程並能與教學相融合（Arter & Spandel, 1992）。檔案評量除了呈現學生的學習成就外，亦可用以彰顯學生在時間中進步改善的情形（如表26-1）。

表26-1　檔案評量與傳統評量之比較

	檔案評量	傳統評量
評量的範圍	以教師上課內容為主，沒有固定的教材範圍。	侷限於教材範圍之內，看不出特優及落後學生能力的全貌。
評量主要的目的	培養學生自我評鑑、自我改進的能力，養成學生學習責任感。	考核學生的學習成果及教師的教學效能。
學生反映的形式	以應用綜合層次的、建構式的反映為主，可以參考資料或共同完成活動來設計。	以知識理解層次的、選擇式的反映為主，不可參考資料，且要獨立受測。
適用時機	小班、強調個別化教學。	大班級、有統一教材進度的教學。
個別差異的考慮	活動設計中，已經考慮到學生間的個別差異。	全部學生使用相同的測驗內容。
學生角色	學習者、求助者、自我評量者。	被評量者、被獎懲者。
教師角色	活動設計者、顧問、引導激勵者。	考核者、獎懲者、補救教學者。
師生關係的比喻	像舊式的師徒制。	像工廠的製造者與其產品。
評量結果的說明	學生的努力、進步與成就。	只有學生的成就。
評量的標準	由師生在進行評量前，共同設計。	教師在評量前，已有固定的標準答案。

	檔案評量	傳統評量
評量的特色	將「教學」與「評量」充分的連結在一起。	將「學習」、「測驗」與「教學」分開。
評量的重點	1. 重視學生的進步、努力和成就。 2. 重視學生間的個別差異，並以衡量學生個別成就爲主。	1. 只重視學生學業的表現。 2. 所有的學生以同樣的尺度來評量。
評量的所需時間	一星期、一個月或是一學期。	一、二節課的時間。

資料來源：陳啓明（1999）。「另類的教學評量——卷宗評量」。**教育實習輔導季刊，5**(1)，78-84。

在二十一世紀之社會，快速地注入了文化與語言多樣性的人口。原住民族原本爲九大族，由於民族意識與族群認同之發展與提供，日前，已擴展到十六族了，甚至仍有其他的族群正積極爭取正名中。然而，由於人口結構的改變，尤其，各族群的語言彼此間之差異很大，自然形成語言的多樣性，進而對主流的教育體制形成衝擊，甚至，曾造成原住民學童在教育系統之不公平現象。例如：由於種族、族群、語言，或者低社經地位，學習表現低於一般學生，而且，亦發現許多的原住民學生被轉介、安置到特殊教育學校、特教班、資源班，接受特殊教育的服務，尤其，在偏遠地區的學校，被轉介與安置之比例高於一般學生，有比例不適當的現象。不可否認地，有些原住民學生家境不佳，社經地位較低，同時，可能會影響學童身體及智能上之發展，然而，在社會上或在學校中有不公平的或具有歧視的態度與教育方法，其影響高於貧窮因素。

遺憾的是，在篩選與鑑定原住民特殊學童時，並未嚴格根據學生的文化與語言背景，提供無歧視的評量（nondiscriminatory evaluations）；反而，運用標準化的測驗（standardized test），如以魏氏智力測驗爲主要鑑定工具，以及常模—參照測驗（norm-referenced test）、總結性評定（summative assessment），而非用非標準化測驗（non-standardized test），如效標參照測驗（criterion-referenced test）、形成性評定（formative assessment）或另類評定（alternative assessment）、文化一公平性評量（culture-free assessment）。換言之，鑑定或診斷原住民特殊學生之問題時，較無巨觀、文化觀、歷史觀及多元化之心境，無法考慮社會文化與歷史因素（如圖 26-4）如何影響學生之學習表現。

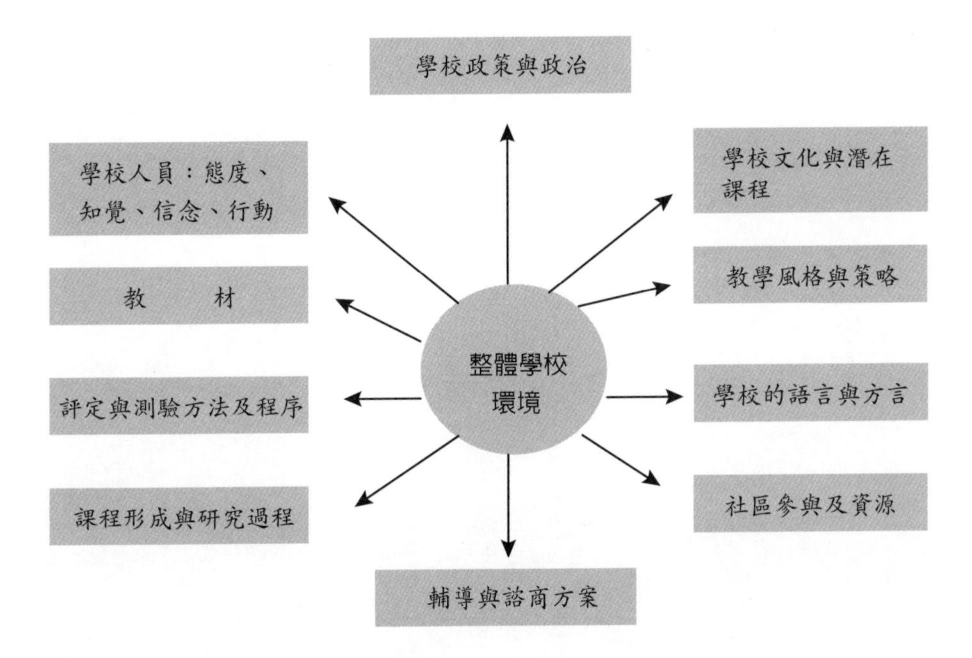

圖26-4　整體學校環境

資料來源：*Race, culture, and education* (p. 8), by J. A. Banks, 2006, New York: Routledge.

第二十七章　原住民特殊需求學童家庭及社區支持服務模式

對原住民特殊需求學童而言，家庭、學校和社會三者，須互爲一體，缺一不可，齊力共構原住民特殊需求學童之教育，方可獲得良好的學習表現。換言之，家庭與學校須建立夥伴關係，同時，社會與社區亦配合與支持學校，三者積極建構互爲支持的網絡，共造優質的和安心快樂的學習環境，促使學童潛能充分發展。依此，本章就針對原住民特殊需求學童家庭現況、原住民家庭與社區的特性、家庭支持服務模式、社區一本位模式等，分節敘述如後。

第一節　原住民特殊需求學童家庭現況

原住民地區全體特殊學童（含原住民與非原住民）出現率高達3.176%，剔除資優生後，原住民地區身心障礙學生出現率爲2.663%，高於第二次全國特殊學童普查之出現率2.121%（張英鵬，2000）。國小階段的原住民身心障礙學童出現率爲2.1%，高於非原住民學童的1.86%；國中階段的原住民身心障礙學童出現率爲6.01%，高於非原住民學童的1.78% ，不管國小或國中階段，原住民身心障礙學童的出現率都高於非原住民學童（許鈴筑，2008）。根據歐委龍、楊熾康、鍾莉娟、黃富雄（2014）、花蓮縣政府教育處（2014）花蓮縣近三學年度（99-101）各教育階段原住民身心障礙學生出現率與綜合研判結果之發現：近三學年度國民教育階段原住民學生出現率有微幅上升之現象，分別爲3.10%、3.19%及3.28%。花蓮縣近三學年度國民教育階段原住民學生的比率約占三成以上，且居全國第二高之縣市。近三學年度國民教育階段，原住民身障生占全國身障生的比例約占4%，較原住民學生占全國學生之比率高。為滿足原住民身心障礙或特殊需求學生之需求，使其潛能充分發揮，進而變成獨立自主的個體，除有賴學校重視之外，家庭亦扮演重要的角色。

根據洪清一（2001）「原住民身心障礙學童特殊需求之調查研究」發現：（一）在支援服務現況上，最常提供原住民身心障礙學生特殊教育相關支援服務的專業人員為特殊教育教師（55.86%）、支援服務的單位為特殊教育學校（43.21%）、支援的服務項目為學校特教服務（58.95%）、支援的服務的障礙類別為智能障礙（63.27%）、缺乏設備（41.22%）、支援服務的最主要方式為間接服務（36.73%）。（二）在支援服務需求上，所最需要的專業人員為特殊教育教師（58.645%）、最需要的單位為身心障礙福利機構（44.75%）、最需要的教育相關支援的服務項目為學校特教服務（46.6%）、最常需要的相關支援服務形式為就業支持（62.35%）、最需要接受教育相關支援服務的障礙類別為智能障礙（54.94%）、學習障礙（45.06%）。（三）在支援服務相關問題上，較適合原住民身心障礙學生教育支援系統的服務區域為社區（50%）、建立支援系統最迫切需要的項目為支援早期介入與療育（61.11%）、最重要的功能服務項目為輔導、治療與相關服務（34.26%）、最佳的支援服務方式為定點直接服務（41.67%）、實施各項支援系統時最大困難為相關資源缺乏（32.32%）。

根據王淑惠（2014）「淺談原住民特殊生的鑑定」研究發現，資源班教師認為原住民學生較容易被鑑定為學習障礙的有 117 人（40.3%）。沒有教過原住民學障的教師，有較高比率認為不會較容易被鑑定為學習障礙，但有教過原住民學障的教師則有較高比率認為會較容易被鑑定為學習障礙。多數資源班教師認為原住民的學生，較容易有語文學習困難。

因為，個體的行為與態度的養成，主要源自於早期生活經驗與習慣，而早期生活習慣的養成，則是受家庭的影響（蔡順良，1984）。家庭對兒童而言，是他們學習如何建立關係、溝通、學習個人和文化的價值及信念的重要資源，其影響無以計算（王天苗，1995）。換言之，家庭是所有人最主要的生活環境，也是所有兒童最早的教育場所，家庭的重要性及功能性不言可喻（吳昆壽，2000）。Berk（1994）指出，家庭是兒童學習語言、認知技巧和道德觀的第一個場所，其他如情緒的支持、社會秩序的維護等，也都是家庭的重要功能，家庭等於是培育兒童的秧田。家庭是構成社會的最小一個單位，因此家庭生活也就是社會生活的基礎。唯有經歷這種家庭社會性的生活，才能具備了日後適應社會的基本能力。因爲家庭具有保護機能，因此，以家庭作爲教育的場所是最適合不過了（洪清一，2005）。因此，從教育的價値來看，家庭是所有的教育之中，最早開始，持續又最爲長久的教育，所以對於影響一個人的個性成長具有莫大的意義（劉修吉，1988）。舉凡家庭的社經水準、家人關係、父母教養子女的態度與方式，以及其他種種因素所形成的家庭生活氣氛等，均與兒童的生活適應息息相關，兒童在穩定和諧的家庭中成長，父母提供愛及溫暖的環境，兒童具有安全感、自信心，潛能得以充分發揮，人格也能健全發展（簡茂發、蔡玉瑟、張鎭城，1992）。

尤其，對特殊兒童而言，孩子生活的核心是家庭，家庭對孩子的影響是永久的，是一生都無法抹滅的，所以，父母要讓特殊孩子擁有充實的生活，並分享家庭所有成員的快樂及悲傷。而父母在特殊孩子的成長過程中應扮演何種角色呢？應該是：給予愛的人、分享者、扶助者、教育者、溝通者、學習者——要不斷的學習如何教養孩子（陳昭儀，1991）。

其次，社區乃是天下無一人不身處並生活在內，一個人可能沒有家庭，卻很難脫離社區而生活。個體的一言一行與活動，亦都與個體心理上所歸屬的或實際上所身處的社區密切的關聯著。尤其，社區中所形成的各種社會組織，可以發展個體多方面的能力；同時，亦可滿足個體的情緒感受，並促進身心的健康，獲得情緒上之平衡。尤其處於危機的情況下，個人也會因有組織中的其他分子作爲協助與依賴，才不至於孤獨無助，聊以慰藉（蔡宏進，2005）。

第二節　原住民家庭與社區的特性

一、原住民家庭與社區的特性

（一）家庭的意義與功能

家庭是指二個以上的人由於血統、婚姻或收養關係而生活在一起的團體，是一種親屬團體，是一種生活系統，而此生活系統與外在的社會和環境，以及內在團體和生物系統有關（Acuff, Allen, & Taylor, 1973; Horton & Hunt, 1976; Miller & Miller, 1980）。退縮的、外向的、反社會的或符合社會常規的家庭的行為風格，端視家庭成員所持的態度和價值觀。溫馨安怡、相互尊重、友愛的家庭氣氛，是穩固與維持家庭系統之重要因素。在家庭成員間之互動中，最重要的是父母和子女瞭解家庭內在狀況和被家庭外在的人所能瞭解的語言之程度，家庭是透過內在和外在的積極和消極之回饋圈所調適（Westman, 1990）。

至於，家庭的主要功能有以下幾點（白秀雄、李建興、黃維憲、吳森源，1991；林生傳，1988；蔡文輝，1993）：

1. 社會化功能（socialization function）

家庭為學童社會化的第一個基本團體，兒童人格發展即開始於家庭，一旦兒童離開家庭進入其他團體時，其人格早已奠定穩固之基礎。換言之，家庭為個體第一個社會化單位，個人受家庭的影響不言可喻。

2. 感情功能（affection function）

大多的社會皆以家庭為感情反映的場所，而且這種感情是自願的、互助的、協調的與經濟的，因此，家庭賦予個體一種安全感和歸屬感，家庭是滿足感情需要、社會需要的重要場所。

3. 地位功能（status function）

家庭賦予個人一連串的地位，個人的歸附地位如：年齡、性別、出生次序等由家庭賦予；個人社會地位如：種族、社會階層、家庭信仰等亦受家庭影響，甚至個人的興趣、價值觀念、生活習慣以及社會成就等亦無不受家庭之影響。

4. 保護功能（protective function）

家庭給予身體的、金錢的和心理的保護；家庭給予個人食、衣、住、行之撫育，同時，家庭也使得個人有安全感。

5. 經濟功能（economic function）

在原始社會，家庭是基本的經濟單位，家庭成員工作在一起、享受在一起，家庭也生產一切必需的物品，供給一切人生的物質需要。爲了達到這些需求，家庭分子彼此合作、分工，以各種行爲來換取所需。

（二）原住民之家庭觀

1. 原住民之男女地位

原住民之男女地位，各族有所不同。如泰雅族，在一般的場合，女性往往被男性所控制，但是，結婚以後，妻子則變成一家之主，丈夫在家中的地位就居於下風。賽夏族，亦是男人主義，然而，當女方因媒妁之言嫁到男方之後，就完全失去一家之主的地位。排灣族，自古爲招贅之社會，即男方嫁至女方之後，並無財產之管理和繼承之權利。在家裡，母親對各項家務具有命令、指示之實權。換言之，排灣族家庭，強調女尊男卑，但是，在一般社會中，則強調男尊女卑。排灣族女性，平日孜孜矻矻、日以繼夜地忙於農耕，飼養家畜，而且，亦負擔扶養家人之責，至於，男性卻整日悠閒地聚集在集會所，除了替自己妻子縫補衣服之外，不須負家務之責。阿美族，男女之關係，大致與排灣族一樣（鈴木作太郎，昭和七年）。

由於阿美族的婚姻形式是以招贅，因此，在家庭生活之中，男性的地位比女性卑微。在家族型態與婚姻形式尙未變遷之前，男人是以一個新成員的身分介入女方，因此他的行爲表現應該是溫和而平靜，他不能隨便發脾氣，而且必須致力於他的工作。在太太的家中，丈夫是沒有權威的，女兒的婚姻通常是由妻子安排，丈夫很少表示意見。甚至在爲女兒選擇對象時，丈夫通常不過問這些事情（許木柱，1987）。

2. 原住民之家庭觀

依阿美族的觀點，家（loma'）有兩種意義：一是人們生活起居的空間——房屋，其二是住在此屋內的人群。阿美族人認爲，成立一個家有兩個最主要的條件（黃宣衛，1991）：

(1) 第一、建一個爐灶（masaparoday）

「masaparoday」，是指建一個爐灶之意。一間房屋若屋內沒有爐灶（parod），便不能算是一個獨立的家。爐灶，是生火的地方，家人在這裡煮飯、燒菜、取暖、作息和團聚的地方，是室內的中心。它象徵一家人的生命之源。換言之，屋內有設置爐灶，才可算是一個家。但是，若設了爐灶而不使用，則不算是一個家，表示家人死光了或走光了，這個房屋便叫作空屋（horac），或鬼屋（loma' no kawas）。

(2) 第二、住人（maro'ay to loma'）

沒有人住的房子是空屋，不是家，是牛舍、雞舍或豬舍。屋內若不生火冒煙，祖靈不敢來往。因此，有人住而且有生火，才算是一個獨立的家。在阿美族家庭裡，一家之中，母親（ina）是一家之根、一家之起源，具有生殖的本質和養育後代的使命。也就是說，母親是傳承人類生命的根源，若一家之中無母親存在，這個家因無後繼而消滅。此外，母親還負家庭生活的重責，擔負家事。

3. 阿美族父母之角色

阿美族之父母在家庭之角色，各有不同（黃宣衛，1991）。母親主要的職務有下列幾點：

(1) 炊事（sakirahkar）：包括管理米倉、舂米、煮飯、造酒等，一概由母親親自動手，男性做這些事是禁忌。

(2) 洗濯：如洗衣的工作。

(3) 照顧病人和老人：病人的尿屎只有女性可收拾處理。

因此，母親是一家之主，但是，不是一般所說的具權威性地位的一家之主，只是一家的主幹而已。

阿美族是典型的母系社會，女性在親族社會中有絕對優勢的地位，男子則處於從屬情況，因此男性為與女性在親族社會的地位相抗衡，乃著力於其親族組織中權力之發展，也就造成阿美族部落組織之嚴密（李亦園，1992）。普通一個家族的構成分子以母親（ina）為中心，上可以包括母之母（ina 或 vae）及其配偶（mama 或 vake），旁系可以擴展到母之姊妹（ina）及其配偶（mama）與其所生之子女（salikaka），俾親屬中包含姊妹的贅婿及其子女，這是最常見的家族型態（許木柱，1987）。

屬於花蓮東海岸的阿美族，如豐濱村和磯崎村，母系社會尤為明顯。母親，除平日忙於家事，如炊事、編織、縫衣和飼養家畜外，在外亦忙於農耕、砍除田園雜草和種植雜糧等事務。因此，傳統上，母親具有 misabalouth（爐灶）之功能，即母親如家中的廚房，是煮食、飲食、溫飽之處，甚至，表示負責全家生計、扶養父母和孩子之意義。因此，當一個家庭有了女孩時，長大以後，父母不希望把女兒嫁出去，反之，要招男方入贅，其用意就在此。

父親（mama）在家中的使命是保護者，父親須養護家人，是家人飲食生活的原動力。父親與母親的職務是相對的，母親在家內工作，父親在外面工作，兩者分工合作。雖然，母親是家中之當家者，但是，沒有父親的保護，一個家的成立與生存則無法獲得保障。因此，當母親或女性在田園工作時，父親或男性則在田園四周，手持番刀、弓箭和矛巡邏，其目的在於保衛母親的安全，使其安心的工作，避免受到外族（敵人）的攻擊和被搶奪，甚至，被敵人獵首。因此，到田園工作時，男性並不攜帶農具，所攜帶的是一些防衛的武器，如弓箭、刀和矛。

4. 原住民之家庭結構

在阿美族的社會裡，家裡孩子愈多愈好，因為子女是成為富裕家庭的根源。相反的，子女少必成為窮苦的家庭。所以，一對夫妻多生孩子是幸福的夫妻，是別人羨慕的對象。因為從前阿美族的生活主要靠旱田及水田為生，因此，主要的生產動力就是人力，人手多、人力足，如此，保證糧食充足。原住民的家庭是屬於大家族制的，如布農族，一家人口達六十人之多。於昭和五年末，各原住民家庭的平均人口數，大致是：泰雅族，四至七人；賽夏族，三至五人；布農族，四至九人；鄒族，六至七人；排灣族，四至八人；阿美族，七至八人；雅美族，四至五人（鈴木作太郎，昭和七年）。換言之，雅美、泰雅、魯凱三族平均成員最少，家族構成型式以核心家族占多數，可稱之為「核心家族群」；鄒、阿美、布農三族，平均成員數較高，其家族構成型式以擴展家族占大多數，可稱之為「擴展家族群」；排灣、卑南、賽夏三族，平均成員數介於兩者之間，其家族構成之型式與核心家族及擴展家族大致相同（李亦園，1992）。

排灣族之家系傳承乃屬於所謂「機會承嗣制度」（occasional bi-sexual lineage）者（衛惠林，1955）。其傳承之基準，只問長次，而不分男女，故每一家族有男性為戶主者，亦有以女性為戶主者；換言之，各族之世系均不同，有父系、母系、雙系親族；至於，家庭構成之基本形態包括父系從父居的核心家庭及主幹家庭、父系從父從夫居的擴展家庭、母方伸展家庭、子女從父居、妻從夫居的新居制核心家庭（王齡慶，1992；李亦園，1992；衛惠林，1967）。

二、原住民社區的特性

根據社區意義與性質及分類，原住民社區較屬鄉村社區型之稀有文化的社區，因原住民有十六個不同族群，每一族群均有不同的社區特性，各族社區不同的親族組織、頭目制度、年齡階級、祭祀團體及狩獵團體，渠等乃爲維繫原住民社區社會組織之法典，亦是永續部落及社會命脈的活水。在各部落均有共同的親族組織、頭目制度、年齡階級、祭祀團體及狩獵團體，同時，由於均能彰顯其特色、功能、價值和使命，使其部落及社會生活安定和樂、和睦平安。

各族群社區亦呈現有不同的文化特性，如撒奇萊雅族的典型文化爲豐年祭、捕魚祭、火神祭以及樂舞。每一種祭儀均象徵著敬天敬神、祭祀祖靈，庇佑族人生活平安、生產豐收、族運永續昌隆。此外，在每一種的祭儀中，亦蘊含著獨特的功能、價值與意義。尤其在樂舞上，不僅具多樣性與特殊性外，亦彰顯著各族群生活觀、倫理觀與宇宙觀。

第三節　家庭支持服務模式

有關家庭一中心模式之家庭支持服務相關模式，包括父母增能模式、家庭一中心模式、家庭一焦點人際關係一本位模式、父母支持團體等，至於其意涵、目的與功能，分述如後（引自洪清一，2015）：

一、父母增能模式（parent empowerment model）

父母增能係指父母依孩子的需求採取行動。對於孩子的特殊需求之處遇，父母不會長期冀望專家或專業團隊之建言或忠告。對於孩子的照料，特殊兒童的父母本身扮演主要的角色，而專家是提供必要的諮商和特殊的建議（Kirk, Gallagher, Anastasiow, & Coleman, 2006）。語言和文化殊異性（linguistically and cultural diverse, CLD），是一個和特定的族群，需要特殊的策略與增能，俾能樂意並積極參與，這是一種文化上的尊重，進而促使父母成爲個別化教育計畫團隊的成員。爲了強化與促進家庭－專家夥伴關係（family-professional partnerships），學校專業人員和地方教育機構，運用三層次增能模式來爲文化與語言殊異性的家庭提供支持與服務，此模式因素如圖 27-1。

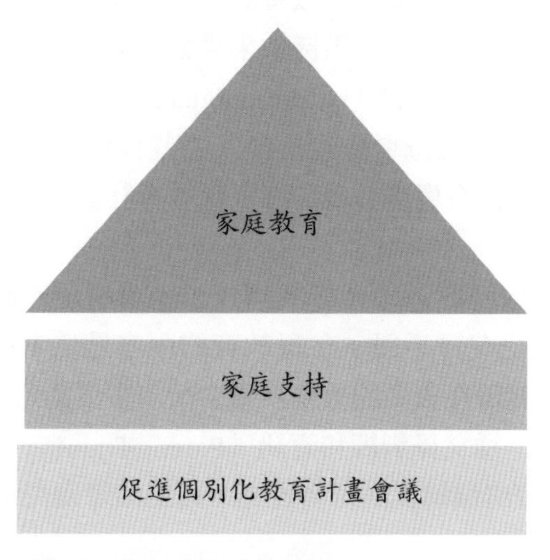

圖27-1 文化與語言殊異性家庭增能模式

資料來源：Learning to navigate the special education maze, by T. G. Mueller, 2014, in L. Lo & D. B. Hiatt-Michael (Eds.), *Promising practices to empower culturally and linguistically diverse families of children with disabilities* (p. 6). Charlotte: Information Age Publishing Inc.

由上圖可知，此模式由三個因素所組成，第一爲家庭教育、第二爲家庭支持、第三爲促進個別化教育計畫會議。這三個因素須促進認同文化信念、尊重文化差異，以及調整方法來支持家庭，以滿足文化的價值和差異（Kalyanpur & Harry, 2013）。

（一）階層一：父母教育

文化與語言殊異性障礙兒童的家庭的基石是父母教育，而所提供的教育必須適合父母的文化、社會，以及他（她）們的孩子。Mahoney 等人（1999）指出，父母教育是提供父母和主要特殊知識的照顧者，促進孩子發展和能力目標技能之教養者之歷程。

在特殊教育範疇裡，個別化教育方案是父母－學校夥伴關係的核心，大多數障礙兒童的父母非常關注他們個別化教育計畫歷程之想法；同時，父母也希望擁有各種不同教育的知識，進而能增進個別化教育計畫會議的結果。事實上，當提供機會來學習有關跟他們的孩子和家庭方面的重要的主題，使用母語（native language）以及回應父母的文化，文化與語言殊異性之父母會受益良多，這些提供父母教育和訓練的主題，包括特殊教育法令專用名詞、個別化教育計畫、專業團隊、轉銜計畫以及相關權益。

至於，父母教育的形式，如演講、小組會議、團體座談、影片觀賞、文化回應式之父母手冊。父母教育的內容是為了透過訊息與資源增能家庭，俾使父母在孩子的教育計畫中扮演主要的角色。除此之外，每一個地區成立一種父母訓練和資訊（Parent Training and Information, PTT）中心，由政府機構提供資金資源，以協助障礙兒童家庭（Mueller, 2014）。

（二）階層二：家庭支持（family support）

家庭支持係指正式和非正式使力地強化家庭的能力，致使能自主、融合、照護和滿意的生活品質（Singer, 2002）。家庭支持之方式以運用父母對父母支持（parent to parent support）進行，好處包括以彼此交談後相互分享的經驗和訊息，獲得信任，以及分享情緒、故事、成功的經驗和喜悅，相互支持與支援。

父母對特殊兒童有下列的重要意義與價值（Kirk et al., 2006）：

1. 兒童與家庭是密不可分，輔導與支持家庭具有重要的影響。
2. 參與和支持家庭處遇效果更佳。
3. 在方案計畫、決策和服務提供中，家庭成員能選擇參與的程度。

尤其在早期介入時，支持與服務之重要概念如下（Raver & Childress, 2015）：

1. 提高家庭的能力

當早期介入團隊建立家庭的能力時，須致力於下列重點：

(1) 瞭解家庭最重要的是什麼？

(2) 家庭成員有哪些已經實施孩子發展的支持？

(3) 父母的資源有哪些？

(4) 父母需要知道什麼？

(5) 父母如何發現和取得資源，俾便孩子達到良好的結果？

欲做好上列事項，須藉由服務提供者、服務協調者和家庭間之合作，並強化家庭充分參與整個過程且學習需要的技能和資訊。同時，要支持父母有關孩子發展的資訊和家庭活動期間可運用的策略，協助父母運用在家庭活動中。

2. 自然環境

在此所說的自然環境是指實施早期介入的情境，包括家庭環境和社區情境。對障礙孩童而言，最好的支持是在孩子們自然的情境，透過與父母的合作來支持孩子的發展，因爲支持與服務可以增進父母或照顧者的能力，進而滿足孩子的需求。

進而言之，在自然環境進行時，須注意下列重要原則（Kirk et al., 2012）：

(1) 最好透過日常生活經驗和在家庭的情境與家人互動

① 學習活動和機會須具功能性，並根據孩子和家庭興趣與喜好。

② 學習是友誼一本位。

③ 學習應提供機會來練習，並建立在先前精熟的技能。

④ 學習藉由在不同喜樂活動中產生。

(2) 所有家人、必要的支持和資源，能促進孩童的學習和發展

① 經濟水準、種族和文化背景、教育程度、技能程度和生活重點及資源。

② 在孩子的生活中，成人在學習和發展中具最重要的影響力。

③ 家庭具優勢和能力來協助孩子。

④ 家庭具足資源。

⑤ 家庭能與孩子互動和活動。

(3) 服務提供者主要角色與家人合作及支持

① 促進父母的自信和能力。

② 與家庭是平等的夥伴關係。

③ 相互信任、尊重、誠實和開放性溝通。

(4) 以動態化與個別化反映孩子家庭成員的喜好、學習風格和文化信念

① 家庭主動參與所有的服務層面。

② 孩子和家庭需求、興趣和技能會改變。

③ 在孩子的生活中，父母具有自己喜好的學習風格；互動時，須加以警覺並個別回應。

④ 每一個家庭的文化、精神性的信念和活動、價值觀和傳統與服務提供者不同，故服務者須設法去瞭解，而不是評價。

⑤ 家庭的方法比提供者的慰藉和信念來得重要。

(5) 個別化教育計畫和個別化家庭服務計畫之結果必須是功能性，並根據孩童和家庭的需求和迫切性

① 功能性的結果會增進具意義性活動的參與。

② 功能性結果會建立自然的動機來學習和實作，並會增進學習機會。

③ 家庭的瞭解會促進工作的效果，因爲父母會引導孩子和家庭實際改進。

④ 功能性結果會使團隊聚焦在有意義的活動上。

(6) 家庭的迫切性、需求和興趣最爲重要

① 團隊可包括朋友、親戚和社區支持人士，以及特殊服務提供者。

② 使用有效的方法。

③ 個人的需要須加以瞭解，並適時改變情境、需求、興趣、優勢，以及家庭生活的要求。

④ 把主要的提供帶至其他的服務和需要的支持，確保結果、活動和建議適合家庭的生活，而不是戰勝家庭成員。

(7) 處遇時必須立基於精準性、有效性、適切性和適法性

① 方法必須精確。

② 提供者應能提供合理的決定。
③ 研究是持續性和發展方法。
④ 決定須根據資料—本位和持續評估。
⑤ 方法須符合法規。

在提供家庭支持時，其重要原則如下（Smith et al., 2008）：

1. 提高團體感：促進團體彼此之間，分享每一個人的價值觀和共同的需求，俾利建立和產生彼此相互依賴的好處。

2. 動員資源和支持：建立支持系統以提高資源流通，協助分擔父母的壓力與重責。

3. 分享責任和相互合作：透過父母和專家學者之理念和技能之分擔，建立和加強合作的約定。

4. 保護家庭的完整性：尊重家庭的信念和價值觀，保護家庭的信念不受外人的干擾。

5. 加強家庭的功能：提高家庭必要的能力和技能，以組織資源和實現父母的責任。

6. 實施主動性和人性化的服務：採取消費者導向之人性化服務模式，支持和強化家庭的功能。

（三）階層三：促進個別化教育計畫會議

家庭與專家學者之間不平衡的權利，發生在個別化教育計畫會議中，進而影響父母之間參與的能力（Lake & Billingsley, 2000）。因此，以運用社區之父母—友善結構來促進個別化教育計畫會議，並以善用局外人，如社區神職人員、校外鄰近學校特教老師、社區志工或熱心人士，以及重要的是提供支持與環境，誘發與鼓勵父母參與整個歷程。如安排溫馨舒適的環境迎接父母，而解釋相同問題與疑難，則運用淺顯易懂的文字和視覺化的圖表來呈現相關資料等。

在這父母增能模式中最重要的是，必須增能家庭成員變成主動參與孩子的處遇，因爲父母是最瞭解孩子，以及最熟悉家庭常規和服務，因此，有關孩子的興趣、溝通、動作、遊戲和解決問題之事務，父母是訊息的主要來源，而不是由專業團隊成員發展計畫作爲孩子目標之依據或基礎（Hill & Childress, 2015）。

不論在個別化教育計畫和個別化家庭服務方案中，父母的權利包括如下（Hallahan et al., 2005）：

1. 參與個別化家庭服務計畫的發展。
2. 參與決定孩子特殊教育的資格。
3. 要求評量以決定孩子是否繼續具有特殊教育服務的資格。
4. 參與孩子的個別化教育方案的發展。
5. 若孩子的行爲防礙學習時，父母參與介入所考慮的策略和支持。
6. 參與孩子行爲介入計畫的發展、修正和調整。
7. 參與孩子教育安置之決定。
8. 若父母不同意修正的結果，有權參與任何證實決定修正及要求聽證會。
9. 檢查所有有關孩子的記錄。

二、家庭—中心模式（family-center model）

家庭是獨特且複雜的。每一個家庭具有自己的觀點，但共同文化導向的家庭常有相似的價值觀和信念，而這些價值觀與信念會影響管教方法。換言之，宗教信仰、孩子的管教方式，甚至對專業人員的支持，或許會反映家庭文化團體的價值。因爲文化在塑造兒童的世界具有關鍵性的角色，因此，專家學者在處理孩子和家庭時須加以理解和尊重（Kirk et al., 2012; Turnbull & Turnbull, 2002）。

當提供服務和協助處理家庭問題時，文化回應是非常重要的課題；換言之，必須考慮孩子和家庭的文化背景來提供適當的服務，此等因素包括（Kirk et al., 2012）：

1. 孩子主要的語言是什麼？孩子如何在家使用？
2. 父母期望在溝通時使用的語言是什麼？在家裡主要使用的語言是什麼？
3. 喜歡的學習策略是什麼？如口語、非口語、觀察、模仿。
4. 家庭被涵化的程度如何？文化價值觀如何？
5. 家庭對孩子的目標是什麼？

家庭—中心模式主要的特徵在於信念與方法，將以尊嚴、尊敬、個別化、彈性、回應方法和資訊分享，致使家庭能夠做決定，選擇不同的方案及處遇。父母－專業人員合作與夥伴如家庭－方案關係脈絡；同時，所提供和動員的資源和支持在於照料和培育父母的孩子，俾使對孩子、父母和家庭產生最好的結果（Dunst, 2002; Hallahan et al., 2005）。

家庭－中心模式（family-center model）主要的意涵有三（Kirk et al., 2012; Turnbull & Turnbull, 2002）：

第一，主要的目的在於設法忠實的由家庭來選擇，促使改變家庭和專業人員間關係之強度。

第二，家庭－中心模式摒棄病理學導向（pathology orientation），而採取優勢導向（strengths orientation）。

第三，整個家庭變成一個支持性團體，而不單是障礙兒童和孩童母親而已。

進而言之，家庭－中心模式聚焦在整個家庭單位，將孩子考慮在整個家庭的脈絡中，尊重家庭選擇會議或會談的時間，以及選擇孩子需求的服務；並且，提供支持和協助。同時，根據家庭父母的方便性進行會晤，如此，可使父母不必放棄工作參加重要會議。換言之，不論是學校或專家學者必須多考量如何提供以父母爲主體之服務。總之，家庭－中心模式是以家庭爲優先與選擇啓動服務之提供（Peterson & Hittie, 2010）。

簡言之，家庭－中心模式之核心在於家庭需求，誘發特教教師尋找和發現兒童與家庭的優勢或強項，而不聚焦在缺陷上。換言之，家庭－中心模式之主要目的在於協助父母爲了滿足孩子的需求，能變得自主和自信。同時，家庭－中心模式主要的改變在於不強調將家庭置於不熟悉的專業領域上，而多數教師、心理學家和治療師習慣用舊式治療孩子模式（treat the child model），然而，家庭－中心模式重點在於建立支持需求，促使孩子幸福。

另外，實施家庭－中心模式的教育原則如下（Peterson & Hittie, 2010）：

（一）使家庭為夥伴

權利平等是夥伴關係的重要意涵，亦即學校和家庭間的關係是平等的，學校不可一味地要求父母，學校必須探求父母的建議和想法，提供選擇及邀請父母參與學校。

（二）肯定和建立家庭的優勢和天賦

所有的家庭都有優勢，學校的職責在於觀察、瞭解和抽取家庭的優勢。

（三）尊重文化的多樣性

學校本身有它自己的文化和期望，然而卻常與孩童的文化有所差異，致使此種文化衝突往往產生嚴重的問題。

（四）尊重並顧及家庭的尊嚴

倘若父母對老師所實施的處遇方式和策略會質疑或敵視時，此時就應嘗試瞭解原因何在？同時，設法尋找家庭的優勢，並耐心傾聽父母的心聲，尊重他們，設身處地爲他們服務。

（五）促進家庭選擇

提供選擇給障礙者或特殊需求之家庭是非常重要的，這是發展家庭一中心服務及引領家庭成爲夥伴之重要任務。父母的特殊需求和問題之處理，並不是在一個隔離的會議和結構，而是在一個父母夥伴關係活動之脈絡。

（六）邀請父母成為學校的夥伴

學校須支持家庭尋找有效的途徑，邀請家庭成爲眞正的夥伴，在這過程中老師扮演重要的角色，邀請的形式可藉由情誼關係、社區推薦，不過，尋求他人成爲學校夥伴時，須讓人覺得舒適和自在自主。

其次，就家庭一中心模式而言，亦有不同的參與模式，包括專業一中心（professional-centered）、家庭一聯盟（family-allied）、家庭一焦點（family-focused）、家庭一中心（family-centered）等，各模式主要內涵如表 27-1。

表27-1 家庭參與模式

模式	特徵
專業—中心	1. 由專業人員爲家庭作決策 2. 家庭的觀點爲次要的 3. 家庭的參與較少
家庭—聯盟	1. 由專業人員規範角色 2. 以家庭爲作用者，並協力執行角色的職責 3. 家庭爲專業化 4. 兒童—中心與家庭系統取向相對比
家庭—焦點	1. 專業人員被視爲服務的提供者 2. 家庭是有權選擇的消費者 3. 專業人員輔導家庭獲得和運用服務 4. 協助家庭適當關注正當的服務
家庭—中心	1. 視專業人員爲家庭的工具 2. 家庭需求、關注和渴望，啓動支持和提供服務的型式 3. 所提供的個別化支持和服務，要適合家庭的需求和關注 4. 強調家庭的觀點 5. 鼓勵家庭主導參與

資料來源：Family-centered planning: A multicultural perspective (p. 123), by L. Lim, In D. M. Browder, *Curriculum and assessment for students with moderate and severe disabilities*, 2001, New York: The Guilford Press.

三、家庭—焦點人際關係—本位模式（family-focused relationship-based model）

就家庭—焦點法（family-focus approach）之目的而言，乃在於協助父母變成更能自主而減少對專家的依賴，並能形塑他們自己的支持網絡（Kirk et al., 2006）。

尤其，早期介入服務須包含整個家庭的需求，而不只是孩子的發展需求，因爲是兒童發展最具影響力和永久性之因素，以及是完全發揮兒童發展潛能最具關鍵性的要素。因此，服務的主要目的是一起與家庭工作，確保父母參與且重視家庭需求。其次，要提供科技團隊治療來滿足每一位兒童的個別需求。所提供的服務是根據兒童及家庭的個別需求，並傳遞到家庭、中心或社區。

當主要的個案（父母）開始參與時，服務人員本身精熟於兒童發展，並告知父母中心的信念、處遇的理念，以及各種有效的處遇方式。之後，父母與其所安排的治療師會面，並定期地檢視支持兒童與父母需求的型式。

兒童接受地板時間治療（floortime therapy）之前，要鼓勵父母參加地板時間訓練工作坊，提供父母有關地板時間之背景資訊，以及對孩子本身、感覺、說話和語言的需求。關於所提供的服務項目如下：

（一）地板時間治療

係指跟孩子趴在地板上並參與遊戲，俾而組織規範、注意力和約定；增加雙向溝通和發展經驗的表現。地板時間治療是處理孩子的一種系統性方法，用來發展一種增進與照護者之關係情緒。當一旦建立了這人際關係，將視為協助兒童精熟前符號期（pre-symbolic stage）的基礎。

（二）語言治療（speech therapy）

語言治療師主要的工作是提升和發展孩子的語言技術。此外，說話和語言治療師、語言病理師提供餵食評估，以及針對餵食問題之兒童提供餵食治療，目的與目標是增加兒童的個別興趣和學習語言的能力，此時，父母需要在治療期間參與，並在家裡獲得完整的發展。

（三）職能治療（occupational therapy）

治療的主要工作包括完整的感覺、精細和粗大動作、日常生活活動，如生活自理能力，並透過遊戲傳遞脈絡作為自我一表達和喜樂之工具，以及視為協助父母強化與孩子互動的方法。

（四）心理健康治療（mental health therapy）

除上述的治療外，並提供父母與心理學家心理健康、婚姻和家庭治療師個別諮商的機會，致力提供父母其他支持的機會。

（五）社會技能團體（social skills groups）

社會技能團體主要目標是提供兒童參與和他人互動的機會。因此，團體的領導者創造特別的機會誘導兒童一起活動，鼓勵和支持討論與互動。

四、父母支持團體（parent support group）

Lo, Chen & Chan（2014）指出，由於大多數發展性障礙兒童的父母面臨情緒困擾和壓力，因此，家庭需要支持，使之持之以恆，所以，經由建立恢復力和信心，以便增能和協助父母啓航與處理困境。所有的團體均有心理學家、婚姻和家庭治療師、兒童發展專家所引導。所討論主題是根據父母的個別需求，如每位父母帶他們的問題、他們的故事、他們的困難，或者他們的成功，在團體會議中來分享或討論。這種支持形式乃是促進父母發展良好的人際關係，希望他們的孩子在家受服務之後，仍能持續密切的關係。有時，非正式團體隨時可提供相關重要訊息給父母尋求障礙兒童的協助，這些團體亦是父母情緒支持的資源，分享和解決、接納，以及跟障礙兒童生活在一起的方法。

因此，形成「村（部）落式特殊教育學習型組織」，實爲當前要務。林坤燦與林銘欽（2010）指出，部落式特殊教育學習型組織，係由部落自身結合部落內相關人力與資源成立團隊，經由部落組織自主學習增能，形成部落組織內團隊成員相互成長，並化解與特教問題之組織內在支持系統，以滿足並解決原住民族身心障礙學生的支持輔助需求與可能的實施困難。同時，可以幫助社區營造特教資源的整合，讓社區自力更生而形成「村（部）落式特殊教育學習型組織」，以協助村（部）落社區內的特殊教育學生，不僅滿足智障者本身的個別需求，也達到「特殊教育社區化」的重要目標。

第四節　社區一本位模式

有關社區一本位模式之策略，包括社區一本位支持服務、兒童發展學會、社區或部落領航小組計畫等，內涵分述如後。

一、社區一本位支持服務（community-based support services）

社區一本位支持服務的理念在於以孩子爲中心和家庭支持，結合在地健康、教育和社會服務，主張特殊需求孩子的需求和照護應在社區而非在醫院；同時，視父母爲夥伴並參與整個孩子照護、評量和醫療提供。

社區一本位支持服務的目的，主要包括如下（Dare & O'Donovan, 2009）：

（一）提供有關孩子特殊需求的支持與訊息。

（二）協助父母傾訴他們自己的感覺，以及學習需要的技能，以增加父母照顧孩子的自信心和能力。

（三）提供喘息服務和短期住宿之支持，藉由提供家庭日或晚間支持，減少家庭的壓力、焦慮和勞苦。

至於，社區一本位支持服務之項目，包括：

（一）暫時性照護。

（二）日間照護機構。

（三）照護團體。

（四）健康照顧，如物理治療、職能治療、說話與語言治療。

（五）諮商。

（六）週日寄宿。

二、兒童發展學會（The child development institute）

在原住民社區或部落裡，已經設有不同的組織，如社區發展協會、部落議會及其他文教協會或學會，然而，關注與聚焦在學前原住民特殊教育包括身心障礙及資賦優異孩童之組織則少之又少。因此，在原住民地區建構與實施早期介入，實為當前重要課題。至於，Kalek（2014）所建構之兒童發展學會（The child development institute）可作為參考之用。

兒童發展學會的宗旨在於關注整體孩子的發展，包括孩童早期人際關係、環境、溝通。主要任務為透過支持性人際關係和環境，協助 0-8 歲的發展性障礙兒童之潛能完全發揮。進而言之，根據生態系統（ecological system）和發展性系統（development system）實施早期介入，致力增能和支持父母—孩童人際關係，提供給發展性兒童和家庭的方案，包括臨床—本位（clinical-based）、家庭—本位（home-based）、社區—本位（community-based）治療等（Kalek, 2014）。

因此，為因應社區與部落特殊兒童之特殊需求，可鼓勵建置符合在地文化背景之兒童發展學會，成員包括一般專家、婚姻與家庭諮商員、心理健康醫生、兒童發展專家、職能治療師、語言治療師、計畫方案經理人、修改人員等，所有成員應互相合作，確保兒童與家庭獲得科際整合團隊服務。

三、社區或部落領航小組

許多障礙兒童的早期介入方案須由科際整合團隊來發展與檢核，科際整合團隊成員包括一般教師、特殊教育教師、治療師和父母等。而父母在團隊中為重要的合作者，其主要功能有三：第一，觀察者，父母對孩子的觀察資料對專業人員而言，是非常重要且有價值的訊息，這些資料可作為孩子教育方案和評估方案的部分；第二，父母在教育過程中要主動參與；第三，經由訓練後，父母能夠增強學習，他們發現孩子在學校所學的功能性技能能夠應用到家裡（Kirk et al., 2006, 2012）。

有鑑於此，在原住民社區或部落建置社區領航小組，整合各種資源，推動執行。至於，小組的行動綱領與方案，可參考 Miller 與 Nguyen（2014）所發展之社區領航計畫（The community navigate project），該計畫是一種特別發展的方案，主要目的在於促進家庭—學校—社區夥伴關係（family-school-community partnership），輔導家庭積極從事孩子的教育，示範形塑設計有效、成功的方案來克服困難，並增進學校參與。

（一）執行社區領航計畫的要項

爲了能有效的執行社區領航計畫，須注意以下要項（Miller & Nguyen, 2014）：

1. 聘請相同文化背景的人加以訓練，成爲一位文化經紀人（cultural brokers），俾促進家庭與學校老師、學者之間的合作。

2. 協助家庭、學校和社區建置資源，以支持學習。

3. 進到家庭中訪問與定期集會，增進技術與機會。

（二）社區領航計畫的目標

1. 發展社區一本位（community-based）：以學校相關方案（school related program）來增進父母、孩子之參與，以及改進地區學校和社區之關係。

2. 家庭一學校連結和家庭一學校夥伴關係，主要目標視爲增進孩子長期成功的基本方法。

3. 根據學生獨特經驗和不同的理論設計，來解決學生所面臨的技術問題。

（三）社區領航員主要功能

1. 鼓勵家庭參與孩童的教育。

2. 負責定期規劃家庭會議主題。

3. 瞭解學生與家庭所遭遇的問題，以及學校的課程、活動和資源。

4. 提供解釋和翻譯。

5. 主要角色爲文化聯絡者，進而促進家庭一學校合作，以增進學生成功的機會。

6. 協調會議與結合父母和老師爲一體，提供特殊的訊息，共同合作協助孩子。

總之，家庭是特殊孩童最重要的學習場所，而父母更是特殊孩童終身的教導者，因此，可以透過父母增能模式、家庭一中心模式、家庭一焦點人際關係一本位模式，以及父母支持團體等提供支持與服務，促使家庭父母成爲學習的能手，能成爲管理孩童行爲之推手。由於教養特殊孩童具挑戰性，建構與整合社區一本位支持服務、兒童發展學會及社區領航小組等組織資源，促使社區內之特殊孩童獲得良好的發展，亦是不可忽視之課題。

參考書目

中文書目

于曉平、張靖卿（2010）。特殊學生課程與教學之要素的認識。載於侯禎塘（主編），**身心障礙教材教法**（頁 2-21）。臺北市：五南。

毛連塭（1994）。當前特殊教育的兩個重要理念。**特教新知通訊，2**(3)，1-2。

王天苗（1995）。心智發展障礙幼兒家庭干擾實施成效及其相關問題之研究。**特殊教育研究學刊，12**，75-103。

王文科（1994）。**課程與教學論**。臺北市：五南。

王文科、王智弘（2014）。**課程發展與教學設計論**。臺北市：五南。

王亦榮（2000）。肢體障礙兒童心理教育。載於王文科（主編），**特殊教育導論**（頁 267-344）。臺北市：心理。

王佳玲（2000）。交互教學法對閱讀理解困難教學之探討。**臺東特教，11**，44-51。

王淑惠（2010）。**高中職學習障礙學生考試調整與輔導需求之研究**。臺北市：五南。

王淑惠（2014）。**淺談原住民特殊生的鑑定**。載於國立東華大學原住民族教育中心（主編），2014 年全國原住民族教育暨原住民特殊教育學術研討會。花蓮縣：國立東華大學原住民族教育中心。

王嵩山（2001）。**臺灣原住民的社會與文化**。臺北市：聯經。

王欣宜、王淑娟（2013）。心理學。載於林寶貴（主編），**特殊教育理論與實務**（頁 37-74）。臺北市：五南。

王齡慶（1992）。**少數族群青少年學校生活適應之相關因素探討**（未出版之碩士論文）。臺北市：國立政治大學。

方德隆（譯）（2014）。**有效的班級經營：課堂的模式與策略**。（原作者：C. J. Hardin）。臺北市：高等教育。（原著出版年：2012）。

中國教育學會（1993）。**多元文化教育**。臺北市：臺灣。

孔繁鐘（2004）。**精神疾病的診斷與統計**。臺北市：合記。

白秀雄、李建興、黃維憲、吳森源（1991）。**現代社會學**。臺北市：五南。

田哲益（2002）。**臺灣布農族文化**。臺北市：師大。
牟中原（1996）。**原住民教育改革報告書**。臺北市：行政院教育改革審議委員會。
朱湘吉（1993）。**教學科技的發展理論與方法**。臺北市：五南。
朱晏霆（2018）。**多感官教學法對高職綜合職能科學生美容技能教學成效之研究**（未出版之碩士論文）。彰化市：國立彰化師範大學。
江雪齡（2000）。**多元文化教育**。臺北市：師大。
江源泉（2016）。聽覺障礙。載於孟瑛如（主編），**特殊教育概念：現況與趨勢**（頁 215-248）。臺北市：心理。
吳天泰（1998）。由多元文化的觀點看原住民母語教學推展。**原住民教育季刊，10**，49-63。
吳萬福（1986）。**體育教材教法研究**。臺北市：臺灣。
吳清山（2005）。**教育概論**。臺北市：五南。
吳昆壽（2000）。**資優障礙學生家庭生態系統研究**。行政院國家科學委員會補助專題研究計畫成果報告（NSC89-2413-H-024-008）。
吳清山（2000）。**亞斯伯格症 20 問**。臺北市：天馬。
吳清山、林天祐（2006）。回應性介入。**教育研究月刊，141**，143。
吳毓瑩（1996）。評量的蛻變與突破——從哲學思潮與效度理論思考起。**教育資料與研究，13**，2-14。
吳武典、張蓓莉、陳清溪（2014）。特殊教育公平指標。陳伯璋、王如哲（主編），**教育公平**（頁 204-229）。臺北市：高等教育。
吳國銘、洪碧霞、邱上貞（1995）。國小學童在常態評量中數學解題學習歷程與遷移效益之探討。**中國測驗學會會刊，42**，61-84。
李亦園（1992）。**臺灣土著民族的社會與文化**。臺北市：聯經。
李亦園（1996）。**文化與修養**。臺北市：幼獅。
李亦園、歐用生（1992）。**我國山胞教育之方向定位與課程內容設計研究——山胞教育研究叢書之四**。臺北市：教育部教育研究委員會。
李宛倫（2006）。**多元感官教學方案對於國民小學低年級學童歌唱學習表現之影響**（未出版之碩士論文）。臺北市：國立臺北教育大學。
李嘉玲（2014）。**多感官教學融入數學教學對國小高年級學生數學學習效應之行爲研究**（未出版之碩士論文）。臺北市：國立臺北教育大學。
何俊青（2002）。另類評量在社會領域概念評量的應用。**人文及社會學科**

學通訊，**12**(6)，57-75。

何東墀（1987）。智障者兒童的語文教學。**特教園丁，2**(3)，17-19。

何善欣（譯）（2015）。**亞斯伯格症實用指南**。（原作者：T. Attwood）。臺北市：九歌。（原著出版年：1998）

何華國（1991）。**特殊兒童心理與教育**。臺北市：五南。

何喜雯、李芃娟（2003）。交互教學法對國小閱讀理解困難學生教學成效之研究。**特殊教育與復健學報，11**，101-123。

阮昌鋭（1969a）。**大港口的阿美族**（上）。臺北市：中央研究院民族所。

阮昌鋭（1969b）。**大港口的阿美族**（下）。臺北市：中央研究院民族所。

邱上貞（1996）。功能性課程教學方案。載於國立嘉義特殊教育學校（主編），**啓智教育研習專集**（頁 23-39）。嘉義市：國立嘉義特殊教育學校。

宋增鈴（1993）。先天性心臟病。載於黃富源（主編），**臨床兒科學**（頁 233-234）。臺北市：嘉洲。

宋鎮照（2002）。**社會學**。臺北市：五南。

沈清松（1986）。國民中學公民與道德科新課程教材與教學之探討——第四冊「文化生活」。**國立編譯館通訊，33**，15-18。

沈淵瑤（1993）。先天性心臟病。載於黃富源（主編），**臨床兒科學**（頁 463）。臺北市：嘉洲。

沈淵瑤（1993）。神經系統疾病。載於黃富源（主編），**臨床兒科學**（頁 437）。臺北市：嘉洲。

杞昭安（2000）。視覺障礙者之教育。載於王文科（主編），**特殊教育導論**（頁 339-493）。臺北市：心理。

金樹人（1994）。角色扮演。載於黃光雄（主編），**教學原理**（頁 218）。臺北市：師大。

花蓮縣政府（2013）。**花蓮縣歷年原住民族與非原住民族特殊兒童鑑定統計**。花蓮市：花蓮縣政府。

花蓮縣政府教育處（2014）。**花蓮縣身心障礙教育發展報告書**。花蓮市：花蓮縣政府。

林生傳（1988）。**教育社會學**。高雄市：復文。

林貴福（1993）。**國小體育實務**。臺北市：心理。

林坤燦（2009）。資源不利地區特殊教育之推展與落實。載於國立臺灣師範大學特殊教育中心（主編），**特殊教育中心輔導區手冊**（頁 79-93）。臺北市：國立臺灣師範大學特殊教育中心。

林坤燦、林銘欽（2010）。資源不利地區原住民族特殊教育推展及其相關問題探究。**中華民國特殊教育學會年刊，99**，79-93。

林坤燦、許家成、朱怡珊（2018）。**正向情緒行爲介入量表指導手冊**。臺北市：中國行為科學。

林進財（2015）。**教學理論與方法**。臺北市：五南。

林聰池（1977）。**國中資賦優異學生家庭動力之研究**（未出版之博士論文）。彰化市：國立彰化師範大學。

林寶貴（1994a）。**語言障礙與矯治**。臺北市：五南。

林寶貴（1994b）。**聽覺障礙教育與復健**。臺北市：五南。

林寶華（2016）。**天使的鬼臉**。臺北市：書泉。

林萬億（1996）。單親家庭之親子關係。載於何福田（主編），**單親家庭之教育與輔導**（頁 6-16）。臺北市：心理。

林田健男、田野原重明、林上勝美（1985）。**好家庭醫學百科全書**。臺北市：暢文。

林鎭坤、高桂足、羅凱暘、卓俊伶、林琮智、姜義林、程鈺雄、黃月嬋、王志軒、韓福榮、何重興、尚憶薇、王峯文、李雅燕（2015）。**適應體育概論**。臺北市：華格那。

河南特殊教育網（2012）。**自閉症兒童融合教育的操作性原則**。http：//www.hnspe.com

周新富（2014）。直接教學法。載於王印財、吳百祿、周新著，**教學原理**（頁 207-231）。臺北市：心理。

周甘逢、劉冠麟（譯）（2002）。**教育心理學**。臺北市：華騰。

孟瑛如（2002）。**學習障礙與補救教學——教師及家長實用手冊**。臺北市：五南。

孟瑛如、陳志平（2016）。情緒行為障礙。孟瑛如（主編），**特殊教育概論：現況與趨勢**（頁 381- 382）。臺北市：心理。

邵瑞珍、皮連生（1993）。**教育心理學**。臺北市：五南。

洪清一（1990）。低成就學生之造因與輔導。**教育資料文摘，146**，134-141。

洪清一（1990）。運用行為改變技術輔導行為異常學生之策略。**特教園丁**，

6(1)，7-9。

洪清一（1993）。學習遲緩者之補救教學原則。**國教園地**，**45**，7-12。

洪清一（1994）。淺談指導特殊兒童學習語文之教學策略。載於國立花蓮師範學院特殊教育中心（主編），**特殊教育論文集**（頁 63-91）。花蓮縣：國立花蓮師範學院特殊教育中心。

洪清一（1995）。適性舞蹈教學在特殊兒童之運用。載於中華民國特殊教育學會（主編），**教學與研究**（頁 397-415）。彰化市：國立彰化師範大學特殊教育中心。

洪清一（1997）。**阿美族民俗舞蹈對原住民智能障礙學生之自我概念與人格適應影響之研究**（未出版之博士論文）。彰化市：國立彰化師範大學。

洪清一（2001）。**原住民身心障礙學童特殊需求之調查研究**。臺北市：五南。

洪清一（2005）。**原住民與一般生資賦優異學生家庭動力與學習效率之研究**。臺北市：五南。

洪清一（2006）。**身心障礙者教材教法——生活訓練**。臺北市：五南。

洪清一（2015）。**身心障礙者教材教法——生活訓練**。臺北市：五南。

洪清一（2015）。建構與實施原住民特殊教育家庭及社區支持服務模式之探討。載於東華大學原住民族教育中心（主編），**2015 年原住民族教育暨特殊教育國際學術研討會論文集**（頁 1-11）。花蓮縣：國立東華大學。

洪清一、許家璋（2003）。運算能力障礙意涵與教學輔導。載於國立東華大學特殊教育系（主編），**師生學術研討會論文集**（頁 40-54）。花蓮縣：國立東華大學。

洪清一、陳秋惠（2014）。以文化一本位課程模式建構原住民族教育之探究。**課程研究**，**9**(2)，1-21。

洪清一、陳信好、洪偉毓（2012）。原住民族知識一阿美族詩歌之探究。**臺灣原住民族研究季刊**，**5**(4)，29-64。

洪蘭譯（2010）。**站在學生前面**。（原作者：B. Cohen & L. Wysocky）。臺北市：大象。（原著出版年：2005）

洪儷瑜、張郁雯、丘彥南、蔡明富（2001）。**注意力缺陷過動症學生學校輔導手冊**。臺北市：教育部特教組。

胡永崇（2000）。聽覺障礙者之教育。載於王文科（主編），**特殊教育導論**（頁 113-156）。臺北市：心理。

胡永崇（2005）。學習障礙學生的評量調整措施。**屏東特殊教育，10**，1-9。

原住民族委員會（2014）。**103 年度推展以民族教育爲特色之學校本位課程計畫**。新北市：行政院原住民族委員會。

徐震（1980）。**社區與社區發展**。臺北市：正中。

徐享良（1997）。肢體傷殘與身體病弱兒童。載於特教園丁雜誌社（主編），**特殊教育通論**（頁 261-292）。臺北市：五南。

浦忠成（2004）。建立原住民族教育體系。載於國立東華大學原住民教育研究中心（主編），**九十三年度原住民族教育學術論文發表暨研討會手冊**（頁 54-78）。花蓮縣：國立東華大學。

崔光宙（1994）。欣賞教學法。載於黃光雄（主編），**教學原理**（頁 245）。臺北市：師大。

高信安（1990）。氣喘。載於黃富源（主編），**臨床兒科學**（頁 703-704）。臺北市：嘉洲。

游恆山（1991）。**發展心理學**。臺北市：五南。

游恆山（2001）。**變態心理學**。臺北市：五南。

陳在頤（1975）。**肢體殘障學童體育**。臺北市：幼獅。

陳昭儀（1991）。發展障礙兒童的早期介入與鑑定。**特殊教育季刊，39**，25-28。

陳金美（1998）。**主體性：在認識論的視野裡**。湖南省：湖南師範大學。

陳啓明（1999）。另類的教學評量——卷宗評量。**教育實習輔導季刊，5**（1），78-84

陳朝平（2003a）。藝術學與藝術教育。載於黃壬來（主編），**藝術與人文教育**（頁 101 -102）。新北市：桂冠。

陳朝平（2003b）。視覺藝術教學研究。載於黃壬來（主編），**藝術與人文教育**（頁 439-462）。臺北市：桂冠。

陳朝平、黃壬來（1995）。**國小美勞科教材教法**。臺北市：五南。

陳麗如（2006）。**特殊學生鑑定與評量**。臺北市：心理。

陳枝烈（2013）。臺灣原住民族部落學校發展現況探討。**臺灣原住民族研究季刊，6(4)**，147-168。

陳伯璋、李瑛、洪清一、謝文豪、白亦方、李文富（1999）。**原住民族教**

育內涵與實施之規劃研究。臺北市：行政院原住民族委員會。
梅錦榮（1991）。**神經心理學**。臺北市：桂冠。
教育部（1994）。**特殊體育運動教學指導手冊**。彰化市：國立彰化師範大學。
教育部（1996）。**我國各級學校身心障礙學生動作、教學現況及教學設施調查**。臺北市：國立臺灣師範大學學校體育研究與發展中心。
教育部（2011）。**特殊教育課程發展共同原則及課程綱要——總綱**。臺北市：教育部。
張正仁（2004）。Vygotsky 理論於國民小學國語文教學上的應用。**國教天地，157**，30-35。
張英鵬（1994）。特殊教育評量新取向——動態評量簡介。**國民教育，34**（11、12），36-38。
張英鵬（2000）。**原住民特殊教育學童調查研究**。屏東市：國立屏東教育大學。
張培倫（2009）。關於原住民族知識研究的一些反思。**臺灣原住民研究論叢，5**，25-53。
張琦琪（2001）。**推動原住民社區本位教育之研究**（未出版之碩士論文）。花蓮縣：國立東華大學。
張春興（1989）。**張氏心理學辭典**。臺北市：東華。
張春興（1992）。**現代心理學**。臺北市：東華。
張春興（1994）。**教育心理學**。臺北市：東華。
張樹倫（1998）。從文化學論公民教育的理論與實施。**公民訓育學報，7**，233-254。
張世慧、藍瑋琛（2003）。**特殊教育學生鑑定與評量**。臺北市：心理。
張華葆（2002）。**精神疾病與心理治療**。臺北市：三民。
許天威（1987）。**學習障礙者之教育**。臺北市：五南。
許木柱（1987）。**阿美族的社會文化變遷與青少年適應**。臺北市：中央研究院民族學研究所。
許鈴筑（2008）。**花蓮縣原住民學習障礙學童 WISC-III 智力得分差異分析之研究**（未出版之碩士論文）。花蓮縣：國立花蓮教育大學。
曾惠青（2006）。**新式多元智能藝術教學法**。臺北市：藝術家。
曾忠斌（2013）。**高中職特教教師多元文化素養現況之調查研究**（未出版之碩士論文）。花蓮縣：國立東華大學。
曾文星、徐靜（1994）。**現代精神醫學**。臺北市：水牛。
曾文星、徐靜（（2003）。**新編精神醫學**。臺北市：水牛。
無名氏（1992）。**肢體殘障學童體育**。
鈕文英（2002）。**啓智教育課程與教學設計**。高雄市：國立高雄師範大學特殊教育中心。
鈕文英（2003）。**啓智教育課程與教學設計**。臺北市：心理。
鈕文英（2008）。**擁抱個別差異的新典範融合教育**。臺北市：心理。
鈕文英（2009）。**身心障礙的正向行爲支持**。臺北市：心理。
郭生玉（1985）。**心理與教育測驗**。臺北市：精華。
郭金美（1999）。建構主義教學方法──影響學童光學概念學習教學模式的研究。**嘉義師院學報，13**，157-201。
郭玉婷、譚光鼎（2001）。泰雅族青少年學習式態之質的研究。載於國立屏東教育大學原住民教育研究中心（主編），**九十年度原住民族教育學術論文發表暨研討會論文集**（頁 421-28）。屏東市：國立屏東教育大學。
莊明貞（1999）。多元文化的常態評量與教學──從維高斯基觀點談起。**教師天地，99**，25-29。
國家教育研究院辭書（1994）。**多元文化教育**。臺北市：教育部。https://pedia.cloud.edu.tw/
單文經（1998）。評介二種多元評量：真實評量與實作評量。**北縣教育，25**，46-52。
黃宣衛（1991）。**阿美族社會文化之調查研究**。臺東縣：交通部觀光局東部海岸風景特定區管理處。
黃光雄（1994）。**教學原理**。臺北市：師大。
黃政傑（2014）。**課程設計**。臺北市：東華。
黃富源（1993）。**臨床兒科學**。臺北市：嘉洲。
黃德祥（1994）。**青少年發展與輔導**。臺北市：五南。
黃顯華、朱嘉穎（2002）。**一個都不能少：個別差異的處理**。臺北市：師大。
湯仁燕（1998）。原住民教育發展的困境與突破。**中等教育，49**(3)，85-93。
彭孟堯（2003）。**教育哲學**。臺北市：學富。

焦嘉誥（1983）。**體育分科教材教法**。臺北市：臺灣。
楊元享（1977）。**智能不足兒童國語能力之診斷與補救教學**。臺北市：國立臺北教育大學特教中心。
楊維哲（1988）。**小家庭一圓**。臺北市：敦理。
楊聰財、譚宏斌（2004）。**彩色圖解精神醫學**。臺北市：合記。
楊熾康（2018）。**以活動爲本位的 AAC 介入三部曲模式：從無到有之創建歷程**。花蓮市：遠景。
萬明美（1993）。視覺障礙。載於特教園丁雜誌社（主編），**特殊教育通論——特殊兒童的心理及教育**（頁 381-409）。臺北市：五南。
萬明美（1996）。**視覺障礙教育**（頁 522-526）。臺北市：五南。
趙中建（1992）。**教學模式**。臺北市：五南。
歐委龍、楊熾康、鍾莉娟、黃富雄（2014）。花蓮縣原住民身心障礙學生出現率與綜合研判結果之分析研究。載於國立東華大學原住民族教育中心（主編），**2014年全國原住民族教育暨原住民特殊教育學術研討會**。花蓮縣：國立東華大學原住民族教育中心。
甄曉蘭（2004）。**課程理論與實務——解構與重建**。臺北市：高等教育。
廖守臣（1998）。**泰雅族的社會組織**。花蓮市：慈濟大學。
蔣明珊（2006）。**學習不落單**。臺北市：心理。
蔣明珊、沈慶盈（2013）。早期療育。載於林寶貴（主編），**特殊教育理論與實務**（頁 589-622）。臺北市：心理。
鄭勝耀（2014）。弱勢教育公平指標。載於陳伯璋、王如哲（主編），**教育公平**（頁 176-201）。臺北市：高等教育。
賴錦怡、洪清一（2016）。原住民族身心障礙學生文化回應教學之探討。**教育與多元文化教育，13**，37-72。
蔡文輝（1993）。**社會學**。臺北市：三民。
蔡宏進（2005）。**社區原理**。臺北市：三民。
蔡典謨（1996）。資優生親職教育——透過家庭影響提高孩子的成就。**教育資料集刊，21**，301-317。
蔡貞雄（1989）。**國小體育教學研究**。臺北市：五南。
蔡順良（1984）。家庭環境因素、教育背景與大學生自我肯定性之關係暨自我肯定訓練效果研究。**教育心理學報，17**，197-230。
錢初熹（2012）。**小學美術課程與教學**。北京市：高等教育。

劉玉玲（2005）。**課程發展與設計**。新北市：新文京。

劉美慧（2010）。文化回應教學。載於譚光鼎、劉美慧、游美慧（編著），**多元化教育**（頁 325-350）。臺北市：高等教育。

劉美慧（2010）。多元文化教育的基本概念。載於譚光鼎、劉美慧、游美慧（編著），**多元文化教育**（頁 3-33）。臺北市：高等教育。

劉修吉（1988）。**培育優秀兒女的——家庭教育**。臺中市：青峰。

劉錫麒（1993）。生徒互動制——體育科教學模式。載於國立花蓮師範學院（主編），**師範學院體育科教學模式之研究**。花蓮縣：國立花蓮師範學院。

劉錫麒、紀惠英（1999）。**國小泰雅族兒童的學習世界**。行政院國科會專題研究計畫成果報告（NSC-2413-H-026-003）。

薛梨真（1999）。**國小課程統整的理念與實務**。高雄市：復文。

鮑雯妍、張業輝（譯）（2005）。**社會文化人類的關鍵概念**（*Social and cultural anthropology: The key concept*）。（原作者：Rapport, N. & Overing, J.）。北京市：華夏。

盧明（譯）（2001）。**活動本位介入法**（D. Bricker, K. Pretty-Frontczak, N. McComas）。臺北市：心理。（原著出版年：1997）

盧美貴（1999）。透視小班教學常被忽略的真實評量。**北縣教育，28**，22-25。

簡明建（2013）。特殊教育的班級經營。載於林寶貴（主編），**特殊教育理論與實務**（頁 431-478）。臺北市：心理。

簡茂發、蔡玉瑟、張鎮城（1992）。國小資優兒童父母教養方式與生活適應、學習行為、成就動機之相關研究。**特殊教育研究學刊，8**，225-247。

藍三印（1996）。單親家庭的定義與類型。載於鄭英（主編），**單親家庭輔導**（頁 2-5）。臺北市：臺北市教師研習中心。

衛惠林（1955）。屏東縣來義鄉來義村排灣民族學調查簡報。**考古人類學刊，5**，24。

衛惠林（1967）。臺灣土著社會的家族類型。**國立臺灣大學社會學刊，3**，29-44。

闕月清、游添燈（1998）。適應體育的理論與基礎。載於國立臺灣師範大學學校體育研究與發展中心（主編），**適應體育導論**（頁 4-6）。臺北市：教育部。

譚光鼎（1998）。**原住民教育研究**。臺北市：五南。

譚光鼎、劉美慧、游美惠（2001）。**多元文化教育**。臺北縣：國立空中大學。

譚頂良（1995）。**學習風格論**。江蘇：教育。

饒見維（1991）。人文研究派典在教育上的運用。**國立花蓮師範學院初教學報，1**，49-66。

韓孝述（2002）。個別差異與教學適應。載於黃顯華、朱嘉穎（主編），**一個都不能少：個別差異的處理**（頁 115-146）。臺北市：師大。

蕭文（2000）。學校應如何協助單親兒童。載於何福田（主編），**單親家庭之教育與輔導**（頁 119-120）。臺北市：心理。

鈴木作太郎（昭和七年）。**臺灣 α 蕃族研究**。臺北市：南天。

英文書目

Acuff, F. G., Allen, D. E., & Taylor, L. A. (1973). *From man to society*. Hinsdale, Illinois: The Dryden Press.

Adubasim, ICJ & Nganji, J. T. (2019). Dyslexia – A learning difference. In J. Fischer, *Learning disabilities: Identification and instruction* (pp. 170-202). New York: Magnum publishing.

Agbenyega, J. S., & Deku, P. K. (2011). Building new identities in teacher preparation for inclusive education in Ghana. *Current issues in Education, 14*(1), 1-37.

Ainscow, M. (2000). *Theories of inclusive education: A study guide*. London: Paul Chapam Publishing.

Ainscow, M. (2007). From special education to effective schools for all: A review of progress so far. In L. Florian (Ed.), *The SAGE handbook of special education* (pp.146-158). London: Sage.

Allan, J. (1996). Foucault and special educational needs: A 'box of tools' for analysing children's experiences of mainstreaming. *Disability and Society, 11*(2), 219-233.

Allan, J. (2000). Reflection: Inclusive education ? Towards settled uncertainly. In P. Clough and J. Corbett (Eds.), *Theories of inclusive education: A students' guide*. London: Paul Chapam Publishing.

Allan, J. (2008). *Rethinking inclusive education: The philosophers of difference in practice*. Dordrecht: Springer.

Allen, K. E., & Cowdery, G. E. (2012). *The exceptional child*. New York: Wadsworth.

Als, H., Lester, B. M., & Brazelton, T. B. (1979). Dynamics of the behavioral organization of the premature infant. In T. M. Field, A. M. Sostek, S. Goldberg, & H. H. Shuman (Eds.), *Infants born at risk* (pp. 178-192). New York: Spectrum.

Annett, A. J. (1985). Motor learning: A review. In H. Heuer, U. Kleinbeck, & K.-H. Schmidt (eds), *Motor behavior: Programming, control and acquisition*. Heidelberg: Springer-Verlag.

American Psychiatric Association (2013). *Diagnostic and Statistical Manual of Mental Disorders* (5th end). Arlington, VA. American Psychiatric Publishing.

Arora, R., & Duncan, C. (1986). *Multicultural education.* New York: Routledge and Kegan Paul Inc.

Arter, J. A., & Spandel, V. (1992). Using portfolios of student work in instruction and assessment. *Educational Measurement: Issues and Practice, 11*, 36-44.

Artiles, A. J. (1998). The dilemma of difference: Enriching the disproportionality discourse with theory and context. *Journal of Special Education, 32*, 32-36.

Atkinson, R. L., Atkinson, R. C., Smith, E. E., Ben, D. J., & Hilgard, E. R. (1990). *Introduction to psychology*. NY: Harcourt Brace Jovanovich, Inc.

Austin, J. E. (1992). Involving noncustodial parents in their student's education. *NASSP Bulletin, 76*, 49-54

Autism Society of America (1994). Definition of autism. *The Advocate, 26*(2). Silver Spring. MD: Author.

Auxter, D., Pyfer, J., Zittel, L., & Roth, K. (2010). *Principles and methods of adapted physical education and recreation*. New York: McGraw-Hill.

Avramidis, E., & Norwich, B. (2012). The state of the research-compromise, consensus or disarray. In L. Peer and G. Reid (eds.), *Special educational needs: A guide for inclusive practice* . London: Sage.

Avramidis, E., Bayliss, P., & Burden, R. (2002). Inclusion in action: An in-depth case study of an effective inclusive secondary school in the south-west of England. *International Journal of Inclusive Education, 6*(2), 143-163.

Azzopardi, A. (2009). *Reading stories of inclusion: Engaging with different perspective towards an agenda for inclusion*. Saarbrücken: VDM Verlag Dr. Muller.

Azzopardi, A. (2010). *Making sense of inclusive education: Where everyone belongs*. Saarbrücken: VDM Verlag Dr. Muller.

Bakwin, H. & Bakwin, R. M. (1960). *Clinical management of behavior disorders in children*. Philadelphia: Saunders.

Baldwin, A. Y. (2003). Lost and found: Achievers in urban schools. In J. F. Smutny (Ed.), *Underserved gifted populations: Responding to their needs and abilities* (pp.83-91). Cresskill, NJ: Hampton.

Baloche, L. A. (1998). *The cooperative classroom*. Upper Saddle River, NJ: Prentice-Hall.

Bandura, A. (1977). *Social learning theory.* Englewood Cliffts, NJ: Prentice-Hall.

Banks, J. A. (1989). Multicultural education: Characteristics and goals. In J. A. Banks & C. A. McGee Banks, *Multicultural education: Issues and perspectives* (pp.19-21). New York: John Wiley & Sons, Inc.

Banks, J. A. (1991). A curriculum for empowerment, action, and change. In C. E. Sleeter (Ed.), *Empowerment through multicultural education* (pp. 125-141). Albany: State University of New York Press.

Banks, J. A. (1993). Approaches to multicultural curriculum reform. In J. A. Banks (Eds.), *Multicultural education: Issues and perspectives* (pp.195-214). Boston: Allyn and Bacon.

Banks, J. A. (1997). *Educating citizens in a multicultural society*. New York: Teachers College Press.

Banks, J. A. (1998). Ethnicity, class, cognitive, and motivational styles: Research and teaching implications. *Journal of Negro Education, 57*, 452-466.

Banks, J. A. (2006). *Culture, and education*. New York: Routledge.

Banks, J. A. (2009). *Teaching strategies for ethnic studies* (8th ed.). Boston, MA: Allyn & Bacon.

Banks, J. A. (2016). Multicultural education: Characteristics and goals. In J. A. Banks & C. A. McGee Banks, *Multicultural education: Issues and perspectives* (pp. 2-21). New York: John Wiley & Sons, Inc.

Banks, J. A., & McGee Banks, C. A. (2004). *Handbook of research on multicultural education*. New York: John Wiley & Sons, Inc.

Banks, J. A., & McGee Banks, C. A. (2010). *Multicultural education: Issues and perspective*. New York: John Wiley & Sons, Inc.

Banks, J. A., & McGee Banks, C. A. (2016). *Multicultural education: Issues and perspective*. New York: John Wiley & Sons, Inc.

Bambara, L. M., & Kern, L. (2005). *Individualized supports for students with problem behaviors: Designing positive behavior plans*. New York: Guilford Press.

Barakat, M. K. (1951). A factorial study of mathematical abilities. *Brit. J. Psychol, 4*, 137-156.

Bates, B. (2017). *A quick guide to special needs and disabilities*. New York: Sage.

Beck, A. T. (1976). *Cognitive therapy and the emotional disorders*. New York: International Universities Press.

Beck, A., Laude, R., & Bohnert, M. (1974). Ideational components of anxiety neurosis. *Archives of General Psychiatry, 31*, 319-325.

Bender, W. N. (2002). *Differentiating instruction for students with learning disabilities*. California: Corwin Press, Inc.

Bennett, C. I. (1995). *Comprehensive multicultural education: Theory and practice* (3rd ed.). Boston: Allyn and Bacon.

Bennett, C. I. (2011). *Comprehensive multicultural education: Theory and practice* (7th ed.). Boston, MA: Allyn & Bacon.

Berk, L. E. (1994). *Child development* (3rd ed). Boston: Allyn & Bacon.

Bernal, E. M. (2003). Delivering two-way bilingual immersion programs to the gifted and talented: A classic yet progressive option for the new millennium. In J. F. Smutry (Ed.). *Underserved gifted populations: Responding to their needs and abilities* (pp.141-156). Cresskill, N.J.: Hampton.

Berger, K. S. (2014). *The developing person through the life span*. New York: Worth Publishers.

Bereiter, C., & Engelmann, S. (1966). *Teaching disadvantaged children in the preschool.* Englewood Cliffs, NJ: Prentice-Hall.

Berninger, V. W., & Swanson, H. E. (2013). Diagnosing and treating specific learning disabilities in reference to the brain's working memory system. In H. L. Swanson, K. R. Harris, S. Graham, *Handbook of learning disabilities* (pp. 307-325). New York: The Guilford Press.

Berube M. (1996). *Life as we know it: A father, a family, and an exceptional child*. New York: Pantheon.

Bicard, S. C., & Heward, W. L. (2016). Education equality for students with disabilities. In J. A. Banks & C. A. Banks, *Multicultural education: Issues and perspectives* (pp. 213-230). New York: Wiley.

Bigge, J. L., & Stump, C. S. (1999). *Curriculum, assessment, and instruction.* New York: Wadsworth Publishing Company.

Blanton, B. (2005). The application of the cognitive learning theory to instructional design. *International Journal of Instructional Media, 25*(2), 171-180.

Borich, G. (2011). *Effective teaching methods.* New York: Pearson.

Booth, T. (2000). Reflection. In P. Clough & J. Corbett (eds.), *Theories of inclusive education: A students' guide*. London: Paul Chapman Publishing.

Borich, G. D. (1988). *Effective teaching methods*. Columbus, OH: Merrill.

Borich, G. (2011). *Effective teaching methods*. Boston: Allyn & Bacon.

Boykin, A. W. (2000). The talent development model of schooling: Placing students at promise for academic success. *Journal of Education for Students Placed at Risk, 5*(1&2), 3-25.

Bowman, S. L. (2010). *The functions of role-playing games*. London: McFarland & Company, Inc.

Bradley, R., Danielson, L., & Doolittle, J. (2007). Responsiveness to intervention: 1997 to 2007. *Teaching Exceptional children, 39*(5), 8-12.

Brazelton, T. B. (1982). Early intervention: What does it mean? In H. E. Fitzgerald, B. M. Lester, & Youngman (Eds.), *Theory and research in behavioral pediatrics* (Vo1.1, pp. 1-34), New York, NY: Plenum.

Brennan, W. K. (1998). *Curriculum for special needs*. Philadelphia: Open University Press. Malden: Blackwell Science, Inc.

Brolin, D. E. (1995). *Career education: A functional life skills approach* (3rd ed.). Englewood Cliffs, NJ: Prentice-Hall.

Brown, J. R. (1982). Assessment of the culturally different and disadvantaged child. In G. Ulrey & S. J. Rogers (Eds.), *Psychological assessment of handicapped infants and young children* (pp. 163-171). New York: Thieme-Stratton.

Brown-Chidsey, R., Bronaugh, L., & McGraw, K. (2009). *RTI; in the classroom: Guidelines and recipes for success*. New York: The Guilford Press.

Browder, D., Flowers, C., Ahlgrim-Delzell, L., Karvonen, M., Spooner, F., & Algozzine, R. (2004). The alignment of alternate assessment content with academic and functional curricula. *The Journal of Special Education, 37*, 211-223.

Brown, M. T., & Landrum-Brown, J. (1995). Counselor supervision: Cross-cultural perspectives. In J. G. Ponterotto, J. M. Casas, L. A. Suzuki, & C. M. Alexander (Eds.), *Handbook of multicultural counseling* (pp. 263-286). Thousand Oaks, CA: Sage.

Brown, L., Branston, M. B., Hamre-Nietupski, S., Pumpian, I., Certo, N., & Gruenewald, L. (1979). A strategy for developing chronological-age-appropriate and functional curricular content for severely handicapped adolescents and young adults. *The Journal of Special Education, 13*, 81-90.

Bryant, B. R., & Rivera, D. P. (1997). Educational assessment of mathematical skills and abilities. *Journal of Learning Disabilities, 30*(1), 57-68.

Bryant, D. P., Bryant, B. R., & Smith, B. D. (2017). *Teaching students with special needs in inclusive classrooms*. New York: Pearson.

Burke, K. (2006). *From standards to rubrics in six steps: Tools for assessing student learning, K-8*. Thousand Oaks, CA: Corwin.

Burns, M. K., & Gibbons, K. (2008). *Implementing response-to-intervention in elementary and secondary schools*. New York: Routledge.

Butterworth, B. (2010). Foundational numerical capacities and the origins of dyscalculia. *Trends in Cognitive Sciences, 14*, 534-541.

Campione, J. C., & Brown, A. L. (1987). Linking dynamic assessment with school achievement. In C. S. Lidz (Ed.), *Dynamic assessment: An interactional approach to evaluating learning potential* (pp. 82-115). New York: Guilford.

Carr, E. G., Sailor, W., Anderson, J. L. (2002). Positive behavior support: Evolution of an applied science. *Journal of Positive Behavior Interventions, 4,* 4-16.

Calkins, L. (1994) . *The art of teaching writing*. Portsmouth, NH: Heinemann.

Carner, P. (2009). *Special educational needs*. London: Routledge.

Carrington, S., & Elkins, L. (2005). Comparison of a traditional and an inclusive secondary school culture. In J. Rix, K. Simmons, M. Nind, & K. Sheehy (Eds.), *Policy and Power in inclusive education: Values into practice*. London: Routledge.

Chadsey, J., & Beyer, S. (2001). Social relationships in the workplace. Mental Retardation and Workplace. *Mental Retardation and Developmental Disabilities Research Reviews, 7*, 128-133.

Chinn, S., & Ashcroft, R. (2018). *Mathematics for dyslexics and dyscalculics*. New York: Wiley Blackwell.

Christopher, R. D. (2011). The concept of disability: A philosophical analysis. *ProQuest*, UMI Dissertation Publishing (3521290)

Clark, R. M. (1983). *Family life and school achievement: Why poor black children succeed or fail*. Chicago: The University of Chicago Press.

Cohen, E. G., Lotan, R. A., Scarloss, B. A., & Arellano,A. R. (1999). Complex instruction: Equity in cooperative learning classroom. *Theory into practice, 38*(2), 80-86.

Cohn, R. (1968). Developmental dyscalculia. *Pediatric of North America, 15,*

651-668.

Cohn, A. M. (2011). *Positive behavior supports: Information for educators,* NASP Resources. Retrieved December 30, 2009, from www. nasponline. org/resources/fastsheets/pbs_fs.aspx.

Colangelo, N. & Davis, G. A. (2003). *Handbook of gifted education*. New York: Pearson Education, Inc.

Cole, M., John-Steiner, V., Scribner, S., & Souberman, E., Eds. And Trans (1978). *Mind in society: The development of higher psychological processes.* (L. S. Vygotsky), Cambridge, MA: Harvard University Press.

Coleman, M. C. (1996). *Emotional & behavioral disorders*. New York: Allyn and Bacon.

Colley, A. M., & Beech, J. R. (1989). *Acquisition and performance of cognitive skills*. John Wiley & Sons.

Collins, A. (1991). Cognitive apprenticeship and instructional technology. In L. Idol & B. F. Jones (Eds.), *Educational values and cognitive instruction: Implications for reform*. N.Y.: Hillsdale, New Jersey.

Collins, A., & Stevens, A. L. (1982). Goals and strategies of inquiry teachers. In R. Glaser (Ed.), *Advances in instructional psychology* (Vol. 2, pp. 65-119). Hillsdale, NJ: Lawrence Erlbaum Associates.

Collins, A. & Stevens, A. L. (1983). A cognitive theory of interactive teaching. In C. M. Reigeluth (Ed.), *Instructional design theories and models: An overview* (pp. 247-278). Hillsdale, NJ: Lawrence Erlbaum Associates.

Collins, A., Brown, J. S., & Newman, S. E. (1989). Cognitive apprenticeship: Teaching the crafts of reading, writing, and mathematics. In L. B. Resnick, *Knowing, learning, and instruction: Essays in honor of Robert glaser*. Lawrence Erlbaum Associates, Publishers.

Collier, C. C. (2017). *But what do I do?: Strategies from A to W for muti-tier systems of support*. New York: Corwin.

Conrad, P. (1976). *Identifying hyperactive children*. Lexington, MA: Lexington/D.C. Health.

Corbett, J. (1992). Careful teaching: Researching a special career. *British Educational Research Journal, 18*(3), 235-243.

Corbett, J. (2001). Teaching approaches which support inclusive education: A connective pedagogy. *British Journal of Special Education, 28*(2), 55-59.

Corbett, J., & Slee, R. (2000). An international conversation on inclusive education. In F. Armstrong, D. Armstrong, & L. Barton (eds.), *Inclusive education: Policy, contexts and comparative perspectives*. London: Dave Fulton.

Cornelius, C. (1999). *Iroquois corn in a culture-based curriculum: A framework for respectfully teaching about cultures*. SUNY Press.

Corson, D. (1998). *Changing education for diversity*. Buckingham UK: Open University.

Crichlow, W. C., Goodwin, S., Shakes, G., & Swartz, E. (1990). Multicultural ways of knowing: Implications of practice. *Journal of Education, 172*(2), 101-117.

Csapo, M. (1981). Comparison of two prompting procedures to increase response fluency among severely handicapped learners. *Journal of the Association for the Severely Handicapped, 6*(1), 39-47.

Cuff, E. C., Sharrock, W. W., & Francis, D. W. (1998). Back to sociological theory?: Theoreticism and synthesis. In *Perspectives in sociology* (4th ed). New York: Routledge.

Curry, L. (1990). A critique of the research on learning style. *Educational Leadership, 48*(2), 50-56.

Damico, S. B. (1985). The two worlds of school: Differences in the photographs of Black and White adolescents. *The Urban Review, 17*, 210-222.

Dare, A., & O'Donovan, M. (2009). *Caring for children with special needs*. Nelson Thornes: Miranda Walker.

Davis, W. E. (1995). Students at risk: Common myths and misconceptions. *The Journal of At-Risk Issues, 2*, 5-10.

Davis, G. A., & Rimm, S. B. (1998). *Education of the gifted and talented* (4th ed.). Boston: Allyn and Bacon.

Davis, G. A., Rimm, S. B., & Siegle, D. (2011). *Education of the gifted and talented*. New York: Pearson.

Day, H. M. (1987). Comparison of two prompting procedures to facilitate skill acquisition among severely mentally retarded adolescents. *American Journal of Mental Deficiency, 91*, 366-372.

Day, J. D., & Hall, L. K. (1988). Intelligence-related differences in learning and transfer and enhancement of transfer among mentally retarded persons. *American Journal on Mental Retardation, 17*, 125-137.

Department for Education (DfE). (2010). *The importance of teaching: The schools white paper*. Norwich: The Stationery Office.

Department for Education (DfE). (2011). *Support and aspiration: A new approach to special educational needs and disability - A consultation*. Norwich: The Stationery Office.

Department for Education (DfE). (2014). *Special educational needs and disability code of practice: 0 to 25 years - Statutory guidance for organisations who work with and support children and young people and disable with special educational needs and disabilities.* London DfE.

Deschenes, C., Ebeling, D., & Sprague, J. (1994). *Adapting curriculum and instruction in inclusive classroom: A teacher's desk reference*. Bloomington: Indiana University, Institute for the Study of Developmental Disabilities.

DeRuvo, S. L. (2010). *The essential guide to RTI: An integrated, evidence-based approach*. New York: Jossey-Bass.

Dowdy, C. A., Patton, J. R., Smith, T. E. C., & Polloway, E. A. (1998). *Attention-deficit / hyperactivity disorder in the classroom*. Texas: PRO-ED, Inc.

Duffy, G. G., & Roehler, L. R. (1989). The tension between information-giving and mediation: Perspectives on instructional explanation and teacher change. In J. Brophy (Ed.), *Advances in research on teaching* (Vol. 1, pp. 1-33). Greenwich, CT: JAI Press.

Dunn, L. M. (1968). Special education for the mildly retarded: Is much of it justifiable ? *Exceptional Children, 35*, 5-22.

Dunn, J. M. & Fait, H. F. (1989). *Special physical education: Adapted, individualized, developmental*. Iowa: Wm. C. Brown Publishers.

Dunn, R., & Dunn, K. (1978). *Teaching students through their individual learning styles: A practical approach*. Reston, VA: Reston.

Dunst, C. J. (1981). *Infant learning*. Allen, TX: DLM1 Teaching Resources.

Dunst, C. J. (2002). Family-centered practices: Birth through high school. *Journal of Special Education, 36*, 139-147.

Dunst, C. J., Raab, M., Trivette, C. M., & Swanson, J. (2010). Community-based everyday child learning opportunities. In K. R. Harris & S. Granham (Eds.), *Working with special needs* (pp. 60-92), New York, NY: Guilford.

Dunst, C. J., Hamby, D., Trivette, C. M., Raab, M., & Bruder, M. B. (2000). Everyday child learning environment. In K. R. Harris & S. Graham (Eds.), Working with family and community life and children's naturally occurring learning opportunities. *Journal of Early Intervention, 23*, 151-164.

Dunst, C. J., Lesko, J. J., Holbert, K. A., Wilson, L. L., Sharpe, K. L., & Liles, R. F. (1987). A systematic approach to infant intervention. *Topics in Early childhood Special Education, 7*(2), 19-37.

DuPaul, G. J., & Stoner, G. (2003). *ADHD in the schools*. New York: Guilford Press.

Edwards, M. L. (1997). Constructions of physical disability in the ancient Greek world: The community concept. In D. T. Mitchell & S. L. Snyder (Eds.), T*he body and physical difference: Discourses of disability* (pp. 35-50). Ann Arbor: University of Michigan Press.

Elbeheri, G., Reid, G., & Everatt, J. (2018). *A teacher's practical guide: Motivating children with specific learning difficulties*. New York: Routledge.

Ellis, S., Tod, J., & Graham-Matheson, L. (2008). *Special educational needs and inclusion: Reflection and renewal*. Birmingham: NASUWT.

Elliott, S. N., Kratochwill, T. R., & Schulte, A. G. (1998). The assessment accommodation checklist: Who, what, where, when, why and how. *Teaching Exceptional children, 3*(2), 10-14.

Everatt, J. (1999). *Reading and dyslexia*. New York: Routledge.

Falvey, M. A. (2005). *Believe in my child with special needs.* Baltimore: Paul H. Brookes Publishing Co.

Falvey, M. A., Givner, C. C., & Kimm, C. (1996). What do I do on Monday morning? In S. Stainback & W. Stainback (Eds.), *Inclusion: A guide for educators* (pp.117-138). Baltimore: Paul H. Brookes Publishing Co.

Farrell, M. (2008). *Educating special children*. New York: Routledge.

Ferraro, G. (1998). *Cultural anthropology: An applied perspective*. New York: An International Thomson Publishing Company.

Finkelstein, B. (1989). *Governing the young*. New York: Falmer Press.

Ford, D. Y. (1996). *Reversing underachievement among gifted Black students: Promising practices and programs*. New York: Teachers College Press.

Ford D. Y., & Harris, J. J. III. (1999). *Multicultural gifted education.* New York: Teachers College Press.

Ford D. Y., & Harris, J. J. III. (2003). *Multicultural gifted education.* New York: Teachers College Press.

Ford, A., Schnorr, R., Meyer, L., Davern, L., Black, J., & Dempsey, P. (1989). *The Syracuse community-referenced curriculum guide*. Baltimore: Paul H. Brookes Publishing Co.

Foucault, M. (1977). *Discipline and punish: The birth of the prison*. Harmondsworth: Penguin.

Fradd, S. H., & McGee, P. L. (1994). *Instructional assessment: An integrative approach to evaluating student performance.* Reading, MA: Addison-Wesley Publishing Company.

Frederickson, N., & Cline, T. (2002). *Special educational needs inclusion and diversity.* Buckingham: Oxford University Press.

Friel, J. & Chasty, H. (1993). *Children with special need-Assessment, law and practice.* London: Jessica Kingsley Publishers.

Friend, M., & Bursuck, W. D. (2002). *Including students with special needs: A practical guide for classroom teachers* (3rd ed.). Needham Heights, MA: Allyn & Bacon.

Frymier, J., & Gansneder, B. (1989). The phi Delta kappa study of students at risk. *Phi Beta Kappan, 71*(2), 142-146.

Gaddes, W. H. (1980). *Learning disabilities and brain function-a neuropsychological approach*. Springer-Verlag.

Gafoor, K. A. (2010). Towards inclusive schooling. *ERIC* document online: ED517057.

Gagne, R. M. (1977). *The conditions of learning* (3rd ed.) New York: Holt, Rinehart and Winston.

Gallahue, D. L., Ozmun, J. C., & Goodway, J. D. (2012). *Understanding motor development: Infants, children, adolescents, adults*. New York: McGraw-Hill Education.

Gardner, H. (1993). *Frames of mind: The theory of multiple intelligences*. New York: Basic Books.

Gardiner, H. W., Mutter, J. D., & Kosmitzki, C. (1998a). *Culture and cognition.* In *Lives across cultures: Cross-cultural human development*. Boston: Allyn and Bacon.

Gardiner, H. W., Mutter, J. D., & Kosmitzki, C. (1998b). *Culture and cognition.* In *Lives across cultures: Cross-cultural human development*. Boston: Allyn and Bacon.

Gardiner, H. W., Mutter, J. D., & Kosmitzki, C. (1998c). *Culture and cognition.* In *Lives across cultures: Cross-cultural human development*. Boston: Allyn and Bacon.

Garner, P. (2009). *Special educational needs: The Key concepts*. New York: Routledge.

Garry, R. (1970). *The nature and conditions of learning*. NY: Prentice-Hall, Inc.

Gay, G. (2000). *Culturally responsive teaching: Theory, research and practice*. New York: Teachers College Press.

Gay, G. (2010). *Culturally responsive teaching: Theory, research, and practice* (2nd ed.). New York: Teachers College Press.

Gerstmann, J. (1957). Some notes on the gerstmann syndrome. *Neurology, 7*, 866-869.

Gibson, S., & Blandford, S. (2005). *Managing special educational needs: A practical guide for primary and Secondary schools.* New York: Paul Chapman Publishing.

Giffen, M. (2011). *Definition of inclusive learning*. http://www.com/

about-6460867.

Ginsberg, M. B. (2015). *Excited to Learn: Motivation and culturally responsive teaching*. New York: Corwin.

Giroux, H. A. (2003). Public pedagogy and the politics of resistance: Notes on a critical theory of educational struggle. *Educational Philosophy and Theory, 35*(1), 5-16.

Glazzard, J. (2011). Perception of the barriers to effective inclusion in one primary school: Voices of teachers and teaching assistants. *Support for Learning, 26*(2), 56-63.

Glazzard, J. (2014). The standards agenda: Reflections of a special educational needs co-ordinator. *Support for Learning, 29*(1), 39-53.

Glazzard, J., Stokoe, J., Hughes, A., Netherwood, A., & Neve, L. (2015). *Teaching and supporting children with special educational needs and disabilities in primary schools*. New York: SAGE.

Glendenning, N. J., Adams, G. L., & Sternberg, L. (1983). Comparison of prompt sequences. *American Journal of Mental Deficiency, 88*, 321-325.

Goh, D. (2004). *Assessment accommodations for diverse learners*. Boston: Allyn & Bacon.

Goldstein, A. P. (1983). United States: Causes, controls, and alternatives to aggression. In A. P. Goldstein & M. H. Segall (Eds.), *Aggression in global perspective*. New York: Pergamon.

Gollnick, D. M., & Chinn, P. C. (1988). *Multicultural education in a pluralistic society*. New York: The C.V. Mosby Company.

Gollnick, D. M., & Chinn, P. C. (2013). *Multicultural education in a pluralistic society* (9th ed.). Upper Saddle River, NJ: Merrill.

Government of India. (2005). *Inclusive education*. New Delhi: Department of Higher Education.

Graham, L. J. (2006). Caught in the net: A foucaultian interrogation of the incidental effects of limited notions of inclusion. *International Journal of Inclusive Education, 10*(1), 3-25.

Graham, L. J., & Harwood,V. (2011). Developing capabilities for social inclusion: Engaging diversity through inclusive school communities. *Interna-*

tional Journal of Inclusive Education, 15(1), 135-52.

Grand, R. B. (2010). *Developing Place and Culture-Based Curriculum*. Retrieved from http://pages.uoregon.edu/nwili/resources. Presented at In-Field, University of Oregon.

Grant, C. A., & Sleeter, C. E. (1996). *After the school bell rings*. Washington D.C.: Falmer Press.

Grant, C. A., & Sleeter, C. E. (2011). *Doing multicultural education for achievement and equity* (2nd ed.). New York: Routledge.

Grant, C. A., & Ladson-Billings, G. (1997). *Dictionary of multicultural education*. Phoenix, AZ: Oryx Press.

Grassi, E. A., & Barker, H. B. (2010). *Culturally and linguistically diverse exceptional students*. New York: SAGE Publications, Inc.

Gunter, M. A., Estes, T. H. & Schwab, J. (1995). *Instruction: A models approach* (2nd), Boston: Allyn & Bacon.

Hall, J. F. (1989). *Learning and memory*. NY: Allyn and Bacon.

Hallahan, D. P., Lloyd, J. W., Kauffman, J. M., Weiss, M. P., & Martinez, E. A. (2005). *Learning disabilities: Foundations, characteristics, and effective teaching*. New York: Pearson.

Hallahan, D. P., & Kauffman, J. M. (1988). *Exceptional children*. NY: Prentice-Hall International Editions.

Hallahan, D. P., & Kauffman, J. M. (1994). *Exceptional children*. Boston: Allyn and Bacon.

Hale, J. (2001). *Learning while black: Creating educational excellence for African American children*. Baltimore: Johns Hopkins University Press.

Hale-Benson, J. (1987). Black children: Their roots, culture, and learning styles. In J. B. McCracken (Ed.), *Reducing stress in young children's lives* (pp.122-129). Washington, DC: National Association for the Education of Young Children.

Hammond, Z. (2015). *Culturally responsive teaching and the brain*. New York: Corwin.

Hansen, J. H. (2012). Limits to inclusion. *International Journal of Inclusive Education, 16*(1), 89-98.

Hamayan, E. V., & Damico, J. S. (1991). *Limiting bias in the assessment of bilingual students*. Austin, TX: PRO-ED.

Hargreaves, D. H. (1984). *Improving secondary schools*. London: FLEA.

Harris, M. (1995). *Cultural anthropology.* New York: Harper Collins College Publisher.

Harry, B. (1994). *The disproportionate overrepresentation of minority students in special education: Theories and recommendations*. Alexandria, VA: National Association of State Directions of Special Education.

Harry, B. (2008). Collaboration with culturally and linguistically diverse families: Ideal versus reality. *Exceptional Children, 74*(3), 372-388.

Hawton, K. (1986). *Suicide and attempted suicide in children and adolescents*. Newbury Park, CA: Sage.

Heath, S. B. (1983). *Ways with words: Language, life and work in communities and classrooms*. New York: Cambridge University Press.

Heward, W. L. (1996). *Exceptional children: An introduction to special education*. New York: Prentice-Hall Inc.

Heward, W. L. (2013). *Exceptional children: An introduction to special education*. New York: Prentice-Hall Inc.

Heward, W. L. (1996). *Exceptional children: An introduction to special education*. New York: Merrill.

Held, M. F., Thoma, C. A., & Thomas, K. (2004). The John Jones show: How one teacher pulled it all together to facilitate self-determined transition planning for a young man with autism. *Focus on Autism and Other Developmental Disabilities, 19*, 177-188.

Helms, J. E. (1992). Why is there no study of cultural context of learning. *Educational Forum, 54*, 21-34.

Herman, H. L., Aschbacher, P. L., & Winters, L. (1992). *A practical guide to alternative assessment.* VA: Association for Supervision and Curriculum Development.

Hicks, D., & Gwynne, A. A. (1994). *Cultural anthropology*. New York: Harper Collins College Publisher.

Hill, C. F., & Childress, D. C. (2015). Individualized family service plan process. In S. A. Raver., & D. C. Childress (Eds.), *Family-centered early intervention: Support infants and toddlers in natural environments.* Baltimore: Paul H. Brookes Publishing Co.

Hilliard, A. G. (1975). The strengths and weaknesses of cognitive tests for young children. In J. D. Andrews (Ed.), *One child indivisible* (pp.17-33). Washington, DC: National Association for the Education of Young Children.

Hodkinson, A. (2012). 'All present and correct?' Exclusionary inclusion within the English education system. *Disability & Society, 27*(5), 675-688.

Hodkinson, A. (2016). *Key issues in special educational needs and inclusion.* New York: Sage.

Holland, J. G., & Skinner, B. F. (1961). *The analysis of behavior.* New York: McGraw-Hill.

Horton, P. B., & Hunt, C. L. (1976). *Sociology.* New York: McGraw-Hill Book Co.

Howe, W. A., & Lisi, P. L. (2014). *Becoming a multicultural educator: Developing awareness, gaining skills, and taking action.* New York: Sage.

Huber-Warring, T. (Ed.). (2008). *Growing a soul for social change: Building the knowledge base for social justice.* Charlotte, NC: Information Age Publishing.

Irvine, J. J. (1990). *Black students and school failure: Policies, practices, and prescriptions.* New York: Greenwood.

Irvine, J. J., & York, D. E. (1995). Learning styles and culturally diverse Macmillan students: A literature review. In J. A. Banks, C. A. (Eds), *Handbook of research on multicultural education* (p. 484-497). New York: Macmillan Publishing.

Ishemo, R., Kira, E., & Komba, S. (2012). *Curriculum development and evaluation: A handbook for university student teacher.* New York: LAP Lambert Academic Publishing.

Jones, F. (2008). Tools for Teaching implements PBIS Level 2: Secondary prevention in the classroom. *Education World.* Retrieved October 12, 2009, from http://www.educationworld.com/a_curr/columnists/jones/

jones038.shtml.

Johnson, J. J., Rahn, N. L., & Bricker, D. (2015). *An activity-based approach to early intervention*. Baltimore: Brookes.

Johnson, D. W. & Johnson, R. T. (1987). *Learning together and alone* (2nd ed.) Boston : Allyn & Bacon.

Kaiser, A. P., & Trent, J. A. (2007). Communication intervention for young children with disabilities: Natural approaches to promoting development. In S. L. Odom, R. H. Horner, M. E. Snell, and J. B. Blacher (Eds.), *Handbook of developmental disabilities* (pp. 224-246). New York: Guilford.

Kalek, D. (2014). Community support for parents of young children with developmental disabilities. In L. Lo, & D. Hiatt-Michael (Eds.), *Promising practices to empower culturally and linguistically diverse families of children with disabilities* (pp. 87-90). Charlotte: Information Age Publishing, Inc.

Kalyanpur, M., & Harry, B. (1999). *Culture in special education: Building reciprocal family-professional relationships*. Maryland: Paul H. Brookes Publishing Co.

Kalyanpur, M., & Harry, B. (2013). *Culture in special education: Building reciprocal family-professional relationships*. Baltimore, MD: Paul H. Brookes Publishing Co.

Karagiannakis, G. N., & Cooreman, A. (2015). Focused MLD ineteervention based on the classification of MLD subtypes. In Chinn, S. (ed.), *The Routledge International Handbook of Dyscalculia and Mathematical Learning Difficulties*. London. Routledge.

Kaufman, A. S., & Kaufman, N. L. (1983). *Interpretive manual for the Kaufman assessment battery for children* (K-ABC). Circle Pines, MN: American Guidance Service.

Kauffman, J. M., & Landrum, T. J. (2013). *Characteristics of emotional and behavioral disorders of children and youth.* New York: Pearson.

Ken, H. (2001). *Culture-Based Curriculum: A Framework*. Retrieved from http://en.copian.ca/library/learning/onlc/onlc.pdf

Kennedy, C. H., & Horn, E. M. (2004). *Including students with severe disabilities*. Boston, MA: Pearson.

Kendall, P. C., Hedtke, K. A., & Aschenbrand, S. G. (2006). Anxiety disorders. In D. A. Wolfe & E. J. Mash, *Behavioral and emotional disorders in adolescents: Nature, assessment, and treatment* (pp. 259-289). New York: The Guilford Press.

King, J. E., & Wilson, T. L. (1990). Being the soul-freeing substance: A legacy of hope in Afro humanity. *Journal of Education, 172*(2), 9-27.

Kirk, S. A., Gallagher, J. J., Anastasiow, N. J., & Coleman, M. R. (2006). *Educating exceptional children*. New York: Houghton Mifflin Harcourt Company.

Kirk, S. A., Gallagher, J. J., Coleman, M. R., & Anastasiow, N. J. (2009). *Educating exceptional children*. New York: Houghton Mifflin Harcourt Company.

Kirk, S. A., Gallagher, J. J., Coleman, M. R., & Anastasiow, N. J. (2012). *Educating exceptional children*. New York: Wadsworth.

Ko, T., Hughes, M. T. (2019). Reading comprehension instruction for adolescents with learning disabilities: A reality check. In J. Fischer, *Learning disabilities: Identification, assess and instruction* (pp.22-62). New York: Magnum Publishing.

Korkmaz, I. (2011). Elementary teachers' perceptions about implementation of inclusive education. *US-China Education Review, 8*(2), 177-183.

Kosc, L. (1974). Developmental dyscalculia. *Journal of Learning Disabilities, 7*(3), 164-177.

Ladson-Billings, G. (1994). *The dreamkeepers: Successful teachers of African American children.* San Francisco: Jossey-Bass.

Ladson-Billings, G., & Henry, A. (1990). Blurring the borders: Voices of African liberatory pedagogy in the United States and Canada. *Journal of Education, 172*(2), 72-88.

Lake, J. F., & Billingsley, B. S. (2000). An analysis of factors that contribute to parent-school conflict in special education. *Remedial and Special Education, 21*(4), 240-256.

Lasley II, T. J., Matczynski, T. J., & Rowley, J. B. (2002). *Instructional models: Strategies for teaching in a diverse society*. New York: Wadsworth.

Lerner, J. W. (1981). *Children with learning disabilities* (3 ed). Geneva, III.

Lerner, J. W., Johns, B. H. (2012). *Learning disabilities and related mild disabilities: Characteristics, teaching strategies, and new directions*. New York: Wadsworth.

Lindsay, G. (2003). Inclusive education: A critical perspective. *British Journal of Special Education, 30*(1), 3-12.

Lindsey, D. B., Jew, C. L., Thousand, J. S., & Piowlski, L. R. (2018). *Culturally proficient inclusive schools*. New York: Corwin.

Lim, L. (2001). Family-centered planning: A multicultural perspective (p.123). In D. M. Browder (Eds.), *Curriculum and assessment for students with moderate and severe disabilities*. New York: The Guilford Press.

Lo, L., Chen, T. F., & Chan, K. C. (2014). A school-based parent support group. In L. Lo, & B. Hiatt-Michael (Eds.), *Promising practices to empower culturally and linguistically diverse families of children with disabilities* (pp.87-90). Charlotte: Information Age Publishing, Inc.

Lomawaima, K. T. (1995). Education native Americans. In J. A. Banks, C. A. McGee Banks (Eds.), *Handbook of research on multicultural education* (p. 331-347). New York: Macmillan Publishing.

Lysynchuk, L. M., Pressley, M., & Vye, N. J. (1990). Reciprocal teaching improves standardized reading-comprehension performance in poor comprehender. *The Elementary School Journal , 9*(5), 469-484.

Macionis, J. J. (1998). *Society*. New York: Prentice-Hall, Inc.

Mahoney, G., Kaiser, A., Girolametto, L., MacDonald, J., Rosenberg C. R., Safford, P., & Spiker, D. (1999). Parent education in early intervention: A call for a renewed focus. *Topic in Early Childhood Special Education, 19*(3), 131-140.

Mai, T. J. (2001). *Towards understanding the role of emotional intelligence in cross-cultural adaptability in adults.* New York: Bell & Howell Information and Learning Company (UMI Number: 3030138).

Mather, N., Goldstein, S., & Eklund, K. (2015). *Learning disabilities and challenging behaviors*. London: Brookes.

May, S. (1999). *Indigenous community-based education*. Clevedon: Multilingual Matters Ltd.

Mayer, R. E. (1987). *Educational psychology: A cognitive approach*. New York: HarperCollins Publishers.

Matters, L. J., & Omark, D. R. (1984). *Speech and language assessment for the bilingual handicapped*. San Diego: College-Hill.

McNeil, J. D. (1996). *Curriculum: A Comprehensive introduction*. USA: HarperCollins College Publishers.

McLaughlin, P. J., & Wehman, P. (1981). *Program development in special education*. New York: McGraw-Hill Book Company.

Mercer, J. R. (1973). *Labeling the mentally retarded*. Berkeley: University of California Press.

Mercer, J. R. (1979). *Labeling the mentally retarded*. Berkeley: University of California Press.

Mertens, D. M., & McLaughlin, J. A. (2004). *Research and evaluation methods in special education*. California: Corwin Press Inc.

Mickelson, R. A. (2008). The structure of opportunity and adolescents' academic achievement attitudes and behaviors. In J. U. Ogbu (Eds.), *Minority status, oppositional culture, and schooling* (p.348). New York: Routledge.

Miles, T. R. (1993). *Dyslexia and mathematics*. London: Routledge.

Miller, J. G., & Miller, J. L. (1980). The family as a system. In C. K. Hofling & J. M. Lewis (Eds.) , *The family: Evaluation and treatment*. New York: Brunner/Mazel.

Miller, G. E., & Nguyen, V. (2014). Family school partnering to support new immigrant and refugee families with children with disabilities. In L. Lo, & D. Hiatt-Michael (Eds.), *Promising practices to empower culturally and linguistically diverse families of children with disabilities*, (pp. 87-90). Charlotte: Information Age Publishing, Inc.

Milory, E. (1982). *Role-play: A practice guide*. Aberdeen: Aberdeen University Press.

Missiuna, C., & Samuels, M. T. (1989). Dynamic assessment of preschool children with special needs: Comparison of mediation and instruction. *Remedial and Special Education, 10*, 53-62.

Mithchell, B. M., & Salsbury, R. E. (2000). *Encyclopedia of multicultural education*. Westport, CT: Greenwood Press.

Moll, L. C. (1992). Bilingual classroom studies and community analysis: Some recent trends. *Educational Researcher, 21*(2), 20-24.

Monks, J., & Frankenberg, R. (1995). Being ill and being me: Self, body and time in multiple sclerosis narratives. In B. Ingstad & S. R. Whyte (Eds.), *Disability and culture* (pp. 107-136). Berkeley: University of California Press.

Moss, G. (1995). *The basics of special needs*. New York: Questions Publishing Company Limited.

Mount, B. (2000). *Person-centered planning: Finding directions for change using personal-futures planning*. New York, NY: Capacity Works.

Mouzakitis, G. S. (2019). Language disabilities: Myths and misconceptions vs. reality. In J. Fischer, *Learning disabilities: Identification, assessment, and instruction* (pp. 265-285). New York: Magnum Publishing.

Mueller, T. G. (2014). Learning to navigate the special education maze. In L. Lo, & D. B. Hiatt-Michael (eds.), *Promising practices to empower culturally and linguistically diverse families of children of children with disabilities* (pp. 3-14). Charlotte: Information Age Publishing, Inc.

Nanda, S. (1994). *Cultural anthropology.* California: Wadsworth Publishing Company.

Neill, M., Bursh, P., Schaeffer, B., Thall, C., Yohe, M., & Zappardino, P. (1995). *Implementing performance assessments: A guide to classroom, school, and system reform.* Cambridge, MA: National Center for Fair and Open Testing.

Newmann, F. M. & Wehlage, G. G. (1993). Five standards of authentic instruction. *Educational Leadership*, 8-12.

Nieto, S. (1996). *Affirming diversity: The sociopolitical context of multicultural education*. (2nd ed.). New York: Longman.

Nieto, S. (2010). *Language, culture, and teaching: Critical perspectives* (2nd ed.). New York: Longman.

Nieto, S., & Bode, P. (2012). *Affirming diversity: The sociopolitical context of multicultural education* (6th ed.). Boston, MA: Allyn & Bacon.

Nind, M. (2005). Inclusive education: Discourse and action. *British Educational Research Journal, 31*(2), 269-275.

Nind, M., Rix, J., & Simmons, K. (2003). *Inclusive education: Diverse perspectives*. London: David Fulton.

Njabili, A. F. (1999). *Public examinations: A tool for curriculum evaluation.* Dar es Salaam: Mture Education Publishers.

Noonan, M. J., & McCormick, L. (2014). *Teaching young children with disabilities in natural environment.* Baltimore: Brookes.

Noonan, M. I., Rotokalan, N. B., Lauth-Torres, L., McCormick, I., Esaki, C. A., & Claybaugh, K. W. (1992). Validating critical skill for preschool success. *Infant-Toddler Intervention, 2*(3), 187-202.

Nutbrown, C., Clough, P., & Atherton, F. (2013). *Inclusive in the early years.* London: Sage.

Oakes, J., Lipton, M., Anderson, L., & Stillman, J. (2013). *Teaching to change the world* (4th ed.). Boulder, CO: Paradigm.

Obiakor, F. E. (2007). *Multicultural special education: Culturally responsive teaching*. New York: Pearson.

Ogbu, J. U. (2003). *Black American students in an affluent suburb: A study of academic disengagement*. Mahwah, NJ: Lawrence Erlbaum & Associates.

O'Neill, R. E., Horner, R. H., Albin, R. W., Sprague, J. R., Storey, K., & Newton, J. S. (1997). *Functional assessment and program development for problem behavior: A practical handbook* (2nd ed.). Boston, MA: Brooks/Cole.

O'Neill, R. E., Horner, R. H., Albin, R. W., Sprague, J. R., Storey, K., & Newton, J. S. (2000). *Functional assessment and program development for problem behavior: A practical handbook*. Boston, MA: Brooks/Cole.

Ortiz, A. A., & Garcia, S. B. (1988). A prereferral process for preventing inappropriate referrals of Hispanic students to special education. In A. A.

Ortiz & B. A. Ramirez (Eds.), *Schools and the culturally diverse exceptional student: Promising practices and future directions* (pp. 6-18). Reston, VA: Council for Exceptional Children.

Palincsar, A. S. (1986). The role of dialogue in providing scaffolded instruction. *Educational Psychologist, 21*, 73-98.

Palincsar, A. S. (1986). Metacognitive strategy instruction. *Exceptional Children, 53*(2), 118-124.

Paris, S. G., Jacobs, J. E., Cross, D. R. (1987). Toward and individualistic psychology of exceptional children. In J. D. Day, J. G. Borkowski (Eds.), *Intelligence and exceptionality: New directions for theory, assessment, and instructional practices.*

Pearson, P. D. & Dole, J. A. (1987). Explicit comprehension instruction: A review of research and a new conceptualization of instruction. *The Elementary school Journal, 88*(2), 151-165.

Peterson, J. M., & Hittie, M. M. (2010). *Inclusive teaching: The journey towards effective schools for all learners.* New York: Pearson.

Pelco, L. E., & Reed-Victor, E. (2003). Understanding and supporting differences in child temperament: Strategies for early childhood environment. *Young Exceptional Children, 3*(3),2-11.

Peoples, J., & Bailey, G. (1997). *Humanity: An introduction to cultural anthropology*. New York: An International Thomson Publishing Company.

Perles, K. (2011). *Strategies for using inclusion in the classroom*. http://www.brighthub.com/education/special /article/66075.aspx

Phelan, P., Davidson, A. L., & Yu, H. C. (1998a). *Instruction: Students' multiple worlds.* In *Adolescents' world: Negotiating family, peers, and school*. New York: Teachers College Press.

Phelan, P., Davidson, A. L., & Yu, H. C. (1998b). *In identifying borders, building bridges.* In *Adolescents' world: Negotiating family, peers, and school*. New York: Teachers College Press.

Pierangelo, R., & Giuliani, G. (2008a). *Teaching in a special education classroom: A step-by step guide for educators*. California: Corwin Press.

Pierangelo, R., & Giuliani, G. (2008b). *Teaching in a special education class-*

room: A step-by step guide for educators. California: Corwin Press.

Pierce, C. (1994). Importance of classroom climate for at-risk learners. *The Journal of Educational, 88*, 37-42.

Podemski, R. S., Marsh, G. E., Smith, T. E. C., & Price, B. J. (1995). *Comprehensive administration of special education*. Ohio: Prentice Hall.

Polloway, E. A., Epstein, M. H., & Bursuck, W. D. (2003). Testing adaptations in the general education classroom: Challenges and directions. *Reading and Writing Quarterly, 19*(2), 189-192.

Polloway, E. A., & Patton, J. R. (1993). *Strategies for teaching learners with special needs*. New Jersey: Prentice-Hall, Inc.

Polloway, E. A., Patton, J. A., Payne, J. S., & Payne, R. A. (1989). *Strategies for teaching learners with special needs*. N.Y.: Merrill Publishing Company.

Price, N., & Youé, S. (2000). The problems of diagnosis and remediation of dyscalculia. *For the Learning of Mathematics, 20*(3), 23-28.

Priya. L. (2009). Ten fingers and ten toes: Mothers of children with Down syndrome constructing the sociocultural meaning of disability and motherhood. *ProQuest,* UMI Dissertation Publishing (3378590)

Ramirez, M., & Castaneda, A. (1974). *Cultural democracy, bicognitive development, and education*. New York: Academic Press.

Raver, S. A., & Childress, D. C. (2015). *Family-centered early intervention: Supporting infants and toddlers in natural environments*. Baltimore: Paul H. Brookes Publishing.

Reid, G. (2003). Defining adapted physical activity (p.15). In R. D. Steadward, G. D. Wheeler, E. J. Watkinson (Eds.). *Adapted physical activity*. Canada: The University of Alberta Press.

Rhodes, R. W. (1988). Holistic teaching/learning for native American students. *Journal of American Indian Education*, 21-29.

Rice, F. P. (1978). *The adolescent: Development, relationships, and culture* (2nd ed). Massachusetts: Allyn and Bacon.

Rice, F. P. (1996). Multidisciplinary views of adolescence. In *The adolescent: Development, relationship, and culture* (8th ed.) (pp. 28-52). Boston: Allyn and Bacon.

Roaf, C. (1988). The concept of a whole school approach to special needs. In O. Robinson & G. Thomas (eds.), *Tackling learning difficulties*. London: Hodder and Stoughton.

Rodriguez, C., González-Castro, P., Cerezo, R., & Álvarez, D. (2019). Attention deficit hyperactivity disorder and writing learning disabilities (pp. 182-202). In J. Fischer, *Learning disabilities: Identification, assessment, and Instruction*. New York: Magnum Pubishing.

Rogoff, B., & Morelli, G. (1989). Perspective on children's development from cultural psychology. *American Psychologist, 44*, 343-348.

Rogoff, V., & Gardner, W. (1984). Guidance in cognitive development: An examination of mother-child instruction. In B. Rogoff & J. Lave (Eds.). *Everyday cognition: Its development in social context* (pp. 95-116). Cambridge, MA: Harvard University Press.

Rosenshine, B. (1983). Teaching functions in instructional programs. *The Elementary School Journal, 83*(4), 335-352.

Rosenshine, B., & Meister, C. (1994). Reciprocal teaching: A review of the research. *Review of Educational, 64*(4), 479-530.

Roseberry-McKibbin, C. (1995). Distinguishing language differences. *Multicultural Education, 2*(4), 12-16.

Rudwaleit, F. M. (2007). Timing is everything? The impact of gender and disability on the life course. *ProQuest,* UMI Dissertations Publishing (MR 41103)

Ryan, J. (1992). Aboriginal learning styles: A critical review. *Language, Culture and Curriculum, 5*(3), 161-183.

Saccuzzo, D. P., Johnson, N. E., & Guertin, T. L. (1994). *Identifying underrepresented disadvantaged gifted and talented children: A multifaceted approach* (Vols. 1 & 2). San Diego: San Diego Stata University.

Sailor, W. (2009). *Making PTI work.* San Francisco: John Wiley & Sons, Inc.

Saifer, S., Edwards, K., Ellis, D., Ko, L., & Stuczynski, A. (2011). *Culturally responsive standards-based teaching: Classroom to community and back.* New York: Corwin.

Salvia, J., Ysseldyke, J. E., & Bolt, S. (2010). *Assessment in special and inclusive education* (11th ed.). Belmont, CA: Wadsworth Cengage Learning.

Sattler, J. M. (1992). *Assessment of children* (3rd ed., revised). San Diego, CA: Sattler.

Schall, C. (2009). Education and transition planning. In P. W. Wehman, M. Datlow-Smith, & C. Schall (Eds.), *Autism and the transition to adulthood: Success beyond the classroom* (pp. 39-94). Baltimore, MD: Brookes.

Schalock, R. L, Borthwick-Duffy, S. A., Bradley V. J., Buntinx, W. H. E., Coulter, D. L., Craig, E. M., & Yeager, M. H. (2010). *Intellectual disability: Definition, classification, and systems of supports* (11th ed.). Washington, DC: American Association on Intellectual and Developmental Disabilities.

Scupin, R. (1998). *Cultural anthropology: A global perspective.* New Jersey: Prentice Hall. http://dx.doi.org/10.4135/9781412976572.n19

Schubert, W. (2008). Curriculum inquiry. In F. M. Connelly, M. F. He., & J. Phillion (Ed.) *The SAGE handbook of curriculum* (pp. 399-420). Thousand Oaks, CA: Sage.

Sears, C. J. (1986). Mathematic for the learning disabled child in the regular classroom. *Arithmetic Teacher, 33*(5), 5-11.

Semmel, M. I., Gottlieb, J., & Robinson, N. M. (1979). Mainstreaming: Perspective on education handicapped children in the public schools. In D. Berliner (Ed.), *Review of Research in Education* (pp. 223-279). Washington, DC: American Educational Research Association.

Serpell, R. (1994). The cultural construction of intelligence. In W. J. Lonner & R. Halpas, *Psychology and culture* (pp. 157-163). Boston: Allyn & Bacon.

Sexton, D., Snyder, P., Wolfe, B., Lobman, M., Stricklin, S., & Akers, P. (1996). Early intervention inservice training strategies: Perceptions and suggestions from the field. *Exceptional Children, 62*, 485-496.

Seymour, J. R., & Osana, H. P. (2003). Reciprocal teaching procedures and principles: Two teachers' developing understanding. *Teaching and Teacher Education, 19*, 325-344.

Shalev, R. S., & Gross-Tsur, V. (1993). Developmental dyscalculia and medical assessment. *Journal of Learning Disabilities, 26*(2), 134-137.

Shawn, K. (2007). *A Brief Overview of Culture-Based Education and Annotated* Bibliography. Retrieved from http://www.ksbe.edu/spi/PDFS/Reports/CBE/A_Brief_Overview_of_Culture-Based_Education_v3.pdf

Sheets, R. H. (2005). *Diversity pedagogy: Examining the role of culture in the teaching-learning process*. Boston: Pearson Allyn & Bacon.

Sherrill, C. D. (1986). *Adapted physical education and recreation*. New York: Wm. C. Brown Publishers.

Shilpaa, A. (2009). Delusive discourse: Tracing the conceptual history of disability in India. *ProQuest*, UMI Dissertation Publishing. (3394318)

Shor, I. (1992). *Empowering education: Critical teaching for social change*. Chicago: University of Chicago Press.

Sikes, P., Lawson, H., & Parker, M. (2007). Voices on: Teachers and teaching assistants talk about inclusion. *International Journal of Inclusive Education, 11*(3), 355-370.

Singer, G. H. S. (2002). Suggestions for a pragmatic program of research on families and disability. *The Journal of Special Education, 36*, 148-154.

Sims, A., & Snaith, R. (1988). *Anxiety in clinical practice*. New York: John Wiley & Sons Ltd.

Skidmore, D. (2004). *Inclusion: The dynamic of school development*. Berkshire: Open University Press.

Slavin, R. E. (1990). Cooperative learning and the cooperative school. In R. Brandt (Ed.) *Cooperative learning series* (pp.137-144) Alexandria, VA: Association for Supervision and Curriculum Development.

Slee, R. (2011). *The irregular school: Exclusion, schooling and inclusive education*. London: Routledge.

Smith, R. A. (1987). A teacher's views on cooperative learning. *Phi Delta Kappan, 68*(9), 663-665.

Smith, G. P. (1998). *Common sense about uncommon knowledge: The knowl-*

edge bases for diversity. Washington, DC: American Association of Colleges for Teacher Education.

Smith, D. D. (2007). *Introduction to special education: Making a difference.* New York: Pearson Education Press.

Smith, T. E. C., Polloway, E. A., Patton, J. R., & Dowdy, C. A. (1995). *Teaching students with special needs in inclusive settings*. Boston: Allyn & Bacon.

Smith, T. E. C., Polloway, E. A., Patton, J. R., & Dowdy, C. A. (2008). *Teaching students with special needs in inclusive settings.* New York: Pearson.

Smutny, J. F. (2003). *Gifted education: Promising practices*. New York: Phi Delta Education Foundation.

Snell, M. E., & Brown, F. (2011) . *Instruction of students with severe disabilities* (7th ed.). Upper Saddle River, NJ: Pearson.

Snell, M. E., & Gast, D. L. (1981). Applying time delay procedure to the instruction of the severely handicapped. *Journal of the Association for Persons with Severe Handicaps, 6*(3), 3-14.

Solomon, C. R., & Serres, F. (1999). Effects of parental verbal aggression on children's self-esteem and school marks. *Child Abuse & Neglect, 23*, 339-351.

Soluaga, D., Leaf, J. B., Taubman, M., McEachin, J., & Leaf, R. (2008). A comparison of flexible prompt fading and constant time delay for five children with autism. *Research in Autism Spectrum Disorders, 2*(4), 753-765.

Steadward, R. D., Wheeler, G. D., & Watkinson, E. J. (2003). *Adapted physical activity.* Canada: The University of Alberta Press.

Strauss, C. C. (1987). Anxiety. In M. Hersen, & V. B. Hasset (Eds.). *Behavior therapy with children and adolescent* (pp.109-136). New York: Wiley.

Swisher, K. (1991). American Indian/Alaskan native learning styles: Research and practice. *ERIC Digest* (Rep No. EDO-RC-91-4). Washington, DC: Office of Educational Research and Improvement (ERIC Document Reproduction Service No. ED335175)

Swisher, K., & Deyhle, D. (1987). Styles of learning and learning of styles:

Educational conflicts for American Indian/Alaskan native youth. *Journal of Multilingual and Multicultural Development, 8*(4), 345-360.

Swisher, K., & Deyhle, D. (1989). The styles of learning are different, but the teaching is just the same: Suggestions for teachers of American Indian youth. *Journal of American Indian Education*, 1-14.

Talle, A. (1995). A child is a child: Disability and equality among the Kenyan Masai. In B. Ingstad & S. R. Whyte (Eds.), *Beyond culture* (pp. 56-72). Berkeley: University of California Press.

Tharp, R. G. (2006). Four hundred years of evidence: Culture, pedagogy, and Native America, *Journal of American Indian Education, 45*(2), 6-25.

Thomas, G., & Loxley, A. (2001). *Deconstructing special education and constructing inclusion*. Buckingham: Open University Press.

Thomas, G., & Loxley, A. (2007). *Deconstructing special education and constructing inclusion*. Buckingham: Open University Press.

Thompson, J. R., Wehmeyer, M., Hughes, C., Copeland, S. R., & Tasse, M. J. (2008). *Supports Intensity Scale for Children*. Washington, DC: American Association for Intellectual and Developmental Disabilities. Manuscript in preparation.

Thomson, M. (1990). *Developmental dyslexia*. London: Whurr.

Thurlow, M. L., Elliott, J. L., & Ysseldyke, J. E. (1998). *Testing students with disabilities: Practical strategies for complying with district and state requirements*. Thousands Oaks, CA: Corwin Press.

Tiedt, P. L., & Tiedt, I. M. (1995). *Multicultural teaching: A handbook of activities, information, and resources* (4th ed). Boston: Allyn & Bacon.

Tiedt, P. L., & Tiedt, I. M. (1999). *Multicultural teaching: A handbook of activities, information, and resources*. Boston: Allyn and Bacon.

Tim, J. T. (1996). *Cultural styles or learning styles*? In *Four perspectives in multicultural education*. Belmont, California: Wadsworth Publishing Company.

Tomlinson, C. A. (2004). *How to differentiate instruction in mixed ability classrooms*. Alexandria, VA: Association for Supervision and Curriculum Development.

Tomlinson, C. A. & Strickland, C. A. (2005). *Differentiation in practice: A resource guide for differentiating curriculum*. Alexandria, VA: Association for Supervision and Curriculum Development.

Touchette, P. E. (1971). Transfer of stimulus control: Measuring the moment of transfer. *Journal of the Experimental Analysis of Behavior, 15*, 347-354.

Tuitt, F. (2003). Afterword: Realizing a more inclusive pedagogy. In A. Howell & F. Tuitt (Eds.), *Race and higher education: Rethinking pedagogy in diverse college classrooms* (pp. 243-268). Cambridge, MA: Harvard Graduate School of Education.

Turnbull, H. R., & Turnbull, A. P. (with Buchele-Ash, A., & Rainbolt, K.). (1998). *Free appropriate public education: The law and children with disabilities* (5th ed.). Denver: Love Publishing.

Turnbull, A. P., & Turnbull, H. R. (2002). From the old to the new paradigm of disabilities and families. In J. L. Paul, C. D. Lavely, A. Cranston-Gingras, & E. L. Taylor (Eds.), *Rethinking professional issues in special education* (pp. 83-118). Westbrook. CT: Ablex.

Turnbull, H. R., Turnbull, A. P., Wehmeyer, M. L., & Park, J. (2003). A quality of life framework for special education outcomes. *Remedial and Special Education, 24*, 67-74.

Trawick-Smith, J. (1997). *Early childhood development: A multicultural perspective.* Upper Saddle River, NJ: Merrill.

Underhill, R. G., Uprichard, A. E., & Heddens, J. W. (1980). *Diagnosing mathematical difficulties*. N.Y.: Bell & Howell Company.

UNESCO. (1994). *The salamanca statement and framework for action on special needs education.* Salamanca: UNESCO.

UNESCO. (2000). *The dakar framework for action, education for all: Meeting our collective commitments.* Paris: United Nations Educational, Scientific and Cultural Organization.

UNESCO. (2004). *Education: Inclusive education. http://www.unesco.org/newen/*

UNESCO. (2011). *Education: Inclusive education. http://www.unesco.org/*

newen/

U. S. Department of Education (2002). *Twenty-fourth annual report to congress on the implementation of the individuals with disabilities education act*. Washington, DC: U.S. Government Publishing Office.

Vander Zanden, J. W. (1993). *Sociology.* New York: McGraw-Hill, Inc.

Valle, S. D. (2002). Three middle school art educators' instructional strategies and behavioral preferences (Doctor of Education). *Available from ProQuest Information and Learning* (UMI No. 800-521-0600).

Vermette, P. J. (1998). *Making cooperative learning work: Student teams in K-12 classroom*. Upper Saddle River. NJ: Merrill Prentice Hall.

Villegas, A. M., & Lucas, T. (2002). Preparing culturally responsive teachers: Rethinking the curriculum. *Journal of Teacher Education, 53*(3), 20-32.

Vygotsky, L. S. (1978). *Mind in society: The development of higher mental processes*. Cambridge, MA: Harvard University Press.

Vye, N. J., Burns, M. S., Delclos, V. R., & Bransford, J. D. (1987). A comprehensive approach to assessing intellectually handicapped children. In C. S. Lidz (Ed.), *Dynamic assessment: An interactive to evaluating learning potential* (pp. 327-359). New York: The Guilford Press

Wages, M. (2015). *Creating culturally responsive schools: One classroom at a time*. New York: Littlefield.

Webber, J., & Plotts, C. A. (2008). *Emotional and behavioral disorders: Theory and Practice*. New York: Pearson.

Wehman, P., & Kregel, J. (2012). *Functional curriculum for elementary and secondary students with special needs*. New York: Pro-Ed.

Wehman, P. (2006). *Life beyond the classroom: Transition strategies for young people with disabilities* (4th ed.). Baltimore, MD: Brookes.

Wehmeyer, M. L., & Palmer, S. B. (2003). Adult outcomes for students with cognitive disabilities three-years after high school: The impact of self-determination. *Education and Training in Mental Retardation and Developmental Disabilities, 38*(2), 131-144.

Wesley, P. W., & Buysse, V. (2003). Making meaning of school readiness in schools and communities. *Early Childhood Research Quarterly, 18*(3),

351-375.

Westling, D. L., & Koorland, M. A. (1988). *The special educator's handbook.* Boston: Allyn & Bacon.

Westwood, P. (2007). *Commonsense methods for children with special educational needs*. New York: Routledge.

Westman, J. C. (1990). *Handbook of learning disabilities*. Massachusetts: Allyn and Bacon.

Westwood, P. (2013). *Inclusive and adaptive teaching: Meeting the challenge of diversity in the classroom*. New York: Routledge.

Westwood, P. (2007). *Commonsense methods for children with special educational need*s. New York: Routledge.

Wah, L. L. (2010). Different strategies for embracing inclusive education: A snap shot of individual cases from three countries. *International Journal of Special Education, 25*(3), 98-109.

Whyte, S. R., & Ingstad, B. (1995). Disability and culture: An overview. In B. Ingstad & S. R. Whyte (Eds.). *Disability and culture* (pp. 3-35). Berkeley: University of California Press.

Wilson, J. (1999). Some conceptual difficulties about 'inclusion'. *Support for Learning, 14*(3), 110-12.

Winzer, M., & Mazurek, K. (2011). Canadian teachers' associations and the inclusive movement for students with special needs. *Canadian Journal of Educational Administration and Policy, 116*. ERIC document EJ913808

Winzer, M. A., & Mazurek, K. (1998). *Special education in multicultural contexts*. Upper Saddle River, NJ: Merrill-Prentice Hall.

Wlodkowski, R. J., & Ginsberg, M. B. (1995). *Diversity and motivation: Culturally responsive teaching*. San Francisco: Jossey-Bass.

Wood, J. W. (1984). *Adapting instruction for the mainstream*. Columbus, OH: Charles E. Merrill.

Wong, B. Y. L., & Jones, W. (1982). Increasing metacomprehension in learning disabled and normally achieving students through self-questioning training. *Learning Disabilities Quarterly, 5*, 228-238.

Wolfensberger, W. (1972). *The principles of naturalization in human services.*

Toronto: National Institute on Mental Retardation.

Wolfram, W., Detwyler, J., & Adger, C. (1992). *All about dialects: Instructor's manual*. Washington, DC: Center for Applied Linguistics.

Wolery, M., Ault, M. J., & Doyle, P. M. (1992). *Teaching students with moderate to severe disabilities: Use of response prompting strategies*. White Plains, NY: Longman.

Wolery, M., & Hemmeter, M. L. (2011). Classroom instruction: Background, assumptions, and challenge. *Journal of Early Intervention, 33*(4), 371-380.

Wolf, D. (1989). Portfolio assessment: Sampling student work. *Educational Leadership, 46*(7), 35-39 .

Wolpe, J. (1958). *Psychotherapy by reciprocal inhibition*. Stanford, CA: Stanford University Press.

World Health Organisation (2010). *The ICD-10: Classification of Mental and Behavioral Disorders F 81.2 Specific disorder of arithmetical skills World Health Organisation*. http://www.who.int/classifications/icd/en/bluebook. pdf.

Yardley-Matwiejczuk, K. M. (1997). *Role play: Theory and practice*. London: SAGE Publications.

國家圖書館出版品預行編目資料

特殊需求學童之課程與教學：融合教育、多元文化特殊教育／洪清一著. ——初版. ——臺北市：五南, 2019.09
面； 公分
ISBN 978-957-763-533-4（平裝）

1.特殊教育 2.課程綱要 3.中小學教育

529.53 108012014

1I2G

特殊需求學童之課程與教學
融合教育、多元文化特殊教育

作　　者— 洪清一(165.2)
發 行 人— 楊榮川
總 經 理— 楊士清
總 編 輯— 楊秀麗
副總編輯— 黃文瓊
責任編輯— 陳俐君、李敏華
封面設計— 王麗娟
出 版 者— 五南圖書出版股份有限公司
地　　址：106台北市大安區和平東路二段339號4樓
電　　話：(02)2705-5066　　傳　　真：(02)2706-6100
網　　址：http://www.wunan.com.tw
電子郵件：wunan@wunan.com.tw
劃撥帳號：01068953
戶　　名：五南圖書出版股份有限公司
法律顧問　林勝安律師事務所　林勝安律師
出版日期　2019年 9 月初版一刷
定　　價　新臺幣620元

凝煉知識品味閱讀

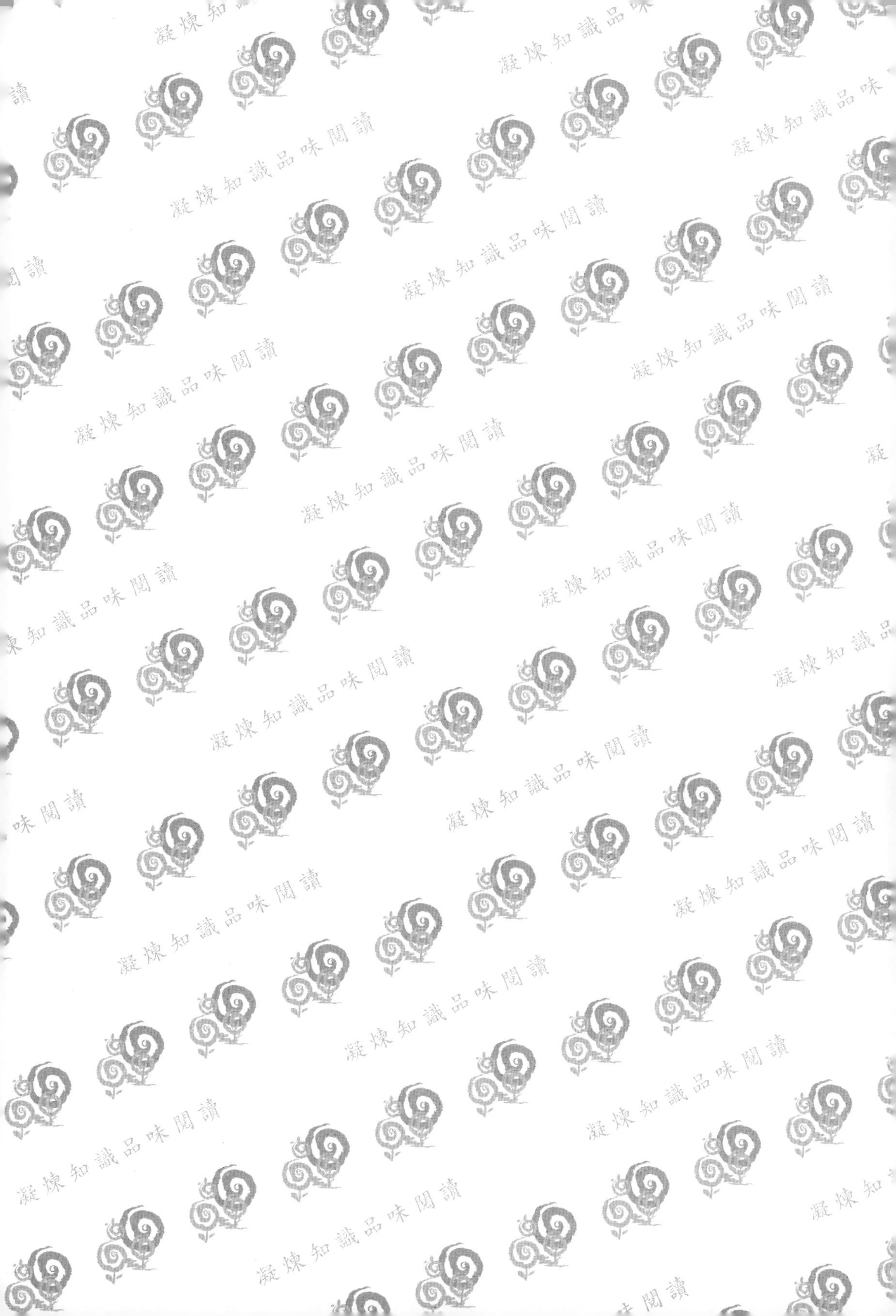
凝煉知識品味閱讀